Wolfgang Will

DER ZUG DER
10 000

Wolfgang Will

DER ZUG DER
10 000

DIE UNGLAUBLICHE GESCHICHTE EINES ANTIKEN SÖLDNERHEERES

C.H.Beck

Mit 10 Karten und 6 Abbildungen

Die erste Auflage dieses Buches erschien 2022.

2., durchgesehene Auflage. 2023

© Verlag C.H.Beck oHG, München 2022
www.chbeck.de
Umschlaggestaltung: Kunst oder Reklame, München
Umschlagabbildung: Drei Krieger mit Speer und Schild
lauern im Hinterhalt. Außenbild einer rotfigurigen Schale.
Griechische Vasenmalerei des Onesimos, 1. Viertel des
5. Jh.s v. Chr. Fundort: Chiusi (Italien), Inv. Nr.: G 25,
Dép. des Antiquités Grecques et Romaines, Paris,
Musée du Louvre; © akg-images/Erich Lessing
Satz: Fotosatz Amann, Memmingen
Druck und Bindung: CPI – Ebner & Spiegel, Ulm
Gedruckt auf säurefreiem, alterungsbeständigem Papier
Printed in Germany
ISBN 978 3 406 79067 6

klimaneutral produziert
www.chbeck.de/nachhaltig

INHALT

Vorwort 7

Prolog: Die *Anabasis* 9

In Skillus oder Die Geburt eines Schriftstellers 17

1 Auftakt in Athen (408–401) 23
 Der 25. Thargelion 408 23 – Der Arginusen-Prozess 26 – Unter den 30 Tyrannen 30 – Die Reiterei der Dreißig 36 – Der Sturz 38

2 Der Zug ins Landesinnere: Die Anabasis (401) 41
 Die Einladung 41 – Der Aufbruch 45 – Die Söldner 46 – Der Weg 49 – Die Kilikerin 50 – Insurrektion und Meuterei 53 – Weg ohne Umkehr 55 – Am Euphrat 58 – Große Spatzen 59 – Die ägyptische Plage 60 – Ein Verräter 62 – Vor der Schlacht 63 – Xenophon tritt auf 66 – Entscheidung bei Kunaxa 68 – Xenophons Kyros 71 – Ungewissheit 73 – *Vae victoribus* 75 – Auf der Flucht 78 – Waffenstillstand 80 – Warten auf Tissaphernes 82 – Ein anonymer Ratgeber 84 – Das Komplott 86 – Drei Nachrufe 92

3 Der Zug zum Meer: Die Katabasis (400) 97
 Die Stunde Xenophons 97 – Vor der Heeresversammlung 101 – Erste Erfahrungen 104 – Am Tigris 106 – Der *philostratiotes* 110 – Ins Ungewisse 113 – Im Gebirge 115 – Durchs wilde Kurdistan 119 – Am Grenzfluss 124 – In Armenien 127 – Tod und Bacchanal 130 – Ein Wortwechsel 134 – Abgründe 136 – Thalatta! Thalatta! 138 – Sichtbare und unsichtbare Feinde 140 – In Trapezunt 142 – Die Fluchtburg 145

4 Am Schwarzen Meer: Die Parabasis (400)   151

Ein Vorfall in Kerasus 151 – Barbarotatoi 153 – Aufenthalt in Kotyora 156 – Die Kolonie 159 – Xenophon als Redner 162 – Abrechnungen 165 – Intermezzo in Paphlagonien 167 – Archon Autokrator 169 – Das Heer zerfällt 172 – Xenophon, der Retter 175 – Im Hafen von Kalpe 177 – Zeit der Opfer 179 – Zum Bosporus 181 – Der Harmost 184

5 Am Bosporus: Die Epistasis (400/399)   189

Tumulte in Byzanz 189 – Ein Agent Spartas 193 – Bei König Seuthes 196 – Ein Gastmahl 199 – Krieg und Eros 201 – Ein nächtlicher Überfall 203 – Die Geschäfte des Herakleides 205 – Eine Frage des Soldes 206 – Abschied von Seuthes 209 – Mit Gott an unserer Seite 212 – Erinnerung an Sokrates 215 – Exkurs: Parasangen, Stadien und Monate 218

6 Der lange Weg nach Hause (399–354)   221

Unter spartanischem Kommando 221 – Im Stab des Agesilaos 223 – Zurück in Griechenland 227 – Der Untergang der Mora 230 – Skillus oder *Über die Hauswirtschaft* 233 – *Pax domi, foris bellum* 237 – Unordnung und Verwirrung 242 – Ein letzter Schicksalsschlag 244 – Am Ende wieder Athen 247

Epilog: Xenophon, der Athener   251

Anhang

Quellennachweise 269
Xenophons Werk 285
Glossar 287
Maße und Münzen 291
Chronologie 293
Literaturhinweise 297
Danksagung 303
Abbildungsnachweis 305
Register 307

VORWORT

Das Leben Xenophons mit diesem Buch nachzuzeichnen ist mein Ziel. Im Mittelpunkt steht dabei die *Anabasis*, das erste erhaltene Memoirenwerk der abendländischen Geschichte – ein Werk mit vielen Facetten, das nicht nur von Griechen und Persern, sondern von vielen Völkern, die in den Grenzen des persischen Reiches beheimatet waren, handelt. Es erzählt die Geschichte von zehntausend griechischen Söldnern, die, von einem persischen Prinzen bezahlt, nach Osten in ein Gebiet ziehen, das außerhalb ihrer Vorstellungen liegt. Ihr Auftrag lautet, den Großkönig zu stürzen, doch bis kurz vor der Entscheidungsschlacht wissen nur ihre Feldherren davon. Die Söldner siegen und scheitern doch, denn der Thronprätendent, ihr Soldherr, fällt in diesem Kampf. Auf sich gestellt, müssen sie ohne Proviant und Führer den Rückweg durch feindliches Territorium antreten. Es ist dies im Gegensatz zum Titel, der «Hinaufzug» bedeutet, eine Katabasis, der Weg «hinab» zum Schwarzen Meer und dann nach Byzanz, und umfasst den spannendsten und weitaus längsten Teil ihres großen Marsches. Er belegt die uralte Erfahrung, die schon der große Xerxes machen musste, dass es sehr viel leichter ist, in ein Land einzufallen als wieder unbeschadet aus ihm herauszufinden.

Im Handbuch der Altertumswissenschaften gilt der Rückzug der griechischen Söldner aus dem Hochland von Babylon als ein «unvergängliches Ruhmesblatt der griechischen Kriegsgeschichte». Ein (Lorbeer-)Blatt besitzt freilich auch eine Unterseite, auf die wenig oder kein Licht fällt. Daher soll der Rückweg hier nicht allein aus der Perspektive der Griechen, sondern auch aus der Sicht der Völker, durch die das Söldnerheer zog, betrachtet werden.

Mit Beginn der Katabasis hat sich für den Autor alles verändert, so dass das Werk mit dem ersten Kapitel des dritten Buches gleichsam neu einsetzt. Während Xenophon in der titelgebenden Anabasis nur Beobachter ist, wird er nun selbst beobachtet: von den Persern, von den Griechen, von den Söldnern und Mitfeldherren, von den Göttern, an die er glaubt, und vor allem von sich selbst. Er gibt jetzt Einblicke in sein Denken und Fühlen, in seine An- und Einsichten, seine Hoffnungen und Ängste. Das Publikum erfährt, was der Autor es glauben machen will, und ebenso, was er ganz gegen seine Absicht verrät. So ist es insbesondere der Mensch Xenophon, der fasziniert. Welches Tal er gerade durchzog und welchen Berg die Zehntausend überschritten, vermag über ihn nicht mehr auszusagen als die genaue Route, die Hannibals Elefanten über die Alpen nahmen, über das Leben des Karthagers. Die *Anabasis* soll hier weder als Wanderführer noch als Kompendium der antiken Kriegskunst verstanden werden. Sie ist wie andere meist autobiographisch gefärbte Schriften Xenophons ein Zeugnis für sein Leben, seine Ziele, Siege und Enttäuschungen, und nur über sie ist es möglich, neue Antworten zu geben auf die alte Frage, wie es gewesen sein könnte.

PROLOG:
DIE *ANABASIS*

Die *Anabasis* ist eines der großartigsten Bücher der griechischen Prosa, sie ist gleichsam ihr Herz. Sie zeigt uns die Menschen einer Umbruchzeit, sie zeigt sie in einer ihnen fremden und feindlichen Umgebung und in Situationen, da jede Entscheidung eine über Leben und Tod – nicht nur der Söldner – war. Sie zeigt ihre hässliche Seite und ihre solidarische. Wo die bloße Selbsterhaltung zum Gesetz und Maßstab wird, ist Unrecht nicht fern. Der Autor ist sich dessen freilich bewusst. Die verlogene Attitüde des Kolonialherrn ist ihm fremd. Nirgends erhebt er sich über fremde Sitten oder Bräuche, auf welche die Griechen ansonsten herabzublicken pflegten. Barbaren nennt er die Angehörigen der zahlreichen Ethnien des Perserreiches, wie das im Wortschatz der Griechen üblich ist, doch dies bezeichnet nur den Sprachunterschied. Selten verschleiert oder beschönigt Xenophon das, was die Zehntausend in den Augen der einheimischen Bevölkerung waren: eine Art bewaffneter Heuschreckenschwarm, der gierig über ihre Vorräte herfiel. Schlimmer noch als eine ägyptische Plage raubten sie ganze Herden oder versklavten diejenigen, die Widerstand zu leisten versuchten. Anders freilich als die üblichen Eroberer der Antike wie Alexander der Große oder Caesar, denen die Geschichte Kränze flicht, fielen sie nicht in ein fremdes Land ein, um es auszuplündern, sondern sie wollten es im Gegenteil nach dem Scheitern der Mission, für die sie bezahlt worden waren, auf dem schnellstmöglichen Weg verlassen. Hätte sie der Großkönig nicht an der Rückkehr nach Westen auf den festen Straßen, die sein Reich durchzogen, gehindert, wäre das Unternehmen schnell und ohne Gewalttaten, wenn auch auf Kosten der Bevölkerung, die das Heer hätte ernähren müssen, zu Ende gegangen.

Die *Anabasis* zeigt aber noch ein anderes: Auch eine Räuberbande – im Übrigen waren die meisten Heere der Antike solche, wie das zynische Wort vom Krieg verrät, der sich selbst ernährt – kann positive Züge einer menschlichen Gemeinschaft entwickeln. Die Söldner, aus den verschiedensten Städten und Volksgruppen stammend, die sich noch vor kurzem im großen griechischen Krieg unversöhnlich mit Hass und Wut bekämpft hatten, fanden nun angesichts einer dreifachen Bedrohung durch Mensch, Land und Klima zu gemeinsamem Handeln. Dabei standen sie nicht unter dem Befehl eines Einzelnen, sie waren gleichsam eine demokratische Polis auf Wanderschaft. Die Feldherren und Hauptleute, die sie führten, wurden von allen gewählt und konnten auch ebenso schnell wieder abgesetzt werden. Über ihr Handeln und vor allem die Verwendung von Geldern waren sie dem Heer gegenüber rechenschaftspflichtig, alle Entscheidungen wurden gemeinsam getroffen. Das war ein Modell, wie es die griechische Welt im Militärischen noch nicht kannte, doch es funktionierte, wie die *Anabasis* zeigt, und rettete die meisten Söldner vor dem sicheren Tod in Anatolien, sei es durch Waffen, sei es durch Hunger, sei es durch Krankheit oder Kälte.

Xenophon erzählt dies alles mit großer Anschaulichkeit, er entwirft mit seiner Schilderung der Kämpfe und Schicksale der Griechen im Geiste Herodots, wie Jacob Burckhardt sagt, eine unbeschreibliche Reihe von Bildern, die sich zu einem großartigen Gemälde «an Ereignissen, Gegenden und Völkerschilderungen» ergänzen. Festungen müssen erobert, Gebirge überstiegen, Flüsse durchquert, Überfälle vereitelt werden. Hindernis türmt sich auf Hindernis, bis die Griechen schließlich das ersehnte Meer erreichen, das sich dann doch nur als Zwischenstation entpuppt. Xenophon schreibt detailreich, genau, trocken, ohne Klage, einziges Pathos ist wie in der *Odyssee* die Sehnsucht der hier zu Land, dort zur See Zurückkehrenden nach ihrer Heimat. Xenophon reiht die vielen Episoden des Marsches fast atemlos aneinander, Unterbrechungen gönnt er sich nur, um Reden einzuschieben, welche die diplomatischen, strategischen und logistischen Entscheidungen erläutern. Sie machen jedoch mehr als ein Drittel des Werkes aus, im letzten Buch sogar über die Hälfte, da hier der Zug sein Ziel, den griechischen Boden, erreicht hat, und Xenophon es vornehmlich darum zu tun ist, sich zu rechtfertigen. Vor allem sind es die Vorwürfe der Bereicherung, die ihm als einem der Feldherren galten und die er sowohl in der Endphase des Zuges 399 als auch noch später, als er schon in Skillus lebte, zurückzuweisen bemüht war. Die Reden sind in ihrer äußeren Form erst lange nach den Ereignissen verfasst, beruhen aber inhaltlich in vielem auf den Aufzeichnungen, die während des Marsches entstanden, wenn sie auch manche Gedanken aus späterer Zeit enthalten.

Sicherlich erzählt Xenophon oft, wie er sich nachträglich wünschte, dass es geschehen wäre, und wie es ihm seine Erinnerung auch vorgaukelte. Er erzählt aber mit dem Anspruch und dem festen Glauben, das zu beschreiben, was er auch gesehen oder gehört hat. Vor Lügen bewahrte ihn, dass viele Augenzeugen noch lebten, die ihm widersprechen und so sein Werk insgesamt in Frage stellen konnten. Unmerklich und unvermeidlich schlichen sich freilich, ohne dass wir das korrigieren können, auch Irrtümer ein, sei es, dass sein Gedächtnis ihn trog, sei es, dass er korrigierte, was unglaubhaft geklungen hätte, sei es, dass ihn etwas Unangenehmes – unbewusst – davon abhielt, es niederzuschreiben, oder sei es, dass er glaubte, auf Tote oder Freunde Rücksicht nehmen zu müssen. Nicht alles, was er berichtet, wird sich also trotz der Tagebuchaufzeichnungen auch genauso zugetragen haben.

★

Die *Anabasis* machte Xenophon schon unter seinen Zeitgenossen berühmt, einen Niederschlag in der zeitgenössischen Literatur fand sie aber kaum. Die attischen Publizisten und Redner interessierten sich wenig für das geschilderte Ereignis, ihnen lag die Vergangenheit Athens am Herzen. Wo der Publizist Isokrates oder der Redner Demosthenes vom Zug der Zehntausend sprechen, erwähnen sie nur den Spartaner Klearchos, von Xenophon ist nirgends die Rede. Doch die *Anabasis* erreichte anders als andere, meist regional begrenzte Publikationen, ein panhellenisches Publikum. Das war von Xenophon beabsichtigt. An keiner einzigen Stelle bezeichnet er die Zehntausend als *mistho-phoroi*, also als Soldempfänger. Dieses Wort hat er nur für die Griechen übrig, die im Dienste des Landesfeindes, der Perser, standen; die Zehntausend sind und heißen für ihn nur Hellenen, so er sie nicht einfach Soldaten nennt. Mit ihnen konnte sich das griechische Publikum im Mutterland identifizieren, wenn es von ihren Abenteuern las. Darüber hinaus interessierte es sich für unbekannte Tiere, die noch keine Namen in seiner Sprache hatten, für exotisch anmutende Sitten und Gebräuche oder für Bauwerke und Ruinen untergegangener Reiche. Nicht zuletzt wurde die *Anabasis* im 4. Jahrhundert zu einem militärischen Handbuch, auch wenn sie nicht als solches konzipiert war. Alexander der Große führte sie im Reisegepäck mit, als er sich auf den Spuren der Zehntausend nach Asien aufmachte, und er flößte mit deren Beispiel seinen Soldaten Mut ein, als sie bei Issos den Völkermassen des Großkönigs gegenüberstanden.

Die breite Nachwirkung des Schriftstellers Xenophon setzt dann in der späten römischen Republik ein. Schon der ältere Cato las ihn, einzelne Schriften sind im Werk Ciceros nachzuweisen, der ihn aber vornehmlich als Philosophen sah und auch dort einen *Socraticus* nennt, wo er von der *Anabasis* spricht. Von Caesar bezeugt sein Biograph Sueton, dass er die *Kyrupädie* las, doch kann keinerlei Zweifel daran bestehen, dass ihm die *Anabasis* nach Stil und Anlage Vorbild für seine Kommentare zum Gallischen Krieg war, auch wenn sich dort keine direkten Verweise darauf finden. Zu dieser Zeit ist auch zum ersten Mal von einem Marsch der Zehntausend die Rede. Xenophon selbst spricht niemals von «den Zehntausend». Es waren ja deutlich mehr, die von Ephesos aufgebrochen waren, vom umfangreichen Tross ganz abgesehen. Als jedoch immer mehr der Rückzug zum Thema wurde, rückte die Zahl, die Xenophon bei der Ankunft am Schwarzen Meer angibt, und die *grosso modo* 10 000 lautet – Xenophon zählt rund 8000 Schwerbewaffnete und 1800 Leichtbewaffnete – in den Blickpunkt der Rezipienten. Der Biograph Plutarch berichtet, dass Antonius, Caesars Mitkonsul im letzten Lebensjahr, voller Bewunderung von den *myrioi* sprach, den Zehntausend, die den schweren Weg von Babylonien nach Griechenland geschafft hatten. Der römische Historiker Pompeius Trogus gedenkt im 1. Jahrhundert v. Chr., soweit wir wissen, als Erster der *decem milia Graecorum*. In der Kaiserzeit aber ist der Begriff kanonisch, wie mehrere Erwähnungen zeigen.

Spuren der *Anabasis* finden sich auch bei Tacitus und – wohl sekundär vermittelt – in den militärischen wie rhetorischen Beispielsammlungen des ersten und zweiten nachchristlichen Jahrhunderts, doch erlebte sie ihre Renaissance vornehmlich in der griechischsprachigen Welt, zu der die Mehrheit des Imperium Romanum zählte. Plutarch benutzt sie in seinen Biographien wie in den *Moralia*, von höchster Bedeutung aber wird sie für den Historiker Arrian, der sich auch als neuer Xenophon verstand. Wie dieser schrieb er, indem er den Titel und die Einteilung in sieben Bücher übernahm, eine *Anabasis*, nämlich die Alexanders des Großen. So sehr Arrian Xenophon bewunderte, so sehr fürchtete er aber auch, dass dessen *Anabasis* sein eigenes Werk verdunkeln könnte. Mehr als ein halbes Jahrtausend nach seinem Ende war der lange Marsch der Zehntausend noch bevorzugte Lektüre in einem Reich, das Griechenland wie Persien beerbt hatte, und Arrian kommt nicht umhin, dies zu beklagen: «So geschieht es, dass Alexanders Taten weit weniger bekannt sind als die kümmerlichen Quisquilien einer früheren Zeit. Ja, es ist sogar jener Zug der Zehntausend mit Kyros gegen den Perserkönig Artaxerxes, das, was Klearchos und die anderen, die man mit diesem zusammen fing, erlitten, wie auch ihr Rückmarsch unter Führung Xenophons gerade wegen dieses Xenophon weit bekannter bei den Menschen als ein Alexander mit all seinen Leistungen.»

In der Spätantike und im Mittelalter las und verstand niemand mehr griechische Werke. Xenophon wurde vergessen, doch er überlebte in Byzanz und kam mit dessen Untergang wieder in den Westen.

★

In der deutschen Klassik begeisterte sich von den Weimarer Autoren namentlich Christoph Martin Wieland – Herder zog die *Kyrupädie* vor – für die *Anabasis*. In seinem Briefroman *Aristipp* füllen Gespräche über die *Anabasis* mehrere Seiten. Sie ist bei Jean Paul ebenso präsent wie später bei Heinrich Heine, die Katabasis stärker als die Anabasis. Mit den beiden Wörtern, mit denen Xenophon den Höhepunkt des Zuges beschreibt, beginnt auch Heines Gedicht «Meeresgruß»: «Thalatta! Thalatta!» In den Jubel der Söldner stimmten noch viele Schriftsteller ein, am bekanntesten aber ist wohl sein

Nachklang bei James Joyce, der die Telemachie in seinem *Ulysses* mit dem Lob des Meeres eröffnet: «Die rotzgrüne See. Die scrotumzusammenziehende See. Epi oinopa ponton. Ah, Dedalus, die Griechen. Ich muß dir Unterricht geben. Du mußt sie im Original lesen. *Thalatta! Thalatta!* Sie ist unsere große liebe Mutter. Komm her und sieh.» Auch in *Finnegans Wake* klingt das Rauschen des Meeres, verballhornt, sogar mehrmals nach: «Galata!, Galata!» und einer von Joyce' Bewunderern, Arno Schmidt, folgt ihm in *Seelandschaft mit Pocahontas*: «Dalladda, Dalladda».

Heine mit Xenophon verband Thomas Wolfes großer Roman *Schau heimwärts, Engel!*, dessen Held sowohl Lyrik wie das Griechische liebt und deshalb nicht nur Gedichte Heines auswendig lernt, sondern auch «die ganze Stelle aus der *Anabasis*, das anschwellende, aufsteigende, triumphale Griechisch, jene Episode, in der die darbenden Übriggebliebenen des Heers der Zehntausend schließlich zum Meer kommen und, es beim Namen nennend, den großen Schrei ausstoßen».

Wie «Odyssee» zum Synonym für «Irrfahrt» wurde, verband sich mit dem Namen «Anabasis» – eigentlich war es aber die Katabasis – auch die Vorstellung von mancherlei Irrwegen, die aber doch letzten und guten Endes noch zum erstrebten Ziel führen. Jaroslav Hašek hat dem ein langes Kapitel gewidmet («Svejks Budweiser Anabasis»). «Immer vorwärts zu marschieren, das nennt man «Anabasis». Sich durch unbekannte Landschaften hindurcharbeiten. Von Feinden umzingelt sein, welche auf die erstbeste Gelegenheit warten, einem den Hals umzudrehen. Wenn aber einer einen guten Kopf hat, wie ihn Xenophon hatte, dann vollbringt er wahre Wunder bei seinem Marsch.»

Ähnlich betitelte Rudolf Borchardt seine Aufzeichnungen über den Sommer 1944 *Anabasis*, da sie «hier wie da ein Entkommen aus scheinbar aussichtsloser Lage mit unerwartet glücklichem Ausgang» schildern. Am nächsten kommt Xenophon aber Viktor Sklovskijs *Sentimentale Reise* von 1923, denn auch sie ist eine Mischung von Autobiographie, Memoirenwerk, Erinnerung und Dokumentarbericht, eine Reise durch Russland, Galizien und Persien, durch Aufstand, Revolution und Bürgerkrieg, durch Hunger, Kälte, Krankheit und Tod. Wie vor ihm Xenophon zieht er durchs Land der

Karduchen und das, was er an ethnischem Hass, an Pogromen, Gemetzel und Gewalt erlebt, relativiert alles, was Xenophon berichtet, mit dessen Katabasis Sklovskij auch seine eigene durch Kurdistan vergleicht und deren Gemeinsamkeiten er nicht nur in den durchlebten Leiden, sondern auch in der Führung des Rückzugs durch selbstgewählte Offiziere sieht.

Schließlich fand die *Anabasis* Eingang in das Hörspiel, in die Malerei, in den Comic und in den Film. Ihre stärkste Wirkung entfaltete sie aber als Anfangslektüre des Griechischen an den Gymnasien, wenn auch der Unterricht über die Rapporte von Marschleistungen oft den eigentlichen Inhalt vergessen ließ. Doch die *Anabasis* ist weit mehr als eine Aneinanderreihung von Kilometerzahlen im Wechsel von kurzen Schlachten und langen Pausen. Sie handelt eben nicht nur vom Krieg, sondern auch vom Alltag der Griechen, der Perser und vieler in deren Großreich lebender Völker. So war es ein Verlust, als die Kultusbürokratie im Lehrplan den einen Sokratesschüler durch einen anderen, Platon nämlich, ersetzte, und die Kämpfe um das Lebensnotwendige durch die um die unsterbliche Seele.

IN SKILLUS
ODER
DIE GEBURT EINES
SCHRIFTSTELLERS

Triphylien ist eine gebirgige Landschaft im Nordwesten der Peloponnes, durchzogen vom Alpheios und seinen Nebenbächen. Sie hatte eine wechselvolle, jedoch schwer durchschaubare Geschichte im Spannungsfeld der Nachbarn Sparta und Elis. 402 erklärten die Lakedaimonier den Eleiern den Krieg, weil diese sie nahezu zwei Jahrzehnte vorher von den Olympischen Spielen ausgeschlossen hatten. Das war der Anlass; Grund war, dass die Lakedaimonier ihre Hegemonie gegenüber den als (eigen)mächtig erachteten Eleiern festigen wollten. Nach zweijährigen Kämpfen gelang dies, und die Lakedaimonier beanspruchten das Gebiet südlich des Alpheios für sich. Hier lagen der Ort Skillus und in seiner Nähe das großflächige Landgut, das die Spartaner um das Jahr 390 «dem Mann ohne Heimat» schenkten oder liehen. Es befand sich ungefähr 20 Stadien vom Zeusheiligtum in Olympia entfernt am Weg, der von Sparta dorthin führt, vielleicht in der Nähe des heutigen Dorfes Makrisia in der weiten Tallandschaft, die sich um das Städtchen Krestena erstreckt.

Der neue Besitzer, Xenophon, liebte dieses Stück Land und beschrieb es selbst als Idylle. Prunkstück war ein heiliger Bezirk (Temenos) mit Altar und Tempel. Xenophon ließ ihn nach dem Vorbild des Artemision von Ephesos in kleinem Maßstab aus Beutegeldern errichten, die ihm als einem ihrer Feldherren die Zehntausend anvertraut hatten, um damit den Göttern nach geglückter Rettung zu danken. Mit dem Bau war entweder 388 oder 384 begonnen worden. Xenophon nämlich hatte das Geld, als er 394 Asien verließ, dem Tempelwärter der Artemis in Ephesos anvertraut, einem Priester namens Megabyzos, da er sich selbst – nach eigenen Worten –

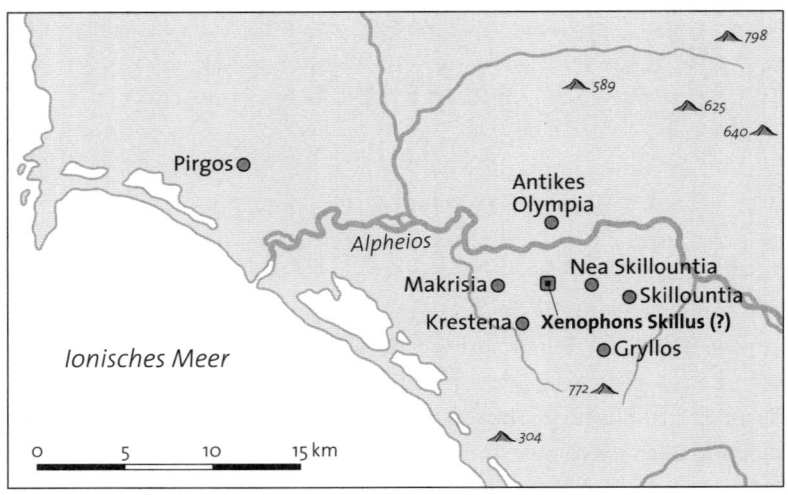

Karte 1: Skillus, Xenophons Wohnort im Exil.

auf einem gefährlichen Kriegszug befand. Zur Feier der Spiele in Olympia reiste dieser Megabyzos in den achtziger Jahren (eben 388 oder 384)* nach Olympia, besuchte Xenophon auf seinem Weg und übergab ihm die zurückgelassenen Gelder.

Xenophon pflegte sein Gut und je vertrauter er mit seinen neuen Pflichten wurde, desto mehr Raum nahmen auch seine schriftstellerischen Ambitionen ein, die frühen Einflüssen entsprangen. Aufgewachsen in einer geschichtsträchtigen Zeit, hatte er den Peloponnesischen Krieg zunächst als Kind und Jugendlicher und dann die entscheidenden Jahre als junger Mann «mit wachem Sinn und gespannter Aufmerksamkeit» miterlebt. Er hatte in seiner Jugend die *Historien* Herodots gelesen und die Forschungen des Thukydides, der nach dem Krieg aus der Verbannung zurückgekehrt war, verfolgt. Er wusste, dass seit Kyros dem Großen, über den er noch eine umfangreiche Monographie schreiben sollte, persische Geschichte auch griechische war. Sein Marsch bis Babylon und der siebenjährige Aufenthalt in Asien hatten sein Wissen vielfältig erweitert. So

---

* Soweit nicht eigens erwähnt, beziehen sich alle Jahresangaben auf die Zeit v. Chr.

tief war noch kein griechisches Heer ins Perserreich eingedrungen. Erst Alexander der Große würde 70 Jahre später wieder Euphrat und Tigris erreichen.

Zurückgekehrt nach Griechenland erfuhr Xenophon vom Tod des Thukydides, seines historiographischen Vorbildes. Er hielt das nachgelassene Werk in Händen, ein Fragment, das mit dem Sommer 411 und den damaligen Ereignissen an der kleinasiatischen Küste vorzeitig endete. So beschloss er, das Werk im Stil seines Vorgängers bis zum Ende des Krieges im Jahre 404 fortzusetzen. Wann genau er das tat, bleibt unklar. Es setzt den Tod des Thukydides voraus, der in die neunziger Jahre fällt. Zu vermuten ist, dass Xenophon erst in Skillus damit begann. Nach dem Ende seines militärischen Lebens verfügte er nun über die Muße, sich dem zu widmen, was ihm wohl schon lange vorschwebte. Er begann über das zu schreiben, was er gut zu kennen glaubte: seine eigene Zeit. Er war Zeuge des Arginusen-Prozesses geworden, hatte Triumph und Sturz des Alkibiades erlebt, während des Belagerung Athens durch die Spartaner gehungert und im innerathenischen Bürgerkrieg gekämpft. Das war der Stoff, aus dem er die ersten beiden Bücher seiner *Hellenika* formte. So führt er zunächst das abgebrochene Werk des Thukydides nahtlos weiter. Ohne Absatz, Einführung oder auch nur seinen Namen zu nennen, stellt er sich ganz in den Dienst seines Vorgängers und übernimmt auch dessen chronologisches Gerüst, die nach Sommer und Winter getrennte Jahreszählung. Xenophon berichtet nur über die wichtigsten Vorgänge, enthält sich persönlicher Kommentare oder Ratschläge und fügt wie sein Vorgänger Reden ein, um Hintergründe zu erhellen und die Motive der Handelnden zu beleuchten. Er benutzt vielerlei Quellen, seine Stärke aber ist das autobiographische Erzählen, das sich bei Herodot nirgends und bei Thukydides nur an wenigen Stellen findet.

Dieser erste Teil der später *Hellenika* (*Griechische Geschichte*) genannten Bücher, mit dem seine schriftstellerische Tätigkeit ihren Anfang nimmt, folgt bis zum zweiten Buch genau dem thukydideischen Werkplan, dem zufolge der Krieg «drei mal neun» Jahre, vom Frühjahr 431 bis zum Frühjahr 404, dauerte. Mit der Imitatio des Thukydides dokumentiert Xenophon die Einheit des Werkes, es ist aber auch die Arbeit eines jungen Historikers, der noch nicht zu seinem Stil gefunden hat. Der Glaube an die Götter trennt ihn später scharf von dem Agnostiker Thukydides, verbindet ihn aber mit dessen Vorgänger Herodot.

Wieweit Xenophons Arbeit an diesem Werkstück seiner *Hellenika* bereits gediehen war, als sie von einem unerwarteten Ereignis unterbrochen wurde, wissen wir nicht. Was Xenophon aus seiner Beschaulichkeit in Skillus riss, war eine Art Reisetagebuch: Der erste Bericht über den Zug der Zehntausend war veröffentlicht worden, geschrieben von einem, der dabei war, dem Feldherrn Sophainetos, gebürtig aus Stymphalos auf der nordöstlichen Peloponnes. Mit ihm war auch schon ein Titel geboren: *Anabasis Kyrou*, der «Feldzug des Kyros». Nur vier Fragmente haben sich daraus erhalten, so dass sich die Wirkung des Werkes nicht ermessen lässt. Für Xenophon war es aber auf jeden Fall ein Weckruf. Er reagierte. Vielleicht sah er sich nicht ausreichend gewürdigt. Xenophon äußert sich nicht dazu. Er erwähnt Sophainetos mehrmals rein sachlich, irgendwelche Animositäten sind daraus nicht abzuleiten. Lange Jahre nach seinem Abschluss war der Marsch der Zehntausend offenkundig immer noch Gesprächsthema, alte Vorwürfe gegen Xenophon waren nicht vergessen. So hatten die Söldner ihm wie anderen Feldherren unterstellt, die Beutegelder nicht korrekt abgerechnet und in die eigene Tasche gewirtschaftet zu haben. Schon der Bau des Tempels auf seinem Land aus solchen Geldern sollte diese Behauptungen entkräften. Auch seine *Anabasis* dient diesem Vorhaben. Sie wird zwar die Schilderung eines großen Abenteuers, aber sie ist auch eine doppelte Rechtfertigung: das erste Buch, die eigentliche Anabasis, vor Athen, und die Bücher drei bis sieben, die Katabasis, vor den Söldnern, die den Marsch überlebten.

Als Xenophon an diesem autobiographischen Werk schrieb, waren wohl bereits zwei Jahrzehnte seit dem Ereignis vergangen. In Griechenland hatte schon die 100. Olympiade begonnen, die Zeit zwischen 380 und 376. Xenophon selbst erzählt zu Beginn des fünften Buches der *Anabasis*, dass seine beiden Söhne anlässlich des jährlichen Festes für die Artemis in Skillus an einer Jagd teilnahmen, die vor allem für Jugendliche ausgerichtet worden war. Sie müssen damals also schon mindestens 14 Jahre alt gewesen sein. Nach Skillus kamen beide als kleine Kinder zusammen mit der Mutter, sind also wohl nach Xenophons Rückkehr aus Asien geboren, d. h., als *terminus post quem* für die Abfassung bietet sich – *cum grano salis* – das Jahr 380 an.

Um glaubhafter zu wirken, spricht Xenophon wie später Caesar in der dritten Person von sich und erfindet zusätzlich einen Verfasser, dem er den Bericht zuschreibt. Dem Werk fehlt das sonst übliche Vorwort, in dem der Autor sich und seine Ziele vorstellt. Es erschien anonym und beginnt *medias in res* am persischen Königshof. Der Name des angeblichen Verfassers ist nur in den *Hellenika* überliefert, von den Zeitgenossen kannte ihn niemand: «Wie nun Kyros sein Heer sammelte, mit diesem gegen seinen Bruder zog, wie die Schlacht geschlagen und Kyros getötet wurde, und wie schließlich die Griechen sich ans Meer retteten, das hat Themistogenes aus Syrakus aufgeschrieben.»

Der Satz ist offenkundig eingeschoben, denn er unterbricht den laufenden Text. Das erhärtet die Vermutung, dass Xenophon ursprünglich die Ereignisse des Kyroszuges im Rahmen seiner griechischen Geschichte, also der *Hellenika*, hatte darstellen wollen. Wie viele der Zeitgenossen die Fiktion durchschauten, wissen wir nicht. Auffällig ist freilich, dass der Historiker Ephoros zwar die *Anabasis* als Quelle benutzt, Xenophon aber nicht als Autor erwähnt. Er kennt ihn – jedenfalls in dem, was von seinem Werk überlebte – nur als den Feldherrn, der die verbliebenen Söldner an den Spartaner Thibron übergab. Ansonsten spricht er von ihm nur als dem Autor der *Hellenika*. Später freilich herrschte an Xenophons Urheberschaft kein Zweifel mehr, wie der junge Plutarch (ca. 46–120) verrät: «Xenophon war selbst Gegenstand seiner Geschichte, indem er seine Kriegsführung und seine vom Glück begünstigten Taten beschrieb und das Werk dem Syrakusaner Themistogenes zuschreibt, damit er mehr Glauben verdiene und einem anderen den Ruhm der Erzählung überlasse.»

Als er an der *Anabasis* zu schreiben begann, stützte sich Xenophon auf vier Quellen: den Bericht des Sophainetos, zeitgenössische Itinerarien, also Reisehandbücher mit Entfernungsangaben, sein eigenes Tagebuch und sein Gedächtnis. Vor allem Letzteres, in dem mehr die guten als die schlechten Taten haften blieben, half ihm, die Geschichte in seinem Sinn zu färben. Die erste Frage, der er sich stellen musste, und die ihm andere stellten, war die nach seinen Motiven. Das war heikel, denn die Teilnahme am Zug galt im demokratischen Athen als Verrat. So beantwortet Xenophon die Frage zunächst negativ: Weder als Feldherr noch als Hauptmann noch als (gewöhnlicher) Soldat sei er (anfangs) mitgezogen. Er war zunächst – das ist die beste Lesart – eine Art *embedded journalist*. Daran gibt es keine Zweifel: Er wollte über den Zug berichten. Das sagt er zwar nicht – wie er auch sein wichtigstes Motiv, von dem später zu reden sein wird, nicht nennt –, doch sein Tagebuch, in das er nicht nur Kriegsereignisse notierte, ist Beleg genug.

Das große Interesse des jungen Xenophon an der Geschichtsschreibung wurde schon erwähnt. Gründe dafür gab es viele, aber ein Erlebnis spielte sicher eine große Rolle, und das führt zurück in das Jahr 408, genauer zum 25. des Monats Thargelion unter dem Archon Diokles.

I

AUFTAKT IN ATHEN
(408–401)

Der 25. Thargelion 408

Über die frühen Jahre Xenophons in Athen unterrichten uns die ersten beiden Bücher seiner *Hellenika*. Sie sind eine autobiographische Quelle ersten Ranges, obwohl Xenophon seine eigene Person nie erwähnt. Indirekt wird aber deutlich, was ihn prägte, welchen politischen Vorstellungen er anhing und auch, was ihn schließlich 401 dazu trieb, Athen zu verlassen. In einer Zeit, in der er für Vorbilder empfänglich war, beeinflussten Xenophon drei ganz unterschiedliche Personen: ein Feldherr (Alkibiades), ein Historiker (Thukydides) und ein Philosoph (Sokrates), denen er wohl allen, auch wenn wir es nur von Letzterem sicher wissen, in Athen begegnete. Den Anfang machte die Person, um die das Denken und Fühlen der Athener in den letzten zwei Jahrzehnten des 5. Jahrhunderts im Guten wie im Schlechten kreiste: Alkibiades. Dass Xenophon diesen, einen Mann seines Standes – jung, reich und mächtig, die größte militärische Begabung der Stadt, Schüler und Freund des Sokrates, Sieger in Olympia –, in seinen Jugendjahren bewunderte, sagt er nicht, doch in den *Hellenika* zeichnet er mit überraschend wenigen Strichen ein Bild von ihm, das ihn als den Mann zeigt, der Athen hätte retten können. Es ist ein kühnes Porträt, das seine Überzeugungskraft aus der Kargheit der Mittel gewinnt und wie das Werk eines erfahrenen Historikers wirkt, doch es ist das Früheste, das Xenophon schrieb.

Das Ereignis, das zur Wegmarke im Leben des jungen Xenophon wurde, war ohne Zweifel die triumphale Rückkehr des aus seiner Heimat verbannten Alkibiades. Sieben Jahre hatte dieser Athen nicht mehr betreten, nachdem er mit der athenischen Flotte nach Sizilien aufgebrochen, in Abwesenheit wegen der Profanierung der Eleusinischen Mysterien zum Tode verurteilt und ins spartanische Exil geflohen war. Obwohl er inzwischen wieder die Seiten gewechselt und als Feldherr der in Samos stationierten athenischen Flotte wichtige Erfolge für seine Heimatstadt errungen hatte, zögerte er zurückzukehren. Er wusste, dass er trotz alledem ein großes Risiko einging, denn die Volksversammlung hatte ihn noch nicht rehabilitiert. So sammelte er zuerst 100 Talente an Beutegeld, um nicht mit leeren Händen zu kommen. Dann schickte er einen Mitfeldherrn mit dem übrigen Heer nach Athen voraus, während er selbst mit 20 Trieren und dem eingetriebenen Geld zur Insel Paros und dann nach Gytheion auf der Peloponnes fuhr, wo die lakedaimonischen Werften lagen. Er wollte Zeit gewinnen, um die Lage in Athen zu erkunden. Schließlich wagte er es. Am Hafen drängte sich eine Menschenmenge aus dem Piräus und der Oberstadt, während sich sein Schiff der Küste näherte. Es war der 25. Tag des attischen Monats Thargelion, etwa Mitte Juni 408. Inmitten der Neugierigen stand der junge Xenophon. Daran gibt es keinen Zweifel, denn er beschreibt selbst, was er sah.

Die Triere ankert am Ufer, doch Alkibiades bleibt zunächst unsichtbar. Noch immer wittert er eine Falle. Schließlich kommt er an Deck, um Ausschau zu halten, ob sich Freunde unter die Menge gemischt hätten. Als er seinen Neffen und andere Verwandte entdeckt hat, geht er an Land, begleitet von einer Leibwache, die jeden Versuch, ihn gefangen zu nehmen, vereiteln soll. Doch die Menschen jubeln ihm auf seinem langen Weg in die Oberstadt zu. Er spricht im Rat und er spricht in der Volksversammlung. Der Demos erblickt in ihm den wiedergeborenen Helden, von jeglichen früheren Anschuldigungen gereinigt: Er allein kann der Stadt wieder die frühere Machtstellung verschaffen. Niemand wagt öffentlich zu widersprechen, als er, mit goldenen Kränzen geschmückt, feierlich zum Feldherrn mit unumschränkten Vollmachten zu Wasser und zu Land ausgerufen wird. Insgeheim aber beharren seine Gegner darauf, er allein sei schuld an allem Übel und er allein werde die Ursache sein für alles Schreckliche, das der Stadt noch drohe.

Xenophon referiert im Rückblick die aufeinanderprallenden Meinungen. Begeisterung und Bewunderung überwiegen bei weitem; sein eigenes Bild, das er aus der Erinnerung von Alkibiades zeichnet, lässt nur den Schluss zu, dass auch er alle Hoffnung auf ihn setzte. Und sie schien sich auch sogleich zu erfüllen. Seit die Spartaner das Fort Dekeleia im Norden Attikas besetzt hatten, verzichteten die Athener darauf, ihre große Prozession nach Eleusis auf dem Landweg zu veranstalten. Sie wichen auf Schiffe aus, und das erzeugte ein Gefühl der Ohnmacht. Jetzt aber führte sie Alkibiades wieder auf dem gewohnten Weg nach Eleusis. Der Göttin wegen war er zu Verbannung und Tod verurteilt worden. Nun war er der Erste, der ihr huldigte. Auf der Höhe seines Ansehens und seiner Macht stand jedoch sein erneuter Sturz bevor.

Rein dramaturgisch zumindest gefiel das dem Autor Xenophon, denn die *Hellenika* sind eine einzige Geschichte von raschen Wechseln, von Aufstieg und Fall. So nutzt er auch hier die Gelegenheit, ein *vaticinium ex eventu* zu zitieren, das bald nach 404 in Athen umlief. Als Alkibiades in den Hafen einfuhr, feierten die Athener nämlich gerade das Fest der Plynterien. Alljährlich wurde dabei das alte Holzbildnis der Athena Polias am sechstletzten Tag des Monats Thargelion ans Meer getragen und dort feierlich gewaschen (gr. *plynein*). Dazu nahmen die Priesterinnen den Schmuck ab und verhüllten das Bild. Erst nach Einbruch der Dunkelheit kehrte es dann, neu eingekleidet, zum Heiligtum auf der Akropolis zurück. Viele Athener betrachteten die kurze Abwesenheit der Göttin aber als ungünstiges Vorzeichen und verschoben daher alle irgendwie wichtigen Aufgaben. Alkibiades wird dem keinen Glauben geschenkt haben, aber möglicherweise Xenophon, der in der *Anabasis* großen Wert auf göttliche Vorzeichen legt. Die Plynterien 408 gestaltet er jedenfalls als Peripetie, der erneute Umschwung im Leben des Alkibiades kündigt sich in seiner Darstellung hier schon an.

Xenophon schreibt lakonisch. In der Sparsamkeit der Wortwahl übertrifft er sein Vorbild Thukydides. Kein Prädikat, kein lobendes Wort, keine Wertung. Während Thukydides seinem wichtigen Werkpersonal lange Reden gibt, spricht Alkibiades bei Xenophon nur zwei Sätze. Es ist alles auf sein Tun bzw. die Wirkung, die dieses erzielt, konzentriert. In eigener Person urteilt Xenophon nie. Allenfalls lässt er, wie anlässlich der Rückkehr des Alkibiades 408, Athener Bürger für sich sprechen. Dort steht den langen Zeilen der Anerkennung nur ein Satz der Anklage gegenüber. Vermutlich spiegelt sich hier Xenophons eigene Meinung. Alkibiades galt ihm als frühes Vorbild eines Strategen. Später, nach der Begegnung mit dem Spartanerkönig Agesilaos und seinen eigenen Erfahrungen in Asien, entwickelte er wohl in manchem andere Vorstellungen. Der Zug der Zehntausend wurde dann sein größter Lehrmeister.

Der Arginusen-Prozess

Zwei Jahre waren seit Alkibiades' Einzug in Athen vergangen, ein Jahr seit der Niederlage zur See, nach der er zum zweiten Mal ins Exil gegangen war, als ein Ereignis stattfand, das Athen nicht weniger erregte als die Heimkehr des Alkibiades. Xenophon hatte zu dieser Zeit die Ephebenausbildung abgeschlossen, er diente in der Reiterei. Was die Athener bewegte, war keine Schlacht, sondern deren unmittelbaren Folgen.

Das neue Jahr hatte sich düster angekündigt. Eines Abends «verfinsterte sich der Mond und der alte Tempel der Athena brannte ab», eröffnet Xenophon seine Schilderung. Die Lage verschlechterte sich fast täglich. 30 Trieren gingen verloren, weitere 40 – an Bord drei der zehn amtierenden Strategen – wurden auf Lesbos zu Wasser und zu Land von dem neuen spartanischen Admiral Kallikratidas eingeschlossen. Hilfe blieb aus, denn Athen war ohne Nachricht. Endlich vermochten zwei schnelle Schiffe die Blockade zu durchbrechen, eines der beiden entkam den Verfolgern und erreichte den Piräus. Die Athener mobilisierten nun alle Kräfte, über die sie im 26. Jahr des Krieges noch verfügten, und bemannten 110 Schiffe mit allen dienstfähigen Männern, Sklaven wie Freien. Auch die Bundesgenossen stellten Trieren. Als die Flotte bei der kleinen Inselgruppe der Arginusen unweit von Lesbos eintraf, war sie auf 150 Schiffe angewachsen. Die Mannschaften gingen an Land und bereiteten die Abendmahlzeit. Gegenüber am Kap Malea auf der Insel Lesbos ankerten die Schiffe der Peloponnesier. In der Nacht bemerkten die Besatzungen die Wachtfeuer der Athener und der spartanische Admiral erwog sogleich die Chancen eines nächtlichen Überfalls. Da setzte um Mitternacht starker Gewitterregen ein und hinderte ihn im letzten Augenblick. Erst gegen Morgen ließ der Regen nach und, als das Wetter aufklarte, stießen die beiden Flotten zu einer geordneten Seeschlacht aufeinander. Die Lakedaimonier hatten die schnelleren Trieren und fuhren in einer Linie, um durchzubrechen und den Gegner zu überflügeln. Doch schließlich fiel der Admiral bei einem Rammversuch von Bord. Als ungefähr gleichzeitig die Athener auf dem rechten Flügel siegten, begannen die Lakedaimonier zu fliehen. Der Sieg der Athener war vollkommen. Was danach geschah, zeitigte mit Verzögerung allerdings Folgen, die – jedenfalls für Xenophon – zum Untergang Athens beitrugen.

Auf dem offenen Meer waren noch mehr als 20 athenische Trieren manövrierunfähig zurückgeblieben. Sie waren mit Meerwasser vollgelaufen oder trieben kieloben. Die Überlebenden klammerten sich an Wrackteile, sie konnten nicht schwimmen. Bei einer Havarie auf hoher See war keine Hilfe zu erwarten; wer schwimmen konnte, überlebte nur zwei oder drei qualvolle Tage länger. Erste Pflicht des Siegers war es daher, nach der Schlacht die Schiffbrüchigen zu retten. Entsprechende Befehle wurden erteilt, doch dann kam ein Sturm auf und verhinderte die Ausfahrt der Schiffe, die inzwischen wieder bei den Arginusen ankerten. Die Rettung unterblieb.

In Athen verflog der Siegesrausch, die Jubelstimmung kippte. Zwei der siegreichen Strategen kehrten erst gar nicht in die Stadt zurück, einer war auf Lesbos eingeschlossen, einer war gefallen. Die übrigen sechs Feldherren wagten sich nach Athen. Zuerst wurde einer von ihnen wegen Veruntreuung von Geldern sowie schlechter Amtsführung angeklagt. Auch die anderen fünf wurden in Fesseln gelegt, vor das Volk geführt und dann auf Beschluss des Rates inhaftiert. Die Volksversammlung trat zusammen, die Feldherren sagten aus, ihre Chancen standen gut. Es gab viele Zeugen, die bestätigten, dass sie den Auftrag, die Schiffbrüchigen zu bergen, an fähige Trierarchen erteilt hatten, während sie selbst dem flüchtigen Feind hinterher gefahren waren. Unter den Trierarchen befand sich auch ein Mann namens Theramenes, der später unter den 30 Tyrannen noch eine große Rolle spielen sollte. Er war politisch begabt und skrupellos. Sofort erfasste er, dass es nun um seinen Kopf ging, denn die Feldherren würden die Verantwortung auf ihn und andere Trierarchen abwälzen. Viele Athener hatten – die Zahl der Ertrunkenen war vierstellig – Angehörige verloren und forderten einen Prozess. Athen befand sich in Aufruhr und – mitten im Widerstreit der Meinungen der junge Xenophon. Er war Augenzeuge der nun einberufenen Volksversammlungen und nahm Partei, wie sein Bericht verrät.

Vor der Abstimmung in der Ekklesia lagen noch einige Tage, dazu eine Sitzung des Rates, in der die Vorbeschlüsse gefasst und die Tagesordnung erstellt wurden, und – zufällig – das Apaturien-Fest. Es dauerte drei Tage und war in gewisser Weise ein Familienfest, bei dem sich Eltern und Verwandte trafen und die im letzten Jahr geborenen Kinder in die Geschlechterverbände, die Phratrien, aufgenommen wurden. Dies brachte Theramenes auf die Idee, wie er die Feier zur Stimmungsmache gegen die Feldherren nutzen konnte. Er überredete viele Leute, mit schwarzen Gewändern und kahl geschorenen Köpfen zu erscheinen, um so als angebliche Angehörige der Ertrunkenen ihre Trauer zu bekunden. Gleichzeitig stiftete er einen gewissen Kallixenos, der im Rat saß, an, dort die Feldherren anzuklagen und einen Vorbeschluss zu fassen, über diese kollektiv abzustimmen.

Der Tag der entscheidenden Volksversammlung kam. Schon früh zogen die Bürger hinauf zur Pnyx. Wer vom Land kam, musste noch in der Nacht aufbrechen. Gegen den Antrag des Kallixenos wurde Klage wegen Gesetzwidrigkeit erhoben; einige der Prytanen weigerten sich jedoch, eine Abstimmung darüber zuzulassen. Gegen diese wandte sich jetzt die Wut der von Theramenes aufgeputschten Menge. Die Prytanen knickten ein, und das gibt Xenophon die Gelegenheit, einen weiteren Mann, den dritten aus der Reihe seiner frühen Vorbilder, hervorzuheben: Allein Sokrates, der Sohn des Sophroniskos, sei seiner Meinung treu geblieben: Er werde nichts tun, was nicht dem Gesetz entspreche.

Schließlich wurde per Hand über einen Gegenantrag abgestimmt, über die Feldherren einzeln zu entscheiden. Er fand eine Mehrheit, doch dann wurde eine erneute Abstimmung erzwungen, bei der sich Kallixenos durchsetzte. Er hatte noch einen letzten Trumpf ausgespielt. Überraschend trat ein Schiffbrüchiger auf, der vorgab, sich auf einer vorbeitreibenden Mehltonne gerettet zu haben. Die Ertrinkenden hätten ihn beauftragt, dem Volk zu melden, die Feldherren hätten sie, die aufs Tapferste für die Vaterstadt gekämpft hätten, nicht gerettet.

Alle acht Strategen, die an der Schlacht teilgenommen hatten, wurden pauschal verurteilt, die sechs, die in Athen anwesend waren, den sogenannten Elfmännern übergeben und sofort hingerichtet; ihr Vermögen wurde eingezogen, der Zehnt der Göttin geweiht.

In Xenophons Schilderung gibt es Lücken – das entspricht seinem Stil –, aber auch Übertreibungen. Sie ist der Spiegel seiner aristokratischen Gesinnung, die des jungen Mannes von 406, aber auch des späteren Verfassers der *Hellenika*. Er hat eine klare Meinung, welche die Darstellung färbt und die er auch ausspricht, nicht *ex cathedra*, sondern in einer Rede, die er einem Mann namens Euryptolemos, der als Gegenspieler des Kallixenos fungiert, in den Mund legt. Sie macht fast die Hälfte des Arginusen-Kapitels aus, wurde angeblich in der Volksversammlung gehalten, gibt aber in etwa die Auffassung Xenophons wider. Darin spricht er dem Urteil die Legitimität ab, doch, soviel wir von diesem wissen, war es mit der attischen Rechtspraxis vereinbar. Xenophons Sympathien gelten unverkennbar den Feldherrn, doch bleiben Zweifel, ob die Rettung der Schiffbrüchigen wirklich möglich gewesen wäre, wie er glaubt, oder zugunsten einer Verfolgung des Gegners zurückgestellt wurde. Wie dem auch sei, der Aristokrat Xenophon sucht die Schuld beim Demos, unter dem der Adel meist das niedere Volk verstand. So schließt Xenophon auch mit der (unrichtigen) Behauptung, der Ankläger Kallixenos sei, von allen verachtet, hungers gestorben.

Den unrühmlichsten Part spielte aber der Oligarch Theramenes, dessen Intrigen Xenophon zwar nicht verschweigt, aber auch nicht anprangert. In seiner Schilderung der Herrschaft der sogenannten 30 Tyrannen ist ihm dann sogar eine (tragische) Heldenrolle zugedacht.

Unter den 30 Tyrannen

Mit der oligarchischen Machtergreifung im Jahre 404 beginnt das schwierigste Kapitel im Leben des Xenophon. Er zählte zu den Unterstützern der 30 Tyrannen wie auch andere Gegner der Demokratie, so Platon und Sokrates. Letzterer beteiligte sich aber nicht an den Verbrechen des Regimes, sondern ging, als er sich zum Komplizen eines Mordes machen sollte, einfach nach Hause.

Die Geschichte dieser Dreißig bildet in den *Hellenika* das spät entstandene Zwischenstück, das den an Thukydides angelehnten ersten Abschnitt mit dem Hauptteil, den Büchern III–VII, verbindet. Xenophon befand sich, als er die *Hellenika* schrieb, im Zwiespalt. Die Verbrechen der Dreißig waren offenkundig. In nur wenigen Monaten hatten sie mehr als 1500 Bürger ermordet: weil sie politisch missliebig waren oder weil sie, wie verschiedene Metoiken, einfach nur das Geld besaßen, das sie sich aneignen wollten, um die spartanische Besatzung zu bezahlen, die ihnen die Herrschaft sicherte. Dieses Regime unterstützte der Aristokratensohn Xenophon offenkundig von Anfang an und diente in seinem Reiterregiment.

Xenophon sagt, was er sagen muss, und verschweigt, was er verschweigen kann. *Per se* werden zunächst alle die exkulpiert, die den Dreißig zur Macht verhalfen, denn das war keine Verschwörung, kein Putsch, kein Staatsstreich. So sieht es jedenfalls Xenophon, der sich auf ganze 14 Wörter [im Original] beschränkt: «Diese Oligarchie entstand auf folgende Weise: Die Volksversammlung beschloss, 30 Männer zu wählen, um die althergebrachten Gesetze (neu) abzufassen, gemäß derer sie den Staat verwalten sollten.» Was er in Kürze notiert, ist nicht falsch, doch es ist nicht einmal die halbe Wahrheit.

Nach dem Friedensschluss mit Sparta waren auch die Verbannten wieder nach Athen zurückgekehrt, darunter die erbittertsten Oligarchen. Die Hetairien, politische Cliquen, die eine Herrschaft der Wenigen anstrebten, scheuten auch vor gewalttätigen Aktionen nicht zurück, während die Verfechter der Demokratie im Rückzug begriffen waren und auch ihren Einfluss im Rat der 500 verloren.

Der Ruf nach der *patrios politeia* erschallte, der althergebrachten Verfassung, doch verstand jede Seite etwas anderes darunter. Für die Aristokraten war dies eine Oligarchie, und ein solcher Machtwechsel war schon lange hinter den Kulissen mit Lysander, dem mächtigsten Mann in Sparta, abgestimmt worden. Nun brauchte es allerdings die Volksversammlung, um ihn zu bestätigen. Aber noch fand sich keine Mehrheit zum erneuten Sturz der Demokratie nach 411. Den Oligarchen, zu denen sich in führender Position neben Theramenes der lange Zeit verbannte Kritias gesellte, blieb nichts anderes übrig, als Lysanders Flotte zu Hilfe zu rufen. Genau diesen Umstand aber hatte Xenophon später vergessen, nicht aber sein Zeitgenosse, der Redner Lysias. Unmittelbar nach der Rückkehr zur Demokratie, im Jahre 403, hatte dieser eine Anklagerede gegen ein Mitglied der Dreißig gehalten, das aus keinem anderen Grund, als dessen Vermögen an sich zu reißen, einen Bruder dieses Lysias hatte hinrichten lassen. Xenophon selbst wird dieser Prozess nicht entgangen sein. Woran er sich aber nicht erinnert und vermutlich auch nicht erinnert werden wollte, das schilderte Lysias mit knappen Worten vor den Geschworenen. Die Rede ist überliefert, und mit ihrer Hilfe lässt sich rekonstruieren, was Xenophon nicht sagt: Theramenes zögerte die Einberufung der Volksversammlung so lange hinaus, bis die von den Lakedaimoniern angeforderte Flotte im Piräus eingetroffen war. Dann trat die Ekklesia in Anwesenheit Lysanders zusammen. Lysander ergriff das Wort: Die Bedingungen des Vertrages seien noch nicht erfüllt. Es gehe beim Antrag des Theramenes, die Macht den Dreißig zu übergeben, nicht um die Verfassung, sondern um das nackte Überleben Athens. Unter diesem Druck kippte die Stimmung. Einige verließen die Volksversammlung, andere verhielten sich ruhig, nur «wenige», behauptet Lysias, «stimmten ab, wie ihnen befohlen war»; die Oligarchen übernahmen die Macht.

Nachdem die Dreißig bereits kurz nach ihrer Einsetzung demokratische Strategen und Taxiarchen exekutiert hatten, verhafteten sie die, «die in der Demokratie von falschen Anklagen gelebt und die Aristokraten bedrängt hatten», und ließen sie von einem willfährigen Rat, der mit Männern aus der oligarchischen Verschwörung von 411 aufgefüllt worden war, zum Tode verurteilen. Die

Elfmänner übernahmen die Vollstreckung, als Büttel fungierten die 300 Peitschenträger.

Die Sykophanten, die von Denunziationen lebten, waren das erste Ziel, da ihre Exekutierung die uneingeschränkte Billigung nicht nur des Adels fand. Wenn Xenophon beschönigend notiert, die Leute, «die nicht ihresgleichen waren, nahmen diesen Vorgang nicht weiter schwer», spricht er auch für sich. Viel weiter ging seine nachträgliche Geduld mit den Dreißig allerdings nicht. Xenophon stellt seine Erkenntnis, dass die Dreißig einen Unrechtsstaat verkörperten, aber als einen langen Prozess dar und will damit Verständnis für die wecken, die sie unterstützten, mithin auch für seine Person. «Gewählt, um Gesetze abzufassen, zögerten sie doch immer wieder, diese niederzuschreiben und öffentlich zu machen», schreibt er und attestiert damit den oligarchischen Unterstützern des Regimes guten Glauben, der erst allmählich zu schwinden begann, und zwar in dem Maß, in dem auch die Dreißig ihre Machtbasis bröckeln sahen.

Nach einem internen Streit beschlossen die Dreißig, 3000 «Gutgesinnte» an den «Staatsgeschäften» zu beteiligen, d. h. rund ein Zehntel der Bürgerschaft. Alle, die nicht dazu zählten, wurden entwaffnet; sie waren ohne gerichtlichen Schutz und den Dreißig auf Gedeih und Verderb ausgeliefert. Besonders hart traf es, wie später während der Proskriptionen der römischen Republik, alle diejenigen, die vermögend waren. Den Elfmännern wurde nicht nur übergeben, wer die falsche politische Gesinnung hatte, auch Reichtum allein genügte für eine Denunziation. Das Sykophantenwesen, das liquidiert zu haben sich die Dreißig rühmten, erlebte eine neue Blüte. Die Zahl der widerrechtlichen Hinrichtungen stieg an, stellt auch Xenophon fest, und dann macht er sich doch von seiner Befangenheit frei und nennt die Verbrechen Verbrechen, auch wenn sie von Aristokraten begangen wurden. Er verharmlost, vertuscht oder verfälscht wenig: «Danach töteten sie, als könnten sie bereits tun, was sie wollten, viele aus Haß und viele des Geldes wegen. Um auch der Besatzung Geld geben zu können, beschlossen sie, jeder von ihnen solle einen Metoiken ergreifen lassen, hinrichten und sein Vermögen für die Staatskasse einziehen.» Auf Einzelheiten verzichtet er. Hier ist wieder Lysias Zeuge. Dieser berichtet, wie in einer Versammlung der Dreißig erörtert wurde, auf welche Weise sich am besten die Geldmittel beschaffen ließen, die nötig waren, um die Herrschaft zu stabilisieren.

«Theognis und Peison sagten in einer Versammlung der Dreißig, dass es unter den Metoiken einige gäbe, die der Regierung feindlich gesinnt wären. Das biete einen trefflichen Vorwand, dem Schein nach zu bestrafen, in Wirklichkeit aber Geld einzutreiben. Jedenfalls sei der Staat arm und die Regierung brauche Geld. Es bereitete ihnen keine Mühe», fährt Lysias fort, «die Zuhörer zu überreden, denn die machten sich nicht viel daraus, Menschen zu töten, aber umso mehr lag ihnen daran, Geld zu bekommen.» Sie nahmen zunächst zehn fest – dem Historiker Ephoros zufolge sollen es insgesamt 60 gewesen sein –, wobei sie, um den politischen Schein zu wahren, darauf achteten, dass sich darunter auch zwei ohne Vermögen befanden.

Lysias bringt Beispiele, veranschaulicht die Gewaltherrschaft und macht sie so in der Erinnerung nochmals lebendig. All das fehlt in den *Hellenika*, obwohl Xenophon dem Regiment der Dreißig mehrere Seiten widmet und obwohl sich deren Taten tief in das athenische Gedächtnis eingeprägt hatten und über Jahrzehnte die Innenpolitik bestimmten. Er akzeptierte, was er als schmerzliche Wahrheit, vor der er nach Kleinasien geflohen war, hatte erkennen müssen, aber die Einzelheiten wollte er sich sparen. Schließlich fand er für sich einen Ausweg aus dem Dilemma. Er teilt die Dreißig in Gute und Schlechte und zählt sich zu den Anhängern der Ersteren. Ihren Führer sah er in jenem Theramenes verkörpert, den er noch in der Arginusen-Affäre in trübem Licht geschildert hatte. Theramenes, der zu jeder Kehrtwende bereit war, wenn sie dem eigenen Vorteil diente, und der federführend bei der Etablierung der Dreißig war, wird nun plötzlich zum Gegner seiner eigenen Schöpfung. Laut Xenophon begann er sich dem Kritias zu widersetzen, weil dieser bereit war, Menschen in großer Zahl zu töten: Es sei nicht rechtens, jemanden hinzurichten, nur weil er vom Volk geehrt werde, den Aristokraten aber nichts Böses getan habe. Zudem erschien Theramenes die Erweiterung der Machtbasis auf genau 3000 Bürger nicht ausreichend. Er fürchtete um die Macht der Dreißig und wollte ihr eine bessere Grundlage verschaffen. Sein Motiv – er trug nicht ohne Grund selbst bei seinen oligarchischen Freunden den Beinamen «Kothurn», Theaterschuh also, der an jeden der beiden Füße passt – war nicht neu: Die Sorge um den eigenen Kopf. Xenophon aber stilisiert die plötzliche Wende zum Kampf um moralische Werte.

Diesmal fand Theramenes jedoch in der Auseinandersetzung mit Kritias seinen Meister. Dieser inszenierte, ehe sein Gegenspieler ihm zuvorkommen konnte, einen Prozess vor dem Rat der 500. Xenophon macht ihn mit zwei großen Reden der beiden Kontrahenten lebendig, die freilich nicht authentisch sind. Wie er es bei Thukydides gelernt hat, versammelt er alle Argumente, die für oder gegen die Sache sprechen, in diesen beiden Logoi, ohne dass dies auch der genaue Wortlaut gewesen sein musste.

Einige Beispiele für die Verbrechen der Dreißig, die Xenophon bisher ausgeklammert hat, integriert er nun in die Rede des Theramenes, um diesen Gelegenheit zu geben, sich von dem zu distanzieren, was die Dreißig als Kollektiv beschlossen hatten. Den Vorwurf des «Kothurn», es allen Seiten recht zu machen, verkehrt Theramenes ins Gegenteil und stellt sich als jemand dar, der – als Verfechter des Rechts – niemandem gefalle. Xenophon war zweifelsohne Augenzeuge dieses – nach der Anklage gegen die Feldherren der Arginusen-Schlacht – zweiten Schauprozesses des klassischen Athen, und sicherlich hinterließ auch dieser seine Wirkung auf ihn. Auch der dritte große Prozess im Jahre 399 sollte indirekt ihn betreffen, doch dann würde er weit entfernt in Asien sein, beim Zug der Zehntausend.

Seit Risse in der Führung spürbar wurden, spaltete sich der Rat der 500, das Werkzeug der Dreißig, in Anhänger des Theramenes und solche des Kritias. Dieser hatte deshalb junge Aristokraten, mit Dolchen bewaffnet, vor das Ratsgebäude bestellt. Sie bildeten eine Drohkulisse, falls einige der Ratsherren eine eigene Meinung haben sollten. Und tatsächlich machte die Rede des Theramenes Eindruck auf viele Bouleuten. Ein Freispruch schien sich abzuzeichnen. Kritias verließ das Gebäude und besprach sich mit den übrigen Dreißig, die bewaffneten Claqueure nahmen Aufstellung. Er entzog nun dem Rat die Rechtsprechung und berief sich auf eine Verfügung der Dreißig, unter der auch Theramenes' Name stand. Nur den ausgewählten 3000 Bürgern stand Rechtsschutz zu, die Mehrheit aber war der Willkür der Dreißig ausgeliefert. So erklärte Kritias, er streiche Theramenes' Name von der Liste der Dreitausend und verurteile ihn kraft der Ermächtigung der Dreißig zum Tode. Theramenes flüchtete an den Altar, der sich im Ratsgebäude befand, hielt, wie Xenophon, der das miterlebte, berichtet, eine letzte verzweifelte Rede, rief Götter und Menschen an, «auf das herabzusehen, was hier geschehe». Die Ratsherren, von denen ihn noch kurz vorher eine Majorität hatte freisprechen wollen, blieben stumm und verhielten sich ruhig, als er von den Bütteln des Henkers ergriffen und aus dem Ratssaal geschleppt wurde. Die Elfmänner zerrten den sich wehrenden und schreienden Theramenes über den Marktplatz und zwangen ihn, den Schierlingsbecher zu trinken. Unter dem Eindruck dieses dramatischen Geschehens gibt Xenophon dem sterbenden Theramenes noch ein Schlusswort. Er habe den letzten Tropfen des Bechers zur Erde geschleudert und gesagt: «Dies gehört dem schönen Kritias.»

Xenophon weiß sehr wohl, dass dies Legende war, doch wollte er abschließend Lobendes über Theramenes sagen und ergänzt: Er wisse, dass solche Aussprüche nicht von Bedeutung seien, doch fände er an diesem Mann bewundernswert, dass er angesichts des Todes weder seine Geistesgegenwart noch seinen Witz verlor. Dass dies dem widersprach, was er vorher selbst gesehen hatte, kümmerte Xenophon Jahre später nicht. In diesem Fall wollte er den Worten anderer mehr vertrauen als seinen eigenen Augen.

Die oligarchisch geprägte Überlieferung hat im 4. Jahrhundert diese hagiographische, auf Xenophon beruhende Tendenz noch ausgebaut und das profane Ende des Theramenes um eine fromme Mär erweitert. So habe es der Philosoph Sokrates – eine platte Dublette zum Auftritt im Arginusen-Prozess – noch in letzter Minute unternommen, das Unrecht zu verhindern, indem er mit zwei Vertrauten versuchte, die Schergen an der Ausführung der Hinrichtung zu hindern. Dieser Version widerspricht Xenophon allerdings selbst in den *Memorabilien*. Dort morden die Dreißig und stiften die Bürger zu Verbrechen an, ohne dass Sokrates für Theramenes mildernde Umstände findet.

Die Reiterei der Dreißig

Die Dreißig retteten ihre Macht, doch sie mussten ihre Repressalien verstärken. Per Proklamation verboten sie allen, die nicht auf der Liste der Dreitausend standen, die Stadt zu betreten; sie vertrieben sie von ihren Gütern und beschlagnahmten ihre Ländereien. Doch das letzte Kapitel des oligarchischen Intermezzos hatte begonnen. Es ist für Xenophon *a posteriori* besonders schmerzhaft, denn die Reiter wurden noch stärker zu Stützen der Dreißig. Der junge Xenophon war, wie gesagt, einer der ihren, in Berücksichtigung seines Alters ein Mitläufer zu Pferd.

Der Sturz der Dreißig nahm seinen Ausgang in einem verlassenen Kastell, das im Norden Attikas an der Grenze zu Boiotien lag. Dort, in Phyle, setzten sich, von Theben unterstützt, zunächst 70 Emigranten aus Athen fest und begannen unter der Führung Thrasybuls, eines ehemaligen Strategen und überzeugten Demokraten, mit ihrem Kampf gegen das oligarchische Regime. Dieses erkannte die Gefahr sofort, die Dreitausend und die gesamte Reiterei rückten gegen das Fort aus. Es war November, und an diesem Tag herrschte heiteres Wetter. Im Gefühl der Überlegenheit suchten «einige verwegene junge Männer» – zu denen sich der junge Xenophon, der dabei war, vermutlich auch zählte – sogleich das Kastell zu stürmen, mussten sich aber mit Verwundungen zurückziehen. Gegen Befestigungen richtete ein Reiterangriff nichts aus. So beschlossen die Dreißig, den Feind auszuhungern, und begannen Phyle mit einer zweiten Mauer zu umringen. Doch in der Nacht setzte starker Schneefall ein und währte auch den folgenden Tag. Unverrichteter Dinge zogen sich die Truppen im dichten Schneegestöber wieder nach Athen zurück. Um zu verhindern, dass sich Thrasybul und seine Leute aus der Umgebung verpflegten, entsandten die Dreißig nun einen Großteil der lakedaimonischen Besatzung und zwei Reiterregimenter. Sie lagerten etwa 15 Stadien von Phyle entfernt an einem «mit Gestrüpp bewachsenen Ort», ein Detail, das wie die Schilderung des Wetters den Augenzeugen verrät.

Inzwischen wurden alle Bürger, die nicht zu den Dreitausend zählten, aus der Oberstadt vertrieben und mussten sich im Piräus ansiedeln. Xenophon weiß nichts von dieser gravierenden Maßnahme, er war offenbar nicht in Athen, sondern mit den Reitern seines Regiments auf Bobachtungsposten.

Auch die folgende Schilderung belegt seine dortige Anwesenheit. Binnen kurzem hatte sich die Zahl der Exilanten verzehnfacht. Thrasybul nutzte nun die Sorglosigkeit der Bewacher aus. In der Nacht näherte er sich ihnen bis auf 300 oder 400 Meter und, als das Lager zum Leben erwachte, so Xenophon, und jeder seinen gewohnten Gang machte, die Trossknechte die Pferde striegelten und lärmten, griffen die Demokraten unvermutet an. Sie schlugen die Überraschten in die Flucht und verfolgten sie über eine kurze Strecke. Dabei töteten sie mehr als 120 Schwerbewaffnete. Die Reiter vermochten schneller zu fliehen, nur drei, die sie noch auf ihrem Lager überraschten, wurden niedergemacht, resümiert Xenophon die Niederlage und nennt noch den Namen eines gefallenen Gefährten. Hilfe aus Athen kam zu spät. Thrasybul errichtete ein Siegeszeichen.

Bei Phyle erfüllte Xenophon seine militärische Aufgabe als Reiter. Bald darauf aber wurde er als Helfershelfer in das letzte große Verbrechen der Dreißig verwickelt. Diese fühlten sich nach den Vorgängen bei Phyle nicht mehr sicher, erwarteten eventuell einen Überfall auf Eleusis oder wollten sich dort, wie Xenophon später glaubt, einen Zufluchtsort sichern. Jedenfalls zogen sie mit der gesamten Reiterei dorthin. Unter dem Vorwand einer Musterung zwangen sie alle Waffenfähigen, sich in eine Liste einzutragen und dann einzeln durch ein kleines, zum Meer offenes Tor hinauszugehen. Vor dem Tor warteten bereits zu beiden Seiten die athenischen Reiter, unter ihnen auch Xenophon, und nahmen jeden, der heraustrat, fest. Anschließend wurden sie nach Athen verschleppt und den Elfmännern übergeben. Am nächsten Morgen versammelten sich die Schwerbewaffneten und die Reiter im Odeion, das Perikles hatte erbauen lassen. Xenophon hörte selbst die Rede des Kritias, von der er einen kleinen Auszug wiedergibt. Kritias begründete die Notwendigkeit, die Gefangenen zum Tode zu verurteilen, und ließ danach abstimmen. Ebenso wurden alle wehrfähigen Männer der Insel Salamis hingerichtet. Die Zahl der Ermordeten stieg, wie Lysias behauptet, auf 2500.

Auch Xenophon stimmte für das Todesurteil, daran lassen die Umstände, wie er sie selbst beschreibt, keinen Zweifel. Der Stimmstein wurde offen vor den Augen des Kritias abgelegt, und die Hälfte des Odeions füllten die lakedaimonischen Besatzungssoldaten, bereit, jeden zu ergreifen, auf den Kritias wies. Die Vorgehensweise sei ganz nach dem Geschmack der Bürger gewesen, schreibt Xenophon in den *Hellenika*, schränkt aber ein: der Bürger, die nur auf ihren eigenen Vorteil bedacht waren. Wir dürfen annehmen, dass sich zumindest der alte Xenophon nicht (mehr) zu diesen zählte.

Der Sturz

Nur vier Tage nach dem Überraschungssieg bei Phyle kam Thrasybul des Nachts mit seinen inzwischen auf 1000 Mann angewachsenen Truppen in den Piräus, wo sich die Gegner der Dreißig sammelten. Diese boten sofort die Dreitausend, die Besatzer und die Reiterei auf. Thrasybuls Truppen waren in der Minderzahl, hatten aber den Vorteil des Ortes für sich. Auf dem Hügel von Munychia besetzte Thrasybul die Straße, die zum Heiligtum der Artemis führte, so dass die Gegner von unten gegen ihn vorstoßen mussten. Xenophon hat als Augenzeuge Truppenaufstellung und Örtlichkeit genau beschrieben. Die eigentliche Schlacht tut er mit einem Satz ab; er wusste inzwischen, dass dabei immer alles anders war, als der Leser es sich vorstellte und er es erzählen konnte. Die Reiterei kam offenbar gar nicht zum Einsatz. Thrasybul siegte und verfolgte den Feind. Die Dreißig verloren zwar nur etwa 70 Mann, eine unbedeutende Zahl, doch unter den Toten befand sich Kritias. Die Nervosität der verbliebenen Tyrannen – es gab noch einen weiteren Toten unter ihnen – steigerte sich, als erste Versöhnungsappelle des Gegners nicht ohne Widerhall blieben. Der Rat tagte am nächsten Tag, und es wurde klar, dass die Dreißig ihre Macht über die 3000 ausgesuchten Bürger verloren hatten. Doch auch diese waren unter sich zerstritten; es gab nur eines, was allen gemeinsam war: Die eigenen Interessen, die jeder für sich verfolgte. So schälten sich zwei Gruppen heraus. Die einen, die an den Verbrechen der Dreißig direkt oder sogar als Anstifter beteiligt waren und daher eine Aussöhnung und ein Ende der

Herrschaft fürchten mussten, und die anderen, die von sich glaubten, nichts Unrechtes begangen zu haben und daher Veränderungen mit Gelassenheit entgegensehen zu können.

Die Dreißig wurden schließlich abgesetzt und ein neues oligarchisches Gremium von zehn Männern, je einer aus einer Phyle, gebildet. Die Angst war damit unter den Dreitausend in der Oberstadt nicht gewichen, im Gegenteil, das Misstrauen untereinander nahm zu. In dieser Situation wurden die Reiter zur wichtigsten Stütze der Oligarchie, die Reiterführer der einzelnen Phylen sprachen sich in allem mit den Zehn ab. Mit Pferd und Schild wachten die Reiter nachts im Odeion, machten abends und in der Morgendämmerung Patrouillenritte längs der Mauer. Auch Xenophon war ein eifriger Anhänger der Regierung, doch keineswegs blind für deren Verfehlungen. So kritisiert er sogar den Reiterführer Lysimachos, der bei einem Streifzug Leute aus dem Piräus niederhauen ließ, obwohl sie, wie Xenophon schreibt, «inständig um ihr Leben baten».

Trotz des Sieges im Piräus schien eine Rückkehr zur Demokratie versperrt. Die neue Oligarchie bemühte sich auch keineswegs um eine Aussöhnung. Die Zehn verfügten über die Reiterei, aber vor allem hatten sie – und auch die verbliebenen Dreißig, die inzwischen in Eleusis waren – einen mächtigen Verbündeten: Lysander, den Sieger von Aigospotamoi. Freilich war es gerade dieser Umstand, der bald zu ihrem Sturz beitrug. Wie die Athener im 6. Jahrhundert entgegen allen Legenden, die sie in die Welt setzten, sich nicht selbst von den Tyrannen befreiten, kam die Rettung vor der Oligarchie auch diesmal von außen. In Sparta entspann sich ein Führungsstreit um die richtige Politik gegenüber Athen. Lysander hatte sich mit seiner Einsetzung von Harmosten bei vielen Griechen verhasst gemacht und konterkarierte aufs Schärfste das Bild des Befreiers vom Tyrannen Athen, das die spartanische Propaganda über Jahrzehnte verbreitet hatte. Die neuen Ephoren – sie wurden jährlich gewählt – und König Pausanias störten sich außerdem an seinen Eigenmächtigkeiten. Als die Zehn und die Dreißig um Hilfe in Sparta nachsuchten, weil – wie sie es formulierten – das Volk von den Lakedaimoniern abgefallen sei, setzte es Lysander zwar durch, dass er als Harmost und sein Bruder als Nauarch entsandt wurden, um den Piräus «zu Wasser und zu Land» zu belagern und auszuhungern. Doch auch König Pausanias brach mit einem eigenen Heer und drei Ephoren im Gefolge aus Sparta auf, von Neid getrieben, will Xenophon wissen. Er lieferte sich mit den «Leuten aus dem Piräus» eine Art Geplänkel, doch war er ihnen wohlgesinnt. Schließlich fanden sich alle Seiten – die aus dem Piräus von Pausanias heimlich instruiert – zu Friedensgesprächen in Sparta ein. Eine Kommission von 15 Männern wurde nach Athen geschickt, um die Parteien auszusöhnen: «Sie versöhnten sie aber unter der Bedingung, dass sie untereinander Frieden hielten und jeder an den ihm angestammten Ort zurückkehren dürfe mit Ausnahme der Dreißig, der Elfmänner und der Zehn, die im Piräus regiert hatten. Wenn aber jemand von denen aus der Stadt der Sache nicht traute, durfte er laut Beschluss nach Eleusis übersiedeln.»

Xenophon berichtet nun ganz sachlich von diesem Friedensschluss und gibt sogar dem Anführer der demokratischen Fraktion eine abschließende Rede, in der er ihn zur Versöhnung aufrufen lässt. Dabei ist jedoch der junge Reiter Xenophon mit seinen ersten Kriegseindrücken vom erfahrenen Soldaten, Gutsbesitzer und Schriftsteller Xenophon zu trennen, der in seinem Leben schon alle Regierungsformen – Tyrannis, Oligarchie, Monarchie und Demokratie – gesehen und erlebt hatte. Das Resümee, das dieser am Ende seines späten Einschubs in die *Hellenika* zieht, lässt sich durchaus als Lob der Staatsform verstehen, die er einst bekämpft hatte, der aber nun seine beiden Söhne dienten. «Sie schworen, erlittenes Unrecht zu vergessen, und so leben sie heute noch gemeinsam als Bürger eines Staates und das Volk hält seine Eide.»

Das ist aus dem Abstand von Jahrzehnten geschrieben. Der junge Ritter Xenophon empfand 403 sicher anders. Die erzwungene Aussöhnung war eine furchtbare Niederlage der Aristokraten; sofern sie ihrer eigenen Gräuelpropaganda glaubten, mussten sie nun Schlimmstes erwarten. Xenophon war als Anhänger der Dreißig und danach der Zehn diskreditiert. In den Kreisen, in denen er verkehrte, sammelten sich die Söhne reicher Eltern, alle geschworene Feinde der Demokratie. Xenophon sah keine Zukunft in diesem Staat, doch wusste er auch nicht, wie er ihm den Rücken kehren konnte.

2

DER ZUG
INS LANDESINNERE:
DIE ANABASIS
(401)

Die Einladung

Während Xenophon zuerst für die Dreißig, dann für die Zehn stritt, die Niederlage der Oligarchen hinnehmen musste, in der neuen Demokratie lebte, sich aber nicht in sie eingewöhnen konnte, traten Tausende von Kilometern entfernt am persischen Königshof die Ereignisse ein, die sein weiteres Leben bestimmen sollten. Schon der erste Satz der *Anabasis* geht darauf ein. Der sonst übliche Prolog, in dem der Autor sich vorstellt, seinen Namen und seine Heimatstadt nennt, fehlt. Xenophon veröffentlichte seine Schrift anonym, später erfand er, wie gesehen, einen Verfasser, Themistogenes aus Syrakus. So kann er nun ohne Umschweife zum Thema kommen. Der Einleitungssatz ist schlicht, nur wenige Wörter lang, deutet aber bereits den Konflikt an, der zum Zug der Zehntausend führte, auch wenn dessen Ziel zunächst ein Geheimnis umgab, das sich Xenophon (und anderen) erst nach Wochen des Marsches enthüllte.

«Dareios und Parysatis», eröffnet Xenophon sein Werk, «hatten zwei Söhne; der ältere war Artaxerxes, der jüngere Kyros.» Es beginnt wie ein Grimm'sches Märchen – und endet ähnlich blutig. Es waren zwei Königssöhne – und nur einer konnte König werden. Parysatis und Dareios hatten mehrere Kinder, Arsakes (Artaxerxes) war der älteste Sohn, Kyros aber «im Purpur geboren», d. h. der erste Sohn, nachdem Dareios den Thron bestiegen hatte. So war auch ein

Artaxerxes II., Relief, Persepolis.

knappes Jahrhundert zuvor Xerxes als der eigentlich jüngere zur Regierung gelangt. Dareios (II.) aber übergab die Herrschaft an den älteren, der sich von da an Artaxerxes (II.) nannte. Ein Thronstreit schien vorprogrammiert, und er zeichnete sich auch schon früh ab: Dareios hatte Kyros bereits in jungen Jahren zum Satrapen von Phrygien, Lykien und Kappadokien gemacht und ihm den Oberbefehl über die kleinasiatischen Truppen gegeben, da ihm die von Alkibiades beeinflusste Schaukelpolitik zwischen Athen und Sparta nicht gefiel. Das bedeutete eine Entmachtung des bisherigen Oberkommandierenden, des Satrapen Tissaphernes. Dieser fügte sich scheinbar, freundete sich mit Kyros an und zog gemeinsam mit ihm aus der Provinz an den Königshof, als Dareios ein letztes Mal die Großen seines Reiches um sich versammelte. Nach Dareios' Tod verleumdete Tissaphernes jedoch Kyros bei dessen Bruder, indem er behauptete, dieser trachte ihm nach dem Leben. Nur dem Eingreifen der Mutter, die ihren jüngeren Sohn bevorzugte, war es zu verdanken, dass das Todesurteil aufgehoben und Kyros wieder in seine Satrapie entsandt wurde. So berichtet es Xenophon und zeigt sich überzeugt, dass erst dies der Grund für Kyros war, nach der Königswürde zu streben.

Da er sich nun der Abhängigkeit von seinem Bruder bewusst war, genügte ihm die Macht im Westen nicht mehr. Er machte Pläne für einen Umsturz. Dabei halfen ihm sowohl eine geschickte Diplomatie, d.h. Belohnungen, Versprechen und Geschenke, wie auch die Intrigen seiner Mutter am Hof. Die Perser seiner Satrapie gewann er durch Wohltaten, die griechischen Städte in Ionien fielen – Milet ausgenommen – von Tissaphernes zu ihm ab, weil er ihre Abgabenlast verminderte, und die griechischen Söldner traten in seinen Dienst, weil er sie gut bezahlte. Den Großkönig beruhigte er, indem er die fälligen Abgaben regelmäßig entrichtete und die Truppenbewegungen mit dem Kampf gegen Tissaphernes erklärte, den Artaxerxes duldete, weil seine Stellung noch schwach war.

Kyros konzentrierte seine Anwerbungen auf Europa. Als wichtigsten Mann und ersten Vertrauten unter den Griechen verpflichtete er den erfahrenen spartanischen Feldherrn Klearchos, der, aus seiner Heimat verbannt, zu ihm geflüchtet war. Xenophon bezeichnet ihn als den Einzigen, der schon frühzeitig in die Aufstandspläne eingeweiht war. Er erhielt zunächst von Kyros 10000 Dareiken, mit denen er auf der Chersones Krieg gegen die dortigen Thraker führte, aber mit seinem Söldnerkontingent heimlich auf seinen Einsatz in Asien wartete. Ein weiteres Heer von 4000 Mann unterhielt Kyros in Thessalien. Es war dem Strategen Aristippos unterstellt, einem Mitglied des Herrscherhauses der Aleuaden, wurde aber ebenfalls in Sardes erwartet. Weitere Söldnerführer mit ihren Mannschaften dingte Kyros auf der Peloponnes, so Sophainetos aus Stymphalos, Xenias aus Arkadien, Pasion aus Megara und Sokrates aus Achaia. Aus dem fernen Syrakus kam der Stratege Sosis und aus Boiotien der Mann, der Xenophons Leben in neue Bahnen lenken sollte, ein Jugendfreund, Proxenos aus Theben. In etwa gleichaltrig, hatten sie sich bei philosophischen Studien in Athen kennengelernt, teilten aber auch ähnliche militärische Interessen. Proxenos wurde Gastfreund des Kyros und warb für ihn 2000 Söldner in Boiotien an. Im Winter 402/401 brachte er sie nach Sardes. Von dort schickte er einen Brief an Xenophon, lud ihn nach Sardes ein und versprach, ihn als Freund bei Kyros einzuführen, der ihm – nach eigenen Worten – wichtiger war als seine Vaterstadt. Plötzlich und unverhofft bot sich für Xenophon die Chance, der ungeliebten Demokratie den Rücken zu kehren. Wie dankbar er Proxenos dafür war, zeigt eine später im Schatzhaus der Athener in Delphi aufgestellte Weihung, die die Namen beider trägt.

Xenophon befragte freilich zuerst noch Sokrates, als dessen Schüler er sich verstand. Sokrates hatte Bedenken, da Kyros Partei war und den Lakedaimoniern die Gelder gewährt hatte, die ihnen zum Sieg verholfen hatten: Das demokratische Athen werde eine Freundschaft mit Kyros als Affront betrachten. Er riet Xenophon deshalb, vor seiner Abreise das Orakel in Delphi zu befragen. Dieser aber wollte sich nicht mehr von dem Unternehmen abbringen lassen und fragte daher nicht, ob er überhaupt fahren solle, sondern nur welchen Göttern er opfern müsse, um die Reise glücklich zu vollenden. Apollon nannte ihm die gewünschten, Sokrates aber machte ihm Vorhaltungen, weil er die Götter habe täuschen wollen. Letztlich zeigte er jedoch Nachsicht mit seinem jungen Schüler: «Da du so gefragt hast, mußt du auch tun, was der Gott dir befohlen hat.»

Nach seiner Rückkehr aus Delphi bereitete Xenophon Anfang 401 seine Fahrt vor. Als Aristokrat reiste er in Begleitung. Er besaß umfangreiches Gepäck, zu dem Waffen und seine Rüstung gehörten. Für das Reitpferd, den Leibdiener und weitere Sklaven musste Platz in einem Schiff gemietet werden. Mit ihm segelte er zuerst nach Ephesos, von wo er sich auf den dreitägigen Weg nach Sardes machte. Was genau er sich davon versprach, sagt er nicht. Auf jeden Fall wollte er seine Heimatstadt eine Weile verlassen. Daraus sollten dann mehr als 30 Jahre werden.

Xenophon erreichte die Metropole, kurz bevor Kyros aufbrach.

Proxenos machte ihn mit diesem bekannt und Kyros erlaubte ihm, als Zivilist am Zug teilzunehmen: Er unterstehe seiner Befehlsgewalt, nach dem Ende des Zuges könne er sich aber wieder frei bewegen.

Der Aufbruch

Die meisten der griechischen Söldnerkontingente befanden sich schon in Sardes. Die Anmarschwege waren jedoch unterschiedlich lang. So stieß der Thessalier Menon erst vier Tage nach dem Aufbruch zu Kyros, Klearchos und Sophainetos erreichten das Heer sogar erst in der sieben Tagesreisen entfernten Stadt Kelainai, die an der Mündung des Marsyas in den Mäander lag. Kyros, der dort ein Schloss und einen Park mit wilden Tieren (griechisch *Paradeisos* genannt) besaß, musste hier volle 30 Tage warten, bis alle griechischen Nachzügler eingetroffen waren. Dann hielt er eine Musterung ab und zählte seine griechischen Truppen: 10000 Schwerbewaffnete und 2000 Peltasten. Dazu kam das Gros der persischen Truppen, die Kyros im eigenen Machtbereich rekrutiert hatte, mehrere zehntausend Fußsoldaten und einige tausend Reiter unter dem Befehl des Ariaios, dazu die berittene Leibwache des Kyros, 600 Mann stark. Soweit die Kombattanten. An den Zug schloss sich eine Karawane von Ochsenkarren und Tragtieren mit ihren Treibern an, dazu Herden von Rindern und Schafen als lebender Vorrat. Händler und Kaufleute reisten mit, Ärzte und Pflanzenheilkundige, Seher und Weissager, Marketenderinnen und Mätressen, Diener und Sklaven, die die Pferde versorgten und die schweren Schilde der Hopliten trugen.

Das offizielle Ziel des Zuges war das Land der Pisider. Es lag im Süden Kleinasiens und ist vom Taurosgebirge mit seinen Hochebenen, Schluchten, Flüssen und Becken geprägt. In dieser Berglandschaft lebten die Pisider als Bauern und Hirten und kümmerten sich wenig um die persische Herrschaft. Eine Strafexpedition gegen dieses Bergvolk stieß daher nicht auf Unglauben; was aber Zweifel säte, war die Größe des dazu aufgebotenen Heeres. Als Erster wurde Kyros' Konkurrent, der Satrap Tissaphernes, argwöhnisch. Vor allem die große Zahl der angeworbenen griechischen Söldner erregte sein

Misstrauen. Er stand im Krieg mit Kyros, so war sein erster Gedanke, die Rüstung gelte ihm. Dann jedoch wurden die Truppen von Milet abgezogen, das er im Vorjahr erobert und gegen die von Kyros unterstützten Vertriebenen verteidigt hatte. Als sich das Heer des Kyros schließlich nach Osten in Bewegung setzte, war sich Tissaphernes seiner Sache sicher, wem der Zug galt. Er stellte eine Reiterei von 500 Mann zusammen und brach auf dem schnellstmöglichen Weg zum Großkönig auf, um ihn persönlich vor der drohenden Gefahr zu warnen.

Die Söldner

Den Kern der Armee des Kyros bildeten die griechischen Söldner. Mit ihrer Hilfe hoffte der Thronprätendent, die numerisch weit überlegenen Truppen seines Bruders besiegen zu können. Spätestens jetzt begann die Zeit, in der die Söldner zu einer Macht heranwuchsen, ohne die keine militärische Entscheidung mehr fiel. Ob der Vormarsch des makedonischen Königs Philipp gegen Griechenland oder die Eroberung Asiens durch seinen Sohn Alexander, kein Feldzug des 4. Jahrhunderts erfolgte mehr ohne Söldner. Dieses Gewerbe besaß 401 aber schon eine lange Tradition in Hellas. Das Land war karg, die Bevölkerung wuchs schnell. Als eine der Lösungen aus der sozialen Krise bot sich die Kolonisation an, die andere bestand darin, sich als Söldner zu verdingen. Orientalische Potentaten hatten schon im 6. Jahrhundert Bedarf und das erforderliche Geld. Selbst in Ägypten wurden Söldner angeworben, bis die Eroberung des Landes durch den Perserkönig Kambyses 525 dem ein Ende machte. In den Poleis des Mutterlandes stellten im 5. Jahrhundert allerdings die Bürger das Heer, nur die Alleinherrscher in Sizilien griffen, wie es vorher Peisistratos in Athen getan hatte, auf Söldner zurück.

Das änderte sich, je länger der Peloponnesische Krieg (431–404) dauerte, die Einsätze immer brutaler wurden, die Akteure mehr und mehr verrohten. Die Athener setzten zunächst thrakische Leichtbewaffnete sein, schickten sie bald aber wieder nach Hause, als sie ihnen zu teuer kamen. In größerem Stil waren es die Spartaner, die sich auf Söldner stützten. Die Zahl der Vollbürger war drastisch gesunken, viele waren an das Land gebunden, Aufstände der

Heloten drohten und die peloponnesischen Verbündeten, meist Bauern, konnten keine langen Feldzüge unternehmen.

Aus den unfruchtbaren Regionen der Peloponnes kam auch das Gros der Söldner. Der steinige Boden erbrachte nur wenig, und so waren es vor allem Arkader, aber auch Achaier, welche die Hauptmasse der Zehntausend ausmachten. Viele, die nur das Kriegshandwerk gelernt hatten, wurden 404 nach dem Sieg Spartas nicht mehr gebraucht. Das Angebot des Kyros war daher ein Hoffnungsschimmer. Dem jungen Kyros attestierten die Griechen Charisma, Xenophon spricht gern von seiner *arete*, die für viele Angeworbene maßgebend gewesen sei. Aber selbst für Xenophon war diese nur eines der Motive, am Zug teilzunehmen. Die Suche nach Abenteuern spielte sicher eine weitere Rolle. Den wohl wichtigsten Grund nennt der Publizist Isokrates: Die Söldner seien – in der Mehrzahl – nicht nach ihrer Tüchtigkeit ausgesucht worden, vielmehr wären sie aufgrund ihrer Bedürftigkeit nicht mehr in der Lage gewesen, in ihrer Heimat zu leben. Dass Kyros über große Geldmittel verfügte, war in Griechenland bekannt, und das war für die allermeisten Söldner – wenn auch nicht für den vermögenden Xenophon – sicherlich der entscheidende Anreiz. Kyros hatten sie sich 401 auch deswegen angeschlossen, weil begüterte Auftraggeber rar waren. Der Prinz sicherte ihren Unterhalt. Darüber hinaus schien der geplante Feldzug keine großen Risiken zu bergen, und darauf achteten die Söldner. Eine Verpflichtung empfanden sie gegenüber ihrem Soldherrn aber nur so lange, wie er sie bezahlte. Blieb der Sold einmal aus, schwand auch ihre Loyalität. Im *Oikonomikos* klagt Xenophon über Söldner, die «sich weder anstrengen noch Gefahren auf sich nehmen wollen, die zu gehorchen für unter ihrer Würde halten und sich weigern, sofern nicht Zwang angewendet wird, ja sich sogar noch damit brüsten, dass sie sich dem Befehlshaber widersetzen».

Plünderungen erschwerten die Disziplin zusätzlich. Für die Söldner aber waren sie unverzichtbare Ergänzung des monatlichen Lohnes. Doch Beute ließ sich nicht immer sofort zu Geld machen. So musste persönlicher Besitz, zu dem neben materiellem Raubgut auch Sklaven oder Vieh zählten, gesichert werden, und das lenkte die Aufmerksamkeit ab und schwächte die Einsatzbereitschaft. Die

Probleme verkomplizierten sich beim Marsch der Zehntausend noch, je näher der Zug der Heimat kam. Nachdem die größte Gefahr überstanden und das Schwarze Meer erreicht war, lautete der alles beherrschende Gedanke, sich noch schnell irgendwelchen Besitz anzueignen, der sich, zurückgekehrt, vorzeigen ließ. Selbst vor Piraterie schreckten die Söldner nicht zurück. Raubzüge wurden im Rücken der Heeresleitung organisiert und schlecht ausgeführt, da jeder nur auf seinen Anteil sah. Viele Söldner fanden bei Plünderungen den Tod. Sie konnten auch als Sklaven verkauft werden – so vom Harmosten von Byzanz –, wenn sie sich nicht an Abmachungen und Befehle hielten oder das Heer verließen, um ihre Beute in Sicherheit zu bringen.

Die Feldherren und Hauptleute, die Lochagen, waren kaum in der Lage, dies zu verhindern. Ihnen standen keine wirksamen Strafmittel zur Verfügung. Bestenfalls wurden sie aufgrund persönlicher Autorität respektiert. Ansonsten mussten sie sich mit Soldversprechungen begnügen, Vergünstigungen gewähren oder Beute in Aussicht stellen. Hauptleute konnten ein- und abgesetzt, Feldherrn konnte der Gehorsam verweigert werden. Der Spartaner Cheirisophos war auf dem Rückmarsch nur eine Woche gewählter Oberbefehlshaber, bevor sich einige Truppenteile selbständig machten.

Zwischen den verschiedenen Söldnerkontingenten kam es immer wieder zu Reibereien. So gerieten einige Söldner Menons und des Klearchos aneinander. Im Streit schlug Klearchos einen von ihnen. Dies sprach sich schnell herum, und als er am selben Tag durchs Lager ritt, warf einer von den Leuten Menons eine Axt, mit der er gerade Holz spaltete, nach ihm, andere griffen zu Steinen. Plötzlich standen sich die beiden Söldnerhaufen bewaffnet gegenüber, und allein Kyros' Autorität verhinderte einen blutigen Streit.

Nur gegen ihre Offiziere – und den Feind – hielten die Soldaten zusammen. Allenfalls in bedrängter Lage gab es so etwas wie Solidarität, aber auch da dachten die meisten nur daran, die eigene Haut zu retten. In ihrer Heimat waren manche von ihnen Ausgestoßene, viele lebten am Rand der Gesellschaft. Hoffnung auf Anerkennung beruhte nur darauf, mit größeren Geldmitteln zurückzukehren; die aber ließen sich nur durch Raub oder Erpressung verschaffen.

Das Forum der Söldner war die Heeresversammlung, auf der jeder gleichberechtigt sprechen konnte. In gewisser Weise war sie daher ein demokratisches Element. Nur wer sich auf dieser Versammlung durchsetzte, vermochte etwas zu erreichen. Allerdings konnte die Heeresversammlung, wie es ja auch die Ekklesia in Athen tat, ihre Meinung von Tag zu Tag ändern. Beschlüsse galten nur temporär und wechselten häufig. Die in der Versammlung geführten Diskussionen konnten schnell ausarten. Wenn die Atmosphäre aufgeheizt war, griffen die Soldaten statt zu Argumenten, wie gesehen, schnell zu Wurfgeschossen. Für die notwendige Ruhe und Einordnung zu sorgen wurde umso schwerer, je länger der Rückzug dauerte, und es ist die große Leistung Xenophons, sich als Feldherr in vielen Fällen durchgesetzt zu haben. Hierbei kam ihm seine Rednergabe zustatten. Freilich vermochte auch er nur die anzusprechen, die sich ein Mindestmaß an rechtlichem Empfinden bewahrt hatten und wussten, dass den immer neuen Hindernissen und Gefahren nur als Gemeinschaft zu begegnen war. Diejenigen Söldner, die einzig die Sorge um den persönlichen Vorteil umtrieb, erreichte auch er nicht.

In seinen späten Schriften suchte Xenophon, obwohl er wusste, dass viele Polisbürger die Söldner als drückende Last empfanden, trotzdem ein positives Fazit aus seinen Erfahrungen zu ziehen und kam damit dem zunehmenden Individualismus des 4. Jahrhunderts entgegen. So könnten die Söldner den Städten Nutzen bringen, schreibt er in seinem Dialog über die Tyrannis, weil sie gefährdete Orte außerhalb der Stadt schützen, für die Bürger Mühen und Gefahren auf sich nehmen, ihnen Ruhe und Sicherheit garantieren und die Muße geben, sich um ihre eigenen Belange zu kümmern.

Der Weg

Es war wohl schon Mai (401) geworden, als sich die bewaffnete Karawane in Bewegung setzte. Xenophon zählt zunächst akribisch nach *stathmoi*, was im Singular sowohl den Tagesmarsch als auch dessen Ziel, den Rastplatz, bezeichnen kann, und gibt die jeweils zurückgelegte Strecke in persischen Parasangen (eine Wegstunde: etwa 30 Stadien oder 5,5 Kilometer) an, doch leidet die Genauigkeit später. Die einzelnen Etappen und Ereignisse auf den Tag festzulegen ist daher nicht möglich, dennoch bilden die entsprechenden Angaben ein chronologisches Gerüst.

«Kyros brach von Sardes auf und zog durch Lydien in drei Tagen 22 Parasangen weit bis zum Mäander. Dieser Fluß ist zwei Plethren breit; eine Pontonbrücke von sieben Schiffen führte darüber. Nachdem er ihn überschritten hatte, zog er durch Phrygien in einem Tage acht Parasangen weit nach Kolossai, einer stark bevölkerten, reichen und großen Stadt. Dort blieb er sieben Tage ... Von da zog er in drei Tagen 20 Parasangen weit nach Kelainai, einer stark bevölkerten, reichen und großen Stadt in Phrygien.»

Diese Art formelhafter Angaben über Entfernungen, etwaige Hindernisse wie Flüsse oder Berge und kurze Skizzen der Zielorte durchziehen das ganze erste Buch, also die eigentliche Anabasis. Hier marschiert das Heer noch auf Routen, die im Voraus planbar waren, und auf festen Straßen. Xenophon konnte daher später auf seinem Landgut in Skillus die Reisehandbücher benutzen, die Wege durchs Land und Fahrten entlang der Küste beschrieben, und sich die entsprechenden Entfernungsangaben notieren.

Was von der ersten Lektüre Xenophons in Erinnerung bleibt, der *Anabasis* gleichsam ein Gesicht zu geben scheint und ursächlich mit Xenophon verbunden wird, entstammt also größtenteils der antiken Perihegesis- und Periplus-Literatur. Das eigentlich Neue ist der Gebrauch, den Xenophon von den geographischen Hinweisen macht. Sie bilden, auch wenn sie später seltener werden und im letzten Buch fast ganz verschwinden, das Gerüst seiner Schrift, die gleichsam einen Vorläufer der modernen Road-Novel darstellt. Nicht zuletzt werden hinter bloßen Meilenangaben auch die Strapazen und Leiden zumindest des langen Rückwegs sichtbar.

Die Kilikerin

Von Kelainai zog Kyros in zwei Tagen zwölf Parasangen weit zur Stadt Peltai im Norden, die Berge der Pisider nun im Rücken. Niemand im Heer aber wollte die Änderung der offiziellen Route bemerkt haben. Nun waren die geographischen Kenntnisse der Söldner schlecht, aber zumindest ihre Führer müssen gesehen haben, dass dieser Weg nicht mit dem angeblichen Ziel zu vereinbaren war.

Langen Tagesmärschen schlossen sich Ruhephasen an den Rastplätzen an. Den ungefähr 60 Kilometern bis Peltai folgten drei Ruhetage, an denen sich die Söldner mit Wettkämpfen unterhielten, denen auch Kyros zusah. Von dort marschierten sie dann in fünf Tagen 42 Parasangen weit nach Kaystrupedion, einer «volkreichen Stadt», wobei sie an jedem der drei letzten Tage über 50 Kilometer zurücklegten. Das war eine außergewöhnliche Leistung, die mit fünf Ruhetagen belohnt wurde.

Die Pause war freilich nicht nur der Rast geschuldet. Die Soldaten besannen sich darauf, dass sie nun bereits acht Wochen unterwegs waren und schon drei Monate keinen Sold mehr erhalten hatten. Länger wollten sie nicht warten, und viele konnten es auch nicht, denn für ihre Verpflegung mussten sie selbst aufkommen. Sie erhielten eine Drachme pro Tag – die Hauptleute das Doppelte, die Feldherren das Vierfache –, und das entsprach etwa dem durchschnittlichen Aufwand einer Familie an einem Tag. Bei Feindberührung ließ sich Nahrung auch erbeuten. Hier aber zogen die Soldaten durch befreundetes Land; was sie essen wollten, das mussten sie kaufen. Zu diesem Zweck reisten Händler mit, die den Söldnern Waren verkauften – und oft auch Beute in Zahlung nahmen –, aber es waren vor allem die Märkte in den Städten, die der Zug berührte, welche die Versorgung sicherten. Dort boten die Bauern der Umgebung allerlei Nahrungsmittel an wie Hülsenfrüchte, Hirse, Sesam, Kastanien, Gerste, Weizen, Dinkel, Brot, Backwaren, getrocknete Trauben, Datteln, Honig, allerlei Fleisch von Rindern, Schafen, Hühnern, später an der Schwarzmeerküste sogar von Delphinen, dazu viele Arten Getränke wie Gerstenbier, süßen oder sauren Wein.

Die Söldner schickten wiederholt Delegationen zu Kyros, um sich zu beklagen, doch der hielt sie hin – an einen Rückmarsch war ja auch nicht mehr zu denken –, bis unerwartete Hilfe nahte. Sie kam in Gestalt der Epyaxa, der Gemahlin des kilikischen Königs Syennesis (II.), dessen Land damals eine Art Vasallenstaat inmitten des Perserreiches war. Mitgebracht hatte Epyaxa, wohl in der Absicht, Kyros von einem Plünderungszug durch Kilikien abzuhalten, Truhen voll Geld. Es war so viel, dass Kyros den Sold für vier Monate bezahlen konnte. Die Griechen kannten Frauen in hohen Ämtern oder diplomatischer Mission kaum, und das Staunen der Söldner teilte sich auch Xenophon mit. Aus dem Mythos war ihm geläufig, dass die Amazonen aus dem Inneren Asiens bis nach Athen gekommen waren, denn ihre Darstellungen schmückten Tempel, Säulenhallen oder Vasen. Leibhaftige Amazonen aber sollte erst Jahrzehnte später Alexander der Große, wie seine Historiker versichern, an den Ufern des Kaspischen Meeres zu Gesicht bekommen.

Xenophon wusste aus seiner Lektüre Herodots, dass die Admiralin Artemisia Mittelpunkt der Darstellung der Salamis-Schlacht war und Xerxes persönlich sie seine fähigste Kriegerin genannt hatte. Nur zwei Jahre später erfuhr Xenophon vom Schicksal der Mania, die nach dem Tod ihres Mannes über die Aiolis herrschte, ihre Satrapie glänzend verwaltete und sogar erweiterte, bis sie einem Attentat zum Opfer fiel, und widmete ihr ein lebendiges Porträt.

Epyaxa blieb bei Kyros, während das Heer in vier Tagen weitere 20 Parasangen vorrückte. Die Soldaten kannten nun, da die Soldfrage beantwortet war, kein anderes Gesprächsthema. Schnell lief unter ihnen das Gerücht um, sie sei auch Kyros' Geliebte, und selbst Xenophon beteiligte sich an den Mutmaßungen. Als Epyaxa den Wunsch äußerte, eine Parade des Heeres zu sehen, nahmen die Griechen bereitwillig Aufstellung, vier Mann tief mit ehernen Helmen, purpurnen Panzerhemden und Beinschienen, die Schilde enthüllt. Epyaxa fuhr im eigenen Wagen die Front ab und die Kilikerin wie die Griechen bestaunten sich gegenseitig. Auf ein Kommando des Kyros hin inszenierten die Söldner einen Angriff auf die Zelte, indem sie zuerst langsam vorrückten und dann unter Geschrei in Laufschritt fielen. Die Händler auf dem Markt ließen ihre Waren im Stich, und auch Epyaxa floh zum Schein in ihrem Wagen. Lachend beendeten die Griechen das Intermezzo. Epyaxa lobte Pracht und Ordnung des Heeres, und Kyros freute sich über die Furcht, welche die geschlossen vorrückende Phalanx den Persern eingejagt hatte. Epyaxa blieb noch weitere elf Tage bei Kyros und trat dann in Begleitung griechischer Söldner den Heimweg an.

Das große Hindernis auf dem Weg ins Innere Asiens waren die Kilikischen Tore. Wahrscheinlich wäre 70 Jahre später die Anabasis Alexanders des Großen schon dort gescheitert, wenn der Großkönig es nicht versäumt hätte, sie rechtzeitig zu besetzen. Der Fahrtweg war steil und für jedes Heer unpassierbar, wenn er gesperrt wurde. Der kilikische König befand sich auf der Passhöhe, gab sie aber frei. Jetzt wurde auch klar, warum Kyros der Kilikerin eine Eskorte gestellt hatte. So passierte eine Vorausabteilung ungefährdet die Tore, es wurde sinnlos, sie zu sperren. Zudem befanden sich Trieren des Kyros und der Spartaner schon auf der Anfahrt zur kilikischen Küste.

Insurrektion und Meuterei

Nach Überquerung des Gebirgszuges zog Kyros in die Ebene hinab. Vier Tage später erreichte er Tarsos, die kilikische Residenzstadt. Der König selbst und die meisten Einwohner waren geflohen, nur die Kaufleute erhofften gute Geschäfte. Da aber wurde Kyros bereits mit den ersten Schwierigkeiten konfrontiert, die aus den Eigenmächtigkeiten der Söldner resultierten. Als der Feldherr Menon, der die Vorausabteilung kommandierte, seine Soldaten zählte, fehlten zwei Kompanien Schwerbewaffneter. Diese sogenannten Lochoi waren unterschiedlich groß, im Normalfall umfassten sie je 100 Mann, die des Menon die Hälfte. Niemand wusste von ihrem Verbleib, es meldete sich auch kein Überlebender. Xenophon gibt zwei Erklärungen: Die Söldner waren bei privaten Raubzügen von Bergbewohnern, die um ihre Habe fürchteten, erschlagen worden, oder sie hatten in unwegsamem Gelände die Orientierung verloren und waren dort umgekommen.

Menons Truppen plünderten daraufhin, ohne dass dieser es verhindern konnte oder wollte, Stadt und Schloss von Tarsos. Kyros war gezwungen, den König zu beschwichtigen. Er gab ihm Sicherheitsgarantien, beschenkte ihn in der Attitüde des künftigen Großkönigs reich mit goldenem Schmuck und versprach, das Geraubte zu ersetzen. Nichtsdestotrotz befand sich Syennesis in der verzwickten Lage eines jeden Vasallen, der sich im Kampf der Mächtigen nur allzu gern dem Sieger angeschlossen hätte, aber nicht weiß, wer das sein wird. So unterstützte er beide, Artaxerxes und Kyros, mit Truppen oder Geld.

Als Tarsos erreicht wurde, war auch dem einfachsten Soldaten die einzig mögliche Alternative bewusst: nach Osten gegen den

Großkönig, nach Westen gegen die Pisider. So brach im selben Augenblick, als der Aufbruch nach Osten Gewissheit wurde, eine Revolte aus, die Kyros 20 Tage an den Ort fesselte. Zuerst versuchte der Feldherr Klearchos, seine Soldaten zum Weitermarsch zu zwingen. Er gab ein Beispiel und brach mit seinem eigenen kleinen Tross, mit Wagen, Zugtieren, Waffen und Dienern auf. Er versuchte es einmal, zweimal, mehrmals. Die Söldner aber ließen nicht ab, mit Steinen zu werfen, bis er seine Versuche beendete. Damals sei er nur knapp dem Tode entronnen, berichtet Xenophon, der das beobachtete.

Eine Handhabe, gegen die Meuterer vorzugehen, gab sein Kommando dem Feldherrn nicht. Klearchos versuchte es mit List. Er berief eine Versammlung ein, bei der er, aber auch jeder Söldner sprechen konnte. Lange Zeit stand er still und weinte. Solche Art, Emotionen wachzurufen, war auch in attischen Prozessen ein probates Mittel.

Die Söldner wunderten sich, denn Klearchos war bekannt für sein kompromissloses Verhalten und seinen harschen Umgangston, und schwiegen. Dann begann Klearchos seine Rede. Sie ist überliefert, aber natürlich schrieb Xenophon aus der Erinnerung das, was ihm der Situation angemessen erschien. Seine Rede, die von der eines anonymen, von Klearchos angestifteten Söldners flankiert wird, ist meisterhaft: im Aufbau, in der Psychologie und in der sophistisch geprägten Argumentation. So schreibt kein Anfänger, Xenophon besaß bereits Erfahrung. Zum Zeitpunkt, als er sich der *Anabasis* widmete, hatte er ja, wie gesagt, schon den ersten, an Thukydides geschulten Teil der *Hellenika* publiziert.

Klearchos wusste, dass er sich, um das Vertrauen seiner Söldner wiederzugewinnen, ganz auf ihre Seite stellen musste. Ansonsten würden sie – das stand ihnen frei – einen anderen Feldherrn wählen.

Um glaubwürdiger zu wirken, gab er Gewissensqualen vor: Kyros sei sein Freund, lässt ihn Xenophon sagen, und habe ihm viel Geld gegeben, das er, beeilt er sich hinzuzufügen, jedoch allein für das Wohl der Griechen und für sie, seine Kameraden, ausgegeben habe. Umso schwerer falle es ihm, jetzt Kyros zu enttäuschen. Ob er das Richtige tue, wisse er nicht, aber komme, was wolle, er entscheide sich in diesem Konflikt bedingungslos für sie, die ihm «Vaterland, Freunde und Bundesgenossen» seien. Wohin sie gingen, werde auch er gehen.

Das fand Beifall, auch die Söldner anderer Feldherren schlossen sich Klearchos an. Heimlich schickte dieser aber Boten zu Kyros, er möge zuversichtlich sein, es komme alles ins Lot. Er solle ihn rufen lassen, damit er sich öffentlich weigern könne, der Forderung nachzukommen, und damit das Vertrauen der Söldner in ihn, Klearchos, wachse. (Das Problem, woher Xenophon das alles weiß, bleibt, denn nicht lange danach ist Klearchos tot.)

Sofort nach seiner ersten Rede berief Klearchos eine zweite Heeresversammlung ein. Es sprachen Leute aus eigenem Antrieb, aber auch solche, die Klearchos in seinem Sinne angestiftet hatte. Zweck war es, alle Möglichkeiten einer Heimkehr zu erörtern, aber vor allem ihre Schwierigkeiten zu betonen, da der Weg ja, falls Kyros sich verweigere, durch Feindesland führen müsse. Am Schluss stand der Antrag, den Klearchos beabsichtigt hatte, zunächst einmal Kyros selbst zu befragen und dann nochmals zu beraten. Dieser war darauf vorbereitet: Er ziehe gegen seinen Feind Abrokomas, der zwölf Tagesmärsche entfernt am Euphrat stehe. Abrokomas war einer der Satrapen des Artaxerxes, der eigentlich einen Feldzug gegen Ägypten unternehmen wollte, nun aber dessen Truppen in Babylon verstärken sollte.

Die Abgesandten meldeten dies der Heeresversammlung, die beschloss, jetzt doch Kyros zu folgen. Grund dafür war aber sicherlich nicht der nun genannte neue Gegner. Vielmehr hatte Kyros den Sold um 50 Prozent auf nun anderthalb Dareiken im Monat erhöht. Nur das zählte. Abrokomas war die Ausrede, an die die Söldner glauben wollten, weil sie die Gefahr scheinbar verringerte. Insgeheim wussten sie sehr genau, und Xenophon (nicht aber Kyros) sagt das ausdrücklich, dass der Marsch sich gegen den Großkönig richtete.

Weg ohne Umkehr

In Kilikien war auch für Xenophon, jedenfalls nach eigenem Bekunden, der Punkt erreicht, der eine vorzeitige Rückkehr ausschloss. «Als sie jedoch nach Kilikien gekommen waren, schien es allen schon deutlich, dass der Zug dem Großkönig gelte. Obwohl sie den Weg fürchteten und unwillig waren, zogen dennoch die meisten mit, weil sie sich voreinander und vor Kyros schämten; einer von ihnen war auch Xenophon.»

Spätestens hier stellt sich die Frage, was Xenophon wann wusste, und nicht zuletzt ihrer Beantwortung durch den Autor dient auch das erste Buch der *Anabasis*. Als er von Athen aufbrach, glaubte er noch an einen Feldzug gegen die Pisider. Nur dies kann ihm sein Freund Proxenos geschrieben haben, der sich mit seinen Söldnern schon in Sardes befand. Selbst wenn Proxenos um Kyros' Pläne wusste – was Xenophon bestreitet –, wird er diese kaum einem unsicheren Medium wie einem Brief anvertraut haben.

In Sardes muss Xenophon aber von Gerüchten über das eigentliche Ziel gehört haben, und spätestens nach dem Aufbruch aus Kelainai, als Kyros auf eine Straße abbog, die von den Pisidern wegführte, kannte er den wahren Sachverhalt. Mit der Behauptung, er sei «hintergangen worden», gibt er sich denn auch unwissender, als er war. Es ist ein Satz, der sich ausschließlich an die Adresse Athens richtet und ihn von dem Vorwurf entlasten soll, er hätte mit dem Feind, der Kyros in den Augen der Athener war, gemeinsame Sache gemacht. Zudem ist es ein gefährlicher Satz, denn wenn er nicht von Proxenos getäuscht wurde, wie er betont, stempelt er Kyros zum Betrüger, und das gerät mit dem positiven Bild in Konflikt, das er sonst von ihm zeichnet. So gebraucht Xenophon vorsichtshalber ein Passiv, das zwar den Betrogenen, nämlich ihn, nicht aber den Urheber des Betrugs benennt. Daneben ist das, was Xenophon vorbringt, auch später die offizielle Lesart der Söldner beim Rückzug. Diese mussten sich zwar nicht wie Xenophon vor Athen rechtfertigen, wohl aber vor dem siegreichen Großkönig. Im Gegensatz zu Xenophon behauptet freilich der Historiker Ephoros, dass alle Feldherren – und nicht nur Klearchos – von Anfang an in den Plan des Kyros eingeweiht waren: Er habe ihnen allen schon beim Aufbruch aus Ephesos eröffnet, er ziehe gegen seinen Bruder, während er dies dem Gros der Truppen verheimlicht habe.

Das besitzt zwar eine innere Wahrscheinlichkeit, aber Ephoros' Quelle ist ungewiss, und es ist nicht ausgeschlossen, dass er diesen Gedanken selbst aufbrachte. Wenn er recht hätte, wäre auch Proxenos (und damit sein Freund Xenophon) frühzeitig im Bilde gewesen. Gegen eine solche Behauptung nimmt Xenophon ihn, wie gesagt, jedoch ausdrücklich in Schutz – es fragt sich, warum. Die Sache ist nicht zu klären. In jedem Fall wusste Xenophon nicht lange nach dem Aufbruch Bescheid.

Kyros legte weitere 30 Parasangen zurück und kam in das später berühmt gewordene Issos. Dort erwarteten ihn 35 Schiffe der Peloponnesier und 25 eigene, die er von der Belagerung Milets abgezogen hatte. Für den Athener Xenophon war das misslich, denn nun griff Sparta auch offiziell in den Krieg ein, und seine Gegner in Athen werden dies registriert haben. Eine Verbannung wurde aber noch nicht verhängt, zumal die Stadt nach dem Friedensvertrag von 404 formal Mitglied des Peloponnesischen Bundes war. Später sollten die Spartaner sogar auf eine Entsendung von Hilfstruppen aus Athen pochen.

Die Schiffe brachten 700 Hopliten, deren Führer der Lakedaimonier Cheirisophos war, der später beim Rückzug der Zehntausend zum wichtigsten Feldherrn aufsteigt. Außerdem liefen 400 griechische Schwerbewaffnete von Abrokomas zu Kyros über, vermutlich weil er sie besser bezahlte. Griechische Söldner waren auch bei den Gefolgsleuten des Großkönigs begehrt, und wer es sich leisten konnte, nahm sie unter Vertrag. Auch später, als Alexander gegen den Großkönig zog, kämpften griechische Söldner auf beiden Seiten.

Das Heer des Kyros zählte nun – die bisherigen Verluste eingerechnet – 12000 Schwerbewaffnete und 2000 Peltasten. Vor ihnen lag die Kilikische Pforte, ein Strandpass nach Syrien, der von Mauern und einem dazwischenliegenden Fluss geschützt war. Kyros hatte vermutet, dass dieser Pass von gegnerischen Truppen besetzt werde und deswegen die Schiffe nach Issos dirigiert, um über das Meer Schwerbewaffnete zu transportieren und im Rücken des Feindes anzulanden. Die Mühe war unnötig. Abrokomas war mit seinem Heer schon in Richtung Babylon aufgebrochen. Zur großen Schlacht bei Kunaxa kam er jedoch zu spät.

Am Euphrat

Im Heer kriselte es, die Stimmung wurde gereizter, je weiter es nach Osten vorrückte. Sie wurde auch durch die Rivalität unter den Söldnerführern angeheizt. Als Kyros in die phoinikische Stadt Myriandros, die letzte Station am Meer, gekommen war, beluden zwei Söldnerführer ein Schiff mit allem, was sie an Beute zusammenraffen konnten, und segelten ab. Das missfiel den verbliebenen Söldnern, aber Kyros weigerte sich, jene mit den schnellen Trieren zu verfolgen. Stattdessen bewies er – zur Bewunderung Xenophons – Großmut und ließ auch noch die Familien der Geflohenen frei, die sich in seinem Gewahrsam befanden. Vielleicht orientierte sich später auch Caesar, ein genauer Kenner der *Anabasis*, an dieser Milde, als er bei seinem Vormarsch durch Italien, selbst in bedrängter Lage, seinem Gegner Domitius Ahenobarbus nicht nur die Freiheit schenkte, sondern auch noch die Kriegskasse. Die Söldner akzeptierten am Ende Kyros' Entscheidung und zogen, so Xenophon, «lieber und bereitwilliger» weiter.

So erreichten sie nach weiteren zwölf Tagen bei Thapsakos – wie später auch Alexander der Große – den Euphrat, und nun musste sich Kyros erklären. Er tat dies über die griechischen Feldherren, und die Soldaten, die schon lange wussten, dass es gegen den Großkönig ging, es aber verdrängt hatten, empörten sich erneut. Freilich führten sie jetzt keine großen Reden mehr, sondern sie kamen sofort zur Sache: der Frage nach der Entlohnung. Kyros begnügte sich diesmal mit Versprechungen. Fünf Silberminen sollte jeder in Babylon erhalten, dazu den vollen Sold bis zur Rückkehr nach Ionien.

Fünf Tage hielt sich Kyros in Thapsakos auf, doch es waren nicht nur die Verhandlungen mit den Söldnern, die den Marsch verzögerten. Auch der Euphrat musste überquert werden, der nach Xenophon hier vier Stadien, also über 700 Meter, breit war. Vermutlich hatten sich Strominseln gebildet und die Breite des Flusses ließ den Wasserstand sinken und verlangsamte die Strömung. Das Ende der Trockenzeit – es war bereits Anfang Oktober – bewirkte ein Übriges, jedenfalls konnten die Soldaten auf die Fähren verzichten, die Abrokomas nach seiner Überquerung des Euphrats allesamt hatte verbrennen lassen, und so wateten sie durch den Fluss, in dessen Wasser sie nur bis auf Brusthöhe einsanken, nach damaligen Körpermaßen wohl nicht mehr als 1,40 Meter. Dennoch erforderte dies große Anstrengungen, denn der Tross musste ja mitgeführt werden. Für Kyros war es ein glücklicher Umstand, dass sich der Feldherr Menon und seine Soldaten in der Hoffnung auf Belohnungen, die sie dann auch erhielten, bereits an die Durchfurtung wagten, bevor die neuen Soldverhandlungen abgeschlossen waren.

Um dem Mann, den sie als ihren neuen König ansahen, gefällig zu sein, erklärten die Anrainer des Euphrats, noch nie habe jemand zu Fuß den Strom überquert. Kyros ließ es gern als das göttliche Wunder erscheinen, das seine Herrschaft legitimierte. Vor dem Heer Alexanders des Großen wich später bekanntlich sogar das Meer zurück, um ihn trockenen Fußes passieren zu lassen. Vom Euphrat zog Kyros in neun Tagen 50 Parasangen weit zum Fluss Araxes, wo ihn «Brot und Wein in Fülle» erwarteten.

Große Spatzen

Zur Faszination der Lektüre der *Anabasis* trägt bei, dass Xenophon sein Augenmerk nicht allein auf militärische Belange richtet. Seine Aufmerksamkeit gilt auch Fauna und Flora, als das Heer in Gebiete vordrang, die bisher nur wenige Griechen betreten hatten. Nach der Durchquerung des Euphrats gelangten die Söldner in ein Land – Xenophon nennt es Arabien –, das vorher nur Gesandte auf dem Weg zum Großkönig oder Forscher wie Hekataios von Milet, vielleicht in dessen Nachfolge auch Herodot, erblickt hatten. Das Land war unbewohnt, die Truppen marschierten entlang des Flusses. Als flach wie ein Meer beschreibt Xenophon, was er sah, bewachsen mit Wermut, wohlriechenden Hölzern und Gras, aber baumlos. Xenophon erkannte Wildesel, Trappen und Gazellen. Die Trappen galten als gute Jagdbeute, weil sie wie Rebhühner nur kurze Strecken fliegen können und dann ermatten. Schwieriger zu erbeuten waren die Wildesel, die sich ihren Spaß mit den Verfolgern zu machen schienen. Sie waren schneller als die Pferde, gewannen leicht einen Vorsprung vor ihnen, blieben dann stehen und warteten, bis diese näher gekommen waren, um dann das Spiel von vorn zu beginnen. Sie ließen sich nur erjagen, wenn sich die Reiter in Staffeln aufstellten und bei der Verfolgung ablösten.

Besonders angetan aber hatten es Xenophon die «großen Spatzen» (*megalai strouthoi*). Fasziniert beobachtete er diese ihm neue Art von Vögeln, die nicht flogen, aber so schnell rannten, dass sie kein Jäger fangen konnte. Selbst Reitern gelang das nicht, wie er notiert, weil die Vögel beim Laufen ihre Flügel wie Segel ausbreiteten, so etwas vom Boden abhoben und an Geschwindigkeit gewannen. Die Griechen fanden später einen Namen für den großen Spatz, der seinem Aussehen besser entsprach: Sie nannten den Strauß nun *stroutho-kamelos*.

Die ägyptische Plage

So legte das Heer in fünf Tagen zunächst weitere 35 Parasangen zurück, passierte eine große verlassene Stadt und kam nach weiteren 13 Tagesmärschen, immer den Euphrat zur Rechten, bis zu dem 90 Parasangen entfernten Ort Pylai. Das Land, das die Söldner durchzogen, war kahl, nicht einmal Gras wuchs mehr. Die wenigen Bewohner lebten davon, dass sie aus dem felsigen Flussufer poröse Blöcke brachen, sie zu Mühlsteinen verarbeiteten und diese im Tauschhandel nach Babylon transportierten.

Zuerst ging das Futter für die Zugtiere aus, dann das Getreide. Die Soldaten schlachteten die Tiere und ernährten sich von ihnen. Auf bloße Fleischrationen gesetzt zu werden galt später unter Caesars Legionären als Strafe. Eigene Märkte für die Griechen, wie sie es gewohnt waren, gab es nicht. Die auf einige Tage berechnete Nahrung, die im Handgepäck mitgeführt wurde, ging ebenfalls zur Neige, und Lebensmittel konnten nur noch auf einem Markt bei den Persern gekauft werden. Dort aber hielten die lydischen Händler wegen der Knappheit des Angebots die Preise hoch. Für etwas über zwei Kilo Weizen- oder Gerstenmehl mussten 30 attische Obolen (5 Drachmen), d. h. bei einem Tagesverdienst von 5 Obolen fast der Wochenlohn eines Söldners für eine Menge bezahlt werden, die gerade zwei Tage ausreichte. Auch das Wasser wurde knapp, so dass Kyros den geplanten Tagesmarsch des Öfteren noch verlängerte, um eine Oase zu erreichen. Die Anstrengungen waren hoch, über 350 Kilometer mussten unter unwirtlichen Bedingungen zurückgelegt werden, doch sind die Mühen der Söldner nur eine Seite der Medaille. Sie selbst fielen wie eine ägyptische Plage in ein Gebiet ein, das schon den eigenen Bewohnern zu wenig Nahrung bot, und sie hinterließen es wie ein von Heuschrecken kahl gefressenes Land. Hungersnöte waren die Folge.

Die Rücksichtslosigkeit des Vormarsches rührte auch aus dem Zwang des Kyros, sein Ziel so schnell wie möglich zu erreichen. Jeder Tag, den er verlor, kam den Rüstungen seines Bruders zugute, und so trieb er sein Heer zur Eile. Xenophon hat dies durch eine Szene veranschaulicht, die ihm obendrein die Hierarchien im persischen Heer im bewussten Gegensatz zur griechischen Söldnerarmee zu zeigen schien: Als an einer morastigen Stelle die Wagen im Sumpf einsanken, befahl Kyros zunächst den persischen Soldaten, sie herauszuziehen, und als dies offenbar zu langsam geschah, forderte er die vornehmsten Perser auf, zu helfen. Xenophon, der an seine eigenen Standesgenossen dachte, sah dies mit Staunen: «Da ließ sich denn ein Beispiel von Disziplin sehen. Denn sie warfen, wo jeder gerade stand, ihre purpurnen Oberkleider ab und rannten wie im Wettlauf herbei, sogar einen sehr steilen Abhang hinunter, und dabei trugen sie noch ihre kostbaren Chitone und die bunten persischen Hosen, einige sogar mit ihren Halsketten und Armspangen. In diesem Schmuck stürzten sie sich in den Morast und schneller, als es einer vermuten könnte, brachten sie die Wagen wieder heraus.»

Die scheinbar unangefochtene Autorität des Kyros täuschte darüber hinweg, dass die Nerven der persischen Soldaten wie der griechischen Söldner angespannt waren. Im griechischen Lager führte das zu Reibereien unter den verschiedenen, von eigenen Feldherren geführten Gruppierungen, im persischen zu Absatzbewegungen einheimischer Adliger. Als Kyros sich gezwungen sah, einen Streit unter den Söldnern zu schlichten, warnte er sie nachdrücklich, offene Zwietracht unter den Griechen werde die Kampfmoral seiner Truppen erschüttern und sie zu einem Seitenwechsel verlocken. Es spricht zwar manches dafür, dass Xenophon diese Äußerung erst im Lichte der späteren Ereignisse erfand oder zumindest pointierte. Dennoch war Kyros' Stellung nicht ungefährdet, wie schon die nächsten Ereignisse zeigen sollten.

Ein Verräter

Der Zug näherte sich dem Großkönig. Im Gelände zeigten sich Pferdekot und zahlreiche Hufspuren. Sie ließen auf etwa 2000 Reiter schließen. Offenbar war ein Voraustrupp des Großkönigs nach Westen vorgestoßen, um das Heer des Kyros zu beobachten und auf dem Rückweg alles, was als Futter für dessen Tiere dienen konnte, zu verbrennen.

Denjenigen unter den persischen Großen, die mit Kyros gegen Artaxerxes zogen, stand mehr denn je vor Augen, dass sie einer ungewissen Zukunft entgegengingen. Nicht alle hatten sich ja aus freien Stücken Kyros angeschlossen, sie hatten keine andere Wahl. Da sie nicht von seinem Sieg überzeugt waren – er war der Usurpator, der sicherlich über weniger Truppen verfügte als der Großkönig –, mussten sie sich Sorgen machen, was nach einer etwaigen Niederlage, wenn sie sich auf der falschen Seite wiederfanden, geschehen würde. Einige versuchten daher, sich rechtzeitig von Kyros abzusetzen. Einer von ihnen war Orontas, ein Verwandter der Königsfamilie. Er fasste einen gewagten Plan, um Artaxerxes seine Loyalität zu beweisen. So ging er zu Kyros und erbat sich von ihm 1000 Reiter. Mit ihnen, so versprach er, wolle er den Voraustrupp, dessen Spuren sie sahen, abfangen, ihn von weiteren Sabotageakten abhalten und verhindern, dass Meldungen über den eigenen Vormarsch bis zum Großkönig gelangten. Kyros stimmte zu, und als Orontas die geforderten Reiter erhalten hatte, schrieb er heimlich einen Brief an Artaxerxes, schwor ihm seine Treue und bat, dessen Truppen mögen ihn als Freund aufnehmen, da er überzulaufen beabsichtige. Er übergab den Brief einem als zuverlässig erscheinenden Boten, doch dieser händigte ihn Kyros aus. Orontas wurde festgenommen. Den folgenden Hochverratsprozess macht Xenophon zum Ereignis. Er selbst war zwar weder Augen- noch Ohrenzeuge, doch er besaß einen zuverlässigen Gewährsmann. Als einen der Richter hatte Kyros auch Klearchos ausgewählt, der – sichtlich beeindruckt von dem Verfahren – den anderen Hauptleuten, aber auch dem Zivilisten Xenophon, berichtete. Xenophon vermerkt ausdrücklich, dass Klearchos keiner Schweigepflicht unterlag.

Kyros ließ zuerst sein Zelt, das als Ort der Verhandlung bestimmt war, von 3000 griechischen Schwerbewaffneten umstellen. Allein diese Zahl belegt schon, als wie gefährlich er die Situation einschätzte. Dann wurde den sieben ausgewählten Richtern der Brief des Orontas vorgelegt, für Klearchos wurde er von einem Dolmetscher ins Griechische übersetzt. Schon zweimal waren Kyros und Orontas in Streit geraten, doch zweimal hatten sie sich ausgesöhnt. Kyros ließ sich das von Orontas bestätigen und fragte dann: «‹Womit nun habe ich dich jetzt wieder gekränkt, dass du mir so offenkundig zum dritten Mal nach dem Leben trachtest?› Als Orontas erwiderte, Kyros habe ihm kein Unrecht getan, fragte dieser ihn: ‹Du gestehst also ein, unrecht an mir gehandelt zu haben?› ‹Das muß ich wohl›, antwortete Orontas. Darauf fragte Kyros wiederum: ‹Könntest du jetzt noch der Feind meines Bruders und mir ein zuverlässiger Freund werden?› Orontas erwiderte: ‹Auch wenn ich ich es würde, Kyros, könntest du mir nie mehr Glauben schenken.›»

Danach bat Kyros zuerst Klearchos um seine Meinung, und dieser plädierte für die Todesstrafe, da ansonsten Misstrauen ins Heer einziehe. Die anderen sechs Richter, darunter Verwandte des Orontas, stimmten dem zu und berührten – ein persischer Brauch, wie Diodor in seiner Alexandergeschichte erzählt – ihn zum Zeichen des Todes am Gürtel. Darauf führten ihn die Wächter in das Zelt des Artapates, der als engster Vertrauter des Kyros galt, und sogar auf dem Weg dorthin huldigten ihm – zur Verwunderung Xenophons, der dies sah – seine Untergebenen mit der Proskynese. Xenophon schließt knapp: «Danach sah niemand mehr Orontas, weder lebend noch tot, noch vermochte jemand mit Gewißheit zu sagen, wie er starb. Jeder vermutete etwas anderes, und ein Grab wurde nie gefunden.»

Vor der Schlacht

Die letzten Tage vor der Schlacht waren angebrochen. Noch heute ist in jeder Zeile Xenophons die Spannung spürbar, die damals das Heer beherrschte. Zwölf Parasangen zog es durch Babylonien, jeden Moment konnte der Zusammenprall erfolgen. Am dritten Tag hielt Kyros an und musterte um Mitternacht seine Truppen. Er war nun überzeugt, am Morgen auf seinen Bruder zu stoßen. Der Morgen kam, von der feindlichen Armee aber trafen nur vereinzelte Überläufer ein.

Kyros versammelte die griechischen Feldherren und Hauptleute, um die 100 Mann, und besprach die Lage. Klearchos sollte den rechten, Menon den linken Flügel befehligen. Kyros hielt eine letzte Rede. Xenophon hörte sie nicht; was er überliefert, ist eine Mischung von dem, was Kyros sagte, Proxenos weitererzählte und Xenophon selbst für sein griechisches Publikum hinzufügte.

Kyros sprach von der Freiheit der Griechen, ihrer Unerschrockenheit und ihrem Kampfeswillen. Die Soldaten interessierte die Höhe des Soldes. Kyros wusste das. Er idealisierte die Griechen sicherlich nicht, wie Xenophon nahelegt, denn er hatte sie ja vornehmlich in der Gestalt von Söldnern kennengelernt. So versprach er ihnen hohe Belohnungen und denen, die bleiben wollten, wichtige Ämter. Geschickt zerstreute er heimliche Zweifel, indem er diese einen von ihm bestellten Redner öffentlich äußern ließ und damit Gelegenheit erhielt, seine Versprechen zu untermauern: «Das Reich meines Vaters erstreckt sich nach Süden bis dort hin, wo die Menschen wegen der Hitze nicht mehr siedeln können, und nach Norden, wo sie es wegen der Kälte nicht können. Alles dazwischen liegende Land verwalten als Satrapen die Freunde meines Bruders. Falls wir siegen werden, muß ich meine Freunde zu Herren über diese Länder machen. Daher fürchte ich weniger, dass ich, wenn unser Unternehmen gelingt, nicht genug habe, um jeden meiner Freunde zu beschenken, sondern vielmehr, dass ich nicht genug Freunde habe, die ich beschenken kann. Jedem von euch Griechen will ich aber noch einen goldenen Kranz schenken.» Das war der richtige Ton. Alle wurden, wie Xenophon berichtet, sogleich viel kampfeslustiger und erzählten den anderen weiter, was Kyros gelobt hatte.

Der Großkönig jedoch zeigte sich nicht. Kyros marschierte weiter, zunächst noch in Schlachtformation, an zwei Tagen und am Morgen des dritten, ungefähr 15 Kilometer. In der Mitte der Marschstrecke wurde unvermutet ein großer Kanal sichtbar, der trockengelegt und zu einer Art Sperrgraben vertieft worden war, ca. neun Meter breit und etwa fünfeinhalb Meter tief. Er führte durch die ganze Ebene bis hin zur sogenannten Medischen Mauer, einem sechs Meter breiten, 30 Meter hohen und 80 Kilometer langen Bollwerk aus gebrannten Ziegeln.

Zunächst wollte sich Artaxerxes wohl an diesem Kanal zum Kampf stellen, doch er war anderen Sinnes geworden. Vielleicht erwartete er noch Verstärkung. Ungehindert passierte Kyros den Engpass zwischen dem trockenen Graben und dem Euphrat. Spuren von Tieren und Menschen wiesen auf einen Rückzug hin. Kyros atmete auf, ließ den Seher Silanos aus Ambrakia rufen und gab ihm die versprochene Belohnung, weil er richtig vorausgesagt hatte, der Großkönig werde in den nächsten zehn Tagen nicht kämpfen. Kyros selbst glaubte damals, wenn das eintrete, werde er überhaupt nicht kämpfen, und nun, da auch diese Verteidigungsstelle entblößt war, festigte sich diese Meinung. Auch die Griechen teilten sie, lösten die Schlachtordnung auf und zogen am nächsten Tag und auch zu Beginn des übernächsten in aller Sorglosigkeit weiter. Die schweren Schilde trugen sie nicht mit sich, sondern ließen sie, wie üblich, auf den Wagen von Zugtieren nachführen.

So näherten sie sich am späten Vormittag dem vorgesehenen Rastplatz. Xenophon gibt die ungefähre Uhrzeit an: Um die Zeit, da sich der Markt füllt. Es ging also auf zwölf Uhr mittags zu. Da stieg in der Ferne Staub auf, in vollem Galopp näherte sich ein Perser aus Kyros' Stab, das Pferd schweißbedeckt, und schrie allen, denen er begegnete, in griechischer und persischer Sprache zu, Artaxerxes nahe mit einem großen Heer. Die Aufklärung des Kyros hatte in der entscheidenden Stunde versagt. Das war nicht ungewöhnlich. Knapp 70 Jahre später zogen die Truppen Alexanders und des Dareios unwissend aneinander vorbei und stellten sich mit verkehrten Fronten bei Issos zur Schlacht.

Verwirrung machte sich breit. Alle glaubten, die Schlacht beginne, noch bevor sie sich geordnet hätten. Als Erster fasste sich Kyros. Er sprang von seinem Wagen, bestieg sein Pferd und erteilte die ersten Befehle. Klearchos übernahm, wie vorgesehen, den rechten Flügel, verstärkt durch 1000 paphlagonische Reiter und die griechischen Leichtbewaffneten. Proxenos schloss sich ihm an, Menon führte den linken Flügel der Griechen. Links platzierten sich auch die einheimischen Truppen, die unter dem Befehl des Ariaios standen. Die Mitte hielt Kyros selbst mit etwa 600 Reitern.

Kyros ging mit unbedecktem Haupt in die Schlacht, behauptet Xenophon, und kann zum Beweis anführen, dass er ihn kurz zuvor gesprochen hatte. Vermutlich trug Kyros, als er die Front abritt, tatsächlich keinen Helm und setzte ihn erst unmittelbar vor dem Angriff auf. Er musste sich seinen Soldaten zeigen, und dazu war die Tiara, die er sich, wie der Historiker Ktesias korrigierend berichtet, aufs Haupt setzte, geeigneter. Sie entsprach auch persischer Sitte. Caesar trug in der vordersten Kampflinie einen weißen Kriegsmantel, um sich seinen Soldaten zu erkennen zu geben.

Wie Xenophon noch wissen will, rieten die Griechen Kyros sogar, nicht zu kämpfen und sich im Rücken der Front zu halten. Dass sie auf Kyros' Leben bedacht sein mussten, kam ihnen freilich erst nach der Schlacht zu Bewusstsein. Vermutlich machten sie erst die späteren Ereignisse klug. Ohnehin hätte Kyros in keinem Fall diesem Rat folgen können.

Xenophon tritt auf

Es wurde Mittag, aber noch immer zeigten sich die Feinde nicht. Der frühe Nachmittag brach an – die Söldner näherten sich Kunaxa, 500 Stadien vor Babylon – und «sie sahen in der Ferne Staub aufwirbeln, der zunächst einer weißen Wolke glich, sich geraume Zeit später aber wie schwarzer Nebel über die Ebene ausbreitete». Noch Jahre später scheint Xenophon im Bann dieses monatelang erwarteten und dann doch unvermuteten Anblicks zu stehen. Dieser Moment prägte sich ihm wie wenige andere des langen Marsches tief ein: «Als die Feinde näher kamen, blitzte hier und da Erz auf, Lanzenspitzen und die Ordnung der gegnerischen Reihen zeichneten sich ab. Den linken Flügel bildeten Reiter in weißen Panzerhemden, wie es hieß, unter dem Befehl des Tissaphernes. Es schlossen sich Leichtbewaffnete mit geflochtenen Schilden an, dahinter Schwerbewaffnete mit hölzernen Schilden, die bis zu den Füßen reichten. Dies waren Ägypter, wie es hieß. Danach wieder Reiter, anschließend Bogenschützen. Sie alle marschierten, nach Völkern geordnet, jedes im geschlossenen Karree. Vor ihnen fuhren in weitem Abstand voneinander die sogenannten Sichelwagen. Die einen Sicheln standen von den Achsen seitlich ab, während diejenigen unter dem Wagenkasten der Erde zugekehrt waren, um alles zu zerhauen, was in den Weg kam. Die Absicht war, die Wagen in die Reihen der Griechen zu lenken und sie auseinanderzusprengen. In einem Punkt freilich hatte sich Kyros getäuscht, als er die Griechen zusammenrief und ermutigte, sie müßten nur das Geschrei der Perser aushalten. Denn nicht mit Geschrei, sondern in größter Stille, ruhig, gleichmäßig und langsamen Schritts rückten sie heran.»

Von Ephesos in Ionien hatte Xenophon 93 Tagesmärsche, 535 Parasangen, 16050 Stadien (etwa 2900 Kilometer) zurückgelegt und bis zu diesem Augenblick, der über seine und so vieler anderer Zukunft entschied, noch nicht von sich gesprochen, obwohl seine Person im Zentrum des Werkes stehen sollte. Nun, da die Spannung aufs Höchste gestiegen ist, hält er den Zeitpunkt für gekommen. Es wird ein kurzes Innehalten vor der großen Schlacht und gleichzeitig die großartigste Selbstinszenierung, die ein Autor der Antike zu bieten hat. Als Xenophon zum ersten Mal in der *Anabasis* auftritt, sehen ihn etwa 50000 Augenpaare. Der Kampf steht bevor, Kyros reitet ein letztes Mal mit seinem Dolmetscher die Front ab, zu der immer noch Nachzügler stoßen, bemüht sich einzureihen. Er erteilt Klearchos letzte Anweisungen, der jedoch seinen eigenen Plan verfolgen wird und nur antwortet, er bürge für den Erfolg. Schon sehen die Söldner den Großkönig in der Mitte eines Heeres, das so zahlreich ist, dass dieser außerhalb des linken Flügels des Kyros zu stehen kommt. Artaxerxes rückt langsam und gleichmäßig vor, während das griechische Heer auf der Stelle verharrt. Kyros zügelt sein Pferd, blickt nach beiden Seiten, zu Feind und Freund.

Da löst sich aus den griechischen Reihen ein Mann, dem keine Aufgabe zufällt und der nur als Beobachter gekommen ist. Der Autor stellt ihn wie einen Fremden vor: Xenophon aus Athen. Er reitet nach vorn in Richtung Kyros, ihre Wege kreuzen sich, und Xenophon richtet das Wort an ihn, um zu fragen – es gibt keinerlei Grund dafür –, ob er etwas zu befehlen habe. Kyros hält inne, antwortet kurz und befiehlt es allen weiterzusagen, «die Opferzeichen seien günstig». Während dieses kurzen Intermezzos erschallt Lärm in der griechischen Phalanx, Kyros wird aufmerksam und fragt nun seinerseits Xenophon, was dieser Lärm bedeute. «Die Losung gehe zum zweiten Mal durch die Reihen», antwortet nun dieser und ergänzt, als sich Kyros verwundert zeigt, sie laute: «Zeus, der Retter und Sieg!» «Ich billige sie», sagt Kyros, «und so soll es gelten.» Xenophon reitet an seinen Platz zurück, die Schlacht beginnt.

Entscheidung bei Kunaxa

Die Heere standen sich nun in einem Abstand von drei oder vier Stadien gegenüber, vielleicht 600 Meter. Auf Seiten des Kyros waren es, wie eine vorherige Zählung ergab, 10 400 griechische Schwerbewaffnete und 2500 Leichtbewaffnete. An einheimischen Truppen sollen es 100 000 gewesen sein mit 20 Sichelwagen. Das ist eine grobe Schätzung. Sie gilt auch für die Armee des Artaxerxes. Xenophon kommt auf 1,2 Millionen Mann mit 200 Sichelwagen und dazu 6000 Reitern. Er geht dabei davon aus, dass der Großkönig vier Heeresgruppen versammelte, die jede wie diejenige des Abrokomas 300 000 Mann stark war. Der Historiker Ktesias, damals am persischen Königshof, spricht von 400 000, was immer noch zu hoch ist. Die 100 000 des Kyros waren vermutlich nicht viel mehr als 30 000 oder 40 000.

Als die Gegner näher kamen, stimmten die Griechen den Paian, ihren Kampfgesang, an und griffen im Laufschritt an, die hinteren Truppenteile drängten nach. So stürmten sie schon bei Marathon vorwärts, wo Herodot aber eine viel zu lange Laufstrecke angibt. Angetan mit schwerem Panzer, durften sie nicht allzu weit laufen, um für den anstehenden Nahkampf nicht zu erschöpft zu sein. Dann brachen sie in den Schlachtruf zu Ehren des Kriegsgottes Enyalios aus. Einige schlugen auch mit den Speeren auf ihre Schilde, um die Pferde der Feinde zu erschrecken. Bevor noch die Steine der Schleuderer geworfen und die Pfeile der Bogenschützen abgeschossen waren, machten die Feinde in diesem Frontabschnitt schon kehrt und flohen. Die Wagenlenker sprangen von ihren Sichelwagen und schlossen sich der allgemeinen Flucht an. Während die Griechen folgten, bemüht in Reih und Glied vorzurücken, rasten die herrenlosen Gespanne durch ihre Reihen und mancher vergaß, so schildert es Xenophon, vor Staunen darüber, rechtzeitig auszuweichen.

Doch niemand sei zu Schaden gekommen, beruhigt er sein Publikum, überhaupt sei in dem ganzen Kampf nur ein Einziger von einem Pfeil getroffen worden.

Den großen Sieg der Söldner am rechten Flügel, wo sich Xenophon bei seinem Freund Proxenos aufhielt – den linken mit Menon erwähnt er nur knapp –, über einen ihm quantitativ weit überlegenen Gegner schlachtete die griechische Publizistik in den folgenden Jahrzehnten aus, um den Landsleuten Mut im Kampf gegen den Großkönig zu machen. Freilich war der Sieg auch eine Sache der Motivation. Während die Söldner um ihr Leben kämpften, verspürten die zwangsrekrutierten Völker des Perserreiches wenig Lust, das ihre für den Großkönig aufs Spiel zu setzen. Im Übrigen entpuppte sich der scheinbare Triumph schon bald als eine Niederlage, die den Söldnern noch die Verluste eintragen sollte, die ihnen bei Kunaxa zunächst erspart blieben.

Xenophon hat dies freilich nie so empfunden, zumal ihm die Schlacht später die Rolle seines Lebens bescherte. Der (Pyrrhus-)Sieg der Söldner überstrahlte die Fehler. So gab es nie ein Zusammenwirken der griechischen Söldner mit den einheimischen Truppen des Kyros. Trotz des langen Anmarschweges waren sie am Ende nicht auf die Entscheidungsschlacht vorbereitet. Klearchos widersetzte sich – vielleicht aus durchaus rationalen Gründen – der Aufforderung des Kyros, das Zentrum des Großkönigs anzugreifen, da er dazu mit seiner offenen Flanke schräg über das Kampffeld zwischen beiden Heeren hätte vorrücken müssen. Seinen Angriff begann er vorzeitig und ohne Abstimmung mit den anderen Truppenteilen. Die Griechen verfolgten dann den fliehenden Gegner, nun wieder im Schritt, offenbar ohne sich um das weitere Kampfgeschehen zu kümmern. Bezeichnend ist, dass niemand von ihnen auch nach der Schlacht wusste, wo Kyros sich aufhielt und was mit ihm geschehen war. Schon während des Kampfes hatten ihn die Griechen aus den Augen verloren, obwohl sie doch vorgaben, um sein Leben besorgt zu sein.

Vielleicht begriff Xenophon erst, als er dies niederschrieb, dass die Söldner Kyros im entscheidenden Augenblick allein gelassen hatten. Niemand kann das wissen, denn dies durfte Xenophon nicht zugeben, auch nicht vor sich selbst. So gestaltet er aus Bewunderung oder schlechtem Gewissen die letzte Stunde des Kyros zu einem Heldenepos, wozu auch die ersten Nachrichten darüber beitrugen, denn sie stammen aus Kyros' nächster Umgebung. Weder Xenophon selbst noch einer der Söldner hatte das Geschehen beobachtet. Kenntnis besaß Ktesias, der als Leibarzt des Artaxerxes mitgereist war, doch seine Berichte, die Xenophon später las, sind maßlos übertrieben und auch wohl meistenteils falsch. Nicht umsonst galt er schon der Antike als Märchenerzähler und Lügner. Xenophon schöpfte aus dem, was die beiden Übersetzer den Griechen mitteilten. Aber auch sie wussten freilich nur zu berichten, was andere aus der Ferne beobachtet haben wollten.

Zunächst aber feiert Xenophon noch einmal den griechischen Sieg. Kyros habe sich darüber gefreut und schon Huldigungen als Großkönig empfangen. Allein, das bestätigt nur, dass Klearchos zu früh angriff. Außerdem dürfte es Kyros weniger gefallen haben, dass Klearchos danach (zumindest für ihn) spurlos von der Kampffläche verschwand. Auch vom linken Flügel mit Menon sah er nichts mehr. «Kyros ließ sich nicht zur Verfolgung hinreißen», schreibt Xenophon dann, und dies ist ein seltsamer Satz. Vielleicht dachte Xenophon nun doch unbewusst an Klearchos, der sich zu solchem Tun animieren ließ. Kyros nämlich behauptete immer noch seinen ursprünglichen Platz in der Mitte und hatte noch niemanden besiegt, den er hätte verfolgen können.

Wie auch immer, er musste jetzt ohne die Söldner den Kampf mit seinem Bruder suchen. Dafür gebot er noch über seine Elitetruppe, 600 Mann Reiterei. Artaxerxes, der in der Mitte seines Heeres stand, wie es persische Gepflogenheit war, schwenkte nun ein, um vielleicht in den Rücken der Griechen zu gelangen. In diesem Moment ritt Kyros auf ihn zu und seine Reiterei, bestens motiviert, schlug die zehnfache Anzahl des Gegners in die Flucht, der Kommandant der königlichen Reiterei fiel. Dies wäre die Gelegenheit gewesen, den nun relativ schutzlosen Großkönig zu attackieren. Allein, auch die 600 drängten im Rausch des Erfolgs zur Verfolgung des Gegners. Nur wenige blieben bei Kyros, als dieser endlich seinen Bruder in der Nähe erblickte. «Tòn ándra horô, ich sehe meinen Mann», soll er gerufen haben. Er stürzte auf ihn zu und verwundete ihn durch den Panzer. Xenophon zitiert hier Ktesias, der in der Nähe des Großkönigs geblieben war und später dessen Wunde versorgte. Im selben Augenblick aber traf einer aus dem verbliebenen Gefolge des Großkönigs mit einem Wurfspeer Kyros unmittelbar unter dem Auge. Er war sofort tot. Die acht Tapfersten seines Gefolges stürzten sich, wie erzählt wurde, beim Versuch, ihn zu decken, über seinen Leichnam und fanden ebenfalls den Tod. Artapates, der treueste seiner Gefährten, sprang vom Pferd und eilte vergebens zu Hilfe. Nach einer Version habe der Großkönig befohlen, ihn über Kyros' Leiche zu töten, nach einer anderen habe er sich mit dem goldenen Krummsäbel, den Kyros ihm als Ehrengabe geschenkt hatte, erdolcht. Nach der Schlacht ließ Artaxerxes den toten Bruder enthaupten, ihm die rechte Hand abschlagen und die blutigen Trophäen öffentlich ausstellen, die persische Strafe für Aufrührer.

Es gibt daneben noch eine abweichende Fassung in den *Persiká* des Ktesias, der zufolge Kyros, nachdem er seinen Bruder schwer verletzt hatte, hinterrücks von einem Speer getroffen wurde. Plutarch zitiert sie in seiner Biographie des Artaxerxes, schenkt dem Autor jedoch wenig Glauben. Der Bericht ist nach den Prinzipien der tragischen Geschichtsschreibung gestaltet, in der das ausschmückende Detail Nähe zu den erzählten Ereignissen herstellt, und besticht allein durch seine langatmige Umständlichkeit. Bereits Plutarch hat diese Räuberpistole treffend kommentiert: Hier werde ein Mann wie mit einem stumpfen Messer langsam zu Tode gebracht.

Plutarch gibt auch mit Berufung auf Ktesias die Zahl der Gefallenen an: 9000 von ihnen seien zum König gebracht worden, Ktesias selbst habe sie aber auf nicht weniger als 20000 geschätzt.

Xenophons Kyros

An dieser Stelle – die Schlacht ist noch nicht beendet – legt Xenophon in seiner Schilderung der dramatischen Ereignisse von Kunaxa eine Pause ein, um Kyros zu würdigen. Er hat die Erinnerung an ihn sein ganzes Leben bewahrt und ihn, je mehr das lebendige Bild seiner Erscheinung und seines Auftretens verblasste, desto mehr idealisiert. Das beginnt hier in Buch I der *Anabasis*, setzt sich im *Oikonomikos* fort und erreicht seinen Höhepunkt in der späten *Kyrupädie*, der *Erziehung des Kyros*, die Xenophon neben der *Anabasis* und den *Memorabilien* am meisten am Herzen lag. Die *Kyrupädie* handelt zwar vom gleichnamigen Kyros (dem Großen), dem Gründer des persischen Reiches (559–530), aber Vorbild ist der Kyros der *Anabasis*, den Xenophon ja persönlich kannte. Mit der *Kyrupädie* wollte er keine historische Biographie schreiben und auch kein Enkomion (Lobschrift) wie das auf Agesilaos, das auch die menschlichen Seiten eines Königs nicht verschweigt. Es ging ihm um das Ideal eines Herrschers, und dazu taugte der schon in Griechenland zur Legende gewordene ältere Kyros besser. Ein «Mann des Glücks», dessen Herrschaft seinem Volk den Frieden brachte, hatte ihn schon Aischylos in den *Persern* genannt und Herodot widmete ihm als klugem Ratgeber seines Volkes und indirekt durch das Beispiel, das er auch den Griechen gab, sogar das Schlusskapitel seiner *Historien*.

Über den älteren Kyros (II.) besaß Xenophon nach Maßgabe der damaligen Möglichkeiten historisches Material oder solches, das er dafür hielt, auch wenn er ziemlich freizügig damit umgeht. Während seiner fast 30-jährigen Regentschaft hatte Kyros ein Weltreich geschaffen, das erst nach Xenophons Tod mit dem Feldzug Alexanders des Großen untergehen sollte. Im Wirken des älteren Kyros zeigte sich für Xenophon der Erfolg einer alle natürlichen Anlagen fördernden und entfaltenden Erziehung zu einem gerechten Herrscher, der den militärischen und administrativen Anforderungen, die sein Amt an ihn stellte, stets gewachsen war. Der jüngere Kyros starb dagegen zu früh, um ihn zum Titelhelden eines Entwicklungsromans zu machen. Hätte er länger gelebt, wäre er der beste Herrscher gewesen, schreibt Xenophon im *Oikonomikos*. *In nuce* enthält seine Würdigung in der *Anabasis* bereits das, was er später in der *Kyrupädie* ausarbeitet.

Xenophon beginnt auch hier mit der Erziehung des Prinzen. Dieser eignet sich schon in jungen Jahren an, was der gute Feldherr wissen muss. Es ist nicht zufällig auch das, was Xenophon selbst auf dem Rückzug auszeichnet. Neben seiner Begabung für das «Handwerk des Krieges» lernt er zu befehlen und zu gehorchen, zu führen und zu folgen, zu herrschen und beherrscht zu werden. Er versteht sich auf die Kunst der Menschenführung, seine Autorität erwächst – wie auch Xenophon von sich selbst zu zeigen bemüht ist – aus seiner *philanthropia* und seiner Gerechtigkeit. Während aus den Reihen der Gegner viele desertieren, gehorchen ihm die Soldaten freiwillig und folgen ihm auch in Gefahren. Der Kyros der *Anabasis* wie derjenige der *Kyrupädie* erwerben ihre Tugenden als Herrscher in der Jugend, beweisen sie in ihren Kriegszügen und vermitteln sie bei der Verwaltung des Reiches bzw. der Satrapien ihren Verbündeten und Untergebenen. Xenophon genügen die wenigen Monate, die er in der Nähe des jüngeren Kyros verbrachte, um ein Urteil über seinen Charakter, seine Großherzigkeit, seine Gerechtigkeit, seinen Willen zur Versöhnung oder seine Sorge um die Freunde und Untergebenen zu fällen. Selbst die Schilderung seines Todes dient Xenophon dazu, die Ergebenheit und Treue seines Gefolges zu erweisen.

Eine Eigenschaft hebt Xenophon aber noch besonders hervor, und diese könnte etwas Licht auf seine eigenen, dann zu nichts zerronnenen Hoffnungen und Ambitionen werfen: «All denen, die er sich zu Freunden machte, wenn er deren Wohlwollen erkannte und sie für zuverlässige Helfer bei allem hielt, was er zu unternehmen gedachte, erwies er nach allgemeiner Übereinstimmung die besten Dienste. Gerade weil er nämlich selbst Freunde nötig zu haben glaubte, um in ihnen Helfer zu haben, versuchte er selbst, jeden seiner Freunde in seinen Bestrebungen zu fördern.» Xenophon bekräftigt so im Nachhinein, dass sein Plan, eventuell eine Zeitlang in die Dienste des Prinzen zu treten, hätte Erfolg haben können. Nur unvorhersehbare Umstände hatten ihn zunichte gemacht.

In jedem Fall bezeugt Xenophon mit seinem Nachruf, dass er sich in dem Prinzen nicht getäuscht hatte. Und so darf er auch abschließend sagen, nach allem, was er erfahren habe, sei er überzeugt, «dass niemand, möge er Grieche oder Barbar sein, von den Menschen mehr geliebt wurde als Kyros (der Jüngere)».

Ungewissheit

Die Pause, die Xenophon mit der Würdigung des Kyros einlegt, lässt den Eindruck entstehen, auch die Schlacht sei beendet. Dies trügt, sie war noch in vollem Gange, und die Griechen kämpften, ohne dass ihnen dies augenscheinlich bewusst war, um ihr Leben. Tissaphernes war am rechten Flügel kampflos durchgebrochen und seine Soldaten plünderten – wie das in einem solchen Fall immer geschieht – ohne irgendeine Ordnung das Lager des Kyros. Das viel kleinere griechische Lager wurde dagegen von den aufgestellten Wachen gehalten.

Den Großkönig und die griechischen Söldner trennten etwa 5,5 Kilometer, eine Strecke, weit genug, um nicht zu wissen, was der jeweils andere tat. So bemerkt Xenophon nicht ohne Ironie, die einen «verfolgten ihre Gegner, als hätten sie alle besiegt, die anderen plünderten, als hätten sie bereits alle gesiegt». Erst als Meldereiter den Griechen die Nachricht brachten, der Gegner stünde schon in ihrem Lager, erkannten sie, dass die Schlacht offenbar keineswegs gewonnen war und dass die Verfolgung des Gegners nicht nur ohne Sinn, sondern sogar gefährlich war. Das Kampffeld ließ sich nicht überblicken, Nachrichten kamen spärlich und erwiesen sich schon bei ihrem Eintreffen als überholt oder gänzlich falsch; Befehle zu geben war nahezu zwecklos, da sie auf irrigen Voraussetzungen beruhten. Die Lage änderte sich fließend.

Wenn Xenophon versucht, etwas Ordnung in seine Darstellung zu bringen, beruht das auf nachträglichen Informationen, wie sie beispielsweise Tissaphernes später den Griechen gab. Im Augenblick der Schlacht war Xenophon wohl die Situation genauso wenig klar wie Klearchos und Proxenos, bei denen er sich aufhielt, und die miteinander beratschlagten, ob sie nur einige Leute zu ihrem Lager schicken oder alle zusammen zu Hilfe eilen sollten. Erst spät kam ihnen die ganze Gefahr zu Bewusstsein, und selbst das, was Xenophon *a posteriori* rekonstruiert, hinterlässt viele Fragezeichen. Es nötig Bewunderung ab, wie moderne Historiker genaue (und ganz unterschiedliche) Karten mit dem exakten Schlachtverlauf entwerfen konnten.

Zunächst also nahm die Schlacht ihren Fortgang. Als die Söldner des Großkönigs gewahr wurden, machten sie kehrt, da sie einen Angriff im Rücken befürchteten. Er kehrte jedoch auf dem Weg, auf dem er gekommen war, zurück, um sich mit dem linken Flügel wieder zu einer Front zu vereinen. Seine Formation war nun die gleiche wie am Beginn der Schlacht. Die Griechen sammelten sich erneut, stimmten zum zweiten Mal an diesem Tag ihren Schlachtgesang an und stürmten vorwärts. Diesmal ergriffen – so hat es jedenfalls Xenophon beschrieben – die Perser noch schneller die Flucht. Sie verspürten jetzt keine Neigung mehr, sich in letzter Minute für eine Sache zu opfern, die ohnehin gewonnen war. Die Söldner waren nun mitten im Feindesland auf sich gestellt, ihre Chancen, sich zu retten, schienen gering. Abwarten genügte, und so machten auch die persischen Reiter bald wieder kehrt, um auf den verwundeten Großkönig zu warten, dessen Feldzeichen, ein goldener Adler mit ausgebreiteten Schwingen auf einer Lanze, aus der Ferne zu sehen war.

Die Sonne ging bereits unter, vom Vormittag bis zum Abend waren die Söldner marschiert, hatten sich immer wieder neu formiert, gekämpft und den Gegner verfolgt. Nun legten sie sich erschöpft dort nieder, wo sie waren. Unklar war der Verbleib von Kyros. Es kamen keine Nachrichten von ihm oder seiner Umgebung. Die Griechen glaubten, er sei auf der Verfolgung des Gegners vorausgeritten, und so beschlossen sie, zum Lager zurückzukehren. Als sie dort angelangten, fanden sie den Tross des Kyros geplündert. Die Wachen im griechischen Lager mussten vor allem die zahlreichen Zivilisten schützen, darunter viele Frauen, wie Xenophon am Beispiel einer Milesierin erzählt, die sich vom Lager des Kyros in das der Griechen retten konnte. Sie bedauerten vor allem den Verlust der angeblich 400 Wagen, die Kyros mit Mehl und Wein hatte beladen lassen. Vermutlich war das aber eine ähnliche Fata Morgana wie die 10 000 mit Gold beladenen Kamele des Großkönigs, die im Laufe des 4. Jahrhunderts durch die Köpfe der Griechen spukten. Am Ende des Tages drohte – von Verwundung und Tod abgesehen – die höchste Strafe für einen griechischen Söldner: nämlich ohne Abendessen (die Hauptmahlzeit) die Nacht zubringen zu müssen.

Vae victoribus

Der Morgen brach an, die Söldner waren hungrig und durstig, aber siegesgewiss. Sie wunderten sich zwar, dass Kyros nicht erschien oder wenigstens Boten schickte, glaubten aber, er sei bereits weiter nach Osten gezogen. So beschlossen sie, in voller Bewaffnung weiterzumarschieren. Die Sonne ging gerade auf, alles war zum Abmarsch gerüstet, da trafen zwei Dolmetscher bei ihnen ein. Ihre Meldung war kurz: Kyros sei tot, sein Stellvertreter Ariaios geflohen. Er befinde sich auf dem Rastplatz vom Vortag, warte noch bis zum Morgen auf sie, falls sie sich anschließen wollten, und mache sich dann auf den Rückweg.

Die Reaktion war trotzig. Noch fehlte es den Griechen an jener realistischen Einschätzung, die nottat. So antwortete Klearchos den Boten, sie sollten Ariaios melden, sie, die Griechen, hätten den Großkönig besiegt. Da Kyros tot sei, würden sie jetzt, wenn er wolle, ihn auf den Thron heben. Die Boten gingen, Klearchos wartete, heißt es dann bei Xenophon. Der Vorschlag war nur aus Ratlosigkeit geboren – ihn zu verwirklichen: ausgeschlossen. Die Söldner trieb eine naheliegendere Sorge um, die fehlenden Lebensmittel. Daher schlachteten sie die Ochsen und Esel unter den Last- und Zugtieren. Um das Fleisch braten zu könnten, suchten sie das Schlachtfeld nach Brennbarem wie hölzernen Pfeilen und Schilden ab und warfen die Stangen und Deichseln unbrauchbar gewordener Wagen ins Feuer.

Es beginnt nun der sozusagen statische Teil im Zug der Zehntausend, das Bindeglied zwischen Anabasis und Katabasis: Es wird weniger marschiert und mehr gesprochen. Zahlreiche Reden, Gespräche und Dialoge unterbrechen die Handlung.

Gegen Mittag kamen die Herolde des Großkönigs und des Tissaphernes, der nun den wichtigsten Part auf persischer Seite einnimmt. Er wird diese Rolle noch sechs Jahre spielen und seine wie Xenophons Wege werden sich dann noch einmal in Kleinasien kreuzen, bis er schließlich bei Artaxerxes in Ungnade fallen sollte und hingerichtet wurde. Unter den Gesandten befand sich nur ein Grieche, Phalinos vom Hofe des Tissaphernes, den Xenophon geringschätzig als Kenner von Taktik und Waffengebrauch vorstellt, als einen Mann der Theorie also. Hier spricht bereits ein Xenophon, der militärisches Wissen auf die Erfahrung gründet, die er freilich in Kunaxa noch in keiner Weise besaß. Die Jahre des Lernens standen ihm noch bevor.

Phalinos übernahm, da er als Einziger des Griechischen mächtig war, auch die Gesprächsführung, d. h. er wiederholte zunächst nur einen Befehl des Großkönigs. Dieser sei der Sieger, deshalb sollten sie die Waffen abliefern, zu seinem Zelt gehen und «das Bestmögliche zu erlangen suchen», also um Gnade bitten. Die Griechen aber hatten noch nicht begriffen, dass sie – auf unbekanntem Territorium stehend, von Feinden umgeben – wie in einer Falle festsaßen und ihnen alle Wege versperrt waren. Klearchos fühlte sich weiter als Sieger, sagte dies auch, begab sich dann zu einer vorbereiteten Opferschau und überließ die weiteren Antworten seinen Mitfeldherrn.

Xenophon hat die Szene im Detail beschrieben: Zuerst spricht Kleanor aus Arkadien als der Älteste. Sie würden eher sterben als ihre Waffen abliefern. Als Nächster ergreift der in sophistischer Argumentation erfahrene Proxenos das Wort: Wenn der Großkönig Sieger sei, brauche er die Waffen nicht zu verlangen, sondern könne sie sich holen. «*Molon labe*» (Komm und hole sie dir), soll der Spartanerkönig Leonidas einst Xerxes geantwortet haben. Die Griechen verharrten im Trotz. Erst der dritte Redner blickt nach vorn: Die Waffen und der Mut seien ihre Güter und mit beiden zusammen würden sie auch um die Güter des Großkönigs kämpfen. Der dies sagt, ist Theopompos (der ‹Gottgesandte›) aus Athen, und er tritt nur ein einziges Mal, eben hier an dieser Stelle, auf. Der Grund ist einfach, in den folgenden Büchern trägt er seinen richtigen Namen: Xenophon. Er selbst gibt auch, nicht ohne eine Spur von Selbstironie, einen kleinen Hinweis auf die Identität des Sprechers. Phalinos, der Gesandte des Großkönigs, nennt ihn einen jungen Mann und – lachend – einen Philosophen. Eine Gruppe der Handschriften verbesserte denn auch den Namen Theopompos bereits zu Xenophon. Ob dieser damals schon Gelegenheit bekam, unter den Feldherren mitzureden – vielleicht in Begleitung seines Freundes Proxenos – muss offenbleiben. Vielleicht fügte er den Wortbeitrag auch erst nachträglich bei der Niederschrift der *Anabasis* ein.

Schließlich aber beendete der zurückgekehrte Klearchos die Diskussion. In einer Frage wurde sogar Einigung erzielt. Klearchos stimmte der vom Großkönig den Griechen gestellten Alternative zu: Waffenstillstand gelte, wenn sie an Ort und Stelle blieben, Vorrücken oder Abziehen bedeute dagegen Krieg. Was er zu tun gedenke, wollte er freilich nicht sagen. Er hatte jedoch einen Plan gefasst, denn zu diesem Zweck hatte er geopfert, wobei unklar bleibt, ob er sich nach dem Opfer oder ob sich das Opfer nach ihm richtete.

Als es Abend wurde, rief Klearchos schließlich die Feldherren und Hauptleute zusammen, um ihnen seinen Entschluss mitzuteilen. Die Zeichen für einen direkten Angriff auf den Großkönig stünden schlecht, da zwischen ihnen der Tigris liege, den sie ohne Schiffe nicht überqueren könnten. Da sie ohne Lebensmittel wären, sei es das Beste, sich zunächst Ariaios anzuschließen. Danach erteilte er kurz die wichtigsten Befehle. Jeder solle vor dem Aufbruch essen, was er noch habe. Das erste Hornsignal gebe das Zeichen zum Zusammenpacken, das zweite bedeute, die Lasttiere zu beladen und das dritte Aufbruch. Er gab auch die Marschordnung vor. Die Lasttiere sollten entlang des Flusses laufen, nach außen von den Schwerbewaffneten abgeschirmt. Klearchos' Ansichten schienen vernünftig, sie waren eindeutig und fest umrissen – auch und gerade, weil niemand wusste, wo der Großkönig sich wirklich aufhielt –, seine Anweisungen klar. So erkannten ihn alle von da an, notiert Xenophon, als ersten Befehlshaber an, ohne dass sie ihn dazu gewählt hätten.

Auf der Flucht

Gegen Mitternacht langten sie auf dem vorgesehenen Rastplatz bei Ariaios an, nachdem nur wenige Stunden vorher mit Einbruch der Dunkelheit die Thraker, darunter 40 Reiter – was die Griechen besonders schmerzte – zum Großkönig übergelaufen waren. Die Griechen sowie Ariaios und sein Gefolge schworen nun, einander nicht zu verraten und beim Rückzug zu unterstützen. Dazu schlachteten sie einen Stier, einen Eber und einen Widder, in deren Blut die Griechen ein Schwert, die Perser einen Speer tauchten. Die Feierlichkeit dieses Aktes bewies freilich nur, wie wenig sie einander vertrauten.

Ariaios war Realist. Auf den von den Söldnern angebotenen Königsthron verschwendete er keinen Gedanken, zumal sie ihn gar nicht besaßen: Es gebe viele Perser, die vornehmer seien und dies nicht ertrügen. Auch seine Pläne für den Rückmarsch waren der Situation angemessen. Auf dem Herweg könnten sie keinesfalls zurück. Das Land sei ausgeplündert, Essbares nicht mehr vorhanden.

So sei ein Umweg angeraten, der die Versorgung ermögliche. Vor allem aber gelte es, einen Vorsprung vor dem Großkönig zu gewinnen. Folge dieser mit einem starken Heer – mit einem schwachen nehme er sicherlich nicht die Verfolgung auf –, werde er nicht schnell vorankommen. Zudem drohe ihm dann die Verpflegung auszugehen.

Was Ariaios vorbrachte, war durchdacht, und doch begrüßt Xenophon *post eventum* das Scheitern dieses Vorschlags, und das verrät einiges von seinem Selbstverständnis, als er die *Anabasis* schrieb. «*Apodranai e apophygein*», «Ausreißen oder Fliehen hätte dies bedeutet», stellt er fest, «aber das Schicksal lenkte es besser.» Das ist allein schon wegen der später erlittenen großen Verluste fragwürdig, denn das Heer änderte nur seine Marschrichtung (nach Norden statt nach Westen). Es blieb eine Flucht. Vielleicht aber erschien Xenophon der Umstand, dass die Zehntausend nun in neue, unbekannte Räume vorstießen, als Beweis eines Vormarsches, so dass er zumindest für sich den Vorwurf einer ruhmlosen Flucht zurückweisen konnte.

Abgesehen von diesem Abwehrreflex beschönigt Xenophon die Lage der Söldner und seine eigene keineswegs. Niedergeschlagenheit paarte sich mit Unsicherheit. Die Schlacht bei Kunaxa hatte unvermutet begonnen, den Söldnern fehlte es an Zeit, größere Ängste zu entwickeln. Diese kamen erst nach dem Kampf. Xenophon verdeutlicht das mit zwei kurzen Episoden: Auf dem Marsch durch babylonisches Gebiet sahen sie nachmittags plötzlich feindliche Reiter auftauchen. Alle rannten zu ihren Plätzen und ergriffen die Waffen. Doch auch als sie vorsichtig näher kamen, blieb der Feind friedlich: Es waren grasende Lasttiere. Die Erleichterung war kurz, die Furcht blieb, denn nun waren sich die Söldner sicher, dass der Großkönig, der sich wohl schon längst auf dem Weg zu seiner Residenz befand und die weitere Kriegführung seinen Satrapen überlassen hatte, in unmittelbarer Nähe lagere.

Es war schon spät, und um sich nicht den Anschein einer Flucht zu geben, marschierten sie weiter. Bei Sonnenuntergang erreichten sie die nächsten Dörfer. Nichts Essbares war zu finden, selbst das Holz an den Häusern war geraubt worden. Hieran hätten sie erkennen können, dass der persische Plan nicht auf einen Kampf hinauslief. Der Großkönig beschränkte sich auf die Taktik der verbrannten Erde. Viele Nachzügler trafen erst in der Dunkelheit ein, Lärm und Durcheinander nahmen zu, Verwirrung und Schrecken breiteten sich aus. Als das Chaos am größten war, hatte Klearchos einen Einfall, der die Lage entschärfte: Er ließ einen Herold ausrufen, wer den Mann nennen könne, der im Lager den Esel losgelassen habe, erhalte als Belohnung ein Talent, und der imaginäre Esel beruhigte dann auch die Gemüter.

Waffenstillstand

Der Schilderung dieser angespannten Situation folgt ein retardierendes Moment. Xenophon ergreift das Wort in der ersten Person – was er ganz selten tut –, d. h., er spricht als Autor, der doch offiziell Themistogenes von Syrakus heißt. Zweck dieser ungewöhnlichen Wortmeldung ist es, die Behauptung zu untermauern, der Anmarsch des griechischen Heeres habe den Großkönig in großen Schrecken versetzt, und als Beweis dafür sieht Themistogenes (Xenophon) dessen plötzliche Bereitschaft, über einen Waffenstillstand zu verhandeln. Hier wird eine weitere Absicht der *Anabasis* deutlich: Xenophon hat sein griechisches Publikum im Blick, dem sich seit dem Friedensvertrag von 387, dem sogenannten Frieden des Antialkidas, der Großkönig gleichsam als Wächter über die griechischen Verhältnisse präsentiert. Es ist immer noch derselbe Artaxerxes wie 401, und so kann Xenophon aus eigener Erfahrung versichern, dass dieser eigentlich schwach sei und sich kein Grieche vor ihm zu ängstigen brauche.

Nun verbarg sich hinter dem Verhandlungsangebot des Großkönigs kein plötzlicher Sinneswandel, sondern eine langfristige Strategie, die ihm einen Sieg ohne eigene Verluste ermöglichen sollte, höchstwahrscheinlich von Tissaphernes erdacht. Klearchos war sich der prekären Situation bewusst, in welcher sich die Söldner ohne Verpflegung befanden. So baute er, während er die Boten warten ließ, wie Potemkin eine Art Kulisse auf, um die Gesandten durch die augenscheinliche Stärke des Heeres einzuschüchtern. Er ordnete die Truppen so, dass sie «nach allen Seiten den schönen Eindruck einer geschlossen Front machten» und der bunte Haufen der Nichtkombattanten nirgends zu sehen war. Für die Unterredung wählte er außerdem die Feldherren aus, die am besten bewaffnet waren und die stattlichste Figur abgaben. Klearchos musste bluffen. Tatsächlich war nicht einmal die Verpflegung für den laufenden Tag gesichert. So ließ er wissen: Vor dem Waffenstillstand stehe der Kampf, denn sie müssten sich erst Nahrung verschaffen.

Die Boten kehrten schon bald wieder zurück, denn sie überbrachten die Nachricht nicht dem Großkönig, sondern Tissaphernes. Dieser gab in Verfolgung seines Plans den Wünschen der Griechen nach, die Boten meldeten: Wenn ein Waffenstillstand geschlossen werde, würden eigene Führer sie an den Ort bringen, wo es Lebensmittel gäbe. Klearchos war erleichtert, ließ aber die Boten nochmals warten, um seine Stärke zu demonstrieren.

Das Heer marschierte «in voller Ordnung», denn so ganz trauten die Griechen der Sache nicht, zumal sie in ein unübersichtliches Gebiet mit Kanälen und wasserreichen Gräben kamen, die nur auf selbst errichteten Behelfsbrücken zu überqueren waren. Klearchos vermutete dahinter eine Falle oder zumindest eine Warnung des Großkönigs, doch sie gelangten unbehelligt zu den Dörfern, in denen sie sich reichlich mit Getreide, Datteln und – eine Neuheit – dem Mark der Dattelpalme verpflegen konnten. Auch Palmwein scheint in großen Mengen getrunken worden zu sein, denn Xenophon lässt die Soldaten über heftige Kopfschmerzen klagen. Die Söldner blieben drei Tage vor Ort und verpflegten sich. Die Lebensmittel waren nicht gekauft worden, es handelte sich eher um eine Art kontrollierter Plünderung.

Während sie noch dort lagerten, erschien Tissaphernes mit großem Gefolge, darunter dem Schwager des Großkönigs. Der Waffenstillstand sollte in einen förmlichen Vertrag übergehen. Dazu wurden Reden in der jeweiligen Landessprache gehalten, die Dolmetscher übersetzten sie. Was Xenophon in der *oratio directa* wiedergibt, formuliert er wieder – in etwa sinngemäß – in Skillus nach den Regeln der griechischen Rhetorik.

Tissaphernes erklärte, da er einerseits Nachbar der Griechen sei, andererseits sich um den Großkönig große Verdienste erworben habe – er sei es ja gewesen, der ihn als Erster von der Verschwörung des Kyros benachrichtigt habe –, sei ihm der «glückliche Gedanke» gekommen, die Griechen heil zurückzubringen. Der Großkönig verlange jedoch eine Erklärung, warum sie gegen ihn zu Felde gezogen seien. Tissaphernes fügte hinzu, sie möchten sich in ihrer Antwort mäßigen. Dies leuchtete den Söldnern ein, denn im Gefolge des Artaxerxes befanden sich hohe Würdenträger, die in Verkennung der Kampfkraft der Griechen auf sofortige Bestrafung der Invasoren drängten. Der Vermittlung durch Tissaphernes glaubten die Söldner trauen zu dürfen, weil sie der Meinung waren, er werde sie zurückbringen, um sie dann – zumindest teilweise – in seine Dienste zu übernehmen. So gaben sie eine den Umständen entsprechend ebenso richtige wie kluge Antwort: Sie seien von Kyros über das eigentliche Ziel im Unklaren gelassen worden. Als sie es in nunmehr schon bedrohter Lage erfuhren, hätten sie ihren Wohltäter nicht im Stich lassen wollen. Jetzt aber, da er tot sei, wollten sie dem Großkönig nichts streitig machen und hätten nur den Wunsch, nach Hause zurückzukehren.

Tissaphernes kam erst am dritten Tag zurück, denn der Großkönig befand sich ja bereits auf dem Rückmarsch. Artaxerxes sei einverstanden, und zwar unter folgenden Bedingungen: Die Griechen müssten schwören, wie durch Freundesland zu marschieren. Sie könnten sich das Notwendige aus dem Land nehmen, ohne zu plündern, wo es keinen Markt gebe; dort aber, wo sich ein Markt abhalten lasse, sollten sie Speise und Trank kaufen. Tissaphernes und der Schwager des Großkönigs leisteten einen Eid auf den Vertrag und besiegelten ihn, indem sie den Griechen die Rechte reichten. Beide Seiten hatten erreicht, was sie wollten, und Tissaphernes obendrein das gewonnen, woran ihm am meisten lag: das Vertrauen des Klearchos.

Warten auf Tissaphernes

Die Griechen warteten in ihrem Lager auf Tissaphernes, der sich Zeit nahm, denn er musste seine Truppen, mit denen er dem König zu Hilfe gekommen war, für den Rückmarsch organisieren. Auch gab ihm dieser eine seiner Töchter zur Frau. Gleichzeitig ehrte er ihn für seine Unterstützung und erteilte ihm wieder den Oberbefehl im Westen. Das Lager des Ariaios befand sich in unmittelbarer Nähe der Griechen und so blieben Streitigkeiten unter den Soldaten nicht aus.

Ariaios, der nun wegen seiner Unterstützung des Kyros als persischer Abtrünniger in einer schwierigen Lage war, empfing Besuche seiner Verwandten und anderer Perser. Das beunruhigte die Söldner, denn sie argwöhnten eine Amnestie des Königs und damit verbunden einen Seitenwechsel des Ariaios. Dazu ängstigte sie die tatenlos verbrachte Zeit, denn Tissaphernes zeigte sich auch am 20. Tag noch nicht. Die Zweifel an der Erfüllung des Vertrags wuchsen. Die Söldner hegten bereits den Verdacht, der Großkönig halte sie hin, weil sein Heer zerstreut sei. In der Zwischenzeit sammle er seine Truppen, errichte Mauern und ziehe Gräben, um ihnen den Heimweg zu versperren. Solche Ängste schienen berechtigt, denn es lag nahe, dass sich Artaxerxes an den Griechen rächen wollte. Niemals könne es in seinem Interesse liegen, schreibt Xenophon, sie nach Griechenland zurückkehren zu lassen, um dort zu berichten, sie hätten mit einem so kleinen Heer den Großkönig nahe seiner Residenz besiegt. Das war allerdings panhellenisch gedacht, und das tat der Großkönig nicht und das Heer der Söldner nur, wenn es dafür bezahlt wurde.

Auch Klearchos sorgte sich wegen der langen Wartezeit, versuchte aber ruhig zu erscheinen und fand durchaus berechtigte Argumente, am Ort zu bleiben. Ein Abzug werde als Bruch des Vertrages aufgefaßt, sie besäßen keine Möglichkeit sich zu verpflegen und hätten keine Führer für den Weg. Ariaios, ihr letzter Freund, werde sie dann sofort im Stich lassen, sie hätten keine Reiter, um einen eventuellen Sieg auszunutzen, Flüsse könnten sie nicht überschreiten, wenn der Feind sie hindere, und überhaupt, warum solle Tissaphernes erst schwören, um dann sein Wort zu brechen. Klearchos fand viele Gründe, hauptsächlich auch, um sich selbst zu beruhigen, doch dann – es begann schon die vierte Woche – kam Tissaphernes, um in seine angestammte Satrapie zurückzukehren, oder auch (Xenophons Formulierung, ein adverbiales Partizip Präsens lässt das offen), um nur so zu tun, als mache er sich auf den Heimweg nach Westen in der Absicht, die Griechen zu täuschen. Der Historiker Ephoros behauptet, auf unklarer Quelle fußend, Letzteres.

Ein anonymer Ratgeber

Tissaphernes zog voran, ihm folgten Orontas und Ariaios mit ihren Truppen, getrennt dahinter die Griechen mit eigenen Führern und einem Abstand von etwa einer Wegstunde. Argwohn herrschte auf beiden Seiten. Nach drei Tagen passierten sie die Medische Mauer und gelangten nach weiteren zwei Tagen zum Tigris. Sie lagerten, während die Perser den Fluss schon überschritten hatten, ungefähr drei Kilometer entfernt von diesem in der Nähe einer größeren Stadt, Sittake genannt. Vor der Stadt befand sich ein großer Park mit hohen Bäumen, vielleicht auch mit Tieren, wie die Beschreibung als «Paradeisos» nahelegt. Er ist Kulisse eines doppelten Auftritts Xenophons, einmal mit Namensnennung – erst der zweiten im Werk – und einmal inkognito:

Nach dem Abendessen gehen Xenophon und sein Freund Proxenos spazieren und erörtern die Lage. Ihr Gespräch wird jäh unterbrochen, als sich ein Mann nähert und fragt, wo er Klearchos oder Proxenos treffen könne. Proxenos gibt sich zu erkennen und der Unbekannte berichtet, er komme von Ariaios und solle sie vor einem Angriff der Perser warnen. Sie sollten eine Wache an die Schiffsbrücke über den Tigris schicken, denn Tissaphernes plane, sie zu zerstören, um sie zwischen Fluss und Kanal einzuschließen. Selbst Klearchos erschrickt, als er dies hört. Er fasst sich erst wieder, als sich ein junger, namenlos bleibender Mann, offenbar keiner der Söldner, erhebt, und das Unwahrscheinliche eines solchen Vorhabens darlegt. Falls Tissaphernes siege, könnten die Griechen ohnehin nirgendwohin fliehen, auch wenn es viele Brücken gäbe, wenn er aber unterliege, habe er selbst keinen Ausweg mehr. Xenophon begnügt sich damit, indirekt darauf hinzuweisen, dass er bei der Versammlung anwesend war. Den Namen des jungen Ratgebers zu erraten, überlässt er dann dem Leser.

Die Lage entspannte sich, als sich auf Nachfragen erwies, dass auf der «Insel», auf der sie kampierten, zahlreiche Dörfer und Städte lagen, aus denen sie sich versorgen konnten, und die dank des Tigris und der Kanäle auch leicht zu verteidigen war. Der Botenbericht war ein Täuschungsmanöver, unklar von welcher Seite, vielleicht aus dem konservativen Umfeld des Großkönigs, dem die Heimkehr der Söldner unerwünscht war und das deshalb den mit Tissaphernes geschlossenen Vertrag in Misskredit bringen wollte.

Ungeachtet der Logik, die der junge Mann entwickelte, entsandte Klearchos eine Wache zur Brücke. Indes blieb alles ruhig. Bei Anbruch des Morgens überquerten die Griechen vorsichtig den Fluss auf einer Brücke von 37 Schiffen. Es zeigte sich kein Feind. Nur ein Mann, den die Griechen zur Genüge kannten, der Dolmetscher Glus, beobachtete die Vorgänge und ritt dann fort. Eine Brücke war der geeignete Ort, um die Truppen zu zählen, wie es schon Xerxes am Hellespont getan hatte.

Die Griechen marschierten nun vier Tage etwas über 100 Kilometer weit, nach Norden, bis sie zum nächsten Fluss kamen, über den diesmal eine feste Brücke führte. Hier trafen sie auf ein weiteres persisches Heer, geführt von einem Halbbruder des Artaxerxes und des Kyros. Klearchos sah keine Gefahr und ließ das Heer in Zweierkolonne marschieren. Es plusterte sich sozusagen auf und erreichte eine Länge von ungefähr fünf Kilometern, groß genug, um das neue persische Heer, das sicheren Abstand hielt, staunen zu lassen.

In weiteren sechs Tagen erreichten sie nach einem Marsch von ca. 165 Kilometern die Dörfer der Parysatis, so genannt, weil deren Tribute der Königsmutter zur Verfügung standen. Tissaphernes ließ keinen Markt eröffnen, sondern gab mit dem Verbot, Sklaven zu machen, die Dörfer zur Plünderung frei, ein Affront gegenüber Parysatis, den sich Tissaphernes offenbar erlauben zu können glaubte, da er um deren schlechtes Verhältnis zum erstgeborenen Sohn wusste. Gut verpflegt marschierten die Söldner vier Tage und etwa 100 Kilometer entlang des linken Ufers des Tigris weiter. Die Stadt, aus der sie sich nun versorgen konnten, lag am anderen Ufer, doch mit Hilfe von zusammengenähten und dann aufgeblasenen Ziegenbälgen glückte der Transport von Lebensmitteln auch über den Fluss hinweg. Von dort gelangten sie an den Zapatas, einen etwa 120 Meter breiten Fluss. Dort blieben sie drei Tage. Es war die Ruhe vor der Katastrophe.

Das Komplott

Das fünfte Kapitel des zweiten Buches schildert das entscheidende Ereignis des Zuges. Ihm verdankt Xenophon seinen unverhofften Aufstieg und die Nachwelt die einzige (erhaltene) Autobiographie der griechischen Welt. Den einen der Zehntausend bescherte es einen späten Ruhm, anderen einen frühen Tod. Xenophon war sich der Bedeutung bewusst und leitet die Vorgänge mit zwei großen Reden ein, welche – ähnlich denen beim Schauprozess des Kritias gegen Theramenes im Jahre 403 – Gut und Böse scheiden. In der *Anabasis* ist das freilich nicht sofort erkennbar, denn die Söldner des Zuges wie das Lesepublikum des Xenophon werden meisterhaft getäuscht. Nichts ist in diesem Kapitel so, wie es scheint. Die Entlarvung kommt, doch ob die Entlarvten auch die Verräter sind, bleibt unsicher, ebenso das, was Xenophon wusste und was er verschwieg. Sicherlich hatte er keine Kenntnis von den Reden des Klearchos und des Tissaphernes, die beim Zusammentreffen beider gehalten wurden. Diejenigen, die er hier in die *Anabasis* eingliedert, gehören ganz ihm und zeigen sowohl seine rhetorische Kunst wie sein psychologisches Verständnis.

Während sie am Zapatas lagerten, wuchsen Argwohn und Misstrauen zwischen dem griechischen Heer und den Truppen des Tissaphernes, auf dessen Seite nun auch Ariaios gewechselt war. Klearchos entschloss sich daher, das direkte Gespräch mit dem Satrapen zu suchen. Dieser ging ohne weiteres darauf ein. Zugegen waren die Dolmetscher, vielleicht noch ranghohe Begleiter. Bekannt wurde nur so viel, wie Klearchos nach seiner Rückkehr zu sagen für angebracht hielt. Xenophon versucht den Dialog in zwei längeren Reden nach Maßgabe dessen, was die Situation erforderte, d. h., was er von ihr wusste, zu rekonstruieren. Klearchos beginnt mit dem Anlass: Das gegenseitige Misstrauen müsse zerstreut werden, bevor unvermeidliche Missverständnisse zur Eskalation führten. Als wichtigstes Argument für seine Vertragstreue führt Klearchos die bei den Göttern beschworenen Eide an. Über allem stehe die Macht der Götter, niemand, der die Eide missachte, könne jenen entlaufen und sich an einen sicheren Ort bringen. Das ist Xenophons persönliche

Ansicht, denn die Götter bedeuteten ansonsten den kriegführenden Griechen wenig. «Eide galten für beide Seiten», schreibt etwa Thukydides zur gleichen Zeit, «nur für den Augenblick der Not, solange sie nicht anderswo Hilfe fanden. Gegenseitiges Vertrauen beruhte bei ihnen weniger auf göttlichem Recht als gemeinsam verübtem Unrecht.»

Nach der Einleitung wird der xenophontische Klearchos feierlich. Es fällt schwer, sich vorzustellen, der wortkarge Spartaner hätte so gesprochen: In der Welt der Menschen, also abgesehen von den Göttern, sei Tissaphernes gegenwärtig der Söldner größter Helfer: «Mit dir können wir jeden Weg gehen, jeden Fluß überschreiten, kennen wir an Lebensmitteln keinen Mangel. Ohne dich führt unser ganzer Weg durch Finsternis, erscheint jeder Fluß als Hindernis, erregt jede Menschenmenge Furcht, am furchtbarsten aber ist die Einöde, denn in ihr herrscht Ausweglosigkeit.»

Erst am Ende geht Klearchos auf das ein, was gegenseitigen Nutzen versprach und daher dem Vertrag Glaubwürdigkeit verliehen hätte. Die Söldner könnten nach ihrer Rückkehr in Tissaphernes' Auftrag gegen dessen Feinde ziehen, gegen die Myser oder die Pisider, und schließlich seien nur sie allein in der Lage, die aufständischen Ägypter «zu Paaren zu treiben».

Tissaphernes erwidert, an Gelegenheiten, die Griechen zu vernichten, wenn er denn gewollt hätte, habe es nicht gefehlt, und er verweist auf die Geographie, die unübersehbaren Ebenen, die hohen Berge, die breiten Flüsse und schließlich auf den wirkungsvollsten persischen Verbündeten, das Feuer, das Herr über das Getreide sei. Angesichts so vieler Möglichkeiten verfalle er nicht auf die schändlichste, die nur – und nun folgt eine Reihe abwertender Adjektive – ratlosen, ohnmächtigen, bedrängten und verdorbenen Menschen offenstehe, die glaubten, ihre Ziele mit einem Eidbruch erreichen zu können. Kyros habe sich die Griechen durch Sold verpflichtet, er erlange dies durch Wohltaten. Und auch Tissaphernes endet feierlich und kleidet den Nutzen, den er sich von den Söldnern (angeblich) versprach, in ein Bild, das seinen Wunsch, unabhängig zu sein und niemandem zu dienen, zum Ausdruck brachte, aber auch für weitere Interpretationen offen war: «Die aufrecht stehende Tiara auf dem Haupt darf nur der Großkönig tragen, die

Tiara im Herzen könnte mit eurem Beistande leicht auch ein anderer tragen.»

Tissaphernes gibt sich geheimnisvoll. Sollten die Griechen es als Angebot einer Konspiration verstehen oder war es nur Metaphorik? Glaubten die Söldner, er wolle mit ihrer Hilfe den Großkönig stürzen und sich selbst die Tiara aufsetzen, würde das ihr Vertrauen in ihn stärken. Denkbar wäre also eine List des Tissaphernes, an einem ernsthaften Putschversuch des Satrapen darf aber gezweifelt werden. Xenophon, der es ohnehin nur mittelbar wissen konnte, will keine Erklärung geben, und so bleibt die Sache dunkel.

Sie vereinbarten eine Wiederholung des Besuchs. Hier stellt sich die Frage nach dem Warum, da die Missverständnisse zwischen den beiden Befehlshabern ausgeräumt zu sein schienen. Es war Tissaphernes, der die Griechen nochmals einlud, aber ohne Zweifel hatte Klearchos ebenfalls großes Interesse an einer Wiederholung der Zusammenkunft. Dies ergibt sich unmissverständlich aus Xenophons Darstellung, der als Augenzeuge berichtet. Klearchos habe auf einem erneuten Besuch insistiert und nicht lockergelassen, bis ihn weitere Feldherren und eine Anzahl Hauptleute begleiteten. Später wird Klearchos als Gefangener des Großkönigs erklären, er sei von einem soldatischen, von Menon und Proxenos aufgehetzten Mob zu diesem Gang gezwungen worden. Das ist aber offenkundig eine Schutzbehauptung, die ihn entlasten soll. Was Klearchos antrieb, war das Versprechen des Tissaphernes, die Namen derer zu enthüllen, die hinter seinem Rücken gegen ihn, Klearchos, Misstrauen säten.

Das Söldnerheer war auch in den Tagen der Gefahr nicht so einig, wie es den Persern vielleicht schien. Nun rächte sich, dass Klearchos nicht an die Spitze gewählt worden war, sondern nur kraft seiner Entschlossenheit das Vakuum ausfüllte, das Kyros hinterlassen hatte. Klearchos argwöhnte Neider, die ihm die Führung der Söldner streitig zu machen suchten. Und tatsächlich war darum ein Kampf entbrannt. Menon war ein Freund des Ariaios und so fiel Klearchos' Verdacht auf ihn. Später hat der Historiker Ktesias in seinen *Persika* diesen Verdacht bestätigt. Vielleicht stand auf Menons Seite auch Proxenos, was dessen Freund Xenophon aber entschieden bestreitet.

Tissaphernes' Versprechen, die Verräter unter den Griechen zu entlarven, ist auch der Grund, warum Klearchos darauf bestand, dass Menon Mitglied der Delegation war. Im Gegenzug zu Tissaphernes' Enthüllungen sicherte Klearchos diesem wiederum zu, alle die zu nennen, die den Satrapen in Misskredit brächten. Vielleicht versprach er sogar noch mehr. Schon dem Ariaios hatte Klearchos unbedacht seine Hilfe zugesichert, wenn er den Königsthron besteigen wolle. So könnte er auch Tissaphernes die Tiara des Großkönigs in Aussicht gestellt haben, selbst wenn dieser sie nicht wollte. Die dunklen Worte dazu, die Xenophon den Tissaphernes sagen lässt, könnten ein Hinweis darauf sein.

Als Klearchos für die zweite Unterredung warb, gab es Widerstand unter den Soldaten: Tissaphernes sei nicht zu trauen. Doch das bestätigte Klearchos nur in seinem Glauben an Intrigen, zumal er inzwischen Vertrauen zu dem Satrapen gefasst hatte. Er setzte schließlich seinen Willen durch, und so machten sich fünf Feldherren und 20 Hauptleute auf den Weg ins persische Lager. Ungefähr 200 Soldaten begleiteten sie, da sie den dortigen Markt besuchen wollten.

Die griechische Delegation erreichte das persische Lager in kurzer Zeit, da das Quartier des Tissaphernes ja nur etwa fünf Kilometer entfernt lag. Während die Hauptleute vor dem Zelt des Satrapen warteten, wurden die Feldherren ins Innere gerufen: Proxenos aus Boiotien, Menon aus Thessalien, Agias aus Arkadien, Klearchos aus Sparta und Sokrates aus Achaia. Kaum hatten sie es betreten, wurde am Zelt eine rote Fahne gehisst, es ertönte ein Signal, und im selben Augenblick wurden die Feldherren gefangen gesetzt und die Hauptleute am Eingang niedergehauen, ohne dass sie sich zu wehren vermochten. Darauf streiften auf Kommando persische Reiter durch die Ebene und töteten alle Griechen, die sie antrafen, Sklaven wie Freie.

Die Söldner beobachteten dies von ihrem Lager aus, verstanden aber nicht, was plötzlich vor sich ging. Nach etwa zwei Stunden kam einer der Söldner zurück, der Hauptmann Nikarchos, von einer grässlichen Bauchwunde gezeichnet, mit den Händen die Eingeweide zurückhaltend, wie Xenophon notiert, der seine Ankunft bemerkte. Er konnte noch berichten, was vorgefallen war, ehe die

Söldner zu ihren Waffen rannten, da sie einen Überfall befürchten mussten. Es erschien aber nur eine Delegation von etwa 300 Mann, angeführt von Ariaios und anderen früheren Gefolgsleuten des Kyros. Der Dolmetscher erkannte auch den Bruder des Tissaphernes.

Ziel der «Enthauptung» der griechischen Führung war es, das Gros der Söldner zu demoralisieren und ihre Kapitulation zu beschleunigen. Die Entsendung einer Delegation aus ehemaligen Freunden war nun ein zusätzlicher Schachzug, sie zu verunsichern; die Botschaft tat ein Übriges, weitere Zwietracht zu säen: Klearchos, der Eidbrecher – wahrscheinlich nahm dies Bezug auf eine nicht abgesprochene Änderung der festgelegten Route –, sei tot, Proxenos und Menon aber stünden in hohen Ehren, da sie seine Hinterlist aufgedeckt hätten. Der Großkönig fordere nun die Waffen der Griechen. Xenophon erwähnt sich selbst an dieser Stelle zum dritten Mal mit richtigem Namen. Offenbar legt er Wert darauf, seine Anwesenheit bei dieser Szene zu betonen, während sein späterer Konkurrent um die Führung, der Spartaner Cheirisophos, weit ab war, um für Proviant zu sorgen. Die Griechen reagierten empört. Ohne auf die Nachricht einzugehen, titulierten sie Ariaios und Tissaphernes als «gottlose Schurken». Mehr war im Moment auch nicht zu sagen. Lediglich Xenophon, den die Nachricht über den Verrat des Proxenos umtrieb, die er nicht glauben wollte, forderte den – im Falle der Wahrheit – leicht zu erbringenden Beweis: Sie sollten doch Menon und Proxenos, die sowohl Wohltäter der Perser wie Feldherren der Griechen seien, hierherschicken. Als Freunde beider Seiten würden sie sicherlich das Beste raten. Darauf konnten die Perser nicht eingehen, nach kurzer Beratung ritten sie zurück.

Die Geschichte des Verrats scheint klar, jeder glaubt die Guten und die Bösen zu kennen, denn wir haben uns angewöhnt, den Vorgang mit den Augen Xenophons zu sehen. Dieser freilich hatte keinerlei Kenntnis darüber, was Tissaphernes, was Klearchos oder sogar was sein Freund Proxenos insgeheim planten. Warum wartete Tissaphernes so lange mit seinem Vorhaben? Warum ging ausgerechnet der erfahrene und ansonsten vorsichtige Klearchos in eine, folgt man der Version Xenophons, so plumpe Falle?

Zunächst hatte Klearchos seine eigenen Pläne, und zwar die

Ausschaltung der innergriechischen Opposition. Das sagt Xenophon ganz deutlich: Er wollte, als er zu Tissaphernes ging, die Verräter ihrer Strafe zuführen, und zu ihnen zählte Klearchos auf jeden Fall Menon, vielleicht auch Xenophons Freund Proxenos. Darum drang er auch darauf, dass diese ihn auf dem Weg begleiteten. Es lässt sich unschwer an eine Hinterlist des Klearchos denken, denn dass er dazu fähig war, zeigen seine Handlungsweisen als spartanischer Harmost, die nicht einmal mehr die Lakedaimonier dulden wollten.

Was Klearchos zwar ahnte, aber eben nicht sicher wusste, war, dass Menon seinerseits Klearchos – möglicherweise via Ariaios – bei Tissaphernes des Vertragsbruchs bezichtigt hatte und seine Bestrafung forderte. Das hätte den Weg für ihn freigemacht, das Heer unter seine Führung zu bringen. Diese Nachricht – Klearchos äußert in der *Anabasis* nur einen Verdacht – stammt von dem schon erwähnten Leibarzt des Artaxerxes, Ktesias von Knidos. Dieser berichtet, er habe Klearchos im Gefängnis besucht und ihm allerlei Vergünstigungen verschafft. Überliefert ist das fragmentarisch bei Plutarch und in der *Bibliotheke* des Photios aus byzantinischer Zeit. Die Episode ist mit allerlei Anekdoten ausgeschmückt, wie sie die Antike von Ktesias kennt, doch macht dies den Kern des Berichts nicht *a priori* unglaubwürdig. Bezeichnenderweise wurde Menon als einziger der vier Feldherren, die nach kurzer Haft enthauptet wurden, zunächst verschont. Nur Xenophon berichtet, dass irgendwann auch er in Ungnade fiel und nach einem Jahr «den Tod fand». Er kennt die Todesart nicht und fügt ein *legetai* (wie erzählt wird) hinzu, das darauf schließen lässt, dass die Nachricht mehr einem Wunsch als sicherem Wissen entsprang. Ktesias legt sich dagegen fest, alle außer Menon seien hingerichtet worden.

Aus Xenophons panhellenischer Sicht ist die Perfidie des persischen Satrapen eindeutig. Dass es sich bei Klearchos und Menon, vielleicht auch bei Proxenos, vermutlich um betrogene Betrüger handelt, will er nicht wahrhaben. Fest steht aber in jedem Fall, dass es ohne den Zwist innerhalb der griechischen Führung nicht zur Katastrophe gekommen wäre. Ohne sie wäre freilich auch Xenophon nicht Xenophon geworden.

Drei Nachrufe

Die Würdigung – oder vielleicht besser – die Charakterisierung der Feldherren schließt Xenophon, den literarischen Gepflogenheiten folgend, unmittelbar an deren Gefangennahme, die ihren Tod bedeutete, an. Es ist ein Resümee, das er erst in Skillus zieht, und es lässt Einblicke in sein Inneres zu, auch und gerade weil er meint, nicht von sich zu sprechen.

Klearchos war in den Tagen vor und nach Kunaxa der wichtigste Feldherr der Griechen und so erhält er den ausführlichsten Nachruf. Xenophon schildert ihn als einen Mann, der nur den Krieg kannte und diesem mit Leidenschaft ergeben war. *Polemikos* und *philopolemos* nennt er ihn einführend: kriegerisch und kriegliebend. Nicht weniger als 14-mal erscheint dann auf einer einzigen Textseite das Wort «Krieg» (*polemos*). Frieden war ihm, so Xenophon, verhasst, sein Vermögen verschwendete er, wie andere für Luxus und Lustknaben, für den Krieg; er scheute das ermattete Leben des Friedens und suchte die Anstrengung des Krieges um ihrer selbst willen. Er sei ein geborener Führer gewesen, wie kein anderer befähigt, sich um die Truppen zu kümmern: Sein Wesen unnahbar, seine Miene düster, seine Stimme herrisch und sein Zorn heftig. Alles Gewinnende habe ihm gefehlt; er strafte aus Überzeugung, auch in der Erregung des Augenblicks: Mehr noch als den Feind musste der Soldat den Vorgesetzten fürchten.

Den Söldnern, so Xenophon, erschien im Angesicht des Feindes aber seine Härte als Stärke, seine Strenge als Rettung. Wer sich von ihnen, durch Armut oder Not gezwungen, ihm angeschlossen habe, den hielt er in völligem Gehorsam; niemand folgte ihm aus Zuneigung oder Ergebenheit. Xenophon bemüht einen Vergleich, der seltsam anmutet, dem damaligen Publikum aber vertraut war: Das Verhältnis der Soldaten zum Feldherrn war wie das der Schüler zu ihrem Lehrer. Sein griechisches Publikum wusste, in der Elementarschule regierte die Peitsche.

Persönlich kannte Xenophon den Feldherrn kaum. Der Spartaner schenkte beim Marsch in das persische Hochland dem Zivilisten aus Athen sicherlich wenig Beachtung. Einesteils bewunderte Xenophon ihn, denn manches von seiner Härte mangelte ihm später als Kommandant der Nachhut. Auch taugte Klearchos des Öfteren den Söldnern als Vorbild, wenn Gefahr drohte. So stieg er, als die Truppen beim Rückzug auf ein unüberwindbar scheinendes Grabensystem stießen, selbst in den Schlamm und «legte persönlich Hand an», so dass auch die Älteren, obwohl der entsprechende Befehl nur an die jungen Jahrgänge ergangen war, «eifrig mithalfen». Auch seine Fähigkeit, für Disziplin zu sorgen, mag Xenophon beeindruckt haben, selbst wenn er nicht alle Mittel dazu billige, denn Klearchos setzte vor allem auf Einschüchterung und Angst. So führte er, wenn gerade nicht gekämpft oder marschiert wurde, Aufsicht, «in der Linken den Speer, in der Rechten einen Stock». Und wenn ihm eine Arbeit zu lässig getan schien, wählte er sich einen aus und schlug ihn. Furcht vor Strafe, vor Schlägen, vor Soldentzug und Kriegsgericht machten *seine* Söldner gefügig. Dass er mit diesen Methoden oft Erfolg hatte, verkennt Xenophon nicht. Er selbst aber hoffte, dass die ihm unterstellten Söldner ihm aus Einsicht folgten; er wollte kraft seiner Rede überzeugen und nicht einschüchtern, und so, wie Sokrates in den *Memorabilien* das Bild des Feldherrn entwirft, Härte mit Güte, Verstellung mit Offenheit, Vorsicht mit Wagemut verbinden. Jemand, der wie Klearchos nicht in Friedenszeiten leben konnte, stattdessen Krieg, Plündern und Töten vorzog, musste dem in Skillus lebenden Gutsbesitzer fremd sein. In den *Memorabilien* verweist Sokrates auf das Bild des Agamemnon in der *Ilias* als eines «Hirten der Völker», und dieses von sich zu zeichnen bemüht sich Xenophon auch in den späteren Büchern der *Anabasis*: der Feldherr als Erzieher und Hirte seiner Soldaten. Das Porträt, das er von Klearchos entwirft, ist daher nicht das eines guten Feldherrn, sondern das eines geborenen Landsknechts, eines Condottiere.

Wie sich Xenophon den idealen Strategen vorstellte, zeigt er am Beispiel eines anderen Spartaners: an dem des Agesilaos. Die Eigenschaften, die dieser besitzt, fehlten Klearchos fast ausnahmslos: Heimatliebe, Gesetzestreue, Loyalität gegenüber den Behörden, Selbstbeherrschung, Frömmigkeit gegenüber den Göttern, Liebenswürdigkeit, vertrauensvoller Umgang mit Freunden und eine über den kurzfristigen Erfolg hinausgehende (panhellenische) Zielsetzung. Insbesondere mangelte es Klearchos an dem, was in keinem militärischen Handbuch der Antike fehlt: Der gute Feldherr musste gleichermaßen zu befehlen wie zu gehorchen in der Lage sein. Klearchos aber gehorchte, wenn überhaupt, nur widerstrebend, und dies entschied vielleicht auch die Schlacht bei Kunaxa, als er sich weigerte, den Großkönig direkt anzugreifen. Klearchos' Porträt ist in manchen Teilen – sicher nicht in allen – ein Gegenbild zu dem, was Xenophon selbst sein wollte.

Kritik an Klearchos übt Xenophon aber allenfalls indirekt. Er will ihm ein ehrendes Andenken bewahren; eines Komplotts, das seine Darstellung der Ereignisse vor der Gefangennahme doch nahelegt, hält er Klearchos nicht für fähig. Dafür betreibt er sogar Geschichtsklitterung, indem er nur ihm genehme Aspekte aus dessen Biographie mitteilt. Warum Klearchos von den Behörden in Sparta von seinem Posten abberufen und, als er dem Befehl nicht Folge leistete, zum Tode verurteilt wurde, verschweigt er. Was Xenophon mit der Floskel «aus irgendeinem Grund» übergeht, berichtet der Zeitgenosse Ephoros. Im Jahre 408 auf Wunsch der Byzantiner als Feldherr von Sparta abgeordnet, errichtete Klearchos in der Stadt ein Schreckensregiment: «Er benahm sich», so Ephoros, «nicht wie ein Staatslenker, sondern wie ein Tyrann. Zuerst lud er die obersten Beamten der Stadt zu einer Opferfeier und ließ sie bei dieser Gelegenheit töten; als es dann in der Stadt keine Regierung mehr gab, nahm er dreißig namentlich bekannte Byzantiner gefangen, ließ ihnen Stricke um den Hals legen und sie erdrosseln, das Vermögen der Ermordeten aber eignete er sich an. Klearchos suchte», so Ephoros weiter, «die Wohlhabenden heraus, verfolgte sie mit falschen Anklagen und verurteilte die einen zum Tode, während er die anderen verbannte. Indem er sich auf diese Art reichliche Geldmittel verschafft und eine beachtliche Söldnerschar angeworben hatte, sicherte er seine Gewaltherrschaft.» Klearchos musste schließlich vor seinen eigenen Leuten, den Spartanern, fliehen und diente sich Kyros an. Das Übrige ist bekannt.

Auf diejenige des Klearchos folgt eine Würdigung des Proxenos und auf diese diejenige des Menon. Beide ergänzen sich. Letztere ist das Negativbild zur Charakteristik des Proxenos, die, obwohl sie die kürzeste ist, ob ihrer zentralen Bedeutung in der Mitte steht. Es gibt in der gesamten antiken Literatur kaum ein Porträt, das in so düsteren Farben gemalt ist wie das des Menon, und umso heller glänzt das des Proxenos. Menons einziges Motiv ist der materielle Gewinn, für den er zu allem bereit ist, zu «Meineid, Lüge und Betrug»: Er sucht die Freundschaft der Mächtigen, um seine Verbrechen zu tarnen, wahre Freunde kennt er nicht. Eidbrecher und Schurken fürchtet er, Ehrliche und Aufrichtige hält er dagegen für Schwächlinge, Geradlinigkeit und Wahrheit für Einfalt. Was anderen Gottesfurcht, Wahrhaftigkeit und Gerechtigkeit, sind ihm Täuschung, Lüge und Spott. Den Gehorsam seiner Soldaten erzwingt er, indem er sich zum Komplizen ihrer Schurkereien macht. Auch Schandtaten im Geheimen erwähnt Xenophon, übergeht sie aber dann. Dagegen zielt er auf Menons Pädophilie und entrüstet sich über dessen mit «der Blüte seiner Jugend» erkauften Aufstieg zum Feldherrn. Ob Xenophons Motiv eine persönliche Kränkung war oder ob er Menon den Tod seines Freundes Proxenos verübelte, ist offen.

Es bleibt, was Xenophon über diesen Freund berichtet, den er ja schon von philosophischen Studien in Athen kannte. Die Würdigung verdient es, in ihrer Kürze im Wortlaut zitiert zu werden: «Proxenos aus Boiotien strebte schon in seiner Jugend danach, ein Mann zu werden, der Großes zu vollbringen in der Lage war. Aus diesem Wunsch heraus zahlte er Gorgias von Leontinoi Geld für seinen Unterricht. Nachdem er dessen Schüler geworden war, hielt er sich schon für fähig, zu befehlen und als Freund der mächtigsten Männer mit Wohltaten nicht hinter ihnen zurückzustehen und schloß sich dieser Unternehmung des Kyros an, weil er hoffte, sich dabei einen großen Namen machen zu können, große Macht zu erwerben und viel Geld zu gewinnen. Ungeachtet allen Strebens nach solch hohen Zielen, machte er doch auch mehr als deutlich, dass er keines von ihnen mit Unrecht zu erlangen suchte, sondern er war der Meinung, diese nur auf rechte und rühmliche Weise erreichen zu dürfen oder gar nicht. Rechtschaffenen und tüchtigen Männern zu befehlen vermochte er, doch es glückte ihm nicht, sich bei seinen Soldaten Respekt zu verschaffen und ihnen Furcht einzuflößen, ja er nahm mehr Rücksicht auf sie als sie, seine Untergebenen, auf ihn. Offenkundig war seine Furcht, sich bei ihnen verhaßt zu machen, größer als die der Soldaten, sich seinen Befehlen zu verweigern. Er glaubte, den Anforderungen eines Kommandeurs zu genügen und als solcher zu erscheinen, wenn er den lobte, der richtig handelte, und dem, der Unrecht tat, das Lob vorenthielt. Daher waren ihm auch die rechtschaffenen und tüchtigen Männer unter seinen Leuten zugetan, aber die schlechten intrigierten gegen ihn, weil sie glaubten, sie könnten mit ihm nach Gutdünken umspringen. Als er starb, war er ungefähr 30 Jahre alt.»

In der modernen Forschung wurde diese Charakteristik als Kritik aufgefasst. Es sei ein «vernichtendes Urteil», das die «völlige militärische Unfähigkeit» des Porträtierten zeige, insgesamt ein Bild, das «wenig sympathische Züge» aufweise. Doch die Proxenos zugeschriebenen Eigenschaften finden sich auch anderswo in der *Anabasis*, und sie sind dort positiv besetzt. Wir kennen noch einen anderen Mann, der sich hohe Ziele steckte, aber nur auf gerechtem und ehrenhaftem Weg dorthin gelangen wollte, einen Feldherrn, der Gehorchen durch Überzeugen, nicht durch Einschüchtern erreichen wollte, der denjenigen, die recht handelten, Lob spendete, denen aber, die Unrecht taten, es versagte; einen Strategen, dem die Rechtschaffenen zugetan waren, den die Schlechten aber ausnutzten. Wie Proxenos suchte er sich einen berühmten Lehrer und wie dieser wollte er schon in jungen Jahren große Taten vollbringen, Macht ausüben und Freund der Mächtigen werden, nicht aber, um sich, wie Menon, zu bereichern, sondern um seine Stellung zu nutzen, um Wohltaten wie seine Vorbilder zu vollbringen. Erst ganz am Ende des langen Marsches sieht er sich schließlich am Ziel seiner Wünsche, als alle am Zug Beteiligten einschließlich der neuen Dienstherren, der Lakedaimonier, ihm die besten Anteile an der gerade gemachten Beute zusprechen, die er freilich nach eigenem Bekunden nur verwenden wollte, «um auch den anderen Wohltaten zu erweisen». Derjenige, den Xenophon in Proxenos porträtiert, ist er selbst.

3

DER ZUG
ZUM MEER:
DIE KATABASIS
(400)

Die Stunde Xenophons

Die Katabasis, der Zug vom Landesinneren *hinab* ans Meer (und von dort nach Byzanz), der weitaus schwierigere Teil des langen Marsches, beginnt mit der verspäteten Vorstellung des Autors, nachdem er schon vorher einige Male teils unter eigenem Namen, teils inkognito, kurz in Erscheinung getreten ist. Xenophon bündelt am Anfang seines dritten Buches in geballter Form nochmals, was er teilweise bei verschiedenen Gelegenheiten schon vorher gesagt hat. Jetzt aber rechnet er alle Schwierigkeiten zusammen und kommt zum Ergebnis, dass ein einziges Wort die Lage genauestens beschreibt: ausweglos. «Als die Feldherren gefangen gesetzt worden waren und diejenigen Hauptleute und Soldaten, die in ihrer Begleitung waren, den Tod gefunden hatten, befanden sich die Griechen in vielerlei Bedrängnis. Sie erkannten, dass sie unweit der königlichen Residenz standen, dass ringsherum auf allen Seiten zahlreiche feindliche Völker und Städte drohten und dass niemand mehr ihnen einen Markt für Lebensmittel eröffnen würde. Von Griechenland trennten sie nicht weniger als zehntausend Stadien; es gab keinen Führer für den Heimweg, an dem sie auch viele unüberschreitbare Flüsse hinderten. Zudem hatten sie die Barbaren, die mit Kyros heraufgezogen waren, verraten; allein waren sie zurückgeblieben. In Erwägung dessen waren sie mutlos, nur wenige von ihnen nahmen, als es Abend wurde,

Nahrung zu sich und nur wenige entzündeten ein Feuer; viele kamen in dieser Nacht nicht zum Waffenplatz, sie legten sich nieder, wo ein jeder gerade war, und sie konnten nicht schlafen vor Trübsinn und vor Sehnsucht nach ihrer Heimatstadt, ihren Eltern, Frauen und Kindern, die sie niemals wiederzusehen glaubten. In solcher Stimmung suchten sie alle Ruhe zu finden.»

Mit diesen Worten hat sich Xenophon in der *Anabasis* die Bühne geschaffen, auf der er nun vor seinem Lesepublikum auftreten kann. Er tut das nicht allein. Als sich überall Hoffnungslosigkeit breitmacht und das Unglück am größten scheint, greift wie im Theater die Gottheit ein und schickt ihn als Retter. «Im Heer befand sich ein gewisser Xenophon aus Athen», schreibt er, als erfahre er gerade erst von seiner Anwesenheit auf dem Marsch. Er nennt seinen Status im Heer und die Motive für seine Anwesenheit, nicht ohne sich wirkungsvoll als Schüler des Philosophen Sokrates zu präsentieren, dessen Ruhm, als Xenophon in Skillus lebte, zu wachsen begann.

«Niemand konnte in jener Nacht schlafen», erinnert sich Xenophon. Auch er selbst lag wach, doch dann nickte er ein und hatte einen Traum. Es schien ihm, ein Blitz schlage in sein Vaterhaus ein und es stehe in Flammen. Träume waren Zeichen der Götter, obwohl schon Herodot, der an sie glaubte, auch eine nüchterne Erklärung hat: Sie spiegelten nur wider, was der Mensch am Tage erlebt habe. Xenophon jedoch zweifelte nicht am göttlichen Ursprung seines Traumes, auch wenn er wusste, dass der Anlass für den Traum ein Reflex des gerade Erlebten war. Als sich die Griechen zum Schlaf niederlegten, sahen auch sie sich von vielen Feuern umgeben. In kurzer Entfernung loderten rings um sie die zahlreichen Wachtfeuer der persischen Feinde und verhießen für den nächsten Morgen wenig Gutes. Auch Xenophon interpretierte es so. Zum einen empfand er den Traum als Ermutigung, da er als Zeichen von Zeus, dem König, geschickt war, zum anderen aber sah er sich von den Feuern (des Königs Artaxerxes) umzingelt, abgeschnitten vom Weg in die Heimat, und so kehrten mit dem Traum alle Schrecken des vergangenen Tages zurück.

Wenn irgendein Ereignis, dann hat sich wohl dieser Moment in sein Gedächtnis eingegraben, und so versucht Xenophon Jahre später diesen seinen Gedankengang dem Leser zu vermitteln. Diese (wenigen) Sätze unterliegen nicht dem Diktat der Rhetorik und kommen wohl dem, was er damals empfand, am nächsten. «Was liegst du hier? Die Nacht schreitet voran, mit Tagesanbruch aber werden wohl die Feinde kommen. Wenn wir aber in die Hände des Großkönigs fallen, was hindert dann, dass wir, die alles Schlimme erfahren und alles Schreckliche erlitten haben, schmählich zugrunde gehen. Keiner trifft Anstalten oder sorgt sich, daß wir uns verteidigen, vielmehr liegen wir da, als hätten wir Muße, uns auszuruhen. Aus welcher Stadt soll der Feldherr sein, von dem ich erwarten kann, daß er dies tut? Welches Alter erwarte ich noch für mich selbst? Ich werde sicher nicht älter werden, wenn ich mich heute dem Feind ausliefere.»

Sogleich stand er auf und ließ durch seine Diener die Hauptleute des Proxenos rufen, etwa 20 an der Zahl. Die Hauptleute kannten Xenophon bisher nur als einen Mann von adliger Abstammung und entsprechendem Luxus sowie als Freund ihres Feldherrn Proxenos. Sie müssen also überrascht gewesen sein, aber da niemand anders die Initiative ergriff, hörten sie ihm zu. Für Xenophon war es entscheidend, zuerst sie von seiner Person zu überzeugen. Es war ein kleiner Kreis, aber dann folgte schon die Bewährung vor der Versammlung der Feldherren und Offiziere. Das mögen etwa hundert gewesen sein. Und schließlich, bereits als Anführer gewählt, sprach er vor dem Gros des Heeres, dessen Anerkennung er benötigte. Sein Aufstieg vollzieht sich stufenweise und er hat diese Entwicklung in drei Reden gefasst, die er in Skillus frei gestaltete.

Xenophon tat 400 vermutlich das einzig Richtige. In seiner Rede vor den Hauptleuten des Proxenos verzichtet er darauf, Pläne und Strategien zu entwerfen, die ohnehin keiner von diesen geglaubt hätte. Er sucht allein, sie zu ermutigen und vor weiteren Verhandlungen mit dem Großkönig zu warnen. Dabei half ihm, wie noch oft, sein rednerisches Talent. Xenophon beschwört zunächst die Gemeinsamkeit der Gefahr und die Schrecken einer Gefangennahme. Das ist eine Gratwanderung, denn Angst kann auch lähmen. Doch er gewinnt der Situation überraschend Positives ab. Mit dem Bruch des Vertrags sei auch der verdeckte Krieg beendet, der nur den Persern nutzte, die Griechen aber im Nichtstun verharren ließ. Ab jetzt herrsche Gewissheit, ein offener Kampf, über den die Götter urteilten. Dies müsse sie mit Zuversicht erfüllen, denn die Perser seien Meineidige, sie aber überlegen an Körper- und Seelenkraft. Er schließt mit einem Appell an die Eitelkeit der Hauptleute: Sie als die Besten müssten die Führung übernehmen. Schließlich besitzt er noch die Chuzpe, sich selbst, den jungen Mann – er sei alt genug, sagt er, um Gefahren von sich abzuwehren –, als ihren neuen Feldherrn vorzuschlagen.

Vielleicht sahen die Hauptleute in ihm zunächst nur einen wortgewandten Sprecher, vielleicht wollten sie auch einem Streit der bisher gleichberechtigten Offiziere um die Führungsrolle vorbeugen, jedenfalls stimmten alle zu, mit einer Ausnahme. Die aber ist bereits ein Hinweis auf das Kommende, denn der Feldherr Xenophon wird mit vielen seiner Pläne nicht ohne Widerspruch bleiben. Damals meldete sich in der Versammlung der Lochagen ein Mann namens Apollonides zu Wort, «der boiotischen Dialekt» sprach. Xenophon sagt ausdrücklich nicht, dass er Boioter war: Wer meine, es ließe sich anderswie Rettung finden als durch Verhandlungen mit dem Großkönig, sei ein Schwätzer. Xenophon reagiert barsch und zeigt sofort beim ersten Streit, dass er die Kunst der Eristik beherrscht, die auch Teil seines Ansehens werden sollte: Wie viele Augen müsse ein Mensch haben, um zu sehen, wie viele Ohren, um zu hören, und er weist auf die Feldherren hin, die voll Vertrauen zu den Verhandlungen mit den Persern gegangen seien, und jetzt geschlagen, gestoßen und gemartert nicht einmal sterben könnten, obwohl sie es begehrten. Es offenbart sich die harte Seite Xenophons: Dieser Mann, Apollonides, sei eine Schande für Griechenland, notwendig sei es, ihn sofort zu degradieren. Die Offiziere des Proxenos fühlten sich hier in der Fremde als die Patrioten, die sie sonst nicht waren, und stimmten wieder zu: Dieser Mann habe, wie die Lyder, durchstochene Ohren, er sei gar kein Grieche. So wurde er weggejagt, und diese Personalie war Xenophons erster Erfolg.

Die Hauptleute des Proxenos durchkämmten anschließend alle verstreut lagernden Regimenter und luden die verbliebenen Feldherren und die überlebenden Hauptleute zu einer Versammlung ein. Das dauerte den ganzen Tag, aber schließlich – es war schon fast Mitternacht, aber am Waffenplatz brannten Feuer – kamen nahezu

100 Mann zusammen. Dazu aufgefordert, wiederholt Xenophon zunächst, was er vor den Hauptleuten des Proxenos gesagt hat, doch dann wird er grundsätzlich: Ihnen, den Feldherrn, ihren Vertretern und den Hauptleuten obliege die Führung; sie seien das Vorbild, ohne sie geschähe nichts. Nur die *eutaxia*, die gute Ordnung des Heeres, garantiere die Rettung, die *ataxia* führe ins Verderben. Weder die schiere Masse noch physische Kraft allein verschaffe den Sieg, sondern die Motivation (*psychai*): «Wer aber erkannt hat, dass der Tod allen Menschen gemeinsam und unvermeidlich ist, und wer darum kämpft, ehrenvoll zu sterben, den sehe ich eher ein hohes Alter erreichen und zeit seines Lebens glücklich sein.»

Zum Schluss macht er den Vorschlag, um den es ihm zu tun war. Damit die Soldaten wieder Mut fassten und die verlorene Ordnung wiederhergestellt werden könne, müssten zuerst neue Feldherren anstelle der gefangenen gewählt werden. Zu Hilfe kommt ihm an dieser Stelle der Spartaner Cheirisophos, der auch in der Folgezeit das entscheidende Wort führen wird, indem er Xenophon, der ihm bis dahin kaum bekannt war – er wisse nur vom Hörensagen, dass er aus Athen komme –, nachdrücklich für seine Rede dankte und die Hauptleute aufforderte, neue Feldherren zu bestimmen: «Hierauf wurden zu Führern gewählt: Anstelle von Klearchos Timasion aus Dardanos, für Sokrates Xanthikles aus Achaia, für Agias Kleanor aus Arkadien, für Menon Philesias aus Achaia und anstelle des Proxenos Xenophon aus Athen.» Die Wahl erfolgte nach Regimentern, Xenophon hatte es offenbar verstanden, das des Proxenos hinter sich zu bringen.

Vor der Heeresversammlung

Die Versammlung der Offiziere dauerte bis zum ersten Morgenschimmer, der sich Anfang Januar spät zeigte. Wachen wurden aufgestellt, die Soldaten zusammengerufen. Zuerst sprach Cheirisophos, dann der Älteste mit der größten Erfahrung, Kleanor. Sie sagten nochmals, was allen bekannt war. Als Dritter erhob sich Xenophon, angetan, wie er meinte, mit der schönsten Rüstung: «Wenn die Götter den Sieg verliehen, gebühre dem Sieger der schönste Schmuck, wenn er aber sterben müsse, so zieme es sich, in demjenigen Schmuck in den Tod zu gehen, der ihm durch seine Schönheit seiner würdig schien.»

Der Historiker Aelian zitiert später diesen Satz und berichtet, dass Xenophons Aufzug Aufsehen erregte, weil die Bewaffnung, die auch keine Kampfspuren trug, willkürlich zusammengestellt war: Der Schild aus Argos, der Brustpanzer aus Athen, der Helm aus Boiotien und das Pferd aus Epidauros. Das war kalkulierte Theatralik. Xenophon wollte so seine panhellenische Gesinnung demonstrieren, aber das ging nur knapp am Lächerlichen vorbei und dass ihm dies auch nach Jahren nicht bewusst war, verrät, wie er in seiner neuen Rolle aufging.

Seine Rede enthielt anfangs nichts Neues, doch mitten im Vortrag unterbrach ihn ein glücklicher Zufall. Ein Soldat nieste. Das galt den Griechen als gutes Omen, und da Xenophon gerade von den Göttern sprach, fielen alle spontan auf die Knie und huldigten ihnen. Xenophon reagierte sofort. Er fragte die Menge, ob sie denn dem Gott Opfer geloben würde, wenn er sie in befreundetes Land führe. Die Söldner legten ermutigt ein Gelübde ab und sangen alle den Paian. Xenophon war sich nun ihrer Aufmerksamkeit sicher.

Doch was er in der *Anabasis* nun zunächst sagt, hätte die Söldner aus aller Herren Städte wenig interessiert, denn es ist ein Lob auf die ruhmvolle Geschichte Athens. Es folgt ein wenig dem Genos der Epitaphien und entstand erst in Skillus. Adressat ist das attische Publikum. Denn den Wunsch, irgendwann in die Heimat zurückzukehren, hatte Xenophon nicht aufgegeben.

Auch das Weitere ist zunächst Rhetorik, der Konditionalis regiert. Aus Schwächen werden Stärken, Plattitüden und Kuriositäten wechseln ab. Xenophon redet alle Schwierigkeiten und Hindernisse klein: Die persischen Reiter fürchteten den jähen Sturz vom Pferd, während die griechischen Fußsoldaten fest auf dem Boden ständen, sagt der ehemalige athenische Reiter und fährt fort, alle Flussläufe könnten sie leicht überschreiten – und hier blitzt so etwas wie Komik auf –, wenn sie sich auf ihrem Marsch – sei es nach Westen, sei es nach Norden – den Quellen näherten.

Von Bedeutung ist erst der Schluss dieser Rede, denn hier macht Xenophon einige wichtige Vorschläge, die radikal erscheinen, aber notwendig waren, um den Rückmarsch zu ermöglichen. Sie wurden alle von der Heeresversammlung angenommen. Beschlossen wurde, die Wagen und die von ihnen transportierten Lederzelte zu verbrennen und nur die unbedingt notwendigen Dinge, also Waffen, Ess- und Trinkgeschirr sowie Proviant, soweit vorhanden, mitzunehmen. Unbehindert durch schweres Gepäck verdoppelte sich die Marschleistung fast. Zudem machte sich das Heer von Straßen unabhängig, da Lasttiere, nicht aber Wagen auch in unwegsamem Gelände eingesetzt werden konnten. Schwerer wog der Befehl, alle sperrigen Beutestücke zurückzulassen. Auch war es Winter, die Soldaten hatten zu gewärtigen, dass sie, falls keine Dörfer erreicht wurden, im Freien übernachten mussten.

Das nächste Problem betraf die Disziplin. Jede Befehlsverweigerung oder Nachlässigkeit eines Einzelnen konnte Folgen für alle nach sich ziehen, denn die Söldner waren keine Bürgerarmee, jeder war nur auf das eigene Wohl bedacht. Die Feldherren setzten auf ihre gewachsene Autorität, doch die meisten von ihnen waren neu im Amt. So schlägt Xenophon eine Art Standgericht bei Verfehlungen vor, gebildet von einem Offizier und einem Soldaten, der zufällig Augenzeuge geworden war. Ob das funktionieren konnte, bleibt unklar. Vielleicht genügte die Drohung. Dass Offiziere Soldaten schlugen, war Praxis – auch Xenophon wird das tun –, aber dies konnte, wie sich am Beispiel des Klearchos gezeigt hatte, zu Aufruhr führen. Die Söldnerarmee war demokratischer, als es sich der Aristokrat Xenophon damals für seine Heimatstadt wünschte.

Abschließend bat Xenophon – er war ja vielen noch ganz unbekannt – um Diskussion und weitere Vorschläge, doch Cheirisophos unterbrach ihn und ließ sofort abstimmen. Das verrät, dass er die Maßnahmen kannte, sie aber vielleicht nicht selbst beantragen wollte, weil sie unbequem waren.

Es erhoben jedoch alle die Hände, und Xenophon ergriff ein letztes Mal das Wort. Vielleicht handelt es sich dabei um einen von ihm schon vorher in der Konferenz der Feldherren gemachten Vorschlag, denn er kommt in seinen *Hellenika* nochmals auf die Vorzüge einer besonderen Marschordnung – um eine solche dreht es sich – zu sprechen. Waren die Griechen bisher in kilometerlanger Kolonne gezogen, sollte jetzt im Karree marschiert werden, die Außenseiten gebildet von den Schwerbewaffneten, innen und geschützt die große Masse der Zivilisten, der Händler, Lastträger, der Verletzten und Kranken, dazu der mitgeführten Tiere.

Auch die Befehlsverteilung gibt Xenophon als eigenen Vorschlag aus, doch das hätte wohl seine Kompetenzen überschritten. Die Spitze sollte Cheirisophos kommandieren, die beiden Flanken die ältesten Strategen und die Nachhut zusammen die beiden jüngsten, Timasion und Xenophon. Diese Doppelbesetzung lässt vermuten, dass man dem Zivilisten Xenophon noch nicht ganz traute, außerdem hatte die Nachhut mit persischen Attacken zu rechnen. Xenophon spricht von feigen Hunden, die Vorübergehende verfolgen und zu beißen versuchen, aber fliehen, wenn diese ihnen nachsetzen.

Niemand widersprach, auch dieser Vorschlag wurde angenommen, und Xenophon endet feierlich: «Sache der Sieger ist es, zu töten, diejenige der Unterlegenen, zu sterben. Wenn einer nach Reichtum trachtet, suche er die Oberhand zu gewinnen. Dem Sieger nämlich steht es zu, das Eigene zu bewahren und das, was dem Unterlegenen gehört, zu erbeuten.» Der Gewinner bekommt alles.

Erste Erfahrungen

Der Rückmarsch begann nicht gut für die Söldner. Zuerst wurden, wie beschlossen, die Wagen und Zelte verbrannt, und dann teilten sie – ein erstes Zeichen eines Gemeinschaftsgefühls – untereinander, was jeder am dringendsten benötigte. Gerade als sie das Frühstück einnahmen, erschien auf Hörweite der desertierte Reiterführer Mithradates. Er gab vor, noch immer ein Freund der Griechen zu sein, und wollte in Erfahrung bringen, was ihre Pläne waren, um sich ihnen eventuell anzuschließen. Nach kurzer Beratung antwortete Cheirisophos ausweichend, sie wollten möglichst friedlich nach Hause ziehen, aber Krieg führen, wenn man sie hindere. Mithradates erwiderte, dass dies gegen den Willen des Großkönigs unmöglich sei. Nun war klar, dass er im Auftrag des Tissaphernes gekommen war, zumal auch die Griechen unter seinen Leuten einen Vertrauten des Satrapen erkannten, der Mithradates beaufsichtigen sollte. Er war sozusagen auf Bewährung ausgesandt worden.

Die Feldherren traten nochmals zusammen und verschärften ihre Antwort. Es solle unversöhnlicher Krieg herrschen, solange sie in Feindesland wären, das hieß, es würden keine Herolde mehr ausgetauscht werden, um Verhandlungen einzuleiten, und jeder Perser, der sich näherte, würde als Feind betrachtet. Zuvor hatten Leute des Großkönigs noch versucht, die Söldner, die sie trafen, zur Desertion zu überreden. Ein Hauptmann ging auch mit 20 seiner Männer zur Gegenseite über, aber das war mehr ein Akt der Verzweiflung, denn es handelte sich um jenen Nikarchos aus Arkadien, der den Griechen schwerverletzt die Nachricht von der Gefangennahme ihrer Feldherren gebracht hatte, und nun hatte er keine Chance, den Rückmarsch zu überleben. Wahrscheinlich wäre er ohnehin zurückgelassen worden.

Am späten Vormittag durchquerten die Söldner den Zapatas, einen ca. 120 Meter breiten Fluss. Auch wenn der Wasserstand der Jahreszeit gemäß – es war mittlerweile bereits etwa Ende Januar – relativ niedrig war, verlangte dies alle Kräfte, und es sollte nur der Anfang sein. Kaum waren sie am Ufer und formierten sich im geplanten Karree, näherte sich erneut Mithradates, diesmal mit 200 Reitern und etwa 400 Bogenschützen und Schleuderern. Er bekundete wiederum Zeichen der Freundschaft, um die Griechen dann, als er die gewünschte Nähe erreicht hatte, überraschend mit Wurfgeschossen und Pfeilen beschießen zu lassen. Die Söldner waren zwar nach dem vorangegangenen Gespräch auf der Hut, aber trotzdem gab es Verwundete, die Nachhut erlitt Verluste. Sie konnte sich zunächst nicht gegen die feindlichen Fernwaffen wehren, da die Reichweite der kretischen Bogenschützen in ihren Reihen geringer war.

Xenophon war mit seinem ersten Kommando überfordert, denn sein aus der Not geborener Befehl, die Leute des Mithradates zu verfolgen, war ohne Reiter sinnlos. Im Gegenteil, er zerriss die vorgesehene Ordnung, weitere Verwundete waren das einzige Ergebnis. Nur mit Mühe ließen sich die bei dem Manöver gerissenen Lücken wieder schließen. Erst am Abend erreichten die Söldner die vorgesehenen Dörfer und hatten dabei nur etwa 25 Stadien (etwa 4 Kilometer) zurückgelegt. Das war deprimierend, und Xenophon musste sich schwere Vorwürfe der anderen Feldherren anhören, da er durch seine Eigenmächtigkeit das Heer unnötig erheblicher Gefahr ausgesetzt hatte.

Er versuchte nur schwach, sich zu entschuldigen – er sei zum Angriff gezwungen worden – und gab dann doch seinen Fehler unumwunden zu. Das zeichnet ihn aus, auch wenn er wohl nicht alle seine Irrtümer eingesteht. Er war lernfähig, und so konnte er auch über den jungen Zivilisten, der von Sardes in recht naiver Weise zu diesem Unternehmen aufgebrochen war, hinauswachsen und zu einem der anerkannten Feldherren des Zuges werden. Auch hier zieht er eine Lehre aus seinem Versagen. Um sich solcher Attacken auf die Nachhut zu erwehren, brauche es zwei Dinge: Sie müssten eine eigene Reiterei aufstellen, so schwach sie auch sein sollte, und sie benötigten Schleuderer, die denen der Perser gewachsen seien. Dazu brachte Xenophon zwei Vorschläge ein. Zum einen war ihm bekannt, dass im Heer Rhodier waren, die für ihre Schleudern statt der unhandlichen Steine weiterfliegende, aber schwerer zu beschaffende Bleikugeln verwendeten. Das Manko einer Söldnerarmee aber war, dass alles über den Sold geregelt wurde. So forderte Xenophon, diejenigen Rhodier, die eine Schleuder besaßen, und diejenigen, die weitere Schleudern zu flechten bereit waren, für ihre Dienste gesondert zu bezahlen. 200 Schleuderer fanden sich auf diese Weise. Das zweite Problem war größer. Es mussten Pferde ausgesucht werden, die als Reittiere geeignet waren. Xenophon nennt die Pferde des Klearchos, dann die, die von den Feinden erbeutet worden waren, und nicht zuletzt seine eigenen. Ganz nebenbei wird dabei deutlich, wie umfangreich Gepäck und Gefolge Xenophons waren. Die Pferde wählte er schließlich selbst aus – er besaß ja das nötige Fachwissen – und so kam eine kleine Reiterei von 50 Mann zustande. Sie wurden dem Befehl des Lykios, eines Athener Bekannten Xenophons, unterstellt und sollte den Söldnern trotz ihrer geringen Zahl noch gute Dienste leisten.

Am Tigris

Am nächsten Tag brachen die Griechen schon in der Frühe auf. In der Nähe befand sich eine Schlucht, wohl ein ausgetrocknetes Flussbett, das sie durchqueren wollten, bevor sich der Feind zeigte. Sie hatten es gerade etwa acht Stadien hinter sich gelassen, als auch schon Mithradates in ihrem Rücken erschien, diesmal mit 1000 Reitern und 4000 Bogenschützen. Der leichte Sieg vom Vortag hatte ihn in dem Gedanken bestärkt, mit diesen Truppen die Griechen besiegen zu können. Bald hatte er sie auch eingeholt und die ersten Wurfgeschosse und Pfeile trafen die Söldner. Da ertönte ein verabredetes Trompetensignal und Hopliten, Leichtbewaffnete und die neu gebildete Reitertruppe eröffneten den Gegenangriff. Nun wird auch klar, warum Xenophon am Vortag so schnell seinen Fehler eingestanden hatte. Er brauchte nur wenige Stunden (und Zeilen), um sich glänzend zu rehabilitieren, denn er hatte eine passende Antwort auf die gerade erlittene Niederlage gefunden und die davon überraschten Gegner flohen sofort. Da für sie jetzt die Schlucht ein großes Hindernis darstellte, vermochten die Griechen auch viele Fußsoldaten einzuholen. Selbst die feindlichen Reiter gerieten in Bedrängnis, und eine kleine Anzahl von ihnen wurde gefangen genommen.

Trotz des Sieges beherrschte die Söldner die Angst vor weiteren Attacken. Sie verstümmelten die Toten, um ihrerseits dem Gegner Furcht einzujagen. Xenophon war dies nicht angenehm, und so betont er, dass dies ohne (seinen) Befehl spontan aus dem Kampf heraus geschah. Eine Erklärung bleibt er allerdings schuldig: Auch wenn dies ein gut vorbereiteter Gegenangriff war, verblüfft doch, wie 50 Reiter, unterstützt von langsam vorrückenden Hopliten, einen 20-fach überlegenen Gegner, mag dessen Zahl auch nur geschätzt sein, so leicht in die Flucht schlagen konnten.

Die Söldner zogen danach unbehelligt weiter und erreichten ihr Ziel, den Tigris, wo sie auf eine große verlassene Stadt trafen, das heutige Nimrud. Die Stadt lag schon seit zwei Jahrhunderten in Trümmern, aber Xenophon sah noch die aus gebrannten Ziegeln errichtete Stadtmauer, die nach seiner Schätzung ehemals 25 Fuß breit und 100 Fuß hoch gewesen sein soll. Daneben erhob sich eine steinerne Stufenpyramide, eine Zikkurat, etwa 60 Meter in die Höhe – die heutige Ruine misst noch mehr als 40 Meter –, auf die sich viele Einwohner aus der Nachbarschaft geflüchtet hatten, denn das hochgerüstete Hoplitenheer der Griechen verbreitete unter der Bevölkerung Angst und Schrecken.

Der Vormarsch ging nun zügig voran. Das Heer passierte eine große Ringmauer, die nach Xenophon sechs Parasangen maß. Die Stadt dahinter, am östlichen Tigrisufer, hatte ihre Bedeutung ebenfalls längst verloren, so dass er sie nicht identifizieren konnte. Es war das assyrische Ninive. Nach einem weiteren Tag und weiteren 22 Kilometern zeigte sich in der Ferne Tissaphernes mit seinen Reitern. Mit sich führte er die Streitmacht des Orontas, die Perser des Kyros und weitere Truppen, die der Großkönig herbeibeordert hatte. Er stellte sich in Formation auf, wartete aber ab.

Nun griff die zweite Idee Xenophons nach der Niederlage der Nachhut. Die Rhodier schleuderten ihre Bleikugeln und die Bogenschützen trafen, wie Xenophon zufrieden bemerkt. Auch beim besten Willen, fährt er dann mit leichter Ironie fort – ein Stilmittel, dem sein Vorgänger Thukydides wenig Beachtung geschenkt hatte –, wäre es schwierig gewesen, das Ziel zu verfehlen; so dicht gestaffelt stand die Masse der Perser. Mit der Aufstellung der Rhodier war die persische Überlegenheit bei den Fernwaffen gebrochen, denn diese schleuderten nicht nur weiter als die Perser, sondern übertrafen sogar deren Bogenschützen. Das war kein Zufall, denn sie konnten sich die notwendigen Sehnen und das Blei für die Kugeln aus den umliegenden Dörfern besorgen und sie trainierten, indem sie in die Luft schossen.

Mit Tissaphernes gab es nur leichte Gefechte, aber auf dem Weiterzug erkannten die Griechen die Schwierigkeiten, die sich beim Marsch im Karree ergaben. Wenn Berge in den Weg ragten oder gar eine Brücke überquert werden musste, drängten sich die Flanken zusammen, die Marschierenden gerieten in Unordnung und wurden schließlich, wenn sich die Flügel nach der Enge wieder ausdehnten, auseinandergerissen. Für weiteres Durcheinander sorgte, dass jeder den Engpass möglichst schnell passieren wollte. So wurde die hintere Phalanx neu organisiert. In ihrer Mitte stand nun eine Spezialeinheit von 600 Mann, die an Engstellen zurückblieb, den Flanken Raum gab und nach Passieren des Hindernisses wieder in die Lücke vorstieß. Xenophon war wohl an der Entwicklung dieser Taktik beteiligt und widmet ihr daher auch eine ausführliche Beschreibung.

Auf der Königsstraße ging es weiter und am fünften Tag sahen die Griechen zu Beginn der Passstraße aus der Ferne ein königliches Schloss und in der Nähe ein größeres Dorf mit vielen Gehöften im Umkreis, das als abendliches Quartier dienen konnte. Dazwischen lagen die Ausläufer des Gebirges, die vor Reiterüberfällen schützten. Die Söldner waren erfreut und erstiegen rasch den ersten Hügel. Vor der Kavallerie waren sie tatsächlich sicher, aber plötzlich sahen sie sich beim Abstieg mit persischen Schleuderern konfrontiert, die von höherer Warte aus ihre Waffen einsetzen konnten. «Von Peitschen angetrieben, warfen, schleuderten und schossen sie», schreibt Xenophon und beschwört damit die panhellenische Erinnerung an die Perserkriege der Vergangenheit, denn schon bei Herodot wird der Athos-Kanal unter Peitschenhieben gegraben, ziehen die persischen Truppen unter Peitschenhieben über den Hellespont und versuchen die «Unsterblichen» unter Peitschenhieben den Thermopylen-Pass zu stürmen. Für die Griechen zeigte sich darin die Sklavennatur der Perser.

Zunächst behielten diese die Oberhand. Die griechischen Fernwaffen erwiesen sich in diesem einen Fall als wirkungslos, da ihre Ziele bergauf lagen, während die Hopliten mit ihren schweren Rüstungen nur langsam vorzurücken vermochten und deshalb den schnellen persischen Leichtbewaffneten unterlegen waren. Es kündigte sich eine Änderung der Kampftaktik an, mit der die Spartaner, wie Xenophon in den *Hellenika* berichtet, auf der Peloponnes noch leidvolle Erfahrung machen sollten, denn die Phalanx der Schwerbewaffneten verlor ihren Nimbus. Hier zeigte sich zum ersten Mal auf dem Marsch, dass sie den Anforderungen, die Feind und Gelände stellten, nicht gewachsen war. Erst am dritten Hügel konnten mit Hilfe der Peltasten die Attacken gestoppt werden, bevor die Söldner am Abend ihr Tagesziel erreichten.

Der Überfall war aber nur ein Vorspiel, das den Söldnern als Warnung hätte dienen können. Die Partisanentaktik erwies sich später als wirkungsvolle Waffe der einheimischen Völker, durch deren Gebiete die Söldner zogen, und sie bescherte diesen auch deswegen höhere Verluste, weil die Einheimischen besser motiviert waren, da sie um den eigenen Besitz kämpften und nicht für fremde Interessen.

Die Söldner mussten drei Tage am Ort bleiben, denn die persischen Geschosse waren nicht ohne Wirkung geblieben. Es gab zahlreiche Verwundete, und erstmals berichtet Xenophon über die medizinische Versorgung, für die es auch im Söldnerheer Heilkundige gab. Acht Ärzte hätten sich um die Wunden kümmern müssen, schreibt er. Er gebraucht dabei das Wort *iatros* (Arzt), aber es ist eher unwahrscheinlich, dass es sich um Ärzte im Sinne eines Hippokrates handelte, den Xenophon vielleicht sogar kannte, denn er wirkte auch in Athen. Vermutlich waren sie eine Art Sanitäter, die Erfahrung mit Wunden hatten, die durch Schwerter, Lanzen oder eben Fernwaffen verursacht worden waren. Für die Gemeinschaft, welche die Söldner nun notgedrungen bildeten, war es wichtig, dass Verwundete und Kranke nicht im Stich gelassen wurden. Dafür musste auch eine Verlangsamung des Marschtempos in Kauf genommen werden, denn die Verwundeten wurden von anderen Söldnern getragen und deren Waffen wiederum von dritten übernommen. Glücklicherweise fanden sich in dem Quartier viele Vorräte – es handelte sich wohl um eine Station an der Königsstraße – und die Söldner konnten sich mit Mehl und Wein verpflegen, für die Pferde wurde ausreichend Gerste aufgeschüttet.

Der *philostratiotes*

Am vierten Tag stieg das Heer wieder in die Ebene hinab und wieder folgte ihm Tissaphernes. Seine Aufgabe war es wohl nicht – oder nicht mehr –, den Söldnern den Weg zu verlegen, sondern im Gegenteil dafür zu sorgen, dass diese möglichst schnell das Landesinnere verließen. Das bedeutete allerdings nicht, den Gegner gefahrlos marschieren zu lassen. Es galt, ihn möglichst zu schwächen, und das Übrige den Bergvölkern, durch deren Gebiet der Marsch noch führte, und dem Wintereinbruch zu überlassen.

Die Griechen wussten um die Schwierigkeiten – besonders die Nachhut war gefährdet – und bezogen schon im nächstgelegenen Dorf Quartier, um die Angriffe nicht aus dem Marsch heraus abwehren zu müssen, sondern von einem festen Lager aus. Tissaphernes machte denn auch halt und wartete ab, um sich erst gegen Abend zurückzuziehen.

Um sich von den Verfolgern abzusetzen, planten die Griechen nun einen Nachtmarsch. Xenophon erklärt seinen Lesern das Warum: Die persischen Soldaten taugten bei Nacht nicht, weswegen sie für ihr Lager auch immer einen Abstand von mindestens 60 Stadien zum griechischen ließen, um Zeit bei einem etwaigen Überfall zu gewinnen. Die Pferde seien nämlich nachts an den Füßen gefesselt, um nicht zu entlaufen. Der Reiter müsse ihnen erst Decken auflegen, sie aufzäumen sowie selbst seinen Harnisch anlegen.

Als die Griechen sich des persischen Abzugs versichert hatten, spannten sie ein und legten in dieser Nacht selbst etwa 60 Stadien zurück. Sie vergrößerten den Abstand zu den nachrückenden Feinden, so dass sich am nächsten und am dritten Tag keiner von ihnen zeigte. Am vierten aber zog ein Trupp Perser – und zwar zur Überraschung Xenophons und der Söldner – nachts an den Griechen vorbei und besetzte einen Bergrücken, an dessen Fuß der Weg lag, den die Söldner nehmen mussten. Das war die Chance für Xenophon, sich auch als Soldat zu bewähren. Dass es dabei mehr auf das Laufen als auf das Kämpfen ankam, tat der Sache keinen Abbruch, im Gegenteil, es bot Xenophon noch eine andere Möglichkeit, sich zu beweisen.

Die neue Lage wurde zunächst unter den Feldherren besprochen. Cheirisophos ließ Xenophon rufen, da er die Leichtbewaffneten aus der Nachhut für seinen Plan brauchte. Xenophon erschien, allerdings ohne seine Peltasten, und antwortete auf Nachfrage, sie würden gegen den nachsetzenden Feind benötigt. Cheirisophos schilderte das Problem und – wie es nicht anders sein konnte – Xenophon besaß die Lösung. Sicherlich war auch Cheirisophos schon auf diesen Gedanken gekommen – deswegen hatte er ja auch die Leichtbewaffneten rufen lassen –, aber Xenophon darf ihn entwickeln. Nicht zuletzt soll der Leser merken, dass hier die zwei wichtigsten Personen des Rückzugs verhandelten. Dass dem tatsächlich so war, ist allerdings wenig wahrscheinlich. Die zahlreichen Peloponnesier im Heer hörten sicherlich eher auf den Spartaner als auf einen Athener. Es brauchte noch viel Zeit, bis sie, zumindest einige, Xenophon anerkannten.

Über dem vom Feind besetzten Hügel erhob sich noch ein steiler Berg. Den galt es zu besetzen, um die Perser aus ihren Stellungen darunter zu vertreiben. Wer diese Aufgabe übernehmen und wer beim Heer bleiben sollte, war die nächste Frage. Beide überließen einander den Vortritt, doch es war klar, dass Xenophon den Angriff übernehmen sollte. In der *Anabasis* ist es ihm aber wichtig, seine

Freiwilligkeit zu betonen, und er tut dies, indem er für diese kraftraubende Aktion sein jugendliches Alter anführt. Cheirisophos überließ ihm die Leichtbewaffneten von der Spitze des Zuges und eine Eliteeinheit von 300 Mann, ähnlich der, die die spartanischen Könige besaßen.

Xenophon begann den Aufstieg, doch schnell erkannten die Feinde sein Vorhaben, und nun entspann sich eine Art sportlicher Wettkampf mit Zuschauern auf beiden Seiten, wer zuerst den Gipfel erreichen und damit im Vorteil sein würde. Die beiden Heere – auch die Reiterei des Tissaphernes war näher gekommen – verfolgten von unten das Geschehen und begleiteten es mit tausendfachem Geschrei. Xenophon ritt seine Kolonne ab und hielt noch eine kurze Ermutigungsrede: Die Soldaten sollten sich vorstellen, sie liefen nach Griechenland zu Frau und Kindern. Nur noch diese kurze Anstrengung, dann könnten sie dies auch unbehelligt tun.

Während des Aufstiegs ereignete sich dann ein kleiner Zwischenfall, der Xenophon in dem Licht zeigt, in dem er gesehen werden wollte. Einer der Soldaten, vermutlich aus der Eliteeinheit (Xenophon notierte sich sogar seinen Namen: Soteridas aus Sikyon), rief Xenophon zu, er tue sich leicht, weil er sich von einem Pferd tragen lasse, er selbst aber müsse auch noch einen schweren Schild schleppen. Die Peloponnesier kam es hart an, sich von einem Schöngeist aus Athen kommandieren zu lassen. Aber Xenophon reagierte überraschend. Er sprang vom Pferd, stieß Soteridas aus der Reihe, nahm seinen Schild und marschierte mit, so schnell er eben konnte. Er hatte Schlagfertigkeit bewiesen und zeigte sich als *philostratiotes*, als Offizier, der dem gemeinen Soldaten wohlgesonnen war. Sich in diesem Punkt zu rechtfertigen, ist einer der Hauptzwecke der *Anabasis*.

Xenophons spontane Aktion mochte den von ihm erhofften Eindruck machen, war aber gänzlich unbedacht. Er trug noch den Reiterharnisch, und so fiel es ihm schwer, Schritt zu halten. So befahl er den vorderen Reihen, langsamer vorzurücken, und die, die im folgten, bat er vorbeizugehen. Den anderen Soldaten der Eliteeinheit gefiel die Sonderrolle des Soteridas aber wenig, vielleicht hatten sie auch Mitleid mit dem keuchenden Xenophon, zumal er die Ordnung störte. Sie warfen jedenfalls nach Soteridas und beschimpften ihn, bis dieser seinen Hoplitenschild wieder an sich nahm. Xenophon bestieg eilends sein Pferd und ritt erneut voran, bis das Gelände unwegsam wurde. Dann lief auch er zu Fuß, allerdings ohne den Schild. In der *Anabasis* wird es dann fast zur Nebensache, dass der Gipfel genommen wurde und der Feind floh.

Ins Ungewisse

Cheirisophos führte die Hauptmacht nun ungefährdet in die Ebene des Tigris, die auch die Perser, südlich der Griechen, auf Nebenwegen erreichten. Die Ebene war dicht besiedelt, es gab zahlreiche Dörfer, d. h. in der Sprache der Söldner: Proviant. Mit wachsender Sorge und machtlos sahen sie daher mit an, wie Tissaphernes die Dörfer, in die er gelangte, niederbrennen ließ. Sein Versuch, die Viehherden über den Fluss zu bringen, misslang allerdings. Hier vermochten die Söldner die ersehnte Beute zu machen. Einige von ihnen, die sich zum Plündern über das Land verstreut hatten, wurden aber von den unvermutet auftauchenden Persern niedergemacht. Über ähnliche Plünderungszüge berichtet Xenophon auch in den *Hellenika*. Bei vielen Söldnern überwog die Gier oft die Vorsicht.

Auf dem Rückweg von seiner Mission traf Xenophon auf Cheirisophos und seine Leute. Die Söldner konnten die brennenden Dörfer sehen, die erhoffte Verpflegung ging in Rauch auf. Mutlosigkeit machte sich breit, doch da schaltete sich Xenophon ein. Wie so oft versuchte er der Situation das Beste abzugewinnen. So erklärte er die Brandschatzung überraschend für ein gutes Zeichen, denn die Perser, die doch bei Vertragsabschluss darauf bestanden hatten, dass die Griechen das Land des Großkönigs ohne Zerstörungen durchzogen, sengten es jetzt selbst nieder, als wäre es fremdes Land. Was bedeute das, fragt er rhetorisch, denn anderes als das Zugeständnis, das Land sei schon unser. Und an Cheirisophos gewandt sagte er: «Ich schlage vor, gegen die Brandstifter vorzugehen wie zum Schutze eigenen Landes.» Damit drang er aber nicht durch. Cheirisophos hielt das für einen Fehler. «Lieber wollen wir mitsengen, so werden sie eher aufhören.»

Xenophon erzählt die Abfuhr bereitwillig, belegt sie doch, dass er sich von dem Geschehen distanzierte. Er billigte Plünderungen, die der Versorgung dienten, aber mutwillige Zerstörungen, die eine am Krieg nicht beteiligte Bevölkerung trafen, waren ihm fremd. Ebenso lehnte er, und das brachte ihm noch großen Ärger ein, die privaten Raubzüge mancher Söldner ab. Einmal jedoch, als der Zug schon das sichere Byzanz erreicht hatte, sollte er eine Ausnahme machen, und das Beste, was dabei zu seinen Gunsten gesagt werden kann, ist, dass er die Sache nicht verschweigt.

Die Verpflegung war gesichert, aber nun wusste niemand, wohin es weitergehen sollte, die Königsstraße mussten sie jedenfalls verlassen. Sie waren eingezwängt zwischen einem hohen Gebirge auf der einen Seite und einem Fluss auf der anderen, dem Tigris. Die Tiefe betrug mehr als eine Lanzenlänge; es gab keine Furt, ihn zu durchqueren, die Fähren hatten die Perser ans andere Ufer gezogen. Die Feldherren und Hauptleute waren ratlos, da meldete sich ein Rhodier und versprach gegen eine nicht geringe Belohnung, je 4000 Mann auf einmal über den Fluss zu transportieren. Das geforderte Material, 2000 Bälge von Schafen, Ziegen, Kühen oder Eseln sowie Riemen, wie sie für Lasttiere verwendet wurden, war vorhanden. So ließen sich die Feldherren den Plan auseinandersetzen. Er wirkte plausibel, war aber letztlich nicht durchführbar, weil die Perser das gegenüberliegende Ufer besetzt hielten und die Errichtung einer solchen schwimmenden Brücke rasch vereiteln konnten. Xenophon war bei der Besprechung anwesend, und wie Caesar stolz den Bau seiner Rheinbrücke in nicht leicht zu verstehenden Sätzen schildert, hatte sich Xenophon, fasziniert von der Idee des Rhodiers, dessen Worte bis in die Einzelheiten in sein Tagebuch notiert. Wenn die Felle der Tiere aufgeblasen seien, erläuterte dieser, brauche er nur noch die Riemen der Lasttiere: «Mit ihnen binde ich die Schläuche zusammen und bringe jeden in eine stabile Lage, indem ich Steine daran hänge und sie wie Anker ins Wasser senke. Dann ziehe ich sie quer durch den Fluss und wenn ich sie an beiden Ufern angebunden habe, werfe ich Strauchwerk darauf und schütte Erde darüber. Jeder Schlauch kann zwei Männer tragen, ohne dass sie einsinken. Dass ihr nicht ausgleitet, davor werden euch das Strauchwerk und die Erde schützen.»

Es blieb zunächst nur der Rückweg. Die Griechen kehrten in die Dörfer zurück, die noch nicht niedergebrannt waren, zündeten aber die an, die sie dann verließen. Die Reiter des Tissaphernes beobachteten das Unternehmen, verhielten sich aber ruhig. Sie waren nur erstaunt und konnten sich nicht erklären, was die Griechen beabsichtigten. Die Feldherren ließen sich inzwischen die Gefangenen vorführen und mögliche Routen erläutern: Der Weg nach Süden führe nach Babylon, im Osten lägen Susa und Ekbatana, wo der König im Sommer residiere; im Westen seien Lydien und Ionien und nach Norden kämen sie zu den Karduchen, einem kriegerischen Bergvolk, dem Großkönig nicht untertan. So sei ein Heer von 120 000 Mann über die Berge in ihr Gebiet eingedrungen. Niemanden von ihnen habe man je wiedergesehen. Die Truppen des Großkönigs gingen offenbar periodisch verloren. Auch das Heer des Kambyses, das gegen Ägypten zog, verschwand spurlos im Wüstensand.

Um ihre Pläne nicht preiszugeben, ließen sich die Feldherren alle Routen schildern. Tatsächlich aber interessierte sie nur die letztgenannte. Hinter dem Land der Karduchen, mit denen sie vielleicht wegen deren Feindschaft mit Artaxerxes Abmachungen treffen konnten, öffnete sich das Land der Armenier, das reich war und günstige Verkehrswege bot. Dazu mussten sie jedoch noch einen Gebirgspass überschreiten. Um dem Feind zuvorzukommen, der den Pass besetzen konnte, war nun Eile nötig. Die Feldherren brachten die Opfer für den Marsch dar und gaben die erforderlichen Befehle aus: essen, zusammenpacken, ruhen und auf das Signal zum Aufbruch warten. Es begann nun der sprichwörtliche Aufbruch ins Ungewisse. Bisher gab es Straßen, es gab reiche Dörfer, aus denen sich die Söldner verpflegen konnten, und einen Gegner, dessen Kriegstaktik sie kannten. Die nächsten Wochen würden die entscheidenden des Rückwegs sein. Dem Satrapen Tissaphernes aber sollte Xenophon erst im nächsten Jahrhundert wieder begegnen.

Im Gebirge

Es beginnt nun das vierte Buch, das Herz der *Anabasis*, ihr formaler und inhaltlicher Mittelpunkt, und der Teil des Marsches, der sich Xenophon am stärksten einprägte und mehr Spuren hinterließ als irgendein anderes Ereignis, von dem wir Kenntnis haben. Es sollte eine Art Odyssee zu Land werden. Auch Xenophon selbst hat den Vergleich mit den Helden Homers nie gescheut.

Es herrschte noch Dunkelheit, als der Marsch zum Pass begann. Mit beginnender Morgendämmerung erreichten die Griechen, wie vorgesehen, das Gebirge. Cheirisophos übernahm die Spitze, alle Leichtbewaffneten der Nachhut wurden nach vorn beordert. Der Pass war schmal und die Marschkolonne zog sich in die Länge. Überfälle drohten von den Flanken, beim Abstieg waren Quartiermöglichkeiten zu erkunden. Dazu bedurfte es der flexiblen Leichtbewaffneten. Bei der Nachhut wurden sie nicht gebraucht, da die Feinde bergauf keine Verfolgung wagen würden. Dies erwies sich als richtig, und trotzdem erlagen die Söldner einem Irrtum, denn es gab eine Kampfesweise, die sie noch nicht kannten und auf die einzustellen sich als schwierig erweisen sollte.

Cheirisophos erreichte den Gipfel unangefochten: Die Perser hatten die Höhe nicht besetzt, und wie sich bald herausstellte, sahen sie ihre Aufgabe als erfüllt an. Vermutlich meldeten sie dem Großkönig, sie hätten die Söldner vertrieben. Nun wartete das Bergvolk der Karduchen auf die Griechen. Die Feldherren verfolgten den Plan, mit Billigung der Karduchen durch deren Gebiet zu marschieren, da sie, wie gesagt, deren Abneigung gegen die Perser kannten. Deshalb wollten sie auch die Einwohner schonen.

Die Karduchen wurden von dem Vormarsch überrascht und flüchteten aus ihren verstreut in den Schluchten und Tälern gelegenen Dörfern. Die vorausgesandten Peltasten fanden die Häuser und Hütten leer. Wie befohlen, ließen sie den Hausrat unberührt, obwohl die kupfernen Gefäße wegen ihrer Brauchbarkeit zum Raub verlockten. Die Söldner nahmen nur die in der Hast zurückgelassenen Lebensmittel an sich, aus purer Not, wie Xenophon betont.

Die Karduchen für eine Abmachung zu gewinnen erwies sich indessen als schwierig. Alle Rufe der Dolmetscher blieben ohne Antwort. Die Söldner raubten zwar kein Vieh, aber sie bedienten sich an den Vorräten. Keinen Widerstand zu leisten hieß, den Hungertod in Kauf zu nehmen. Es war zwar schon Februar, aber der Winter dauert im Gebirge lang.

Währenddessen dehnte sich die Kolonne der Griechen weit aus. Der Gebirgsmarsch währte den ganzen Tag, und die Letzten begannen erst in der Dunkelheit den Abstieg. Da tauchten plötzlich Gruppen von Karduchen auf und attackierten die Nachhut. Weil Xenophon seine Leichtbewaffneten hatte abgeben müssen, waren die verbliebenen Hopliten nahezu wehrlos. Einige wurden getötet, viele durch Geschosse verwundet. Xenophon selbst sprach noch von großem Glück: Wäre ihr Vormarsch nicht so unerwartet erfolgt, hätten sich die Karduchen in größerer Zahl sammeln können, notiert er, und wohl einen beträchtlichen Teil des griechischen Heeres vernichtet. So freilich genügten auch schon wenige, um die Schwäche der Söldner zu zeigen. Auf einen Partisanenkampf waren sie nicht vorbereitet. Noch Alexander der Große erlitt im Inneren Asiens auf diese Weise schwere Verluste. Mit knapper Not retteten sich die Nachzügler in die Quartiere. Auf den Bergen ringsum sahen sie die Feuer der Karduchen.

Am Morgen versammelten sich wieder Feldherren und Hauptleute. Ihnen war bewusst, dass sie nun neue Maßnahmen treffen mussten, denn das Verbrennen der Wagen und Zelte war nur der erste Schritt gewesen. Zunächst beschlossen sie, nur die kräftigsten Lasttiere weiterzuverwenden. Ein Befehl schmerzte die Söldner besonders: Er lautete, die im Tross mitgeführten Sklavinnen und Kriegsgefangenen, die sie vorteilhaft verkaufen wollten, freizulassen. Sie waren quasi ihr lebendes Kapital gewesen. Auch Caesar machte später einen Großteil seines immensen Vermögens nicht mit Bodenschätzen oder Zolleinnahmen in Gallien, sondern mit dem Verkauf von Gefangenen, d. h. genauer der versklavten Einwohner, an die mitgereisten Sklavenhändler. In die Sklaverei kam, wer sich unbotmäßig zeigte. Was unbotmäßig war, bestimmten die Söldner.

Für die neuen Maßnahmen waren drei Gründe ausschlaggebend. Die große Zahl von Lasttieren und die mitgeführten Gefangenen verlangsamten den Marsch, deren Bewacher fehlten im Kampf und sie erschwerten die Beschaffung von Proviant, da die Soldaten die doppelte Menge requirieren mussten. Daran lässt sich auch ermessen, welche Lasten die einheimische Bevölkerung zu tragen hatte, weil neben den Söldnern ein Tross in ungefähr gleicher Anzahl zu versorgen war, von den Tieren, die Futter brauchten, ganz zu schweigen.

Die Söldner fügten sich, doch nicht alle. So postierten die Feldherren an engen Geländestellen Leute, welche sie kontrollierten und das, was gegen den Befehl mitgeführt wurde, beschlagnahmten. Eine Revolte blieb aus, die Karduchen hatten die Söldner am Vorabend gelehrt, was auf sie zukommen konnte. Heimlich schmuggelten sie allerdings, so Xenophon, «Knaben und schöne Frauen, an denen sie hingen», durch die Kontrolle. Die Posten zeigten sich hier lax, und Xenophon hat offenkundig Verständnis dafür. Die Söldner unterhielten sexuelle und/oder erotische Beziehungen zu Mätressen, Konkubinen, Marketenderinnen oder untereinander. Bequem waren solche zu Kriegsgefangenen, also zu Sklavinnen oder Sklaven. Derartige Verhältnisse konnten für diese mitunter von Vorteil sein, da sie besser behandelt wurden, wenn ihre Herren an ihnen hingen.

Das Los derjenigen, die nun freigelassen wurden, war aber in den meisten Fällen kaum günstiger. Unter ihnen waren viele Frauen und Kinder, die sich nun fern ihrer niedergebrannten Heimatdörfer befanden, ohne Nahrung, für den Winter schlecht bekleidet, von den Strapazen des Zuges erschöpft und orientierungslos in einer – was Mensch und Natur gleichermaßen betraf – feindseligen Umgebung. Xenophon äußert sich nicht weiter dazu. Sklaverei war in seiner Gesellschaft selbstverständlich, für den attischen Bauern genauso wie für den großen Philosophen. An anderer Stelle – in der Laudatio auf Agesilaos – lobt er freilich ausdrücklich dessen Umgang mit Versklavten und deren Kindern, die sonst meist, wenn sie auf dem Marsch eine Erschwernis darstellten, einem noch schlechteren Schicksal überlassen wurden: «Oft schärfte er auch den Soldaten ein, die Gefangenen nicht wie Verbrecher zu bestrafen, sondern sie wie menschliche Wesen zu bewachen. Und oft, wenn er mit dem Heer aufbrach und von Kaufleuten zurückgelassene kleine Kinder bemerkte, welche viele verkauften, weil sie glaubten, sie nicht mitführen und ernähren zu können, sorgte er dafür, dass auch diese irgendwohin mitgenommen wurden. Den Alters halber zurückgelassenen Kriegsgefangenen wiederum gab er den Befehl, sich um diese zu sorgen, damit sie nicht von Hunden oder Wölfen aufgefressen würden.»

Der Tag ging ohne weitere Vorfälle zu Ende. Über Nacht

verschlechterte sich das Wetter, ein Sturm zog auf. Doch da die Lebensmittel zur Neige gingen, musste auch bei Unwetter aufgebrochen werden, um neue Quartiere zu suchen. Die Karduchen kannten die Wetterverhältnisse besser, und sie nutzen sie zu heftigen Angriffen auf die Nachhut. Immer wieder war Xenophon gezwungen, Meldereiter zu Cheirisophos zu schicken, die Vorhut möge warten, sie seien in Bedrängnis. Cheirisophos gab auch einige Male den Befehl dazu, schließlich aber marschierte er trotz eines Hilferufs weiter: Xenophon war auf sich allein gestellt. Nach schweren Kämpfen blieb ihm nur die überstürzte Flucht nach vorn. Nicht einmal die Toten konnte er bergen. Das lastete auf ihm, und so bewahrt er stellvertretend zumindest die Erinnerung an die Tapfersten, den Lakedaimonier Leonymos, der von einem Pfeil durch Schild und Harnisch in der Seite getroffen wurde, und den Arkader Basias, dem ein Schuss den Kopf durchbohrte. Xenophon scheut sich nicht, des Öfteren Verwundungen und Tod seiner Soldaten zu benennen. Caesar wird sich dagegen mit der Formel «Von uns fielen wenige» begnügen, aber auch er gedenkt, vielleicht nach dem Vorbild Xenophons, einzelner Zenturionen, die – und nicht die Offiziere – das Rückgrat seiner Legionen bildeten.

Durchs wilde Kurdistan

Nun folgen Schilderungen, die sich gelegentlich ins militärische Detail verzetteln, aber gerade auch deswegen verraten, wie bedrohlich die Situation der Söldner auf ihrem Weg jenseits der ausgebauten Straßen durch ein Gelände war, das niemand von ihnen kannte, von dem sie keinerlei Beschreibungen besaßen und in dem sie sich Führern anvertrauen mussten, deren Sprache die Dolmetscher kaum verstanden. Kämpfe, Krankheiten oder bloße Erschöpfung dezimierten die Truppen, und die aufkommende Verzweiflung schlug sich auch im Terror gegen die einheimische Bevölkerung nieder.

Als die Nachhut schließlich zu Cheirisophos aufgeschlossen hatte, eilte Xenophon sofort zu ihm, um ihm Vorwürfe zu machen: Die besten Männer habe er verloren und nicht einmal ihre Leichen bergen können. Cheirisophos wies auf den steilen Pass, der vor ihnen lag und den sie überqueren mussten, um zur Hochebene zu gelangen. Er führte durch einen Hohlweg und dort hatte sich der Feind festgesetzt, die Griechen waren zu spät gekommen. Die Führer kannten keinen anderen Weg, doch wiederum wusste Xenophon einen Ausweg: Es sei ihm gelungen, in einem Hinterhalt einige Feinde lebend zu fangen, um sie als Führer zu verwenden. Zwei ortskundige Gefangene wurden vorgeführt und verhört. Der eine erwies sich ungeachtet aller Drohungen als renitent, und so wurde er, auf Befehl des Feldherrn, auf der Stelle vor den Augen des anderen niedergemacht – Xenophon sagt *katesphage*, abgeschlachtet. Dies brachte den Überlebenden schnell zum Reden, und er sagte auch, was gar nicht gefragt war. Der Getötete habe vorgegeben, nichts zu wissen, weil er seine Angehörigen vor den Söldnern schützen wollte. Xenophon hält in seinem Tagebuch fest, was für den Weitermarsch ohne Bedeutung war, dem Mann aber postum ein Zeugnis der Selbstlosigkeit und des Mutes ausstellt. Ähnlich gedachte Thukydides eines Mannes, der seine Mitverschworenen selbst unter der Folter nicht an das oligarchische Regime der Vierhundert preisgab.

Der überlebende Gefangene verriet einen zweiten Weg zum Hochplateau, der sogar für Lasttiere passierbar war. Er wies aber eine steile Passage auf, und die Anhöhe, die diese überragte, musste im Voraus besetzt werden. Das war ein gefährliches Unternehmen, und so wurden Freiwillige gesucht: Hauptleute, Hopliten und Leichtbewaffnete. Es meldeten sich zuerst drei untereinander rivalisierende Hauptleute, alle aus Arkadien, und Xenophon erwähnt nicht ohne Stolz, dass sie alle drei seiner Einheit entstammten, Aristonymos, Kallimachos und Agasias. Dazu kam noch ein Offizier der Leichtbewaffneten, der sich auch später hervortat. Xenophon nennt die Namen, denn sie sollen die Authentizität seiner Aufzeichnungen unterstreichen. Insgesamt wurden 2000 Soldaten gebraucht, von denen sich besonders jüngere profilieren wollten, die anderen wurden von ihren Hauptleuten abkommandiert.

Ein Plan wurde gefasst, die Lage war aber weit unübersichtlicher, als die Griechen glaubten. Das Wetter war den ganzen Tag über stürmisch gewesen, jetzt setzte auch noch starker Regen ein, ein kalter Winterregen. Dazu gab es am Morgen keine Gelegenheit zu essen, und an die Hauptmahlzeit am Abend war nur flüchtig zu

Karte 2: Eroberung eines Bergpasses.

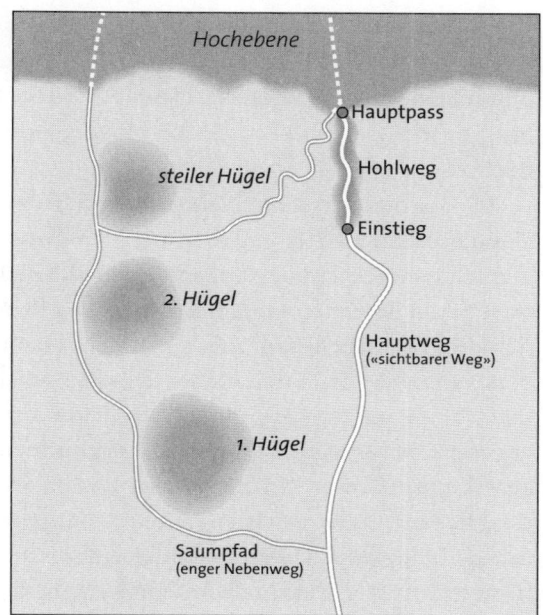

denken. Die Kommandoeinheit rückte danach mit dem in Fesseln gelegten Führer ab, um die noch unbesetzte Höhe auf dem Nebenweg einzunehmen, während Xenophon mit der Nachhut einen Scheinangriff auf den Hauptpass unternahm, um dort den Feind abzulenken. Er schildert das jetzt aus seiner Perspektive, d. h., er selbst steht im Mittelpunkt und betont seine Leistungen, ohne aber seine Fehler zu verschweigen. Als sie bis zum Hohlweg direkt unterhalb der Hochebene gekommen waren, wälzten die Karduchen große und kleine Steintrümmer herab, die an die Felsen schlugen und jeden Weitermarsch verhinderten. Schließlich brach die Dunkelheit herein, die Söldner zogen sich unbemerkt zurück – der Zweck war erfüllt – und hörten von ihrem Lager aus noch lange das Gepolter der Steine, die einem unsichtbar gewordenen Feind galten.

Die Kommandoeinheit überraschte währenddessen die wenigen Wachen auf ihrem Weg, tötete einige, andere entkamen. Sie besetzte einen Hügel und wartete auf die Morgendämmerung. Kaum wurde es hell, näherte sich die Einheit schweigend, vom aufsteigenden Nebel verborgen, auf einem Seitenweg dem Hauptpass, den die

Karduchen hielten. Da sie in deren Rücken vorrückte, wurde sie erst spät bemerkt. Das vereinbarte Trompetensignal ertönte, von unten kam nun das Gros des Heeres auf dem Hauptweg heran und mit großem Geschrei wurde die Höhe genommen, die Karduchen flüchteten.

Inzwischen versuchte Xenophon auf dem engen Nebenweg, der allein für die Lasttiere gangbar war, den Tross nach oben zu führen. Das schien die leichtere Aufgabe, doch plötzlich stießen sie auf einen vom Feind besetzten Hügel, der den Weg beherrschte. Auch hatten sich die Karduchen nun, da sie von dem Hauptpass vertrieben worden waren, auf den Höhen über dem Saumpfad, den Xenophon mit dem Tross nahm, versammelt. Er hätte umkehren können, um ebenfalls den steilen Hauptpfad zu erklimmen und auf diese Weise zu Cheirisophos zu gelangen, aber das hätte den Verlust der Lasttiere bedeutet. Die Peltasten hatte er abgegeben; so blieb nur übrig, mit den Hopliten den Hügel zu stürmen. Diese rückten aber nicht in geschlossener Phalanx vor, sondern in kleineren Gruppen, die einen gewissen Abstand zueinander wahrten. Auf diese Weise entstanden Lücken, die dem Feind einen Fluchtweg ließen, da die Söldner die Erfahrung gemacht hatten, dass die Karduchen den Nahkampf mieden. Der erste Hügel wurde so genommen, doch schon schob sich ein zweiter, ebenfalls vom Feind besetzter, in den Weg. Nun musste Xenophon seine Kräfte aufsplitten, da er den schon eroberten ersten Hügel nicht ohne Wachen zurücklassen konnte. Das übernahmen drei Hauptleute mit ihren Abteilungen, denn die Marschkolonne, die sich wohl über einen Kilometer dehnte, bot ein dankbares Ziel für Angriffe von der Seite. Ein dritter Hügel kam in Sicht, doch bevor Xenophon ihn stürmen konnte, räumten die Karduchen ihn kampflos. Er wusste keinen Grund dafür, sollte ihn aber bald erfahren. Xenophon bestieg mit den jüngsten Söldnern diese steile Anhöhe, die anderen sollten langsam nachrücken. In diesem Moment holte ihn jedoch einer der drei zurückgelassenen Hauptleute ein: Die beiden anderen seien gefallen, ebenso jeder, der sich nicht durch einen Sprung vom Felsen hätte retten können.

Die Karduchen hatten die vorderen Positionen aufgegeben, den ersten Hügel zurückerobert und sich auf das Ende der Kolonne konzentriert. Mittels Dolmetscher traten sie nun mit Xenophon in Verhandlungen. Schließlich einigten sich beide Seiten: Die Karduchen würden die Toten herausgeben, wenn ihre Häuser nicht angezündet würden. Xenophon gewann dadurch Zeit, so dass die zurückgebliebenen Lasttiere weiterziehen konnten und die Hochebene erreichten. Er selbst und die Jüngsten der Hopliten bildeten nun auf der dritten Anhöhe das Ende der Nachhut. Als die Attacken der Karduchen unvermutet wieder einsetzten, flüchteten sie von dieser Anhöhe, die zu ihrem Glück über das Hochplateau hinausragte, bergab zu ihren Truppen, die inzwischen die Hochebene erreicht hatten. Die Karduchen warfen Steine auf die Fliehenden; gerade in diesem Moment wurde Xenophon, wie er berichtet, von seinem Schildträger im Stich gelassen. Die Schildträger erfüllten ansonsten ihre Aufgabe vor allem auf dem Marsch. Das war Routine; dass überhaupt einer von ihnen erwähnt wird, verdankt er nur seinem Versagen.

Xenophon verliert kein weiteres Wort darüber, denn er kam heil unten an, da ihn ein anderer Hoplit mit seinem Schild deckte. Die Söldner waren wieder vereint und fanden, wie es in der *Anabasis* heißt, reiche und schöne Häuser vor, in denen es ausreichend Lebensmittel gab. Vor allem aber wurde nach überstandener Gefahr viel Wein getrunken, den es in so großen Mengen gab, dass er nicht in Krügen oder Fässern, sondern in verputzten Zisternen gelagert wurde. Der Wegführer wurde freigelassen – ihn erwartete ein ungewisses Schicksal – und die Toten wurden angemessen bestattet.

Am nächsten Tag zogen sie unter ständiger Feindberührung weiter. Vor- und Nachhut, d. h. Cheirisophos und Xenophon, halfen sich in gefährlichen Situationen gegenseitig, nachdem sie sich auf die Partisanentaktik eingestellt hatten. Xenophon ist es hier wieder darum zu tun, sich als gleichberechtigt mit dem Spartaner oder zumindest als zweiter Mann des Heeres darzustellen, die anderen Feldherrn an den Flanken werden dagegen kaum erwähnt.

Die Feinde beschränkten sich auf den Einsatz von Fernwaffen. Außer Bogen von drei Ellen Länge und Schleudern hatten sie keine Bewaffnung. Dies ermöglichte ihnen auch ein schnelles Zurückweichen, so dass die Söldner sie nicht verfolgen konnten.

Am Grenzfluss

Nach sieben Tagen beinahe ununterbrochener Kämpfe mit den Karduchen, mit vielen Gefallenen und Verwundeten und einem dezimierten Tross, schickten sich die Söldner an, das Gebirge zu verlassen. Vor ihnen lag ein Fluss, der Kentrites, dahinter eine weite Ebene, das verheißene Land, wie alle glaubten. Armenien bot reichlich Lebensmittel, war weitgehend flach, die Wege waren gut ausgebaut und führten zum Meer. Es ist wie in der *Odyssee*: Wenn alle glauben, das Ziel sei nahe, nimmt das Schicksal eine Wendung und alles beginnt von vorn. Xenophon genießt, nun da er als Gutsherr in Skillus sicher alle Leiden überwunden weiß, das Ausmalen solcher Umschwünge.

Sie schlugen ihr Lager noch in den Dörfern oberhalb des Kentrites auf, der etwas über einen Kilometer vom Gebirgsrand entfernt durch das Tal floss, sammelten Holz, mahlten Getreide und machten Feuer. Die Strapazen schienen überwunden, das Essen war ausreichend und sie konnten ruhen, ohne auf den Feind zu achten. Das hob die Stimmung, zu der auch der Wein beitrug, und sie legten sich voller Vorfreude schlafen. Sieben Tage waren sie, sich ständiger Überfälle erwehrend, durch die Berge der Karduchen gezogen und hatten mehr erduldet als in allen Kämpfen mit dem Großkönig und Tissaphernes zusammen, wie sie glaubten – jetzt winkte der Lohn der Angst. In aller Frühe wollten sie den Fluss durchwaten, denn es gab eine Furt, Teil eines Handelsweges. Xenophon bemüht, um ihre Stimmung zu beschreiben, sogar indirekt ein Zitat des Euripides: Süß sei es, nach der Rettung an die vergangenen Leiden zurückzudenken.

Als sie am Morgen erwachten, war das Erste, was sie auf dem jenseitigen Flussufer erblickten, die Reiterei des Satrapen Orontas in voller Bewaffnung. Oberhalb dieser stand auf den Uferterrassen, etwa 90 bis 100 Meter vom Fluss entfernt, eine Truppe von Fußsoldaten. Sie versuchten trotzdem den Übergang. Das Wasser reichte ihnen bis zur Brust, der Grund war voller Geröll und schlüpfriger Steine, der Fluss trotz der Wintermonate noch reißend. Die Waffen mussten sie daher auf dem Kopf tragen, was sie wehrlos gegen Pfeile und Wurfgeschosse machte. So brachen sie den Versuch ab. Als sie zurückkehrten, erblickten sie in den Dörfern, in denen sie biwakiert hatten, eine große Anzahl von bewaffneten Karduchen.

Die Söldner saßen fest, denn die Karduchen würden sie beim Versuch, den Kentrites zu überqueren, im Rücken angreifen, auf dem jenseitigen Ufer wartete die Reiterei des Orontas. So verbrachten sie die zweite Nacht auf der falschen Seite des Flusses. Die Stimmung hatte sich gedreht. Was nottat, war ein göttliches Zeichen, und tatsächlich hatte Xenophon in der Nacht wieder einen Traum. Er war kurz, aber leicht zu interpretieren. Ihm schien, er liege in Fußfesseln, doch diese fielen plötzlich ab und er konnte gehen, wohin er wollte. Für Xenophon half in dieser Situation tatsächlich nur ein Wunder, d. h. göttliche Fügung. Sie vollzog sich in zwei Akten: Der erste war der Traum, den Cheirisophos sofort aufgriff und durch ein günstiges Opfer bestätigte. Der zweite war die zufällige, aber in Xenophons Augen von den Göttern gelenkte Entdeckung eines zweiten Übergangs über den Fluss.

Auch dabei spielte Xenophon eine wichtige Rolle, denn er war immer für jeden zu sprechen und stolz auf seine Nähe zum einfachen Söldner: «Allen im Heer war bekannt, dass sie auch während des Frühstücks oder der Abendmahlzeit zu ihm kommen konnten und, wenn er schlief, ihn sogar wecken durften, um ihm Meldung zu machen, wenn einer etwas Kriegswichtiges mitzuteilen hatte.» So kamen damals auch zwei junge Männer zu ihm und berichteten, sie hätten Reisig fürs Feuermachen gesammelt, als sie am anderen Ufer Karduchen, einen Greis, eine Frau und ein Mädchen gesehen hätten, die Kleiderbündel unter einem Felsen am Fluss versteckten. Daraus hätten sie geschlossen, dass dieser hier leicht passierbar war. Tatsächlich, so berichteten sie, hätte ihnen das Wasser, als sie einen Versuch wagten, nicht einmal die Scham benetzt, schreibt Xenophon und übersetzt die raue Sprache der Söldner in gehobenes Griechisch. Er brachte ein Trankopfer dar und forderte die jungen Männer auf, zu den Göttern, denen sie diese Entdeckung zu verdanken hätten, zu beten. Im Feldherrenrat entwickelte er einen einfachen Plan: Cheirisophos würde mit der Hälfte des Heeres dort übersetzen, Xenophon noch bleiben und den Tross vorangehen lassen.

Cheirisophos brach auf, den Fluss zur Linken. Die überraschend

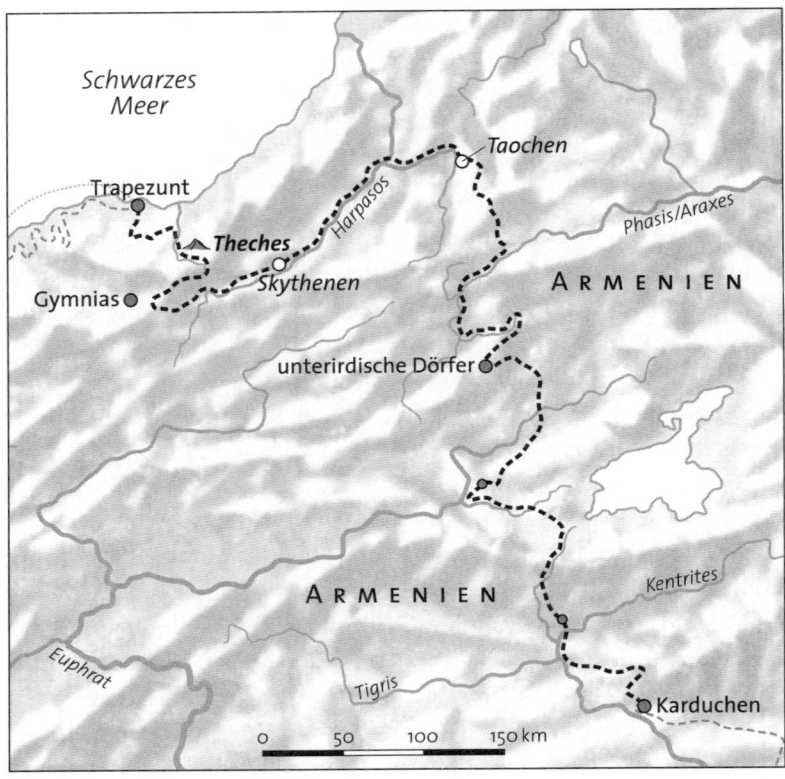

Karte 3: Zum Schwarzen Meer.

gefundene Furt war etwa 800 Meter entfernt, die gegnerischen Reiter folgten am gegenüberliegenden Ufer. Der Feldherr bekränzte sich, die Seher schlachteten Opfertiere, deren Blut sich in den Fluss ergoss, und, als das Opfer günstig war, sangen alle den Paian, erhoben das Kriegsgeschrei («Alala») und stürzten sich in den an dieser Stelle seichten Fluss. Die zahlreichen Frauen des Trosses standen am Ufer und feuerten die Söldner an. Derweil liefen Xenophon und die Schnellsten der Nachhut zurück zur ursprünglichen Furt und erweckten den Anschein, sie durchqueren zu wollen. Die Reiter sahen sich eingekreist und flohen die Böschung empor. Unter diesem Eindruck zogen auch die auf den Uferterrassen postierten Fußsoldaten die Flucht vor.

Der Übergang des Cheirisophos und der Leichtbewaffneten war inzwischen geglückt, der Tross mit den Lasttieren folgte ihnen, aber noch fehlten die Hopliten der Nachhut. Xenophon übernahm die Absicherung gegen die Karduchen, die inzwischen in die Ebene hinabgestiegen waren. Er gruppierte die Marschkolonne in eine Phalanx um, ein Manöver aus dem Handbuch des guten Feldherrn. Sein Plan ging auf. Die Griechen warteten in geschlossener Schlachtreihe ab, bis die ersten Wurfgeschosse der Karduchen von ihren Schilden abprallten, stimmten dann wiederum den Paian an und rückten vor. Wie erwartet, ergriffen die Feinde, die nicht für den Nahkampf bewaffnet waren, zunächst die Flucht. In diesem Moment blies der Trompeter vom Fluss her zum Angriff, die Griechen aber taten, wie verabredet, das Gegenteil, machten vor den Augen der verdutzten Karduchen kehrt, liefen zum Fluss zurück und wateten zum armenischen Ufer. Von dort kamen ihnen die Leichtbewaffneten des Cheirisophos zu Hilfe. Zusätzlich hatten sie das Glück, dass nur einige der Karduchen die List durchschauten und nachsetzten, die meisten befanden sich immer noch auf der Flucht, als die Griechen schon am gegenüberliegenden Ufer angekommen waren. Xenophon störte sich aber an der Disziplinlosigkeit einiger Hopliten, die den Befehl zu bleiben ignoriert hatten, und unter dem Vorwand, sich um die Lasttiere, den Waffentransport oder die Hetären kümmern zu müssen, bereits vorzeitig mit dem Tross den Fluss überquert hatten.

In Armenien

Die Mühen der Berge waren überstanden, vor ihnen lag weitgehend flaches Land, von kleineren Hügeln gesäumt. Statt zu kämpfen konnten sie jetzt wieder marschieren, dem Ziel entgegen, dem Schwarzen Meer, das angeblich so gastfreundlich war (*euxenos Pontos*). Es war immer noch Winter, vielleicht Ende Februar, aber sie kamen gut voran, die Verpflegung war gesichert. In neun Tagen wurden 45 Parasangen, fast 250 Kilometer, zurückgelegt. Nach sechs Tagen erreichten sie Westarmenien, dessen Statthalter Tiribazos war. Er hatte in der Schlacht von Kunaxa an der Seite des Artaxerxes gekämpft, wie der Historiker Deinon berichtet, dort dem Großkönig, nachdem er gestürzt war, auf ein anderes Pferd geholfen und stand seitdem in dessen Gunst.

Tiribazos war gewarnt, er kannte die Kampfkraft der Söldner und bot ihnen einen Vertrag an. Wenn sie die Bevölkerung schonten und die Häuser nicht anzündeten, böte er Proviant und freien Durchzug. Sie nahmen an, aber Tiribazos folgte ihnen im Abstand von etwa zehn Stadien. Dazu zeigte sich ein anderer Feind. Der starke Regen der letzten Tage war in Schnee übergegangen. Als sie am Morgen des zehnten Marschtages durch Armenien erwachten, waren sie eingeschneit. Sie konnten zunächst nicht weiter, fühlten sich aber wegen der Schneemassen sicher vor Tiribazos, dem sie nicht trauten. Zudem besaßen sie zunächst alle Lebensmittel, die sie sich wünschten: Schlachtvieh, Getreide, viele Sorten Hülsenfrüchte, Rosinen, alte wohlriechende Weine.

Das angenehme Leben dauerte aber nur zwei Tage; Leute, die entfernt vom Lager Holz suchten, berichteten von vielen Feuern, die sie in der Nacht gesehen hatten. Die Feldherren hoben die getrennten Lager auf und zogen das Heer wieder zusammen. Das Wetter schien aufzuklaren, doch in der nächsten Nacht, als sie unter freiem Himmel kampierten, fiel noch mehr Schnee und hüllte die Schlafenden ein. Die Söldner zögerten aufzustehen, denn Müdigkeit machte sich breit, und sie begannen die Schneemassen als warme Decke zu empfinden. Es wird nicht ganz klar, ob Xenophon sich bewusst war, dass sie dem Erfrierungstod nahe waren. Jedenfalls stellt er sich wiederum als Vorbild dar. Ohne Mantel stand er «tapfer» auf und fing an, Holz für das Feuer zu spalten. Zögernd erhoben sich Einzelne, um ihn abzulösen, schließlich auch die Übrigen. Sie zündeten Feuer an und rieben sich, statt mit dem gewohnten Olivenöl, gegen die Kälte nun mit Schweinefett, Sesam-, Bittermandel- oder Terpentinöl ein.

Wegen des Frostes beschlossen die Feldherren, die Mannschaften doch wieder auf die Häuser der Dörfer zu verteilen. Unter Jubel und Geschrei, wie Xenophon vermerkt, wurden die alten Quartiere wieder bezogen. Manche hatten jedoch aus Verärgerung, im Freien schlafen zu sollen, die Häuser angezündet, die sie hatten verlassen müssen. Das war nicht nur ein Beispiel für die Mutwilligkeit, die manche Söldner an den Tag legten, sondern es bedeutete auch den

Bruch des mit Tiribazos geschlossenen Vertrags. Da Xenophon aus der Sicht der Griechen schreibt, pflegt in der *Anabasis* des Öfteren die andere Seite als eidbrüchig zu erscheinen. Auch die Söldner aber hielten sich nur dann an Eide, wenn es ihren Interessen entsprach. Xenophon vertuscht das nicht, jedenfalls nicht immer, und in diesem Fall konstatiert er sogar mit Genugtuung die schnelle Strafe für dieses Verhalten. Die Söldner hatten ihre eigenen Quartiere in Brand gesetzt und mussten nun schlechtere Unterkünfte suchen oder die kalte Nacht wieder im Freien verbringen.

Die Lage blieb unsicher. Auf den Bergen brannten noch immer die Wachtfeuer der Feinde. Ein Späher wurde mir einigen Leuten ausgeschickt, die Lage zu erkunden. Dies war eine undankbare Aufgabe, und es fand sich nicht so leicht ein zuverlässiger Mann. So stellt Xenophon die Eignung dessen, den er schließlich auswählte, besonders heraus. Dieser habe bewiesen, dass er Realität (*ta onta*) von Schein (*ta ouk onta*) unterscheiden könne. Auch Caesar stand später vor diesem Problem und kritisiert, vielleicht von Xenophons Worten inspiriert, sein Kundschafter habe nicht Gesehenes als Gesehenes gemeldet. Xenophons Mann sah keine Wachtfeuer, aber er brachte einen Gefangenen mit, einen Perser aus dem Heer des Tiribazos, der sich auf der Suche nach Lebensmitteln vom Lager entfernt hatte. Er berichtete, Tiribazos habe einen Übergang, der auf dem Weg der Griechen lag, besetzt, um sie dort anzugreifen. Xenophon empfand dies anders als sonst nicht als Vertragsbruch des Persers, vielleicht war er sich bewusst, dass die Griechen zuerst gegen die Abmachungen verstoßen hatten. Er sagt nur, dass sofort gehandelt wurde. Die Feldherren zogen das Heer wieder aus den Dörfern zusammen und marschierten sogleich mit den Peltasten und den meisten Hopliten los, zur Bewachung des Trosses blieb Sophainetos (der Autor der ersten *Anabasis*) im Lager zurück. Es gelang ihnen, den Gegner zu überraschen, die Perser und die von diesen angeworbenen Söldner flüchteten aus ihrem Lager, die Feldherren aber beschlossen, sofort zurückzukehren, um etwaigen Überfällen auf den Tross zuvorzukommen. Durch diesen Präventivschlag stellte der Engpass – zumindest kurzfristig – keine Gefahr mehr dar.

Den Bericht von der Eroberung des persischen Lagers lässt Xenophon nicht verstreichen, ohne einen panhellenischen Gemeinplatz zu bedienen, den persischen Luxus. Schließlich kannte er seinen Herodot. Dort finden die Griechen nach dem Sieg über den Satrapen Mardonios in der Schlacht von Plataiai (479) goldene Mischkrüge, Schalen, Trinkgefäße und Ruhebetten, dazu unter den Leuten im Tross eine Anzahl von Bäckern und Köchen. Genau dies erbeuteten sie auch von Tiribazos, wobei die Liegegestelle mit den silbernen Füßen und die Dienerschaft des Satrapen besondere Aufmerksamkeit erregten. «Für den Perser [gemeint ist der Großkönig] nämlich durchziehen Leute die ganze Erde und suchen nach dem, was er gerne trinkt, und unzählige Köche bereiten zu, was er gerne ißt», weiß Xenophon noch in der späten Lobschrift auf Agesilaos, um dessen Genügsamkeit hervorzuheben.

Tod und Bacchanal

Der Zug der Zehntausend nähert sich jetzt rasch seinem Höhepunkt, der, wörtlich genommen, auf dem Berg Theches liegt. Vorher jedoch durchschreiten die Söldner die Talsohle des Marsches. Aus Söldnern werden Menschen. Komprimiert zeigt Xenophon die beiden Seiten dieses Broterwerbs, der in den wenigsten Fällen freiwillig gewählt wurde und oft nur die Flucht aus Arbeitslosigkeit, Armut oder Verbannung war. Er zeigt das Elend, das die Söldner über die Bevölkerung der Gebiete brachten, die sie durchzogen, und er zeigt, wie sie selbst Not litten.

Am Morgen des nächsten Tages brachen sie zeitig auf, bevor der freigekämpfte Pass erneut besetzt war. Sie marschierten in tiefem Schnee und schlugen schon bald nach Überquerung des Passes ein neues Lager auf. Nun kam einsames Land, in drei Tagen schafften sie nur 15 Parasangen, bis sie zum Euphrat gelangten. Sie durchschritten das eiskalte Wasser, das aber nur bis zum Nabel reichte. Und wieder kamen sie in drei Tagen nur 15 Parasangen weit (sofern hier keine Verschreibung in den Handschriften vorliegt). Das Land war eben, aber von Schneemassen bedeckt. Am dritten Tag wehte ihnen ein kalter Nordwind vom Schwarzen Meer her entgegen, ließ alles gefrieren und die Marschierenden erstarren. Sie opferten dem Windgott und es schien ihnen, dass der Sturm nachlasse. Doch wieder versank alles im Schnee. Xenophon schätzte seine Tiefe, dort wo der Schnee an den Feuerstellen schmolz und Gruben zurückließ, auf ein Klafter, sechs griechische Fuß, also den Abstand, den ein Mensch mit ausgebreiteten Armen messen konnte. Da sie schwer bepackt waren und für die Nachfolgenden die Spur in den Schnee treten mussten, starben Sklaven und Lasttiere zuerst. Zu spät erklärte ihnen ein Einheimischer, dass sie die Hufe der Pferde und Lasttiere mit Säcken umhüllen mussten, damit sie nicht im Schnee versanken. An diesem Tag zählte Xenophon 30 Tote allein unter den Söldnern. Sie fielen erschöpft zu Boden und konnten sich nicht mehr erheben. Der Tod kam schnell. Wo sie konnten, entzündeten sie Feuer und ließen sie die ganze Nacht brennen. Zunächst gab es Holz, aber die Nachzügler fanden keines mehr. Die, die schon ein Feuer unterhielten, verweigerten ihnen einen Platz, wenn sie nichts Essbares vorzuweisen hatten, das geteilt wurde. Zur Kälte kam der Hunger. Da Xenophon die Nachhut führte, sammelten sich die Entkräfteten bei ihm. Zunächst wusste er nicht, woran sie litten. Erst als ihn jemand auf den Mangel an Essen aufmerksam machte, erkannte er die Ursache der Schwäche. Bezeichnend ist die Ahnungslosigkeit Xenophons. Als reicher Aristokrat hatte er offenbar selbst bei der mehrmonatigen Belagerung Athens nicht hungern müssen. Sobald er sich des Problems bewusst war, handelte er allerdings energisch. Er ging zum Tross, um Lebensmittel aufzutreiben und schickte die, die noch Essbares hatten, zu den Entkräfteten. Spät am Abend erreichten sie ein Dorf; wer konnte, nahm dort Quartier. Die Übrigen nächtigten ohne Speise und Feuer im Freien. Und wieder starben einige. Manchen erfroren die Zehen, andere wurden schneeblind. Es half, wenn sie ihre Augen durch ein schwarzes Tuch schützten, gegen das Erfrieren der Füße ständig in Bewegung blieben und nachts nicht in Schuhen schliefen. Xenophon berichtet, dass sie, da die alten Schuhe längst durchgelaufen waren, Bauernschuhe aus frisch abgezogener Rinderhaut trugen, deren Riemen ins Fleisch schnitten. Zudem folgten ihnen einzelne Feinde, raubten die geschwächten Lasttiere und würfelten um ihren Besitz.

Die Beschwerden nahmen mit jeder Marschstunde zu. Einige verließen auch den Weg, als sie einen Platz ohne Schnee sahen, da er wegen einer warmen Quelle getaut war. Sie ließen sich dort nieder und weigerten sich entschieden, den Marsch wieder aufzunehmen.

Als Führer der Nachhut entdeckte Xenophon sie und forderte sie auf weiterzuziehen. Er hat die Szene eindringlich geschildert, denn er wusste, den Nachzüglern drohte der Tod. So wandte er, wie er schreibt, alle Überredungskünste auf, drang in sie, warnte vor dem Feind, der in großer Zahl folgte, geriet schließlich in Zorn. Nichts fruchtete. Sie antworteten ihm, er solle sie ruhig totschlagen, sie könnten nicht mehr weiter. Schließlich entschloss er sich, den Gegner zu attackieren, um den Entkräfteten eine Ruhepause zu verschaffen. Die Verfolger flohen. Xenophon marschierte weiter, versprach aber den Kranken, am nächsten Tag Hilfe zu schicken. Doch schon nach vier Stadien stieß er auf vorausmarschierende Söldner, die dick vermummt am Rand des Weges lagerten, ohne auch nur eine Wache aufzustellen. Zuerst wollte er sie aufscheuchen, doch dann hörte er, der ganze Zug halte, obwohl noch genügend Tageslicht war, um weiterzuziehen. Auch Xenophon übernachtete nun an Ort und Stelle, auch er ohne Feuer und Essen. Die Wachen wurden aber nun postiert und am frühen Morgen sandte Xenophon die Jüngsten zu den Kranken zurück mit dem Auftrag, ihnen zu helfen und sie notfalls zum Weitermarsch zu zwingen.

Eine Episode, die in diese Zeit gehört, über die er aber erst Monate später vor der Heeresversammlung berichtete, da er sich vor ihr verantworten musste, weil er Untergebene geschlagen hatte, verdeutlicht die Schwierigkeiten. Als Xenophon auf einen Mann traf, der offenkundig erschöpft und krank am Weg lag und nicht weiterkonnte, forderte er einen Maultiertreiber auf, ihn nach vorn zum Hauptheer mitzunehmen, und verteilte das Gepäck, das das Maultier zu schleppen hatte, auf mehrere Söldner. Als die Nachhut aufschloss, stieß Xenophon wieder auf den Mann. Er hob gerade eine Grube aus, um den Transportierten zu bestatten. Xenophon trat heran und lobte ihn, da er glaubte, der Kranke sei gestorben. Plötzlich bewegte sich dieser, die Umstehenden schrien auf. Der Maultiertreiber hatte den Kranken lebend verscharren wollen, um sich einer lästigen Bürde zu entledigen. Als es später zu einer Verhandlung vor dem Heer kam, weil Xenophon ihn spontan geschlagen hatte, rechtfertigte sich der Maultiertreiber, der Mann wäre ohnehin gestorben. Xenophon erwiderte, sterben müssten alle, aber deswegen nicht lebendig begraben werden, und fand damit den Beifall der Anwesenden: Der Mann habe noch zu wenig Schläge erhalten.

Den Hungertagen folgte die Völlerei, und wir erleben wieder das Söldnerheer, das marodierend durchs Land zieht. Cheirisophos hatte sich mit einem Teil der Vorhut bereits in einem Dorf einquartiert. Von dort kamen Leute, die nachsehen sollten, wie es mit den Soldaten der Nachhut stehe. Diese konnte ihnen die Kranken und Fußlahmen übergeben und marschierten dann selbst weiter, bis sie nach knapp zwölf Stadien dort ankamen. Das Heer war nun wieder vereint, es brauchte aber eine Ruhepause, und zu diesem Zweck sollten die verschiedenen Abteilungen per Los auf die umliegenden Dörfer verteilt werden. Es kam nun für die Söldner darauf an, die Bewohner zu überraschen, damit sie ihre Vorräte nicht in Sicherheit bringen konnten. Xenophon schickte einen Landsmann aus Athen voraus, der die Dorfbewohner und ihren Vorsteher festnahm und 17 Fohlen eines königlichen Gestüts beschlagnahmte. Xenophon notierte in seinem Tagebuch auch wieder ein Detail, das zeigt, dass er über den Kriegshandlungen die menschliche Seite nicht vergaß und sie auch der Überlieferung für wert hielt: Die ebenfalls festgenommene Tochter des Dorfvorstehers sei erst seit acht Tagen verheiratet gewesen, ihr Mann aber entkommen, da er auf Hasenjagd war.

Die Wohnungen waren unterirdisch, die Bewohner stiegen über Leitern hinab; das Vieh – Ziegen, Schafe, Rinder, Geflügel –, das sich ebenfalls dort befand, hatte eigene Zugänge. Nun fanden die Griechen, was sie länger entbehrt hatten: Weizen, Gerste, Hülsenfrüchte. Xenophon wollte den Dorfvorsteher beruhigen, versprach ihm, seine Kinder nicht zu rauben und Lebensmittel für die Familie zu besorgen, wenn er als Führer der Griechen länger abwesend sei. Dieser zeigte ihm dankbar die Stelle, wo das ‹Bier› vergraben war. Es lagerte in Gefäßen, in denen längere und kürzere Röhren staken, aus denen die Söldner tranken. Der Alkoholgrad war hoch, was diejenigen merkten, die kein Wasser dazugossen.

Am nächsten Tag brachte Xenophon den Dorfvorsteher zu Cheirisophos. Die Söldner plünderten inzwischen alles, was sie finden konnten: Lämmer, Zicklein, Ferkel, Kälber, Geflügel, Brot aus Weizen oder Gerste. Zum Trinken, oder besser zum Saufen, benutzten sie schon keine Rohre mehr, sondern «schlürften wie die Ochsen». Cheirisophos feierte, als Xenophon zu ihm kam, mit seinen Hauptleuten eine Art Symposion. Den Kopf mit Kränzen aus Heu bedeckt, ließen sie sich bei ihrem Bacchanal von armenischen Knaben in einheimischer Tracht bedienen.

Die Söldner blieben acht Tage, für sie acht Tage des Wohllebens. Sie fraßen sich – eine andere Bezeichnung wäre fehl am Platz – durch alle Vorräte und soffen alle Amphoren, Fässer, Wein- und Biergruben leer. Wie bei Caesars Eroberung Galliens drohte der einheimischen Bevölkerung der Tod weniger durch Verwundung in den Kämpfen als durch Hunger.

Xenophon hielt seine Zusagen. Er übergab den Dorfvorsteher an Cheirisophos als Führer, die Angehörigen mussten zurückbleiben, erhielten aber ausreichend Lebensmittel. Nur den Sohn vertraute er einem zuverlässigen Hopliten an, Pleisthenes aus Amphipolis, um ihn dann nach Erfüllung der Aufgabe zusammen mit dem Vater zurückzuschicken. Der Dorfvorsteher blieb ungefesselt und führte sie zuverlässig drei Tage lang. Da sie am dritten immer noch keine Dörfer erreichten, das Heer also im Freien übernachten musste, wurde Cheirisophos ungeduldig. Als der Führer antwortete, es gebe keine auf diesem Weg, schlug er ihn grundlos. Der Dorfvorsteher floh in der nächsten Nacht. Cheirisophos' unbeherrschte Tat stellte Xenophons Glaubwürdigkeit, auf die er viel Wert legte, in Frage, und er betont an dieser Stelle, dies habe zum einzigen ernsthaften Streit zwischen ihnen geführt. Xenophon sorgte sich nun um den zurückgelassenen noch jungen Sohn, doch Pleisthenes, dem er anvertraut war, nahm ihn mit nach Griechenland. Xenophon besuchte ihn sechs Jahre später, als er 394 beim Rückzug aus Asien als Begleiter des Agesilaos auch nach Amphipolis kam, und notierte befriedigt, dass es dem inzwischen herangewachsenen Mann dort gut ging.

Ein Wortwechsel

Der Marsch führte nun am Phasis entlang, in neun Tagen 45 Parasangen weit. Aus der Flussebene tat sich quer zur Marschrichtung ein Bergzug von ca. zehn Kilometern Breite auf, den sie überwinden mussten. Es gab offenbar wieder nur einen einzigen Passweg, der den Zugang zur dahinterliegenden Ebene bildete. Das Heer hielt etwa 30 Stadien entfernt, um sich in Schlachtordnung zu formieren, denn der Pass war von Einheimischen besetzt. Eine rasch einberufene Versammlung von Feldherren und Hauptleuten sollte das weitere Vorgehen klären.

Xenophon verweilt ausführlich bei dieser Besprechung. Das hat einen einfachen Grund: Er ist die Hauptperson und der Rat, den er gibt, wird schließlich befolgt. Er verwirft Angriffe am Tag als zu gefährlich. Selbst wenn der Gegner fliehen würde, träfen vorher seine Fernwaffen. Tote und Verwundete zu vermeiden ist immer Xenophons Ziel.

Der Berg war an mehreren Stellen zugänglich, wie die weidenden Rinder bewiesen, und der Feind hielt nur den Pass besetzt. Das eröffnete den Griechen die Möglichkeit, neben der Passstraße anzugreifen. Xenophon sprach sich deshalb dafür aus, am Tag nur einen Scheinangriff auf die Passhöhe zu führen und des Nachts mit einem Vorauskommando eine unbewachte Kuppe des Berges zu besetzen, um dem Gegner auf gleicher Höhe zu begegnen. Als Cheirisophos es ablehnte, den Befehl zu übernehmen, erbot sich Xenophon selbst, die Operation zu leiten; schließlich einigten sie sich auf zwei Hauptleute, die das Unternehmen führen sollten. Als Signal für den geglückten Handstreich vereinbarten sie, viele Feuer anzuzünden.

Den Kern der Besprechung bildet ein kurzer, polemisch geführter Wortwechsel zwischen Xenophon und Cheirisophos, der den eigentlichen Plan gar nicht berührt. Es ist vielmehr eine Art politischer Systemvergleich, mit ganz anderen Vorzeichen als derjenige, den Thukydides im *Epitaphios* (Grabrede) des Perikles zieht. Xenophon fordert den Spartaner Cheirisophos auf, das Kommando über die Vorausabteilung zu übernehmen, weil die *homoioi*, die spartanischen Vollbürger, von Kindheit an dazu erzogen würden, List anzuwenden und zu stehlen, Strafen aber nur dann verhängt würden, wenn sie so ungeschickt seien, sich ertappen zu lassen. Cheirisophos' Entgegnung ist scharf: Gerade diejenigen, die in Athen zu ehrenvollsten Ämtern gelangten, die Fähigsten also, seien auch die Geschicktesten, wenn es gelte, öffentliche Gelder zu unterschlagen. Gegenseitige Vorurteile prallen hier aufeinander. Die Führungsmächte Griechenlands, ansonsten in allem zerstritten, offenbaren sich hier als ein einig Volk von Betrügern und Dieben.

Der Grund, warum Xenophon diesen Dialog, noch dazu in direkter Rede, überliefert, wirft Fragen auf. Nahm er es in Kauf, Cheirisophos, an dessen Zustimmung ihm stets gelegen war, zu reizen, nur um seine Kenntnisse des spartanischen Staates zu zeigen? Wollte er die athenische Demokratie kritisieren, ohne das mit dem eigenen Namen zu verantworten? (In den *Memorabilien* darf Alkibiades unwidersprochen behaupten, auch die Herrschaft des Volkes sei – ähnlich der Tyrannis und der Oligarchie – eine Art Gewaltherrschaft, da die Mehrheit der wenig Besitzenden Gesetze gegen den Willen der Vermögenden allein kraft ihrer größeren Stimmenanzahl erlasse.) Nötigte Xenophon etwa Ehrlichkeit, einen Wortwechsel zu überliefern, der für ihn, den Kenner der Eristik und damaligen Bürger Athens, wenig schmeichelhaft war? Wollte er zeigen, dass Cheirisophos und er sich auch auf der Ebene der Polemik nichts schenkten? Oder wollte er klarmachen, wie schnell gegen Athen gerichtete Vorurteile im Heer laut wurden, und wie schwierig seine Position oft war? Er bleibt eine Antwort schuldig, denn das Gespräch bricht jäh ab.

Am Morgen ging das Kommando, das sich während der Nacht plangemäß auf dem Berg festgesetzt hatte, zum Angriff über, auf der Passstraße rückte die Hauptmacht heran. Der Gegner floh schnell, und dank Xenophons Plan waren die Verluste gering. Sie stellten ein Tropaion (Siegesmal) auf und erreichten die Ebene, in der es wieder genügend Dörfer gab, um sich zu verpflegen.

Abgründe

Sie kamen fünf Tage und 30 Parasangen weit, als ihnen die Lebensmittel ausgingen. Die Proviantsuche erwies sich als schwierig. Das Hirtenvolk der Taochen, auf das sie gestoßen waren, besaß feste Plätze, die einzunehmen den Söldnern aufgrund ihrer exponierten Lage unmöglich war. Die Bewohner auszuhungern fehlte die Zeit. Die Vorhut traf schließlich auf einen solchen Ort, der durch Steilabhänge, unterbrochen von einer Rampe, geschützt war und auf den sich Männer und Frauen mit viel Vieh gerettet hatten. Da nur wenige

Bewaffnete zu sehen waren, versuchten sie den Platz zu stürmen. Die erste Abteilung ermüdete rasch. Sie wurde durch eine andere ersetzt und diese wiederum durch eine dritte. Es blieb bei dem Versuch. Die Frauen wälzten Steine von einem Felsen, der die Rampe überragte, und Cheirisophos zeigte Xenophon, als dieser mit der Nachhut ankam, das Ergebnis: Söldner mit zerschmetterten Beinen und Rippen. Es gab dort zwar nur Rinder, aber da ansonsten keine Lebensmittel zur Verfügung standen, mussten jene erbeutet werden.

Es überrascht nicht mehr, dass Xenophon Rat wusste. Er ist, wie gesagt, der findige Odysseus der *Anabasis*, nur dass er im Gegensatz zu diesem sich freiwillig dem Zug angeschlossen hatte und seine Sorge um seine «Gefährten» vor diejenige um die eigene Person stellte. Sein Rat war wieder einfach: Warten, bis die Steine aufgebraucht seien. Um dies zu beschleunigen, sollten die Taocherinnen zum Herabwerfen der Steine provoziert werden. Der gefährliche Anstieg war ca. 45 Meter lang, auf den ersten 30 Metern standen vereinzelt Tannen, das Übrige war freies Gelände. So machten sich Cheirisophos, Xenophon und ein Häuflein von 70 Mann auf den Weg. Einzelne verbargen sich hinter den Bäumen, traten dann auf die offene Rampe und sprangen, als ihnen Steine entgegenprasselten, schnell wieder in den Schutz der Tannen zurück. Dies ging eine Weile so. Fünf Hauptleute, alle aus Arkadien und in der Nachhut Xenophons, traten dann einen Wettkampf um «den Ruhm der Tapferkeit» an, um den Platz zu erstürmen. Vielleicht trug zu ihrem Mut, dieses Bravourstück zu wagen, auch der Umstand bei, dass sich der Angriff weitgehend gegen unbewaffnete Frauen richtete.

Hier hält Xenophon aber inne, denn er beobachtete, wie er schreibt, ein *deinon theama*, ein schreckliches Schauspiel. Die Frauen warfen ihre Kinder von den Felsen und stürzten sich ihnen nach. Zu dieser Verzweiflungstat trieb sie die berechtigte Furcht vor der Sklaverei. Xenophon geißelt jetzt auch die Gier einiger Söldner. Ein Hauptmann, sein Name wird sogar genannt, sah einen Taochen, der auf einen Abgrund zulief. Da er ein schönes Gewand trug, wollte er ihn zurückhalten, doch dieser riss ihn beim Sturz vom Felsen mit sich und beide verschwanden im Abgrund.

Die Söldner konnten nur wenige Gefangene machen und in die Sklaverei verkaufen, ein Teil der Rinder, Schafe und Esel wurde sofort geschlachtet, den anderen führten sie als lebenden Proviant mit sich.

Thalatta! Thalatta!

Die erbeutete Nahrung musste für die nächsten sieben Tage genügen, denn sie zogen 50 Parasangen weit durchs Gebiet der Chalyber, und die hatten den Ruf, den die Belger später bei Caesar genießen, nämlich die Streitbarsten des Landes zu sein. Xenophon beschreibt zum Beweis ihr martialisches Aussehen: Sie trugen linnene Panzer, Beinschienen, Helme, Kurzschwerter, Lanzen von fast 15 Ellen Länge mit Eisenspitze und am Gürtel die abgeschlagenen Köpfe ihrer Feinde. Sie blieben aber in ihren festungsartigen Plätzen und attackierten nur die Nachhut.

Von diesem Land aus marschierten die Griechen noch vier Tage lang 20 Parasangen weit, vorbei an steilen Felswänden und bewaldeten Höhen, die von Zedern gekrönt waren, überquerten dann einen 120 Meter breiten Fluss, den Harpasos, bevor sie wieder zu Dörfern gelangten, aus denen sie sich verpflegen konnten. Weitere vier Tage später kamen sie ohne Kämpfe durchs Land der Skythenen zu einer «großen und wohlhabenden Stadt», Gymnias genannt. Der dort residierende Herrscher schickte ihnen bereitwillig einen Führer für den Weg zum Meer, von dem sie noch ein letzter Gebirgszug trennte. Sein Wohlwollen hatte einen Grund. Sie sollten, ließ er ihnen sagen, bei ihrem Durchzug durchs Gebiet seiner Feinde nach Gutdünken «sengen und brennen». Der Führer, der bei den Griechen eintraf, verbürgte sich mit seinem Leben dafür, sie spätestens nach fünf Tagen zu einem Ort zu geleiten, von dem aus sie das Meer sehen konnten. Er hielt Wort.

Es kommt nun der Augenblick, auf den die Söldner seit Wochen gewartet hatten. Nichts von Bedeutung geschieht, allein *wie* Xenophon es in knappen Worten schildert, übertrifft *was* er schildert: «Am fünften Tag kamen sie zu einem Berg, der Theches hieß. Kaum hatten die ersten ihn erstiegen und das Meer erblickt, erscholl lautes Geschrei. Als Xenophon das hörte, vermeinten er und die Leute der Nachhut, ein neuer Feind greife von vorne an. Denn im Rücken folgten ihnen die Feinde aus dem brennenden Land. Als das Ge-

Herbert Reyl-Hanisch: «Thalatta», 1926.

schrei aber immer stärker wurde und näher kam, je mehr Leute im Lauf zu den unentwegt Rufenden aufschlossen und das Rufen umso lauter wurde, desto größer ihre Anzahl wurde, da schien dem Xenophon doch, dass es etwas Unerhörtes sei, und er stieg auf sein Pferd und galoppierte mit Lykios und den Reitern an der Marschkolonne vorbei nach vorne, um Hilfe zu leisten. Schon bald aber hörten sie die Soldaten rufen und von Mund zu Mund weitergeben: Das Meer! Das Meer! Da liefen nun alle herbei, auch die Leute der Nachhut, und trieben ihre Lasttiere und Pferde an. Als sie die Berghöhe erreicht hatten, da umarmten sie sich unter Tränen, sogar die Feldherren und Hauptleute. Und unversehens sammelten die Soldaten, weil einer die Parole ausgegeben hatte, Steine und errichteten

einen großen Hügel. Darauf schichteten sie eine Menge von Rindsfellen, Stöcke und die erbeuteten Schilde. Ihr Führer zerschnitt sie mit eigener Hand und forderte auch die anderen dazu auf.»
Das ist der große Moment, auf den Xenophon seit der Schlacht von Kunaxa zusteuert, der Höhe- und Wendepunkt des Rückzuges. Seine Freude und die Begeisterung der Söldner klangen noch 2000 Jahre nach. Heines Gedicht entfachten sie neu und mehrfach kamen sie James Joyce oder Thomas Wolfe in den Sinn, als sie an ihren großen Werken schrieben. Auch wenn die Söldner im Dunst des Frühlingstages keine Brandung und kein blaues Meer mit Segeln entdecken konnten, sondern nur einen am Horizont verschwimmenden Strich (es waren noch 50 Kilometer), glaubten sie doch, ihre qualvollen Fußmärsche würden nur noch kurze Zeit währen und dann würden sie in bequemer Meerfahrt Griechenland erreichen. Sie entlohnten den Führer reichlich und schenkten ihm ein Pferd, ein persisches Kleid, eine silberne Schale, dazu Fingerringe, die er sich wünschte. Am Abend zeigte er ihnen noch ein Dorf zum Nächtigen und den weiteren Weg für den nächsten Tag, bevor er in die Nacht zurückging.

Sichtbare und unsichtbare Feinde

Der Marsch ging nun zügig voran. Am ersten Tag kamen sie an den Grenzfluss zwischen Skythenen und Makronen. Sie mussten diesen Fluss durchschreiten, es gab keinen anderen Weg. Der Zugang zur Furt war schmal, da das Ufer mit «schlanken Bäumen», vermutlich Pappeln, dicht bewachsen war. Zuerst begannen sie, eine breite Schneise zu schlagen, denn am anderen Ufer hatten sich bereits die Makronen aufgestellt und schleuderten Steine, die allerdings nur in den Fluss klatschten. Die Verhandlungen der Hauptleute blieben ergebnislos, ein Kampf drohte, bei dem sie zwar das Übergewicht besaßen, aber Verluste hinnehmen müssten. Da meldete sich ein Peltast bei Xenophon. Er sei Sklave in Athen gewesen, doch dies sei seine Heimat, er verstehe die Sprache der Makronen. Mit diesem Mann als Dolmetscher, der den Anlass für den seltsamen Marsch der Griechen erklären konnte, gelang eine schnelle Einigung, die durch den Austausch von Lanzen besiegelt wurde. Die Makronen halfen sogar beim Übergang über den Fluss und eröffneten einen bescheidenen Markt. Die Söldner kauften dort ihre Lebensmittel, denn sie waren diesmal nicht auf Plünderung aus.

Drei Tage später erreichten sie die Grenze zu den Kolchern, die sich auf einem Berg zum Kampf postiert hatten. Die Griechen formierten ihre Schlachtreihe. Kurioserweise erfolgte die Aufstellung vor der Beratung, doch dies hatte für Xenophon den Vorteil, seinen Vorschlag umso glänzender erscheinen zu lassen. Er plädierte dafür, die Phalanx aufzulösen, weil sie ansonsten beim Aufstieg leicht auseinandergerissen werden konnte, und stattdessen in 80 «Steilkolonnen» zu je 100 Mann vorzurücken. Die Leichtbewaffneten und die Bogenschützen sollten drei Abteilungen von ungefähr je 600 Mann bilden und an den Flanken sowie in der Mitte postiert werden. Ein einfaches Addieren der genannten Zahlen ergibt, dass das Söldnerheer, als es das Meer erreichte, noch ca. 9800 Mann zählte.

Xenophon ritt vom rechten zum linken Flügel und feuerte die Mannschaften mit einer kurzen Rede an. Einzig die Kolcher stünden jetzt noch ihrem Ziel entgegen: «Wenn es irgend geht, müssen wir sie auch ungekocht herunterschlucken.» Er und Cheirisophos – es werden wieder keine anderen Feldherren genannt – führten an den beiden Flanken, die sich bereits außerhalb der Schlachtreihe der Kolcher befanden, so dass diese allein schon durch die nun nötige Umgruppierung zur rechten und linken Seite hin ins Wanken geriet. Die Peltasten, die das Manöver für Flucht hielten, erstürmten aus der Mitte heraus daraufhin mit Geschrei den Berg, und kaum hatten sie das Laufen begonnen, «da flohen die Kolcher in alle Richtungen». Die Griechen erstiegen die Hochebene und nahmen in den Dörfern auf dem Plateau Quartier.

Unerwartet zeigte sich jedoch ein neuer Feind, der zunächst nicht als solcher erkennbar war, sie aber zwang, drei Tage auszuharren. Er war klein und wohlschmeckend und lauerte in den Bienenstöcken, die es hier reichlich gab. Xenophon gibt die medizinische Diagnose: «Die Soldaten, die von den Bienenwaben aßen, gebärdeten sich wie toll, erbrachen sich, bekamen Durchfall und keiner konnte mehr aufrecht stehen. Wer wenig gekostet hatte, glich einem stark Betrunkenen, wer viel gegessen hatte, einem Wahnsinnigen oder sogar einem Sterbenden.» Es handelte sich um den sogenannten Tollhonig aus den Blüten einer orangefarbigen Azalee, der Azalea Pontica, die das hochgiftige Andromedotoxin enthalten, das bei Säugetieren Lähmungen hervorruft, bei niedriger Dosierung den Menschen aber nicht wirklich gefährlich ist. Viele Söldner streckte es nieder – sie lagen herum wie nach einer Niederlage, berichtet Xenophon –, am nächsten Tag war jedoch, anders als befürchtet, keiner gestorben. Sie erholten sich von der Vergiftung, und am dritten Tag standen alle ungefähr zur gleichen Zeit wieder auf und marschierten weiter. Zum Meer waren es nur noch etwa 35 Kilometer, und nach weiteren zwei Tagen langten sie in Trapezunt an, einer Kolonie von Sinope. Sie blieben 30 Tage in den Dörfern der im Vorgebirge lebenden Kolcher und plünderten deren Land.

In Trapezunt

Die Stadtbewohner empfingen die Söldner (gezwungenermaßen) als Gäste und eröffneten ihnen auch einen Markt. Sie lebten mit den Kolchern, die die Ebene besiedelten, in Frieden und vermittelten auch einen Vertrag mit ihnen, so dass sie den Söldnern Kühe, Gerste und Wein lieferten. Zum Abschluss des Zuges – wie sie verfrüht glaubten – wollten die Griechen auch ihr Gelübde erfüllen – sie hatten ja befreundetes Land erreicht – und Zeus, dem Retter, wie seinem Sohn Herakles Rinder zum Opfer bringen. Die gebratenen Rinder verzehrten die Opfernden selbst, für die Götter wurden hauptsächlich Fett und Knochen verbrannt. Diese ernährten sich ja, wie Aristophanes anschaulich in seiner Komödie *Die Vögel* beschreibt, vom Dampf der Opfer und mussten hungern, «wenn die Altäre nicht mehr rauchten».

Die wertvollen Häute und Felle wurden dem Mann, der die nun ausgetragenen Wettkämpfe leitete, übergeben, der sie vermutlich für die Sieger aufbewahrte oder verkaufte. Zu den Spielen gehörten Ringen, Boxen, der berühmte Pankration, ein Kampf, der aus den beiden vorigen gemischt war, ein Schnelllauf über ein Stadion und der Dauerlauf, der bis zu viereinhalb Kilometer weit war. Xenophon begeisterte sich an dem Anblick. Die Wettkämpfer waren besonders motiviert, da auch die Frauen zusahen. Besonders das Pferderennen hatte es ihm, dem hippologischen Experten, angetan, denn die Bahn führte einen Hügel hinab zum Meer und dann zurück, so dass sich schon viele beim Galopp bergab überschlugen, während sie bergauf absitzen mussten. «Da gab es viel Geschrei, Gelächter und Anfeuerung», beschließt Xenophon das vierte Buch. Mit diesem Resümee hätte auch die *Anabasis* enden können, spielte sie im Land der Gallier. Allein, was die Feiernden selbst für ein Ende ihrer Leiden hielten, war nicht mehr als eine Pause. Der lange Marsch sollte noch drei Bücher währen, die Katabasis wurde zur Parabasis, zur Küstenfahrt.

Die Söldner stellten bald fest, dass eine befreundete Stadt – ‹nicht offen feindselig› entsprach eher der Lage – noch nicht die Heimat war. Griechenland war zwar nach dem Verständnis der Griechen überall, wo Griechisch gesprochen wurde; doch die Söldner – jedenfalls die meisten – wollten zurück ins Mutterland. Bis dahin war es weit, und die Söldner wussten nur eines, marschieren wollten sie nicht mehr. So eröffnet Xenophon das fünfte Buch mit der Erklärung eines Soldaten, der im Sinne aller sprach: Er sei es müde, zusammenzupacken, zu marschieren, zu laufen, Waffen zu tragen, in Reih und Glied zu gehen, Wache zu stehen und zu kämpfen. Er wolle den Rest der Reise ohne Strapazen fahren und «entspannt wie Odysseus» nach Hellas kommen. Er kannte seine *Odyssee*, denn die Phaiaken, bei denen Odysseus zu Gast war, bereiteten diesem auf dem Schiff ein weiches Lager und ruderten ihn, «während sich ihm behaglicher Schlaf auf die Lider senkte», heim nach Ithaka.

Das war ein Traum. Das Zitat, das die Situation der Söldner am besten charakterisierte, stand schon im ersten Gesang der *Odyssee*: «Doch als das Jahr gekommen war im Jahreskreislauf, in dem die Götter ihnen verliehen hatten heimzukehren, da waren sie selbst da nicht der Kämpfe ledig, auch nicht unter den Eigenen, den Ihren.»

Die Feldherren konnten den Klagen der Söldner nichts entgegensetzen, denn auch das wichtigste Argument blieb wirkungslos, nämlich dass sie gar keine Schiffe für den Transport besaßen. Daher erbot sich Cheirisophos, seinen Freud Anaxibios, den spartanischen Flottenkommandanten, der in Byzanz stationiert war, zu bitten, Schiffe bereitzustellen. Ob ein solches Unternehmen überhaupt im Interesse Spartas lag, blieb aber offen, denn Kyros war schließlich tot.

Mit der Abfahrt und dem langen Ausbleiben des Cheirisophos kam Xenophon eine neue Rolle zu. Er war jetzt der erste Mann unter den Söldnern, und vermutlich war er dies nicht nur in seiner eigenen Darstellung. Er eröffnet nun die große Heeresversammlung und er macht die Vorschläge, die bis auf einen, den er vor der Abstimmung zurückzog, auch angenommen wurden. Vielleicht fallen seine Vorschläge in der Rückschau pointierter aus, als sie es in Trapezunt tatsächlich waren.

Das aktuelle Problem hieß Warten – es sollten schließlich 30 Tage werden –, aber Trapezunt bot den Söldnern keinen ausreichenden Markt. Zudem besaßen sie nicht mehr genug Geld, um alle Waren auch zu bezahlen. Der Ausweg lautete «organisiertes Plündern» – normalerweise raubte jeder auf eigene Faust –, und dies in der Ferne, denn die nähere Umgebung der Stadt war Freundesland. Diese Art von Beschaffung ließ sich, soweit es sich um Nahrung handelte, noch als Mundraub bezeichnen, doch Xenophon wusste, dass die Söldner auch auf größere Beute aus waren, denn sie wollten nicht mit leeren Händen nach Griechenland zurückkehren. Er sprach sich nun dafür aus, dass jeder, der auf Beutezug ging, Name und Ziel vorher bei der Heeresleitung angab, um ihm gegebenenfalls helfen zu können. Denn zuvor waren zwei ganze Kompanien verlorengegangen, als sie sich auf eigene Faust auf einen gefährlichen Beutezug einließen. Weiterhin wurden Wachen für das Lager aufgestellt, denn die «Feinde» verübten ihrerseits in Partisanentaktik gefährliche Überfälle. «Mit Recht», gesteht Xenophon ein, «denn wir haben ihnen ihr Eigentum genommen.»

Schließlich plädierte er – und *post eventum* weiß er, wie recht er aus Sicht der Söldner hatte – dafür, selbst Schiffe zu requirieren. Mit Hilfe trapezuntischer Kriegsschiffe sollten vorbeifahrende Handelsschiffe aufgebracht und in den Hafen geschleppt werden. Das war Piraterie, und Xenophon hatte auch Bedenken, dies vorzuschlagen. So suchte er den Willkürakt etwas abzuschwächen, indem er den Beschluss fassen ließ, die gekaperten Schiffsmannschaften aus der Söldnerkasse zu verpflegen – sie wurden ja auch noch gebraucht – und für den Transport ein Fahrgeld zu vereinbaren. Gegenseitigen Nutzen nannte er das.

Sein nächster Antrag vor der Heeresversammlung war, den Städten an der Küste den Auftrag zu geben, die Straßen, die am Meer entlangführten, in einen besseren Zustand zu versetzen. Davon wollte aber niemand etwas hören, denn damit war die Vorstellung verbunden, wieder marschieren zu müssen. Der Vorschlag ließ sich jedoch auch ohne Beschluss verwirklichen, d. h., ohne mit Gewalt zu drohen, denn Xenophon hatte gegenüber den betroffenen Städten ein unwiderlegbares Argument: Je besser die Straßen, desto schneller seien sie der Söldner ledig.

Trapezunt stellte den Söldnern auch noch einen Fünfzig- und einen Dreißigruderer zur Verfügung. Letzterer stand unter dem Befehl eines Atheners, der auch einige Kauffahrer kapern konnte. Die Pentekontere kommandierte ein Lakedaimonier namens Dexippos, ein Perioike, wie Xenophon betont. Er riss aber aus – so die Formulierung – und verließ mit dem Schiff das Schwarze Meer. Xenophon ergänzt, und das ist ungewöhnlich für ihn, dass ihn später die gerechte Strafe ereilte. Als er bei König Seuthes in Thrakien gegen ihn intrigierte, sei er von dem Spartaner Nikandros getötet worden. Tatsächlich lag für Xenophon die Gerechtigkeit nicht darin, dass er für seine Fahnenflucht bestraft wurde, sondern vielmehr darin – was zu sagen Xenophon hier tunlichst vermeidet –, dass er gegen ihn, Xenophon, opponiert hatte, und dies vermutlich mit Verleumdungen. Es bereitete ihm später jedenfalls große Schwierigkeiten, sich gegenüber den von Dexippos vor den Spartanern erhobenen Beschuldigungen zu rechtfertigen.

Die Fluchtburg

Bald konnte sich das Heer nicht mehr mit Raubzügen in die Umgebung ernähren, von denen es noch am selben Tag zurückkehren konnte. Das führte zum ersten militärischen Unternehmen, das Xenophon allein leitete und das deswegen auch entsprechend ausführlich dargestellt wird. Jetzt ging es für die Söldner nicht mehr darum, den Durchbruch durch feindliches Gebiet zu erzwingen, sondern sie zogen aus, um ihre Verpflegung zu sichern.

Auch für die Einwohner von Trapezunt war die Situation schwierig. Sie verwünschten die Söldner, weil sie das gute Verhältnis zu den Einheimischen nahe der Stadt störten, wagten dies aber nicht zu äußern. So führten sie die Söldner um befreundetes Gebiet herum gegen das Volk der Drilen, mit denen sie selbst im Kampf lagen. Diese besiedelten ein bergiges und unwegsames Gelände, das etwa 30 bis 40 Kilometer von Trapezunt entfernt lag. Kleine Siedlungen und Viehkrale waren über die Hochebene verteilt, der zentrale Ort auf einer Bergkuppe war befestigt und von einer tiefen Schlucht umgeben. Zu ihm führte ein Hauptweg, der nur in «Einerkolonne» zu begehen war. Palisaden und Holztürme sicherten die halbkreisförmige Unterstadt. Eine Straße erstreckte sich vom Tor, beidseits von Häusern gesäumt, bis zur eigentlichen Fluchtburg im Inneren.

Xenophon rückte mit der einen Hälfte des Heeres aus, die andere blieb zurück, um das Lager vor den Kolchern zu schützen, die die Griechen zuvor aus ihren Wohnstätten vertrieben hatten. Zunächst schien alles leicht. Die Drilen wurden überrascht, in letzter Minute zündeten sie die Krale mitsamt dem Vieh an und retteten sich in ihren Hauptort. Erbeutet wurden nur Rinder und Schweine, soweit sie dem Feuer entkommen waren. Die Leichtbewaffneten, die den Hopliten etwa einen Kilometer voraus waren, witterten schnelle Beute und durchschritten die Schlucht. Unbewaffnete Stangenträger folgten ihnen. Außer den Stangen, die ihnen den Namen verliehen, führten sie Schläuche und Säcke mit sich, um mit ihnen alle Arten von Beute, Lebensmittel voran, ins Lager abzutransportieren.

Die Söldner hatten sich freilich verrechnet: Statt leichter Beute erwartete sie schwerer Kampf. Die vorauseilenden Leichtbewaffneten konnten den Platz nicht einnehmen, sie konnten aber auch nicht zurück. Xenophon und die versammelten Hauptleute standen vor einer schweren Wahl: Sollten sie den Rückzug decken oder in einer Vorwärtsverteidigung versuchen, den Platz zu erstürmen? Beides bedeutete Verluste. Da die Seher einen glücklichen Ausgang der Gefechte vorausgesagt hatten, rückten sie schließlich in halbmondförmiger Aufstellung vor. So konnten alle sehen, wie sich die einzelnen Kompanien im Kampf schlugen.

Als die ersten Palisaden brannten, zogen sich die Verteidiger zurück. Die Söldner glaubten den Platz genommen zu haben und die Leichtbewaffneten drangen durch das Tor ein, um zu plündern.

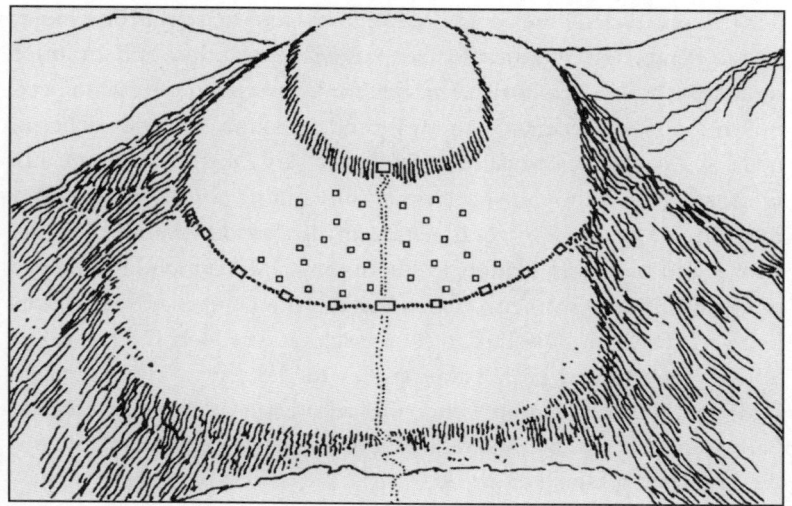

Die Fluchtburg der Drilen. Schematische Skizze nach O. Lendle.

Xenophon hielt mit den Hopliten noch an der Toranlage, als im Inneren schon bald eine Rückwärtsbewegung erfolgte: Die Leichtbewaffneten flohen, die einen mit Beute, die anderen ohne, die einen unversehrt, die anderen verwundet. Um das Tor herrschte ein wüstes Gedränge. Die Zurückweichenden berichteten, drinnen befinde sich noch eine Fluchtburg, aus der jetzt der Feind herausstürze. Xenophon konnte die Flucht nur stoppen, indem er die Beutegier der Söldner anstachelte. Die Außenstehenden drangen in großer Zahl wieder in den Ort ein und warfen die Drilen in ihre Fluchtburg zurück. Nun gelang die Plünderung der Unterstadt nach Plan, soweit sich eben von Plan reden lässt, wenn jeder das raubt, was ihm gerade vor Augen kommt. Die Hopliten sicherten inzwischen das Tor und den Steilweg. Der Rückmarsch war indes gefährlich, denn der Weg war eng und sie mussten den nachdrängenden Feinden den Rücken kehren, da sie die Fluchtburg selbst nicht erobern konnten.

Zuerst zogen sich die Verwundeten und die Lastenträger zurück, ein Großteil der Hopliten folgte. Es blieben nur die Zuverlässigsten bei ihren Hauptleuten. Die Drilen beobachteten den Abzug aus ihrer Fluchtburg und wagten den Ausfall. Sie stiegen auf die Dächer der Häuser, welche die Straße flankierten, und warfen große Holzstücke herab. Die Hopliten waren dagegen machtlos, zudem brach die Nacht herein und sorgte für weitere Verwirrung unter den ortsunkundigen Griechen. Doch «während sie kämpften und nicht ein noch aus wußten», erscheint wieder eine Art *Deus ex machina*. Ein Gott, schreibt Xenophon, gab ihnen unverhofft ein Mittel zur Rettung in die Hand. Plötzlich stand auf der rechten Seite eines der vom Feind besetzten Häuser in Flammen, und Xenophon sah darin einen Wink der Gottheit. Er befahl auch die Häuser auf der linken Seite anzustecken. Die Drilen flohen schnell von den Dächern. Die Söldner sammelten Holz, stapelten es in der Mitte zwischen sich und den Feinden, legten Feuer und zündeten auch noch Hütten, Palisaden und Türme an. Bald brannte die ganze Unterstadt, nur die Fluchtburg blieb verschont.

Obwohl der Ort wie eine Fackel leuchtete, war ein Abstieg nachts unmöglich, da der Weg durch die Schlucht steil und eng war. Also übernachteten sie, wo sie waren. Am Morgen griff Xenophon wieder zu einer Kriegslist, auf die er sichtlich stolz ist. Er täuschte einen Hinterhalt vor, der die Feinde zu vorsichtigem Agieren veranlassen sollte: Ein Freiwilliger aus Mysien und zehn Kreter, die als die Schnellsten galten, sollten sich hinter Büschen verborgen halten, aber hin und wieder das Sonnenlicht auf ihren Schilden aufblitzen lassen, so dass sie von den Drilen bemerkt werden mussten. Das Heer machte sich inzwischen an den Abstieg und, als der Vorsprung groß genug schien», gaben sie den Männern im Hinterhalt ein Zeichen, ihnen zu folgen. Xenophon schildert die Aktion plastisch. Die Kreter glaubten, sie würden eingeholt, bogen vom Weg ab in den Wald und stürzten sich, einander überschlagend, in die Schlucht. Der Mann aus Mysien blieb auf dem Weg und wurde verwundet. Bevor er in die Hände der Drilen fiel, eilten ihm jedoch einige aus dem Heer zu Hilfe, nahmen ihn in die Mitte, und zogen sich, das Gesicht zum Feind gekehrt, langsam zurück, die Geschosse mit ihren Schilden abwehrend. Xenophon hat das Schlusswort: «So gelangten sie alle heil ins Lager.»

Der Erstürmung der Drilen-Stadt gibt Xenophon Gelegenheit, sich zugleich als Militär und als Schriftsteller zu zeigen. Für die Nachwelt ist Letzteres von Bedeutung, denn es wirkte stilbildend.

DIE FLUCHTBURG

Xenophon verlebendigt das Geschehen, der Leser ist einbezogen in die Vorbereitung und Durchführung der Erstürmung. Mit einer dichten Aneinanderreihung teils unverbundener Satzteile verdeutlicht Xenophon die Gleichzeitigkeit vieler Handlungen. Die Söldner stehen halbmondförmig angeordnet, die Speere wurfbereit, die Pfeile aufgelegt, die Schleudern gespannt, singen den Paian, die Trompete ertönt, der Kriegsgesang erschallt und sie rücken im Lauf vor, die Geschosse fliegen, Feuerbrände werden entzündet, die Feinde fliehen von den Palisaden und aus den Wehrtürmen. Der aber, der dies alles zu gleicher Zeit ordnet, überwacht und überall dort eingreift, wo es nottut, ist Xenophon. Ohne Zweifel stellt er das Vorbild der berühmten Selbstdarstellung eines berühmten Mannes dar, die mit den Worten beginnt: «*Caesari omnia uno tempore erant agenda*»: Seinen Ruhm begründete Caesar mit seinen Taten, Xenophon mit der Darstellung seiner Taten.

Schließlich gingen auch die neuen Vorräte zu Ende und es gab nichts mehr zu erbeuten, Cheirisophos aber war nicht zurückgekehrt. So brachten sie die Kranken, die Kinder und die Frauen, außerdem diejenigen, die schon über 40 waren, und das Gepäck, das nicht dringend gebraucht wurde, auf die Schiffe, die sie vor der Küste geentert hatten. Die beiden ältesten Feldherren, Philesios und Sophainetos, übernahmen das Kommando. Es ist nicht ausgeschlossen, dass das Werk des Letzteren, die erste *Anabasis*, bereits in Trapezunt endete, da er den Weg nach Byzanz zu Schiff zurücklegte. Die Ereignisse, von denen Xenophon im Folgenden berichtet, kannte Sophainetos jedenfalls nur vom Hörensagen.

Das Fußheer gelangte noch am dritten Marschtag nach Kerasus, ebenfalls einer Kolonie von Sinope. Wieder einmal hatte sich ein Vorschlag Xenophons, nämlich die Ausbesserung der Straßen, als hilfreich erwiesen. Die Söldner blieben dort zehn Tage, das Heer wurde gemustert und gezählt. Hier zieht Xenophon auch ein Fazit des Marsches bis nach Trapezunt. Von den 12 900, die kurz vor der Schlacht von Kunaxa (ohne den Tross) gezählt worden waren, befanden sich noch genau 8600 am Leben, die über 40-Jährigen auf den Schiffen eingerechnet. Die anderen, notiert Xenophon, waren durch die Feinde oder im Schnee umgekommen, manche auch durch Krankheit.

Nun wurde auch der Gewinn verteilt, der durch die Versklavung der kriegsgefangenen Männer und Frauen erzielt worden war. Was Xenophon nicht sagt, ist, dass dies einen großen Sklavenmarkt, wohl bei Trapezunt, erfordert haben muss, auf dem die nach dem Schneemarsch neu versklavten Einheimischen verkauft wurden, die als lebendes Kapital bis zur Küste mitgeschleppt worden waren.

Der Zehnt davon gebührte dem Apollon von Delphi und der Artemis von Ephesos. Bis zur Einlösung des Gelübdes wurde die Summe den fünf Feldherren übergeben. Für Xenophon brachte das noch viel Ungemach mit sich und gipfelte in Vorwürfen der Unterschlagung. Er legt daher an dieser Stelle der *Anabasis* einen Rechenschaftsbericht über die ihm anvertrauten Gelder vor, der bis in die achtziger Jahre reicht und uns zu dem kleinen Einblick in sein Leben als Gutsbesitzer in Skillus verhilft.

4

AM SCHWARZEN MEER:
DIE PARABASIS
(400)

Ein Vorfall in Kerasus

In Kerasus erschütterte ein Ereignis die Griechen, dessen Tragweite die meisten zunächst nicht begriffen. Xenophon wusste früh um das Geschehen, erfuhr von seinen Hintergründen aber erst im Nachhinein. Es ist die Geschichte eines Verbrechens, welches das Heer lange Zeit belasten sollte. Entgegen seiner sonstigen chronologischen Erzählweise spart Xenophon das Ereignis für eine spätere Rede auf und erwähnt es im Zusammenhang mit dem zehntägigen Aufenthalt in Kerasus mit keinem Wort. Ein Bericht hätte seine dort gegebene Rechenschaft über die empfangenen Gelder gestört und passte auch nicht zu der Idylle, die er von seinem Landgut in Skillus zeichnet. Die Vorgänge warfen einen Schatten auf den weiteren Marsch, zehrten an Xenophons Ansehen als Führer der Söldner und ließen den kommenden Zerfall der Einheit erahnen. Außerdem muss es an Xenophon genagt haben, dass er keine Möglichkeit sah, die Täter zur Verantwortung zu ziehen.

In Kerasus verpflegten sich die Söldner zum Teil aus der Umgebung im Kleinhandel mit dem Volk der Kolcher. So kauften auch einige Söldner Waren in einem nahegelegenen Ort. Er war unbewacht, da die Bewohner die Griechen für Freunde hielten. Das sah auch ein Hauptmann namens Klearetos. Er warb Söldner an, um diesen Ort zu überfallen, die Beute dann auf ein Schiff zu laden und mit dem Raubgut zu desertieren. Das Vorhaben misslang. Klearetos hatte die Entfernung unterschätzt. Als sich der Trupp dem Ort näherte, wurde es bereits Tag. Die Einwohner konnten sich verschanzen und töteten die meisten Angreifer. Anschließend kamen drei ältere Männer aus dem Ort ins Lager der Griechen, mit dem Wunsch, den Grund für den unvermuteten Angriff zu erfahren. Als sie hörten, es handle sich um eine willkürliche Einzelaktion, wollten sie dem großenteils bereits abmarschierten Heer nachreisen, um ihm anzubieten, die Toten zu holen und zu begraben. Von denen, die bei dem missglückten Überfall entkommen waren, befanden sich aber noch einige in Kerasus, und um zu verhindern, dass die Feldherren von ihrer eigenmächtigen Aktion erfuhren, steinigten die Söldner die Gesandten.

Eine Delegation von Einwohnern aus Kerasus suchte darauf die griechischen Feldherren auf, berichtete von dem Vorfall, und die Geschichte fand am folgenden Tag am nächsten Ruheort eine unangenehme Fortsetzung. Xenophon erzählt sie so plastisch, dass man meinen könne, ihn treibe immer noch die Empörung darüber um: «Sobald wir Feldherrn davon hörten, waren wir über das Geschehen empört und wollten mit den Kerasuntiern beratschlagen, auf welche Weise die toten Griechen bestattet werden könnten. Als wir so außerhalb des Lagerplatzes sitzen, hören wir unversehens großen Lärm: ‹Schlag zu! Schlag zu! Wirf! Wirf!› Und sogleich sehen wir viele herbeilaufen mit Steinen in den Händen, andere sie vom Boden auflesend. Die Kerasuntier, die das bei ihnen Vorgefallene noch vor Augen hatten, gerieten in Furcht und zogen sich auf die Schiffe zurück. Aber bei Zeus, auch einige von uns bekamen es mit der Angst zu tun. Ich jedoch ging auf sie zu und fragte, was das bedeuten solle. Da gab es einige unter ihnen, die selbst nichts wußten, aber gleichwohl Steine in der Hand hatten. Als ich aber einen traf, der Bescheid wußte, sagte er mir, die Marktaufseher behandelten das Heer ganz schändlich. In diesem Moment sah einer den Marktaufseher Zelarchos aufs Meer zulaufen und schrie auf. Als sie es hörten, stürmten sie auf ihn los, als hätte sich ein Wildschwein oder ein Hirsch blicken lassen. Da nun die Kerasuntier sie auf sich zukommen sahen, waren sie der festen Meinung, die Jagd gelte ihnen, flohen Hals über Kopf und stürzten sich ins Meer. Auch von unseren Leuten stürzten sich einige ins Meer und wer nicht gerade schwimmen konnte, ertrank. Was denkt ihr nun von diesen? Sie hatten nichts Unrechtes getan, fürchteten aber, die Tollwut habe uns wie Hunde befallen.»

Xenophon bringt hier zwei Vorgänge zusammen, die nur äußerlich verknüpft waren, aber illustrieren, wie die Moral des Heeres gelitten hatte, als es nach dem winterlichen Gebirgsmarsch die scheinbar rettende Küste erreicht hatte. Es bildeten sich nun immer wieder einzelne Haufen, die nichts anderes im Sinn hatten, als auf eigene Faust Beute zu machen und mit dieser, wenn sich die Gelegenheit bot, das Heer und das Schwarze Meer zu verlassen. Vom einfachen Soldaten über den Hauptmann bis zu einem angesehenen Wahrsager und Priester wie Silanos beherrschte sie der Gedanke, nicht mehr nur das Leben zu retten, sondern mit möglichst wertvoller Beute nach Griechenland zurückzukehren. Aus dem Nichts konnte sich ein gewalttätiger Mob zusammenrotten, dem Herr zu werden die Feldherren kaum Mittel hatten. Misstrauen zog ein, das sich namentlich gegen die richtete, die kraft ihres Amtes Vorteile zu genießen schienen. Auch Xenophon wird nun bis zum Ende des Zuges, und noch darüber hinaus, zur Zielscheibe. Mit seiner Rede wollte er früh den Auswüchsen begegnen, die nicht allein für ihn, sondern für das gesamte Heer zur Gefahr wurden, dem nun der Ruch des Gesandtenmordes vorauseilte.

Barbarotatoi

Von Kerasus aus erreichten die Söldner das Land der Mossynoiken, die in hölzernen Wohntürmen lebten, welche eine Höhe von bis zu sieben Stockwerken erreichten. Von da leitete sich bei den Griechen auch ihr Name ab, den schon im 6. Jahrhundert Hekataios von Milet, ein Vorläufer Herodots, kannte: Mossyn-oiken, die Holzturm-Bewohner. Wieder drohte ein Kampf, da die an der Route siedelnden Ostmossynoiken den Durchzug verweigerten. Als die Griechen aber von der Feindschaft mit den westlich siedelnden Mossynoiken erfuhren, glaubten sie, sich diese zunutze machen zu können. So entstand der Plan – Xenophon ist in Abwesenheit des Cheirisophos wieder der Wortführer –, sich mit den Westmossynoiken zum gemeinsamen Kampf zu verbünden – ein Fehler, wie sich bald erwies.

4. AM SCHWARZEN MEER: DIE PARABASIS (400)

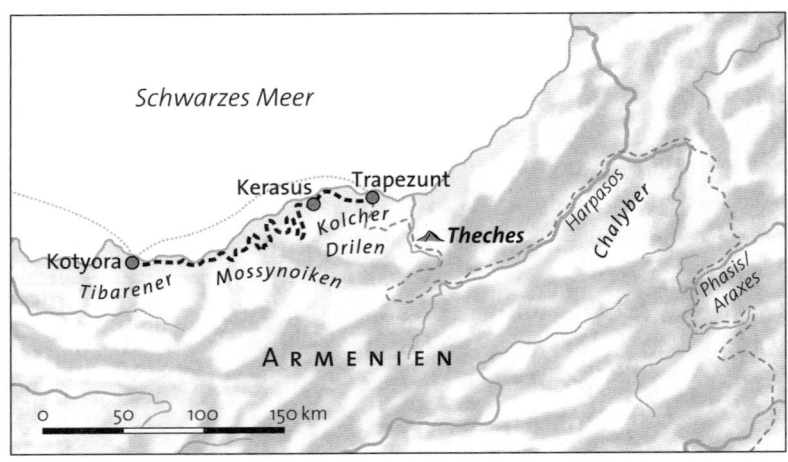

Karte 4: Am Schwarzen Meer.

Die neuen Bundesgenossen kamen bereits am Tag nach der Absprache, und zwar auf dem einzig offenen Zugang, dem Seeweg. Sie kamen mit 300 Einbäumen, je drei in einem Boot. Zwei stellten sich zum Kampf auf, der dritte fuhr den Einbaum zurück. Sie trugen dicht geflochtene Schilde, einem Efeublatt ähnlich, einen sechs Ellen langen Speer, Panzerhemden, eiserne Doppeläxte sowie Helme, die einer Tiara glichen, und ordneten sich, kaum waren sie an Land, «wie Chöre, die gegeneinander schreiten». Sie sangen im Takt, wobei sie durch die Reihen der staunenden Griechen stampften, und stürmten sogleich auf ein Kastell los, das sich in der Nähe der Straße befand und den Weg zum höher gelegenen Zentralort (Metropolis) schützte, der als Gemeinbesitz aller Mossynoiken galt, nach ihrer Vorstellung also zu Unrecht in Besitz der Ostmossynoiken war.

Das Unternehmen endete fatal. Ihre Gegner warteten die Attacke erst einmal ab, dann brachen sie aus dem Kastell hervor, töteten viele der Angreifer, darunter auch einige der Söldner, die sich dem Angriff ohne Befehl angeschlossen hatten, um im Rücken der Kämpfenden zu plündern. Die Sieger schlugen den Getöteten die Köpfe ab und zeigten sie höhnisch den Griechen. Xenophons Unwillen galt aber besonders den beteiligten Söldnern: Obschon sie doch recht zahlreich gewesen wären, hätten sie sich von der allgemeinen Flucht mitreißen lassen. Und dies, stellt er fest, wäre auf dem ganzen Marsch noch nicht vorgekommen. Sein Ärger war verständlich. Statt dem Feind zu schaden hatte ihn diese missglückte Aktion in seinem Widerstand noch bestärkt. Die Griechen schienen besiegbar. So schlüpft Xenophon wieder in seine bekannte Rolle, einer schlechten Sache das Beste abzugewinnen: Die Westmossynoiken hätten sich trotz der Niederlage als Feinde ihrer (der Griechen) Feinde erwiesen, die Söldner, die sich der Ordnung des Heeres verweigert hatten, ihre verdiente Strafe erhalten, und jetzt gelte es wieder, sich auf die eigene Stärke zu besinnen.

Am nächsten Tag kamen die Hopliten, die verbündeten Mossynoiken an ihrer Seite, zum Einsatz. Zunächst rückten sie gegen das Kastell vor, von dem aus der Angriff am Tag zuvor zurückgeschlagen worden war. Die Ostmossynoiken flohen und stellten sich vor den Häusern der Metropolis zum Nahkampf, mussten sich bald aber auch von dort zurückziehen. Der König, der in dem auf der höchsten Stelle errichteten Holzturm residierte, weigerte sich herauszukommen und verbrannte mit dem in Brand gesetzten Turm.

Die Griechen erwartete reiche Beute: Brote, aus dem Mehl der vorjährigen Ernte, und Dinkel, noch ungedroschen, aus der diesjährigen, Amphoren mit Delphinfleisch und -öl, vor allem aber Kastanien zu Brot gebacken, die Hauptnahrung dieses Volkes. Nie vergisst Xenophon auch den Wein zu erwähnen: Auf den ersten Schluck zwar sauer, aber mit Wasser gemischt «aromatisch und süß». Aber diesmal verrät die von Xenophon geliebte Aufzählung der Vorräte mehr als nur den Speiseplan der Mossynoiken. Wie in Caesars *Bellum Gallicum* lassen sich aus den Ernten chronologische Rückschlüsse ziehen. Da der Dinkel dieses Jahres schon geerntet war, muss die Eroberung der Metropolis etwa in den Juli fallen. Das ist weit später, als früher allgemein angenommen wurde.

Die Griechen verbrachten die Nacht in dem eroberten Ort und übergaben ihn dann ihren Verbündeten. Ohne Kampf zogen sie weiter durch zerklüftetes Land nach Westen. Schließlich kamen sie zu den befreundeten Mossynoiken. Diese führten den Griechen stolz ihren wertvollsten Besitz vor: die mit gekochten Kastanien gemästeten Kinder der Reichen. Xenophon beschreibt ihren den Griechen so ungewohnten Anblick genau: «Sie waren zart und sehr bleich, beinahe so dick wie groß, am Rücken und vorne bunt mit blumenartigen Mustern tätowiert», die offenbar ihren hohen sozialen Rang widerspiegelten. Die Männer, konstatiert er, hätten versucht, sich in aller Öffentlichkeit mit den griechischen Frauen zu paaren, und überhaupt sei es bei ihnen Sitte, vor aller Augen zu tun, was sie (in Griechenland) nur im Verborgenen täten. Auch sprachen sie, so Xenophon, mit sich selbst, lachten für sich, hielten an und tanzten, wo sie gerade waren. Die Griechen hielten sie deshalb jedenfalls, gleichgültig, was sie wirklich sahen, für *barbarotatoi*, für die Barbarischsten unter den Barbaren. Xenophon stellt dies nachdrücklich als Meinung der Söldner hin. Er selbst hielt die Verschiedenheit und Eigentümlichkeit von Sitten nicht für deren Abwesenheit.

Aufenthalt in Kotyora

So zogen sie acht Tage durch das Land der Mossynoiken. Das nächste Volk, die Tibarener, besiedelte Plätze, die am Meer lagen und leicht einzunehmen waren. Die Tibarener brachten Gastgeschenke, aber die Feldherren waren auf größere Beute aus und weigerten sich zunächst, sie anzunehmen. Die Seher jedoch konnten oder wollten keine günstigen Vorzeichen für einen Kampf finden und warnten. Deshalb marschierten die Griechen ohne Übergriffe weiter und kamen nach zwei Tagen zu einer griechischen Stadt, Kotyora, einer weiteren Kolonie von Sinope. Nach einer Notiz in der *Anabasis* hatten sie nun vom Schlachtfeld in Babylon bis dorthin 122 Tagesmärsche und 620 Parasangen oder – wieder schematisch gerechnet – 18 600 Stadien zurückgelegt und dafür acht Monate gebraucht. Diese Berechnung ist keine einfache Addition der Zahlen, die Xenophon gibt, durch einen Interpolator, denn diese hätte nur 119 Tagesmärsche ergeben. So können die Angaben durchaus korrekt sein und auf einer zuverlässigen Quelle beruhen, da Xenophon aus erzählerischen Gründen in der *Anabasis* gelegentlich auf eine exakte Zählung verzichtet und einige Marschtage ausgelassen haben kann.

In Kotyora blieben sie ganze 45 Tage, opferten, veranstalteten, vielleicht aus Anlass der gerade stattfindenden Olympischen Spiele, Prozessionen und sportliche Wettkämpfe, getrennt nach den verschiedenen Ethnien. Da die Bewohner von Kotyora sich weigerten, einen Markt zu eröffnen und auch die Kranken nicht in ihre Häuser aufnehmen wollten, richteten sich die Söldner, wie sie konnten, in ihrem Lager ein und plünderten die Umgebung.

Da die Griechen nun für einige Zeit der Kämpfe ledig waren, nützt Xenophon die Pause, um das Verhalten der Söldner und später auch sein eigenes zu rechtfertigen. Er tut das mittels Rede und Gegenrede (Logos und Antilogia), so dass er Vorwürfe und Klagen gleichzeitig erheben und widerlegen kann. Für dieses Unterfangen nutzt er die Anwesenheit einer Delegation aus der Stadt Sinope, der Kotyora tributpflichtig war. Der Sprecher dieser Gesandtschaft, ein Mann namens Hekatonymos, beklagt sich, dass die Söldner gewaltsam in Kotyora, einer Stadt, die doch von Griechen besiedelt sei, eingedrungen wären, insbesondere aber dass sie sich mit Gewalt, d. h. ohne gütliche Vereinbarung, durch Raubzüge verpflegten, und verschafft somit Xenophon die Gelegenheit, seine Gegenargumente vor der Delegation (und vor seinen Lesern) zu entfalten.

Xenophon betont, dass die Söldner überall dort, wo ihnen ein Markt gewährt worden sei, sei es in Trapezunt, sei es beim Volk der Makronen, ihren Proviant gekauft hätten. Die Kotyoriten aber hätten weder Lebensmittel zum Kauf angeboten noch ihre Tore für die Kranken öffnen wollen. Nur um diese – auf eigene Kosten – pflegen zu können, hätten sie sich (gewaltlos) Zutritt zu den Häusern verschafft. Soweit die aktuelle Rechtfertigung. Xenophons Verteidigung enthält aber auch den zentralen Satz, der Gültigkeit für den ganzen Rückmarsch verlangt und der zeigt, dass er sich – aber wohl nicht die überwiegende Mehrheit der Söldner – des Problems bewusst war, dass die Völker, die sie auf dem Marsch tangierten, ob Perser, Griechen oder andere Ethnien, die Söldner nicht für eine Armee, sondern für eine Räuberbande hielten (was die Peripatetiker und z. B. Augustinus in Alexanders des Großen Truppen sahen): «Ouch hybrei alla anangke lambanomen ta epitedeia» (Nicht aus Mutwillen [*hybris*], sondern aus Not [*anangke*] nehmen wir uns die Mittel zum Erhalt des Lebens).

Das ist Xenophons Überzeugung, sein Credo, aber doch wohl nur, wie auch an dem beschönigenden Wort «nehmen» abzulesen ist, die halbe Wahrheit, denn schon dasselbe Kapitel konterkariert am Beispiel des Verhaltens gegenüber den Tibarenern diesen Anspruch. Die Söldner besaßen gar nicht die Mittel – ihr Finanzier, Kyros, war schließlich tot –, um überall Waren kaufen zu können. Die Realität war, dass sie auf frische Beute in Gestalt von Getreide oder Vieh angewiesen waren. Dazu mussten sie auch Gefangene versklaven, eben um von dem Erlös den Kauf von Waren bestreiten zu können. Was die Feldherren verhindern konnten, waren Exzesse und die Versuche Einzelner, sich zu bereichern. Das gelang nicht immer, doch Xenophon verurteilt alle Übergriffe, jedenfalls soweit er sie erwähnt. Was er auf dem Zug selbst dachte, entzieht sich unserem Wissen, da wir ja nur kennen, was er zwei Jahrzehnte später schreibt. Da jedoch gibt er mit seiner obigen Rechtfertigung den Maßstab für das Verhalten der Söldner, und an diesen kann sich auch halten, wer heute Xenophon liest.

Im Falle der griechischen Stadt Kotyora waren die Absichten der Söldner wohl tatsächlich friedlich. Die Gesandten aus Sinope drohten zunächst, dann jedoch verlegten sie sich auf Versprechungen und schließlich saßen alle beim gemeinsamen Mahl. Die Kotyoriten aber brachten Gastgeschenke. Am nächsten Tag beriefen die Feldherren eine Heeresversammlung in Anwesenheit der Delegation aus Sinope ein. Diskutiert wurde die Frage, auf welchem Weg es weitergehen sollte. Fernziel war das etwa 550 Kilometer entfernte Herakleia Pontike, von dem aus Byzanz leicht zu erreichen war. Die Unterstützung der Sinoper wurde für beide möglichen Routen, zu Land oder zu See, benötigt, denn im ersten Fall wurden sie als Führer gebraucht, im zweiten Fall war das Heer auf ihre Schiffe angewiesen.

An der ins Schwarze Meer vorspringenden Küste lagen zwei große Städte, eben Sinope und Kotyora, zwischen denen es keine oder nur eine schlechte Verbindung zu Land gab. Die geeignetste Straße führte von der Küste durch ein Land mit hohen Bergen, wie der Führer der Delegation sagte, dessen Rat die Griechen erbaten, und weiten, von Flüssen durchzogenen Ebenen: Zugang gebe es nur einen, der im Voraus besetzt werden müsse, um passierbar zu sein. Dann warteten aber dort eine Reiterei, ein großes Fußheer und vier Flüsse: der Thermodon, 90 Meter breit, der Iris, ebenfalls 90 Meter breit, dann der berühmte Grenzfluss aus dem Orakel an Kroisos, der

Halys, etwa 360 Meter breit und nur mit Fähren zu überqueren, und schließlich der Parthenios. Der Abgesandte schlug folglich den Seeweg vor. Die Stadt der Sinoper würden sie am sichersten auf Schiffen erreichen. Die Sinoper wollten diese stellen – gegen entsprechendes Entgelt allerdings.

So beschlossen die Söldner, den Seeweg zu nehmen. Xenophon beharrte aber darauf, nur dann übers Meer zu fahren, wenn Sinope ausreichend Schiffsraum für das ganze Heer stellen könne. Einen Transport, der jeweils nur einen Teil der Truppen umfasste, lehnte er entschieden ab. Wegen der Schiffe mussten Verhandlungen in Sinope geführt werden. So sandten denn die Söldner eine dreiköpfige Delegation dorthin ab.

Die Kolonie

Die lange Wartezeit in Kotyora produzierte auch allerlei Wunschträume. Hier beginnen Xenophons Großmachtphantasien, die in einem kurzen Katzenjammer und langen Rechtfertigungen enden und den Schluss des fünften Buches füllen, der sich zu über zwei Dritteln aus kunstvollen Reden zusammensetzt, die er erst in Skillus entwarf.

Als Xenophon seinen Plan fasste, eine panhellenische Kolonie zu gründen, von denen es bisher nur eine gab, Thurioi in Unteritalien, war er in einem Alter, in dem er in Athen noch nicht für das Strategenamt hätte kandidieren dürfen. Sein Vorhaben war wie alle tollkühnen Unternehmungen wenig durchdacht, denn er wurde von dem Gedanken beherrscht, den er dem toten Proxenos zuschreibt, mit einem großen Namen und großer Macht – viel Geld würde sich dann von selbst einstellen – in seine Heimat zurückzukehren. Selbst wenn er nur die Anregung gegeben hätte, würde ihm dies neues Ansehen bringen, da eine Kolonie ja auch zur Lösung des Söldnerproblems beitrug. Er hielt die Voraussetzungen für gegeben, doch das war eine Illusion, denn ohne Rückendeckung durch eine mächtige Polis in Hellas war ein solches Vorhaben von vornherein zum Scheitern verurteilt: «Als Xenophon die zahlreichen Schwerbewaffneten der Griechen sah, zudem die vielen Leichtbewaffneten, Bogenschützen, Schleuderer und Reiter, die durch lange Übung bereits besonders kriegstüchtig waren und schon am Schwarzen Meer standen, wo es nicht leicht war, mit wenig Geld eine solche Streitmacht aufzustellen, kam ihm zu dieser Zeit der Gedanke, das Gebiet und die Macht Griechenlands durch die Gründung einer Stadt zu erweitern. Und ihm schien, sie müßte bedeutend werden, wenn er die Menge der Griechen und die Anrainer am Schwarzen Meer berechnete.»

Zunächst musste Xenophon die Seher befragen, da günstige Opfer die erste Voraussetzung für einen Beschluss waren, den nur die Heeresversammlung fassen konnte. Er wandte sich also an den wichtigsten Seher im Zug, nämlich Silanos, den ehemaligen Ratgeber des Kyros, und tat damit den ersten Schritt zum Scheitern des Projekts. Silanos hatte keinerlei Interesse an einem solchen Unternehmen, sah zudem in Xenophon eine Art Konkurrenten – Xenophon hielt sich auf sein Wissen in der Mantik viel zugute –, der sich in sein ureigenstes, finanziell lukratives Amt einmischte. Jedenfalls verbreitete er sogleich im Heer, ehe noch Xenophon sich selbst an die Soldaten wenden konnte, dieser wolle das Heer in Asien zurückhalten und sich selbst einen Namen machen.

Xenophons Ärger über diese Intrige war auch nach zwei Jahrzehnten noch nicht verflogen. Er verehrte die Götter Griechenlands, die Thukydides noch hatte abschaffen wollen, hielt aber Distanz zu deren Personal, das sich auf ihre Kosten bereicherte. Später in Skillus warf er Silanos vor, er habe nur seine 3000 Dareiken, die er von Kyros erhalten hatte, in Sicherheit bringen wollen, und tatsächlich setzte sich Silanos bei der erstbesten Gelegenheit vom Heer ab, nämlich in Herakleia Pontike, von wo aus es leicht war, nach Griechenland überzusetzen – nicht ohne seine Dareiken freilich. Vorher aber lehnte, von ihm beeinflusst, die Heeresversammlung noch mit großer Mehrheit die Pläne Xenophons ab.

Obwohl Xenophon einen Rückzieher machte, verstummten die Gerüchte nicht. Im Gegenteil, sie verstärkten sich. Kaum war seine Idee geboren, zeugte sie eine neue. Für eine Koloniegründung taugte diese nicht, aber um mit ihr zu drohen, war sie gut genug. Der Plan stieß nämlich nicht nur auf den Widerstand der Söldner, sondern vor allem auf den der größeren Griechenstädte am Pontos. Eine neue Kolonie war eine Gefahr für sie, denn mit ihrem militärischen Kräftepotential würde sie in der Lage sein, sich eine größere Umgebung dienstbar zu machen. So konnte ein Handelsplatz entstehen, der sie überflügeln würde.

Diese Überlegung stellten zwei der Söldner an, der Feldherr Timasion sowie Thorax aus Boiotien, ein Rivale Xenophons in der Führung des Heeres; sie wollten ihren eigenen Nutzen daraus ziehen. So malten sie einigen Kaufleuten aus Herakleia und Sinope, die sich im Lager der Griechen befanden, die Schrecknisse eines solchen Unternehmens aus. Xenophon könne sich aber mit seinem Vorhaben nur durchsetzen, wenn die Söldner weiterhin nicht genügend Lohn erhielten, um die für die Abfahrt nötigen Lebensmittel zu kaufen, war ihre Botschaft. Eine Zahlung von monatlich einem Kyzikener, also 28 Drachmen, pro Söldner werde genügen, um dem abzuhelfen.

Die Kaufleute brachten die Nachricht wunschgemäß in ihre Heimatstädte, Thorax reiste mit ihnen, um sie zu bekräftigen. Die Städte machten zwar eine Zusage, dachten aber gar nicht daran, ihr nachzukommen. Bisher wurden die Söldner für ihre Präsenz bezahlt, nun wollten sie – das war ein Novum – Geld für ihre Abwesenheit. Darauf konnte sich niemand einlassen. Sie boten Timasion privatim Gelder an, wenn er sich im Heer für einen raschen Abzug stark mache. So kündigte dieser – wider besseres Wissen oder im falschen Glauben – den Söldnern einen Kyzikener pro Kopf an, wenn das Heer absegle, und da er schon ein Versprechen gegeben hatte, das er nicht halten konnte, verhieß er ihnen ein Land, die Troas, in der sie «viel Geld gewinnen könnten». Thorax ergänzte, um die Abfahrt zu beschleunigen, die thrakische Chersonesos sei ein «schönes und reiches Land», wo bleiben könne, wer sich ansiedeln wolle, wer aber nicht, fände von dort einen kurzen Heimweg.

Xenophon geriet immer mehr in die Defensive, da seine Koloniepläne weiterhin kursierten, ohne dass er selbst sich öffentlich geäußert hätte, und weil die Söldner glaubten, nur er stehe der schnellen Heimfahrt und damit dem Kyzikener im Wege. Um sein Gesicht zu wahren, griff er zu einer Notlüge. Es sei ihm nur darum gegangen, eine Stadt zu erobern, falls sie in bedrängter Lage seien, damit jeder wegfahre, wann er wolle, oder so lange bleibe, wie ihm gut schien. So zog er scheinbar einen Schlussstrich unter seine Koloniepläne, indem er nach außen Timasions Abmachungen ernst nahm: Gipfel des Glücks sei es, dass sie nun Schiffe gestellt bekämen und für ihre Rettung auch noch bezahlt würden. Dieser Zusatz war vergiftet, denn er wusste, dass Timasion und Thorax ihre Versprechen nicht würden halten können.

Danach beschwor er die Einheit der Griechen. Nur die mache sie stark. Dabei griff Xenophon überraschend auf einen Text zurück, den er wie kein Zweiter kannte, nämlich den Melier-Dialog des Thukydides: «Sache des Stärkeren sei es, sich den Besitz des Schwächeren zu nehmen.» Damit pochte er keineswegs auf ein Recht, von dem er glaubte, es stehe den überlegenen Griechen zu, sondern konstatierte nur eine Praxis – nicht nur seiner Zeit. Jeder, fuhr er dann fort, der das Heer vorzeitig verlasse, müsse zur Verantwortung gezogen werden. Das richtete sich gegen Silanos und seine Dareiken. Xenophon schlug eine Volte, da er wusste, was die Söldner hören wollten. Er forderte nun das Gegenteil von dem, was ihm eigentlich vorschwebte: «Sofortige Rückkehr nach Griechenland», und alle hoben die Hände.

Nach dem Beschluss zur Abfahrt kamen auch die von Sinope versprochenen Schiffe, doch der Sold blieb aus. Das brachte Timasion und Thorax in die von Xenophon erwartete unangenehme Lage, denn die Wut der Söldner richtete sich nun gegen sie. So versammelten beide die übrigen Feldherren und kamen mit ihnen zu Xenophon, um Abbitte zu leisten. Sie brachten sogar einen neuen Vorschlag einer Koloniegründung mit, und zwar an der Mündung des Phasis. Das war ein Gedanke, der kaum zu realisieren war. Xenophon war ihm nicht abgeneigt, doch er wusste, dass das Heer opponieren würde. So antwortete er, er werde nicht zum Heer sprechen, sie sollten dies selbst tun. Xenophon glaubte, den allgemeinen Zorn damit von sich abgelenkt zu haben – aber er sollte sich irren.

Xenophon als Redner

Mit Xenophons Aufstieg in der Hierarchie des Heeres hatte sich auch die Zahl seiner Feinde vermehrt. Zu ihnen zählte nun der Spartaner Neon, der sich bis zum Abschluss des Zuges darin treu blieb. Er schürte die Empörung gegen Xenophon weiter, aber dieser besaß eine Waffe, an der es jenem mangelte: Seine in Athen geschulte Rhetorik. Er hat sie sicherlich später weiterentwickelt, und so lesen wir jetzt in geschliffener Diktion, was er so im Jahre 400 wohl nur sinngemäß gesagt hat, auch wenn er sich schon damals den anderen Sprechern, die ja in erster Linie militärisch ausgebildet waren, überlegen zeigte.

Neon hatte den Unwillen auf Xenophon gelenkt, indem er behauptete, dieser habe die übrigen Feldherren überredet, die Söldner mittels allerlei Ränke zum Phasis zu führen. Grüppchen bildeten sich, Gerüchte machten die Runde und Xenophon begann zu fürchten, dass es zu spontanen Gewaltausbrüchen kommen könne, wie sie erst vor kurzem im Gebiet der Kolcher stattgefunden hatten. Um Aktionen Einzelner zu unterbinden, ließ er den Herold eine allgemeine Heeresversammlung ankündigen, zu der die Soldaten auch bereitwillig kamen.

Die neuen Verleumdungen zu entkräften fiel ihm nicht schwer. Er gebraucht einfache Vergleiche, die den Söldnern bei aller Unkenntnis, wo nun das Land am Phasis tatsächlich lag, auch einleuchteten: «Ihr wißt doch wohl, wo die Sonne aufgeht und wo sie untergeht, und dass, wenn einer nach Griechenland fahren will, er sich nach Westen wenden muß. Wer aber zu den Barbaren gelangen will, muß sich umgekehrt nach Osten wenden. Ist denn nun jemand in der Lage, euch einzureden, dass die Sonne dort aufgeht, wo sie untergeht, und dort untergeht, wo sie aufgeht. Aber ihr wißt doch auch gut, dass einen der Nordwind aus dem Schwarzen Meer heraus nach Griechenland trägt, Südwind aber hinein zum Phasis, und es heißt doch, wenn der Nordwind bläst, ist die Fahrt nach Griechenland günstig. Aber vielleicht werde ich euch an Bord gehen lassen, wenn Windstille herrscht. Dann werde ich auf einem einzigen Schiff fahren, ihr aber wenigstens auf hundert. Wie könnte ich euch dann zwingen, mit mir zu fahren, wenn ihr es nicht wollt, oder euch über das Ziel täuschen? Aber angenommen, ich bringe es dazu, dass ihr getäuscht und wie durch Zauberhand verlockt zum Phasis gelangt. Und wir steigen an Land. Da werdet ihr doch wohl merken, dass ihr nicht in Griechenland seid. Ich, der ich euch getäuscht habe, werde dann ein Einzelner sein, ihr aber, die Getäuschten, beinahe Zehntausend und dazu in Waffen. Wie könnte ein Mann schneller seine Strafe erhalten, als wenn er für sich und für euch solche Pläne hegt.»

Seine Verteidigung kam bei den Söldnern an. Xenophon spürte den Erfolg seiner Worte und wurde mutiger. Ohne Umschweife geht er von der Apologie in einen *logos symbouleutikos*, eine Beratungsrede, über. Er legt dar, was ihm Sorge bereitet, und welche Konsequenzen aus dem gezogen werden sollten, das nach seiner Meinung schieflief. Dazu blickt er zunächst ausführlich auf die jüngsten Ereignisse zurück. Drei Dinge beschäftigen ihn: Zum einen der Mord an den Gesandten, ein nach göttlichem und menschlichem Recht unentschuldbarer Vorgang, sodann das Vorgehen gegen den Marktaufseher sowie die Delegation aus Kerasus und drittens die Ursache allen Übels, die neu eingetretene Disziplinlosigkeit des Heeres, in dem viele glaubten, nach eigenem Gutdünken Feldherr spielen zu können. Der Ruf der Gesetzeslosigkeit, warnt er, würde den Söldnern vorauseilen und den weiteren Marsch noch mehr erschweren, denn niemand würde mehr in Verhandlungen mit ihnen eintreten, sie in seine Stadt aufnehmen oder ihnen einen Markt eröffnen. Wenn sie diese Zustände für richtig hielten, dann sollten sie in Erwartung ähnlicher Vorfälle jeder für sich eine Wache aufstellen und sich nur im Schutze einer Festung lagern. Schließlich mündet die Ironie in einen kurzen Appell: Wenn aber ihnen Taten, die auch sie, die Söldner, wenn andere sie verübten, nur Verbrechen nennen könnten, als tierisch und nicht menschlich erschienen, dann sollten sie Abhilfe schaffen.

Beeindruckt beschloss die Heeresversammlung, die Urheber der Verstöße zu bestrafen, und in Zukunft solle, wer solches tue – Xenophon spricht von *anomia* im Sinne von Gesetz- und Disziplinlosigkeit –, zum Tode geführt werden. Außerdem stimmte die Heeresversammlung dafür, eine Untersuchung über alle Vergehen seit «Kyros' Tod» anzustellen und als Richter die Hauptleute einzusetzen, ein Beschluss, der auch Xenophon in große Schwierigkeiten bringen sollte. Schließlich wurde auf seinen Vorschlag hin noch entschieden, den Göttern ein Reinigungsopfer darzubringen, um das Heer zu entsühnen.

Abrechnungen

Der Beschluss der Heeresversammlung, von den Feldherren Rechenschaft zu fordern, kehrte für den Augenblick die Machtverhältnisse um. Nun saßen die Soldaten über ihre Vorgesetzten zu Gericht.

Den Söldnern ging es zunächst um das, was auch dem Athener Demos das wichtigste war: die gemeinsamen Gelder. Xenophon war das aus seiner Heimat vertraut und er schildert es auch als eine Art *euthynai*, d. h. eine öffentliche Untersuchung, bei der alle Magistrate am Ende ihrer Amtszeit die Verwendung der ihnen anvertrauten Gelder dokumentieren mussten. Die Feldherren Philesios und Xanthikles wurden für schuldig befunden, die per Schiff transportierten Güter zu nachlässig beaufsichtigt zu haben – wahrscheinlich wurde heimlich Fracht verkauft – und zur Erstattung des Fehlenden, 20 Minen oder 2000 Drachmen, verurteilt; Sophainetos erhielt eine Geldstrafe von zehn Minen, weil er sich zu wenig um seine Aufsichtspflicht gekümmert hatte. 1000 Drachmen waren in etwa das, womit ein Feldherr im Jahr rechnen konnte.

Doch auch Xenophon selbst wurde angeklagt, freilich nicht wegen der Veruntreuung von Geldern, sondern weil er Soldaten geschlagen haben sollte. Dies traf ihn, der sich immer als *philostratiotes*, als Freund des einfachen Soldaten, verstand, tief, wie seiner Verteidigung noch viele Jahre später anzumerken ist. Als er die in der *Anabasis* enthaltene Rede schrieb, kannte er sicherlich bereits Platons *Apologie* und die Fassung, die dieser der Rede gegeben hatte, die Sokrates vor Gericht hielt und die nicht überliefert ist. Wie Platon (und vielleicht auch Sokrates, aber das wissen wir nicht) geht er von der Verteidigung direkt zur Anklage über. Er stellt mit einer Fragetechnik, die an Sokrates erinnert oder erinnern soll, ein Kreuzverhör an, in dem er Schritt für Schritt die Vorwürfe widerlegt und schließlich zu dem überraschenden Ende kommt, dass ihm eigentlich Dank gebühre. Dabei wogen die Anschuldigungen schwer. Er habe sie geschlagen, klagten mehrere Soldaten, und zwar nicht – was eine kleine Entschuldigung gewesen wäre – im Affekt, sondern *en hybrei*, aus Mutwillen und Überheblichkeit. Das konnte in Athen zu einer öffentlichen Klage führen, auf die harte Strafen standen. Das Wort war belastet – rechtlich wie emotional –, und die Affäre drohte Xenophons Ansehen zu schädigen. Sein erstes Ziel musste also sein, die Motive zu erklären, die Schläge stritt er nicht ab. Xenophon begann das Kreuzverhör, indem er den Ersten, der ihn beschuldigte, herausgriff und ihn fragte, auf welcher Etappe er ihn denn geschlagen haben sollte.

Dieser: «Wo wir vor Kälte beinahe gestorben wären und tiefster Schnee lag.» Darauf Xenophon: «Ja, tatsächlich, wenn der Winter so kalt war, wie du sagst, als die Lebensmittel ausgegangen waren und der Wein gefror, als viele unter den Strapazen ermatteten und die Feinde uns dichtauf folgten, wenn ich in einer solchen Situation noch übermütig war, dann stimme ich mit dir überein, dass ich noch übermütiger bin als die Esel, die vor lauter Übermut die Müdigkeit nicht spüren. Sag jedoch, aus welchem Grund wurdest du geschlagen? Forderte ich etwas von dir und schlug ich dich, als du es mir nicht gabst? Oder verlangte ich etwas zurück? Oder gab es eine Liebesaffäre? Habe ich dich im Vollrausch mißhandelt?» Als der Befragte all dies verneinte, wollte Xenophon wissen, zu welcher Truppenabteilung er gehöre. «Ob er bei den Schwerbewaffneten Dienst tue?» «Nein!» «Ob bei den Leichtbewaffneten?» «Nein!» Schließlich musste der Mann eingestehen, dass er, obwohl ein freier Mann, abkommandiert war, um ein mit Gepäck beladenes Maultier zu führen. Da erst erkannte Xenophon ihn wieder als den Mann, den er beim Marsch durchs Gebirge gezwungen hatte, einen Kranken zu transportieren, und er berichtete der Heeresversammlung, wie dieser versucht hatte, sich der lästigen Fracht zu entledigen, indem er den Kranken lebendig begrub.

Das Blatt wendete sich. Die anderen Soldaten, die Xenophon geschlagen hatte, sahen von ihren Klagen ab. Die Rede hatte sie eingeschüchtert. Xenophon ging zu einer offensiven Darstellung seiner Motive über. Geschickt verband er den Nutzen für den Einzelnen mit dem des Heeres. Er habe Soldaten geschlagen, aber nur die, die auf Kosten derer, die Ordnung hielten, marschierten und kämpften, lediglich heil durchzukommen versuchten, sich dabei keiner Disziplin fügten und nur auf eigene Faust zu plündern beabsichtigen. Er habe auch einen geschlagen, weil er in der Winterkälte aus Schwäche nicht aufstehen wollte und sich dem Erfrieren und den Feinden preisgab. Einen anderen, der aus reiner Bequemlichkeit zurückgeblieben sei, vorn und hinten die Soldaten am Marschieren hinderte, habe er mit der Faust geschlagen, damit er nicht von den Feinden mit der Lanze geschlagen werde. Nun, da all diese gerettet und nicht in die Hände der Feinde gefallen seien, da versuchten sie, sich zu rächen.

Und dann vergleicht sich Xenophon mit denen, die für die Gemeinschaft unersetzlich waren: mit Eltern, die ihre Kinder erziehen, mit Lehrern, die ihre Schüler unterrichten, mit Ärzten, die ihre Patienten – oft mit schmerzhaften Mitteln – heilen, oder mit Steuermännern, die ihr Schiff durch einen Sturm lenken.

Mit diesem Anspruch wandte sich Xenophon dann unvermittelt an die Hauptleute, die das Gericht bildeten. Was er ihnen ins Gesicht sagte, ist, sofern er dies schon in Kotyora tat und nicht erst in Skillus, sicherlich mutig zu nennen: Sie, die heute über ihn zu entscheiden hätten, hätten damals dabeigestanden, aber hätten weder den Geschlagenen noch ihm, der die Disziplin wiederherstellen wollte, geholfen und damit der Hybris Einzelner erst Vorschub geleistet. Wenn er sich einem von den Söldnern verhasst gemacht habe, dann behielten sie das im Gedächtnis, nicht aber, was er alles zum Nutzen des Heeres getan habe. Danach war eine Steigerung nicht mehr möglich. Xenophon beendete die Rede – und er beendet lapidar das fünfte Buch, das Buch der Krise: «Und schließlich kam alles in Ordnung.»

Intermezzo in Paphlagonien

Das Warten und die Streitigkeiten untereinander hatten die Söldner erschöpft. Auch der Autor Xenophon legt eine Pause ein und widmet sich kulturellen Eindrücken. Das lange Ausbleiben der Schiffe verschaffte ihm offenbar die Muße, in seinem Tagebuch mehr als das Nötigste zu notieren. Wer von den Söldnern Geld hatte, versorgte sich auf dem Markt, wer keines hatte oder es sparen wollte, plünderte auf paphlagonischem Gebiet. Die Paphlagonier aber vergalten Gleiches mit Gleichem und bestahlen die, welche nicht in der Nähe des Waffenplatzes lagerten, so dass die feindliche Stimmung zwischen

Griechen und einheimischer Bevölkerung wuchs. Um dem ein Ende zu bereiten, schickte Korylas, der Herrscher über Paphlagonien, Gesandte mit Pferden und schönen Gewändern und ließ sagen, er wolle über einen Friedensschluss verhandeln. Die Feldherren wollten die Entscheidung in der Heeresversammlung diskutieren, luden die Gesandten aber vorher zu einem gemeinsamen Fest ein, zu dem sie auch angesehene Bürger von Kotyora und Sinope baten.

Sie opferten Rinder, lagerten sich alle auf Ruhebetten, aßen, tranken aus hölzernen Krügen und die Griechen sangen den Paian. Danach führten Angehörige verschiedener Völker Waffentänze vor. Xenophon hat seine Freude daran und beschreibt sie eingehend. Zuerst tanzten die Thraker zur Flöte, vollführten hohe Sprünge und fochten mit ihren Schwertern. Es folgten die Ainianen und Magneten. Dann trat ein Myser mit zwei Schilden auf, anschließend kamen Mantineer und Arkader. Zum Schluss tanzte eine Frau einen Waffentanz. Das beeindruckte besonders die Paphlagonier stark, und sie wollten wissen, ob bei den Griechen auch Frauen in den Kampf ziehen würden. Gerade die seien es gewesen, die den Großkönig bei Kunaxa aus ihrem Lager zurückgeschlagen hätten, antworteten diese. Das war witzig gemeint, hatte aber auch einen wahren Kern, denn die Frauen waren es, welche die Wachen mobilisierten, um den Überfall auf den Tross zurückzuschlagen.

Am nächsten Tag führten die Feldherren ihre Gäste vor die Heeresversammlung. Diese nahm – die Feldherren werden dafür geworben haben – den Vorschlag der Paphlagonier an, doch inzwischen waren auch genügend Schiffe für die Weiterfahrt angelandet, niemand brauchte den beschwerlichen Landweg durch paphlagonisches Land anzutreten.

Sie fuhren nur einen Tag und eine Nacht, etwa 240 Kilometer weit, die Küste, wie Xenophon für seine griechischen Leser anmerkt, zur Linken, bis sie in Harmene, dem Hafen von Sinope, vor Anker gingen. Die Einwohner überreichten ihnen als Gastgeschenke 3000 Medimnen Gerstenmehl und 1500 Krüge Wein. In Sinope trafen sie auch wieder auf Cheirisophos, der allerdings zu ihrer Enttäuschung mit leeren Händen kam. Sie hatten Sold und neue Schiffe erwartet, er aber brachte nur Versprechungen und die

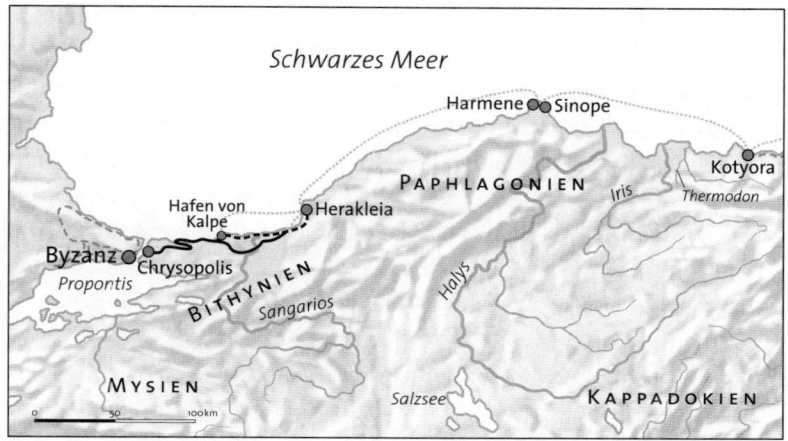

Karte 5: Nach Byzanz.

Forderung der lakedaimonischen Führung, sie sollten sich unverzüglich aus dem Schwarzen Meer und seinen Randgebieten entfernen. Offenkundig waren sie auch den Spartanern lästig geworden, denn ein größerer Söldnerhaufen bedeutete Unruhe in jedem Herrschaftsgebiet.

Archon Autokrator

Die Söldner näherten sich Griechenland und Xenophon seinem größten Traum. Das Heer wollte nicht einen Spartaner, sondern ihn, den Mann aus dem besiegten und gedemütigten Athen, zum Archon Autokrator, zum Feldherrn mit alleiniger Befehlsgewalt, ausrufen. Die Söldner fassten ihre Beschlüsse, wie gesagt, demokratisch per Mehrheitsentscheid. Die Feldherren konnten nur empfehlen, obwohl das, wenn sie sich einig waren, Gewicht hatte. Nun aber, in Sinope, kamen die Söldner auf den Gedanken, einen Einzelnen zum Führer zu wählen. Bei Tag und bei Nacht könne ein Einzelner schneller reagieren als der Rat der Feldherren, in dem oft gegensätzliche Meinungen aufeinanderprallten, und sicherlich als die Masse der Soldaten, die erst langwierig einberufen werden müsse; er könne besser geheim halten, was geheim bleiben müsse; er könne schneller reagieren, wo Geschwindigkeit nottat; er müsse nicht lange verhandeln, sein Wille werde ausgeführt.

Der Wunsch nach größerer Effizienz hatte seinen guten Grund, und Xenophon macht wenig Anstalten, dies zu verklausulieren. Jetzt, da sie Griechenland nahe waren, plagte die Söldner nicht mehr die Sorge, überhaupt heil nach Hause zu kommen, jetzt hatten sie mehr denn je das Bedürfnis, dies auch mit Besitz irgendwelcher Art zu tun. Das Plündern auf eigene Faust war wenig ergiebig gewesen, viele hatten dies mit ihrem Leben bezahlt. Sie benötigten also einen, der ihre Raubzüge koordinierte.

Ihre Wahl fiel auf Xenophon, und dies schmeichelte dem ehemaligen Zivilisten. Xenophon ist ehrlich genug, das einzugestehen. Er konnte sich einen Namen machen, sein Ansehen erhöhen und – das war ihm wichtig – in seiner Vaterstadt Eindruck machen. So liebäugelte er also mit dem Vorschlag, doch es blieben auch Zweifel, und die waren nicht moralischer Natur. Niemand sei sicher vor den Launen des Schicksals, und er könne auch Gefahr laufen, alles zu verlieren. Er war stolz auf die «Berufung» und gedachte, das Amt anzunehmen, wenn sie ihn wählten, doch dann wurde er wieder schwankend. Es galt sich zwischen Eitelkeit und Einsicht zu entscheiden, und wenn auch Letztere überwog, so brauchte er doch eine Ermutigung. So überließ er die Antwort dem Gott, den ihm das Orakel von Delphi bezeichnet hatte, Zeus, dem König. Dieser hatte ihm ja schon den glückverheißenden Traum geschickt, als das Heer nach Kunaxa führerlos war, und auch nach seinem Aufbruch von Ephesos, um sich Kyros vorzustellen, war ihm der Vogel des Gottes, der Adler, im Traum erschienen und hatte von rechts, der Glücksseite her, geschrien, so dass ihm die Seher Ruhm, wenn auch mit Mühe verbunden, prophezeiten. Er ließ zwei Opfertiere – eines als Ersatz, falls der Wille des Gottes nicht eindeutig sein sollte – herbeiführen und überließ die Entscheidung der Eingeweideschau. Der Gott hatte ein Einsehen: Er solle weder nach einem Amt streben noch es annehmen, wenn es ihm die Söldner antragen sollten.

Das Heer wusste noch nichts davon, kam zusammen und beschloss, Xenophon zu wählen. Die Abstimmung wäre danach Formsache gewesen. Doch Xenophon trat dem entgegen, und jetzt nannte er auch die Gründe, die ihn – nächst dem göttlichen Veto –

zur Absage bewogen. Es ist das, was Xenophon zeitlebens umtreibt: der Gegensatz zwischen Athen und Sparta. Später wird er die Anerkennung mancher Spartaner wie des Königs Agesilaos finden, aber im Jahre 400 ist er nur ein Angehöriger einer besiegten Stadt, und Xenophon weiß, dass sich die Lakedaimonier – und auch die Mehrzahl der Peloponnesier – unter den Zehntausend niemals seiner Führung unterordnen würden. Bald würden sie nun, erklärt er den Söldnern, wieder griechisches Territorium erreichen, und dort sei eben seit vier Jahren Sparta die uneingeschränkte Hegemonialmacht. Die Spartaner beherrschten die Ägäis und die Zugänge zum Schwarzen Meer. Sie stünden mit den Satrapen in Kleinasien in Verbindung und ihr Einfluss erstrecke sich auch auf das Söldnerheer. Gegen ihren Willen würden die Zehntausend nicht einmal den Bosporus überqueren können. Zwar hatte der spartanische Nauarch auch den Wunsch seines Landsmannes Cheirisophos, Schiffe zu erhalten, abgelehnt, aber er hatte ihn immerhin angehört und Versprechungen gemacht. Xenophon zweifelte, was sich auch bald zeigen sollte, dass dieser überhaupt mit ihm in Unterhandlungen treten würde, denn er selbst fühlte sich immer noch als Athener und bereitete auch seine Heimkehr vor. Dass es anders kommen würde, ahnte er damals noch nicht.

Die Gründe waren zwingend. Die Söldner beharrten zur uneingestandenen Freude Xenophons trotzdem auf ihrem Wunsch, und als sie weiter in ihn drangen, gab er die Antwort des Orakels preis. Dagegen half nun kein menschlicher Widerspruch.

Das ist im Kern die Darstellung Xenophons. Es liegt ihm daran, den Eindruck zu erwecken, nur der Gott habe seinen Aufstieg zum Führer des Heeres im Wege gestanden. Indes zeigen die vor dem Heer vorgebrachten Argumente, dass er die Sache genau durchdacht hatte. Er muss sich darüber im Klaren gewesen sein, dass ihn die Mehrheit der peloponnesischen Söldner nicht wählen, zumindest nicht als Oberkommandierenden anerkennen würde, selbst wenn er durch die Mehrheit anderer Söldner ins Amt käme. Das Orakel diente mehr seiner Psyche und beseitigte letzte Bedenken. Es tut Xenophons Religiosität keinen Abbruch, wenn er sich bei Entscheidungen, bei denen er eine Lösung, wenn auch nicht ohne Zweifel, favorisierte, mehr auf seinen Verstand als auf den Zufall der Opferzeichen verließ. Ein Schlüssel dazu könnte sein, was er von Sokrates gelernt zu haben glaubte: «Was die Götter den Menschen mit dem Verstand zu begreifen und in die Tat umzusetzen vergönnt hätten, müsse man zu erkennen streben, nur was für Menschen nicht erkennbar sei, müsse man durch die Weissagekunst von den Göttern zu erforschen suchen», lässt er Sokrates in den *Memorabilien* sagen.

Schließlich wählten die Söldner den zurückgekehrten Spartaner Cheirisophos zum Archon Autokrator. Dieser lobte Xenophon für seinen Verzicht: Er habe sich damit selbst einen Gefallen getan. Xenophon billigte die Wahl, kann sich aber wenig später den bissigen Kommentar nicht verkneifen, Cheirisophos sei ganze sieben Tage Oberkommandierender gewesen. Wie klug es von Xenophon war, der eigenen Eitelkeit zu trotzen und die Wahl zum Archon Autokrator abzulehnen, sollte schon die folgende Woche zeigen.

Das Heer zerfällt

Schon am nächsten Tag ging es weiter, zwei Tage die Küste entlang; ein günstiger Wind wehte. Es war die Küste, an der einst die Argo mit Iason an Bord geankert hatte. Dann erreichten sie Herakleia, eine griechische Kolonie. In der Nähe war die berühmte Acheron-Schlucht zu bestaunen, wo Herakles in die Unterwelt gestiegen war und den Höllenhund Kerberos ans Tageslicht gezerrt hatte. Den Einwohnern muteten die Griechen wie Letzterer an, aber um größeren Ärger zu vermeiden, sandten sie 3000 Medimnen Gerstenmehl, 2000 Krüge Wein, 20 Rinder und 100 Schafe. Zudem wurde vor den Toren der Stadt ein Markt eröffnet, auf dem die Söldner Waren einkaufen konnten. Allein, das war den meisten von ihnen zu wenig. Sie klagten, sie müssten schon nach drei Tagen wieder hungern – das Gastgeschenk hätte mindestens für zehn Tage genügt –, und überhaupt hätten die Herakleoten kein Verpflegungsgeld gezahlt. Aus welchem Grund sie das hätten tun sollen, sagten sie nicht. Außer Erpressung hatten die Söldner nichts zu bieten. Sie wollten 3000 Kyzikener verlangen, beschlossen sie, aber das war ihnen dann doch zu niedrig und so erhöhten sie auf 10 000.

Als Gesandte sollten der Oberkommandierende gehen und, wie

einige meinten, auch Xenophon. Beide lehnten entschieden ab. Sie hielten es für demütigend, einer befreundeten griechischen Stadt, die ihnen Geschenke überreicht hatte, zu drohen, denn etwas anderes konnte die Delegation nicht tun. Die Söldner wählten andere Gesandte, die Herakleoten hörten sie an, berieten darüber und verschlossen ihre Tore. Wachen patrouillierten auf den Mauern. Die Söldner waren empört. Sie betrachteten es als Einschränkung ihrer persönlichen Freiheit, dass ihnen die Herakleoten nicht gestatteten, sich das zu nehmen, was sie gerade wollten. Ihre Wut richtete sich gegen die Feldherren, gegen Cheirisophos, aber besonders gegen Xenophon: Es sei eine Schande, dass ein Athener ohne eigene Leute über Peloponnesier und Lakedaimonier befehle. Sie, die Peloponnesier – sie kamen aus Achaia und Arkadien – hätten die Mühen, andere den Gewinn. Wirklich gekämpft hätten nur sie selbst, der Rest zähle nicht. Jetzt gelte es, dem ein Ende zu setzen und auf den eigenen Vorteil zu sehen. Dabei vergaßen sie ganz, dass sie das schon immer getan hatten. Sie rotteten sich zusammen, verließen die Reihen des Cheirisophos und Xenophons, wählten eigene Feldherren, die sich aber den Mehrheitsbeschlüssen zu unterwerfen hatten, und zogen allein weiter. Die Abneigung gegen den Athener Xenophon erklärt sich aus der Geschichte der letzten drei Jahrzehnte, aber auch der Spartaner Cheirisophos war jetzt ein Feldherr ohne Macht und Autorität. Sechs oder sieben Tage nach seiner Wahl zum Archon Autokrator war er ein Befehlshaber fast ohne Soldaten. Er gebot nur noch über ganze 1400 Hopliten.

Xenophon, der stets auf eine kampfkräftige Truppe achtete, wollte zumindest mit den Cheirisophos noch verbliebenen Söldnern zusammen weitermarschieren. Bei diesem aber zeigten sich die ersten Zeichen einer schweren Erkrankung, darüber hinaus war er wütend und missgestimmt über das Verhalten der Peloponnesier, die sich seinem Kommando entzogen hatten. Seine Gefühle schwankten zwischen Hass auf die Söldner und Gleichgültigkeit über den Zerfall des Heeres. Dem Spartaner Neon, der sich schon als Nachfolger sah, war es so ein Leichtes, ihn gegen Xenophon einzunehmen. Er überredete ihn, ebenfalls allein weiterzuziehen. Cheirisophos hatte selbst berichtet, Kleandros, der Harmost von Byzanz, wolle Schiffe zum Hafen von Kalpe, ihrem nächsten Ziel, schicken. Da wäre es sicher besser, argumentierte Neon, wenn sich niemand anderer anschließe und sie und ihre Leute allein nach Griechenland führen. Der Harmost schickte tatsächlich Schiffe, es waren aber nur zwei.

Xenophon war, nachdem er in seiner Vorstellung bereits alleiniger Kommandant gewesen war, nun am Tiefpunkt angelangt. Er war enttäuscht, mehr als das, er war niedergeschmettert. Zum ersten Mal – es sollte noch häufiger geschehen – trug er sich mit dem Gedanken, das Heer zu verlassen und zurückzufahren. Das kam einer Flucht gleich: Nicht als Held, sondern als Gescheiterter würde er nach Athen zurückkehren. In dieser Lage half ihm nach eigenen Worten wieder die Gottheit, diesmal Herakles Hegemon, Herakles der Führer. Er ließ Xenophon durch ein Opfer wissen, er solle beim Heer bleiben. Es ist wieder wenig wahrscheinlich, und die Art und Weise, wie er vor Beginn des Zuges den Gott von Delphi befragt hatte, bestätigt dies, dass Xenophon sich bei dieser Frage allein einem Orakel anvertraute und sich dann dessen Spruch fügte. Vermutlich ließ er sich vielmehr die Entscheidung, die in ihm reifte, durch ein Opfer bestätigen. Er gewann damit erneut die Sicherheit, an der ihm mangelte, und bekam zusätzlich ein unfehlbares Argument gegen Zweifler.

Das Heer zerfiel nun in drei Teile: Die Arkader und Achaier, allesamt Hopliten, zählten etwas mehr als 4000 Mann, die Hälfte der Söldner; Cheirisophos blieben 1400 Schwerbewaffnete und etwa 700 Leichtbewaffnete; Xenophon gebot noch über 1700 Hopliten und 300 Leichtbewaffnete. Außerdem stand ihm noch die kleine Reiterei mit einer Stärke von jetzt 40 Mann zur Verfügung. Die Zahlen sind vom ihm geschätzt, aber sie bedeuten gegenüber der letzten Zählung in Kerasus einen Verlust von ca. 400 bis 500 Söldnern. Wie viele gefallen und wie viele sich von der Truppe abgesetzt hatten, bleibt dabei offen.

Die verschiedenen Kontingente hatten zwar dasselbe Ziel, nahmen aber unterschiedliche Wege. Die Peloponnesier ließen sich von den Herakleoten Schiffe geben, eine letzte Forderung, die diese nur allzu gern erfüllten, um möglichst schnell zum Hafen von Kalpe zu kommen, denn sie planten, die dort siedelnden Thraker zu überfallen. Cheirisophos bevorzugte den etwa 120 Kilometer langen Landweg, zuerst ins Innere, dann die Küste entlang. Xenophon und seine Leute fuhren zunächst mit dem Schiff und marschierten dann, als sie die Grenze zu Thrakien erreicht hatten, durch das Land.

Xenophon, der Retter

Ab nun ist Xenophon eine Zeitlang auf Zeugnisse der Söldner angewiesen, die sich in Herakleia von ihm getrennt hatten. Cheirisophos' Marsch erwähnt er aber nur mit einem Satz. Für ihn von Bedeutung waren die Aktionen der Peloponnesier, denn sie führten ganz gegen deren Absicht noch einmal zur Einheit des Heeres und zu einer gestärkten Position Xenophons.

Die Peloponnesier waren in Kalpe nachts an Land gegangen und sofort ungefähr fünf bis sechs Kilometer ins Landesinnere gezogen. Bei Tagesanbruch überfielen sie einzelne Dörfer, nach Abteilungen getrennt; bei größeren Dörfern taten sich zwei Kompanien zusammen. Die Überraschung gelang, sie erbeuteten zahlreiche Sklaven und viel Vieh. Danach wollten sie sich an einem vorher vereinbarten Hügel treffen. Die meisten Thraker waren entflohen, sammelten sich danach aber wieder zu gemeinsamen Aktionen. Solange die einzelnen Abteilungen der Griechen auf sich gestellt waren, wovor Xenophon immer gewarnt hatte, hatten die Thraker leichtes Spiel. Die Hopliten, mit Beute beladen, bewegten sich schwerfällig. So wurde bei der Durchquerung einer Schlucht der Hauptmann Smikres mit seiner gesamten Kompanie massakriert, von einer anderen Einheit überlebten nur acht Mann. Die übrigen Kompanien retteten sich auf den vereinbarten Hügel. Es wurde Nacht, und weitere Thraker sammelten sich, durch die Erfolge ermutigt. Bei Sonnenaufgang umstellten sie den Hügel, und es wurden immer mehr, die zur Belagerung anrückten. Jetzt offenbarte sich auch das ganze Dilemma der Peloponnesier. Sie verfügten nur über Hopliten. Die Leichtbewaffneten und Reiter waren bei Cheirisophos und Xenophon. Gegen die Reiter der Thraker aber waren die Schwerbewaffneten hilflos. Es fehlten Bogenschützen und Speerwerfer, um sich der Attacken zu erwehren. Wenn es nottat, zogen sich die Thraker leichtfüßig zurück. Die Griechen wurden immer weiter zurückgedrängt, schließlich mussten sie sogar die Wasserstelle aufgeben. In ihrer Notlage setzten sie auf Verhandlungen, doch die scheiterten an der Frage der Geiseln.

Cheirisophos hatte inzwischen Kalpe auf dem Landweg erreicht, Xenophon befand sich noch auf dem Marsch durchs Landesinnere. Da stießen seine Reiter, die die Gegend im Voraus erkundeten, auf einige alte Männer. Zu Xenophon gebracht, berichteten diese von einem griechischen Heer, das auf einem Hügel eingeschlossen sei. Xenophon erkannte sofort die Möglichkeit, die ihm dadurch geschenkt wurde. Die Abtrünnigen waren gedemütigt, seine Warnungen erwiesen sich als prophetisch und er konnte, wenn er zum Retter der Eingeschlossenen wurde, die Einheit des Heeres und sein Ansehen dort wiederherstellen. Die schwierige Aufgabe war nur, seine eigenen Leute zu überzeugen, einen Kampf zu riskieren, um gerade die unter ihren Mitsoldaten zu befreien, die sich als besonders hochmütig erwiesen hatten und jetzt in der verdienten Falle saßen. Xenophon brachte jedoch ein starkes Argument vor: Wenn die Peloponnesier, die Hälfte ihres Heeres, zugrunde gingen, seien auch sie, von Feinden umgeben, verloren. Nun sollten sie entweder ruhmvoll sterben oder durch die Rettung anderer Griechen eine erinnerungswürdige Tat vollbringen. Das war eine Floskel. Psychologisch wirksamer war schon, was sich Xenophon für den Schluss aufgespart hatte: «Vielleicht aber will der Gott die Leute, die mit ihrer angeblich so großen Klugeit prahlen, demütigen, uns aber auszeichnen.»

Das hörten Xenophons Söldner gern, und sie fassten einen Plan. Er fußte darauf, dass die Thraker noch nichts von diesem zweiten Kontingent der Griechen gehört, geschweige denn gesehen hatten. So beschloss Xenophon, seine kleine Truppe sozusagen aufzuplustern. Feuer und Rauch waren auch in größerer Entfernung zu sehen. Die Soldaten sollten alles Brennbare, das ihnen auf dem Weg zu dem belagerten Hügel ins Auge fiel, anzünden. Die Reiter, die über einen größeren Radius verfügten, zerstreuten sich und legten überall Feuer. Das ganze Land, fasst Xenophon zusammen, schien in Flammen zu stehen.

Als sie sich dem Feind bis auf 40 Stadien genähert hatten, brach die Nacht herein. Sie biwakierten und schürten weitere Feuer. Dann löschten sie diese, um einen Angriff vorzutäuschen, legten sich aber schlafen. Frühmorgens stellten sich Xenophons Leute in Schlachtordnung auf und begannen vorzurücken. Die Reiter erkundeten mit den Führern den Weg und gelangten auf den ominösen Hügel, ohne dass sie Feinde bemerkten. Sie sahen aber auch niemanden von den belagerten Peloponnesiern, sondern nur alte Frauen und Männer, welche die zurückgebliebenen Schafe und Rinder hüteten. Die Erklärung ließ nicht auf sich warten. Die Thraker waren, als sie die Wachtfeuer Xenophons erblickten, noch am Abend abgezogen, da sie fürchteten, an zwei Fronten kämpfen zu müssen, die belagerten Peloponnesier aber sahen am Morgen nur freies Feld, wo sie die Thraker vermuteten, und hatten eilends den Weg nach Kalpe angetreten. Dort vereinigten sich dann wieder alle drei Kontingente der Söldner.

Taktvoll äußert sich Xenophon nicht mehr zu den Vorgängen, denn der frühe Abzug der Peloponnesier, ohne dass sie auf Xenophon und seine Leute gewartet hatten, kam doch einer feigen Flucht recht nahe. Er erteilt vielmehr einigen Leuten aus dem Heer der Peloponnesier das Wort, die dann auch ihren übereilten Abzug bemänteln, indem sie Xenophon das unterstellen, was sie selbst umtrieb, nämlich die Angst, nicht rechtzeitig die schützende Küste zu erreichen.

Im Hafen von Kalpe

In Kalpe angelangt, schien der glücklichen Heimkehr nichts mehr im Wege zu stehen. Das Heer war wieder vereinigt, alle Söldner kamen zusammen und fassten den Beschluss, wer in Zukunft eine Teilung des Heeres auch nur erwäge, solle mit dem Tod bestraft werden. Griechenland war nahe, von Kalpe bis Byzanz brauchte eine Triere einen halben Tag Ruderfahrt. Alle waren auf Rückkehr eingestellt, doch dann fielen die Opfer ungünstig aus, man verblieb über Gebühr lange an einem Ort, der keine Verpflegung garantierte. Unheil kündigte sich an. Ein weiteres Mal kommt es wie in der *Odyssee*: Das Unheil geschieht, als die Rückkehrer die Heimat schon im Blick haben, und, wie dort, bricht es als Folge eines Verstoßes wider göttliches Gebot herein.

Xenophon widmet dem Hafen von Kalpe eine umfangreiche

Beschreibung. Er hatte seinen Plan, sich als Koloniegründer einen Namen zu machen, immer noch nicht aufgegeben. Obwohl er es heftig abstritt, vermuteten dies jedenfalls die Söldner. Kalpe lag geschützt am Eingang des Schwarzen Meeres, in halber Entfernung zu Byzanz im Westen und Herakleia im Osten, ohne eine andere griechische Siedlung dazwischen. Eine unbewohnte Halbinsel schob sich mit schroffen Steilküsten ins Meer, geeignet, wie Xenophon feststellte, für etwa 10000 Kolonisten. Die Verbindung zum Festland bildete ein etwa 120 Meter breiter «Hals», der sich nach Westen öffnende Hafen lag am Fuß der Felsen. Es gab nahe dem Meer eine sprudelnde Süßwasserquelle, Holz in Menge und zum Schiffbau geeignet. Der Boden war fruchtbar und steinlos; er brachte Gerste, Weizen, Hülsenfrüchte, Hirse, Sesam, Feigen und Reben aller Art hervor, aus denen süßer Wein gekeltert wurde.

Das war Xenophons Traumland, doch die Söldner sahen dies anders. Sie wollten nicht einmal auf der sicheren Halbinsel kampieren, da sie dahinter den Kolonieplan argwöhnten, sondern schliefen am Strand. Xenophon sucht die Erklärung für ihren Widerstand in ihren sozialen Verhältnissen. Die meisten seien nicht heimatlos und aus Mangel an Arbeit und Unterhalt genötigt gewesen, zu Kyros zu stoßen, sondern sie seien gekommen, weil sie gerüchteweise von dessen Ruhm und vor allem von seiner Großzügigkeit gehört hatten. Manche hätten sogar Geld dafür aufgewendet – Xenophon ist aber der Einzige, von dem wir das wissen –, andere seien Vater und Mutter davongelaufen (wieder ist Xenophon selbst das Beispiel) oder hätten Kinder in der Hoffnung zurückgelassen, mit Reichtümern zurückzukehren. Sie hätten von Kyros' Geldmitteln – das verstanden sie unter seinem Ruhm – gehört und wie andere durch ihn reich geworden seien. Xenophon hat später selbst in den *Hellenika* einen Eindruck von Kyros' Ressourcen gegeben. «Er komme mit 500 Talenten», lässt er Kyros zu den Spartanern sagen, «wenn diese nicht genügten, so besitze er eigene Mittel, die ihm sein Vater gegeben habe. Wenn auch diese nicht ausreichen, werde er noch den Thron aus Gold und Silber in Stücke schlagen.»

Xenophon war schmerzlich klar geworden, dass die meisten der Männer schnell (und reich) heimkehren wollten. Aber für viele war das nur ein Wunsch. Die Mehrzahl der Söldner blieb auch 399 in

Kleinasien und kehrte erst 394 nach dem Scheitern der persischen Pläne Spartas mit König Agesilaos zurück.

Am Tag nach ihrer Ankunft im Hafen von Kalpe begruben die Griechen, ehe sie noch auf Proviantsuche auszogen, ihre Toten. Die meisten wurden an der Stelle, an der sie gefallen waren, beerdigt, weil der Transport der Leichname nach vier Tagen nicht mehr zumutbar war. Andere bestatteten sie in Massengräbern; für die, die sie nicht mehr fanden, errichteten sie ein Kenotaph und schmückten es mit Kränzen.

Dann vermerkt Xenophon, gleichsam nebenbei, mit nur einem kurzen Satz, Cheirisophos sei gestorben und an seine Stelle sei Neon getreten. Über den Mann, mit dem er doch die größten Gefahren geteilt haben will, verliert er kein Wort mehr. Er schreibt keinen Nachruf und widmet ihm keine Würdigung wie den Feldherren, die er, abgesehen von Proxenos, doch kaum gekannt hatte. Es bleibt nur der Schluss, dass das Verhältnis nicht so gut gewesen sein kann, wie er zu behaupten nicht müde wird. Vielleicht fühlte er sich auch, wie später der Legat Labienus unter Caesar, nicht gebührend gewürdigt.

Zeit der Opfer

Es kam die Zeit des Wartens und des Opferns. Xenophon war bewusst, dass sie eigentlich sofort zu Fuß aufbrechen müssten, denn es gab weder Lebensmittel noch Schiffe zum Transport. Überdies – was vielen zum Verhängnis werden sollte – gewannen die Feinde Zeit, ihre Truppen zu sammeln. Vor jeglichem Aufbruch, sei es kurzzeitig, um zu plündern, sei es endgültig, stand jedoch ein Opfer. Da der Seher Silanos sich mit seinen Dareiken aus dem Staub gemacht hatte, wurde er von einem Arkader namens Arexion vertreten. Die Feldherren opferten. Die Opfer fielen ungünstig aus. Sie warteten einen Tag. Dasselbe. Einige argwöhnten schon, Xenophon habe den neuen Seher bestochen, da er seiner Kolonie wegen bleiben wolle. Er lud daher jeden Söldner ein, bei der Zeremonie zugegen zu sein. Viele kamen, und wieder fielen die Opfer ungünstig aus. Die Soldaten murrten, denn die Lebensmittel gingen endgültig zur Neige. Thukydides schrieb bei ähnlicher Gelegenheit mit dramatischen

Folgen: Der Feldherr gab etwas zu viel auf Weissagung und derlei Dinge.

Xenophon wollte nicht gegen den Willen der Götter nach Chrysopolis abmarschieren, bot aber an, wegen der Beschaffung der Lebensmittel zu opfern. Ein Söldner kam ihm zu Hilfe, der gehört haben wollte, Kleandros, der Harmost von Byzanz, komme mit Lastschiffen und Trieren. So einigte man sich, zu bleiben. Auch drei weitere Opfer blieben aber ohne Erfolg, und so weigerte sich Xenophon, das Heer auf Beutesuche hinauszuführen. Also wurde am nächsten Tag wieder geopfert, und zwar vor dem gesamten Heer. Jetzt gingen nicht nur die Lebensmittel, sondern auch die Opfertiere aus. Es gab keine Schafe mehr. So kauften sie Zugtiere von privater Hand, um diese zu opfern. Xenophon bat einen anderen Feldherrn, ihm zu assistieren. Vielleicht liege es an ihm. Die Opfer aber fielen wieder ungünstig aus.

Die Katastrophe rückte näher. Die Opfer verhinderten sie nicht, sondern führten sie erst herauf. Xenophons Götter bestraften auch die, die ohne unrechte Absicht handelten, ihnen genügte sozusagen ein Formfehler.

Vielleicht nicht zufällig ist es nun gerade Xenophons Gegner unter den Feldherren, Neon nämlich, der das Unglück auslöst. Er machte seinen Vorschlag scheinbar in guter Absicht, weil er die «Not der Männer sah», doch liegt auf der Hand, dass er sich so kurz nach seiner Wahl zum Feldherrn auch beliebt machen wollte. Das ging auf Kosten Xenophons, der den Söldnern die – nach seiner Meinung – unangenehme Wahrheit sagte, und die war, dass sie ohne Zustimmung der Götter und ohne zum Kampf bereit zu sein, das Lager nicht verlassen durften.

Auf die vage Nachricht eines Unbekannten aus Herakleia, er wisse Dörfer in der Nähe, in denen Lebensmittel zu erbeuten seien, versammelte Neon ungefähr 2000 Mann, um zu requirieren. Sie waren mit Tragstangen, Schläuchen, Säcken und allerlei Gefäßen ausgerüstet, um das Beutegut einzusammeln, aber nur mit wenigen Waffen. Auch auf die Befragung der Götter verzichtete Neon.

Kaum hatten sie sich zum Rauben verstreut, schloss sich die Falle. Pharnabazos hatte ein Vorauskommando an Reitern zu den bithynischen Thrakern entsandt, weil er befürchtete, die Griechen könnten auf dem Weg nach Westen auch seine Satrapie heimsuchen. Diese Reiter überfielen jetzt die Plünderer, töteten in kurzer Zeit 500 von ihnen – die meisten wohl aus dem Tross –, die übrigen flohen auf einen Berg in der Nähe, der für die Reiter schwer zugänglich war. Als die Griechen am nächsten Tag auszogen, diesmal mit Billigung der Götter, fanden sie schon, bevor sie noch 15 Stadien zurückgelegt hatten, die ersten Leichen. Als sie auf die Straße stießen, die zu den Dörfern führte, sahen sie die Toten haufenweise nebeneinanderliegen. Sie trugen sie auf einem Fleck zusammen und bestatteten sie.

Von denen, die sich auf dem Berg in Sicherheit bringen konnten, schlug sich einer zu Xenophon durch und berichtete ihm. Wieder waren die Opfer an diesem Tag ungünstig, aber die Rettung seiner Leute konnte auch Xenophon nicht aufschieben. Er wählte offenbar den Mittelweg, brachte ein neues Opfer und rückte, ohne das Ergebnis abzuwarten (zumindest verschweigt er es, was er sonst nicht tut), mit den Kräftigsten der Truppen, denen unter 30 Jahren, aus. Unter deren Schutz konnten diejenigen, die dem Massaker entkommen waren, ins Lager zurückkehren. Dort herrschte gedrückte Stimmung, die noch weiter sank, als die Bithynier nach Einbruch der Dämmerung sogar wagten, die aufgestellten Vorposten zu überfallen. Eine Verfolgung war in der Dunkelheit ausgeschlossen. So verbrachten sie die Nacht in Waffen und siedelten am Morgen auf die sichere Halbinsel über.

Zum Bosporus

Der Bosporus war nur noch sechs Marschtage entfernt, aber zwischen ihm und Kalpe standen die Reiter des Pharnabazos und die Bithynier. Die Situation war selbst auf der vorgelagerten Halbinsel gefährlich. So sperrten sie den lediglich 120 Meter breiten Zugang mit einem Graben, errichteten Palisaden und ließen nur drei Tore offen. Ein Hoffnungsschimmer zeigte sich, als ein Schiff aus Herakleia Gerste, Wein und die dringend benötigten Opfertiere brachte. Endlich fiel Xenophons Opfer günstig aus und der Seher Arexion erblickte den glückverheißenden Adler.

Aus der Erfahrung waren sie klüger geworden, diesmal rückten die Jüngeren unter Waffen aus. Im Lager blieb Neon mit den Söldnern zurück, die bereits über 45 Jahre alt waren, Xenophon übernahm die Führung des Auszuges. Sie hatten kaum mit ihrem Raubzug begonnen, als sich auf den Hügeln vor ihnen die feindliche Reiterei zeigte. In einer Entfernung von ca. 15 Stadien machte sie halt. Wieder betätigte sich Arexion als Haruspex, die inspizierten Eingeweide verhießen Erfolg. Xenophon schlug den Feldherren vor, hinter der Phalanx Reservetruppen, drei Kompanien zu je 200 Mann, aufzustellen, die im Notfall sofort eingreifen konnten. Alle stimmten zu.

Die Vorhut kam jedoch schon bald zum Stillstand. Vor ihr tat sich eine große unwegsame Schlucht auf. Zwar führte eine Brücke hinüber, aber das bedeutete Auflösung der Formation und Weitermarsch in Einerkolonne. So wurden Feldherren und Hauptleute zur Spitze gerufen. Xenophon, der zunächst nicht verstand, warum der Zug ins Stocken geriet, schloss eilends auf. Und jetzt kam es zu einer direkten Auseinandersetzung zwischen den beiden *Anabasis*-Autoren. Sophainetos nämlich erklärte, es lohne sich nicht, zu beraten. Es bliebe gar nichts anderes übrig, als zum Lager zurückzukehren. Da die Truppen schon etwa zehn Kilometer davon entfernt waren, schien der Vorschlag plausibel, weil auch der Tag fortgeschritten war. Xenophon aber unterbrach Sophainetos, und zwar, wie er betont, «heftig». Die Rede, die jetzt folgt, erscheint für das, worum die Beratung ging, zu lang. Aber im Nachhinein sah Xenophon vielleicht eine doppelte Chance. Er vermochte sich als der bessere Stratege zu präsentieren und damit, auch wenn dieser Schluss nicht ganz folgerichtig war, größere Glaubwürdigkeit zu beanspruchen. *Hic Rhodus, hic salta*, Xenophon kannte den Fabeldichter Äsop, wenn auch noch nicht die lateinische Übersetzung. Hier müsse man weitermarschieren und jetzt den Kampf suchen. Das sei gefährlich, aber noch gefährlicher sei ein Rückzug, der die Feinde zur Verfolgung animiere. Keine Minute Ruhe dürfe dem Feind gewährt werden. Und da ein Söldner nichts ohne Frühstück tat, lautete auch Xenophons Appell: Besser heute mit vollem als morgen mit leerem Magen kämpfen. (Die ganze *Anabasis* wimmelt von Essensszenen als Vorbereitung zur Schlacht. Mehr als den fremden Feind fürchtete der gewöhnliche Söldner den eigenen leeren Magen.)

Niemand widersprach, schreibt er dann, sie forderten ihn vielmehr auf, die Führung zu übernehmen. So war er in der letzten Schlacht auf asiatischem Boden das, was er seit Kunaxa sein wollte: der alleinige Führer im Kampf. Zuerst befahl Xenophon, jeder solle die Schlucht an der Stelle durchschreiten, wo er stehe. Auf der anderen Seite angekommen, formierten sich die Söldner schnell zur Phalanx und Xenophon ritt sie ab. Während er bei Kunaxa nur (un-)gebetener Zaungast war, verkörperte er hier Kyros. Eine kurze Ansprache unterstrich seine Position. Nun, da sie an den Pforten Griechenlands stünden, gelte es mit Hilfe der Götter zu siegen. Herakles sei der Führer, Zeus der Retter.

Danach rannten die Leichtbewaffneten mit den üblichen Alala-Rufen ohne Befehl voran; für den Moment stockte der Vormarsch, denn die Reiter des Pharnabazos und die Bithynier warfen sie zurück. Dann jedoch rückte die Phalanx vor, gleichmäßig Schritt für Schritt, allmählich schneller werdend. Die Hopliten sangen wieder den Paian, ein Trompetensignal ertönte und sie fällten die Lanzen. Schon flohen die Feinde, und die kleine Reiterei machte sich an die Verfolgung. Noch aber war trotz kleiner Erfolge – der rechte Flügel der Feinde war versprengt – die Schlacht nicht geschlagen. Die Reiterei des Pharnabazos stand geschlossen, die bithynischen Reiter sammelten sich neben ihr. Die Griechen, obwohl erschöpft, beschlossen einen letzten Kampf zu wagen. Sie formierten sich erneut und schon beim Anblick ihrer geschlossenen Phalanx verließen jetzt die Reiter den Hügel, den sie besetzt hatten, und flohen den steilen Abhang hinab. Eine den Griechen bis dahin verborgene Schlucht nahm sie auf. Für eine Verfolgung war es zu spät, der Zweck war ohnehin erreicht. Der Gegner fürchtete die Schlachtreihe der Hopliten und den Siegeswillen der Griechen und stellte sich nicht mehr zum Kampf, bis der Zug der Zehntausend den Bosporus erreicht hatte. Die Feinde evakuierten stattdessen gefährdete Kinder und Frauen, der bewegliche Besitz wurde in entfernte Gegenden gebracht. Die Söldner zogen sich ein letztes Mal zum Lager in Kalpe, etwa 60 Stadien entfernt, zurück und erreichten es bei Sonnenuntergang. Xenophon aber verabschiedete sich mit einem großen Sieg von asiatischem Boden, wenn auch der Feind lieber floh als kämpfte.

Der Harmost

Nach diesem Sieg lösten sich alle Schwierigkeiten auf, als hätten sie nie bestanden. Die Griechen blieben in Kalpe und erwarteten die angekündigte Ankunft des Harmosten von Byzanz, Kleandros. In der Zwischenzeit zogen sie ständig auf Beute aus und brachten, ohne dass sich Widerstand rührte, Sklaven, Weizen, Gerste, Wein, Hülsenfrüchte, Hirse und Feigen auf die Halbinsel, auf der sie kampierten. Das Land bot alles außer Öl, schreibt Xenophon. Die Beutezüge unternahm das gesamte Heer. Wenn dieses jedoch einen Rasttag einlegte, durfte jeder sozusagen auf eigene Kasse plündern. Ansonsten galt das Raubgut als gemeinsamer Besitz, auch wenn einer sich auf eigene Faust Beute verschaffte.

Die Söldner besaßen jetzt durch den Verkauf des Geraubten wieder Geld und konnten Lebensmittel auch kaufen. Da sich der Aufenthalt über Wochen hinzog, kamen Schiffe aus den benachbarten Städten, um Waren anzubieten. Das Gerücht von der Koloniegründung schwelte trotz Xenophons Dementis weiter, so dass sogar die feindliche Bevölkerung aus der Umgegend Gesandte schickte und fragen ließ, was zu tun sei, um ein nachbarschaftliches Verhältnis herzustellen. Xenophon verwies sie an die Heeresversammlung.

Endlich erschien der Harmost, aber statt vieler Lastkähne landeten nur, wie berichtet, zwei Trieren an. Mit Kleandros kam der von Xenophon als «Verräter» apostrophierte Dexippos – und neuer Grund zum Streit. Nachdem er ein Kapitel seinen Führungsqualitäten als Feldherr gewidmet hatte, stellt Xenophon nun seine Fürsorge für die Soldaten und deren Solidarität untereinander heraus. Ausgangspunkt ist aber das Gegenteil von Letzterem. Als Kleandros in den Hafen einlief, befand sich das Heer gerade auf Beutejagd. Einigen Söldnern gelang es dabei, eine größere Herde an Schafen an sich zu bringen. Diese galten zwar als Gemeinbesitz, aber einen solchen Fang wollten die betroffenen Söldner ungern abgeben. Sie wandten sich daher an den gerade angekommenen Dexippos, dem nicht nur der Ruf eines Verräters, sondern auch derjenige der Gerissenheit vorauseilte, und wollten ihn gegen eine Gewinnbeteiligung zum Hehler machen. Sobald der offizielle Rasttag des Heeres kam, konnten sie die Schafe als Privatbesitz ausgeben und behalten. Bis dahin sollte sie Dexippos verwahren.

Dies blieb nicht unbemerkt, und die Soldaten, die dies sahen, reklamierten die Schafe sofort als öffentliches Gut. Dexippos jagte sie fort und klagte bei Kleandros, einige Soldaten wollten ihm die Herde rauben. Dieser befahl, den oder die Räuber vorzuführen, und Dexippos griff sich einen Mann aus der Menge und wollte ihn zu Kleandros führen. Zufällig kam der Hauptmann aus dessen Kompanie, ein Mann namens Agasias, vorbei, von dem Xenophon den schönen Satz schrieb, «mein Freund vom Anfang bis zum Ende», und entriss Dexippos den Soldaten. Die anderen Söldner, die dabeistanden, griffen sich Steine und warfen sie mit dem Ausruf «Verräter» nach Dexippos. Dies erschreckte viele aus der Mannschaft der gerade geankerten Trieren und sie flüchteten ans Meer. Unter ihnen war auch der Harmost Kleandros selbst, und dies war eine unangenehme Situation, denn nichts verzeiht sich so schwer, als von anderen in einer peinlichen Lage gesehen zu werden. Xenophon und die anderen Feldherren wussten das und versuchten einzugreifen, doch es war zu spät. Kleandros war nicht zu besänftigen, drohte mit Abfahrt und der Weisung an alle griechischen Städte, die Söldner nicht in ihre Häfen einfahren zu lassen.

Die harmlose Geschichte schien eine böse Wendung zu nehmen. Kleandros war als Harmost von Byzanz ein mächtiger Mann, und wenn seine Vorwürfe zum Admiral Anaxibios gelangten, konnten sie, wie es Xenophon auf eine einfache Formel bringt, «weder bleiben noch absegeln». Die Angst vor den spartanischen Siegern war überall zu spüren. Die Spartaner beherrschten ja nicht nur die Ägäis, auch in den meisten Städten, aus denen die Söldner kamen, hatten sie das Sagen. Xenophon betont das viermal, die Erinnerung an die Kapitulation Athens war sicherlich noch präsent. Dazu kam eine persönliche Gefahr. Dexippos hatte gegenüber dem Harmosten erklärt, dass Xenophon hinter allem stecke: «Agasias hätte das nicht getan, wenn Xenophon es nicht für gutgeheißen hätte.» Das weckte erneut Zweifel an Xenophons Loyalität gegenüber den Spartanern, zumal er mit Neon verfeindet war. Nach Einberufung der Heeresversammlung raffte er sich daher zu einem großen Opfer auf: Besser sei es, ein Mensch sterbe für das Heer, denn dass das ganze Heer verderbe. Er spreche sich selbst die Schuld zu. Wenn er wirklich der Anstifter des Agasias und der Steinewerfer sei, werde er sich dem Harmosten stellen und auch den Tod auf sich nehmen. Das klang heroisch, war aber nur ein kluger Schachzug. Das «Wenn» hing von Agasias' Aussage ab, und der konnte, zumal er als Freund Xenophons galt, vor dem Heer nicht wider besseres Wissen behaupten, Xenophon sei der Urheber der Affäre. So übernahm dann auch er die Verantwortung und erklärte sich bereit, sich Kleandros zu stellen. Es war auch die einzige Möglichkeit für ihn, da Xenophons Rede keinen anderen Ausweg bot und ihn die Heeresversammlung im Falle einer Weigerung auch hätte zwingen können. «Ich will mich selbst dem Urteil des Kleandros stellen, wie Xenophon gesagt hat, damit er mit mir nach Gutdünken verfahre. Tretet deshalb nicht in den Krieg mit den Lakedaimoniern ein, nein, bringt euch in Sicherheit, wohin jeder wünscht.» Indem er als eine Folge seines Opfers hinstellte, was die Söldner ohnehin getan hätten, blieb Agasias zumindest die Heldenrolle. Er erbat sich nur, wie es bei attischen Prozessen üblich war, Fürsprecher.

Vor dem Richterstuhl des Kleandros versuchten die Feldherren, die ihn begleiteten, eine Art *captatio benevolentiae*, indem sie versicherten, das Heer unterwerfe sich bedingungslos dem Urteil des Harmosten. Die Verteidigung im Einzelnen musste der Angeklagte selbst übernehmen. So hob er die Tapferkeit des von ihm aus den Händen des Dexippos befreiten Soldaten hervor und betonte zugleich die Erbärmlichkeit seines Gegners, der mit seiner feigen Flucht aus dem Schwarzen Meer das ganze Heer in Gefahr gebracht habe: Auf die Aussage eines Deserteurs hin könne Kleandros keinen verdienstvollen Mann verurteilen.

Kleandros' Stolz war durch die Unterwerfungsgeste des Heeres wiederhergestellt, er besann sich auf seine Rolle als unvoreingenommener Richter: Wenn Dexippos auch ein Schurke sei, so dürfe er doch nur nach einem Urteil bestraft werden, Selbstjustiz könne er nicht billigen. Danach schickte er die Feldherren zurück, um über Agasias zu befinden. Alle anderen sprach er von Schuld frei.

Während Kleandros den Fall beriet, berief Xenophon erneut eine Heeresversammlung ein. Der Freispruch des Agasias war für ihn über die Freundespflicht hinaus eine Frage seiner Reputation beim Heer. Es wurde eine große Delegation beschlossen, bestehend aus Feldherren, Hauptleuten und dem Spartaner Drakontios. Der Name des so wichtigen Neon fällt nicht. Xenophon selbst formulierte die erneute Bitte. Er wiederholte nicht nur die bedingungslose Unterwerfung unter das Urteil des Kleandros, sondern steigerte seine Worte noch. Das Heer biete ihm den Oberbefehl an, und so könne er alle auf die Probe stellen, wenn er denn wolle, ihre Ordnung in der Schlachtreihe, ihren Gehorsam gegen den Führenden und ihren Mut angesichts der Feinde. Kleandros zeigte sich gerührt: «Bei den beiden Zeussöhnen, ich will euch gleich antworten. Ich gebe euch beide Männer (Agasias und den von diesem befreiten Mann) zurück und komme selbst zu euch.» Wenn die Götter es zuließen, werde er sie heim nach Griechenland führen.

Die Götter wollten nicht, dass er dieses Amt annehme, obwohl er an drei Tagen opfern ließ, und er selbst wollte wohl auch nicht. Sie sollten deswegen nicht den Mut verlieren, eröffnete er den Feldherren, die im Gegenteil froh über die erwartete Ablehnung waren, ihnen sei es bestimmt, die Söldner zu führen. Er empfange sie dann (in Byzanz), so gut er es vermöge.

Als Dank offerierten ihm die Söldner die Schafe, die in Gemeinbesitz waren, und er gab sie, wie erwartet, zurück. Nahezu alle Spartaner, die außerhalb der Heimatstadt hochrangige Ämter bekleideten, waren korrupt – Xenophon zeigt das anschaulich im siebten Buch –, doch hüteten sie sich, in aller Öffentlichkeit Geschenke anzunehmen. Stolz vermerkt Xenophon hier, der Harmost habe ihn nun äußerst freundschaftlich behandelt. Beide wurden sogar Gastfreunde (Proxenoi). Vielleicht ist das der erste Schritt Xenophons zu seinem späteren Wechsel auf die Seite Spartas, denn dieser ist nicht Folge, sondern Ursache seiner Verbannung. Vorerst waren seine Beziehungen nach Athen noch nicht abgebrochen. Er hielt noch an der Heimfahrt fest. Die Episode endete so mit dem bekannten Bankett aller.

Vom weiteren Weg zum Bosporus erzählt Xenophon in nur wenigen Zeilen. Nach Verkauf ihrer Beute an Ort und Stelle zogen die Söldner unangefochten nach Westen und besaßen sogar die Muße, nach vier Tagen umzukehren, weil sie nicht «mit leeren Händen» ankommen wollten. Die geflüchteten Bewohner der Dörfer am Weg waren nach dem Durchzug der Zehntausend schon wieder zurückgekehrt und wurden nun von den unvermutet von Westen kommenden Söldnern überrascht. Einen Tag und eine Nacht plünderten sie nochmals «nach Herzenslust», so Xenophons Wortwahl. Am sechsten Tag erreichten sie dann Chrysopolis und blieben sieben Tage, um ihr Raubgut – Sklaven und Schafe – zu Geld zu machen.

5

AM BOSPORUS:
DIE EPISTASIS
(400/399)

Tumulte in Byzanz

Die Ankunft der Söldner gefiel – außer ihnen – niemandem. Der Perser Pharnabazos war alarmiert. Die Söldner mussten sich verpflegen, und das bedeutete Raubzüge in seine Satrapie. So schickte er an den spartanischen Nauarchen Anaxibios, der in Byzanz weilte, eine Botschaft, er möge die Söldner aus Kleinasien holen, und versprach Gegenleistungen.

In Byzanz waren die Söldner auch nicht willkommen, aber zunächst konnte ihre Ankunft nicht verhindert werden. Anaxibios ließ die Feldherren und Hauptleute nach Byzanz kommen, um sich mit ihnen abzustimmen. Er stellte Sold in Aussicht, den zu zahlen er eigentlich nicht willens war. Die Feldherren wollten mit der Heeresversammlung beraten.

Xenophon kümmerte das nicht mehr, er war entschlossen, nicht zum Heer zurückzukehren, sondern in die Heimat abzureisen. Das betont er auf den nächsten Seiten wiederholte Male, schiebt es aber zunächst auf Bitten des Anaxibios auf, der auf seinen Einfluss bei den Söldnern setzte. Zugleich sandte der thrakische Herrscher Seuthes Boten: Xenophon werde es nicht bereuen, wenn er sich dafür ausspreche, dass das Heer zu ihm «herüberkomme». Welche Rolle Seuthes im Kräftespiel zwischen Griechen und Persern an der Nahtstelle zwischen Europa und Asien spielte, war Xenophon unklar, und so schien es am besten, den etwas anrüchigen Bestechungsversuch zurückzuweisen: Er werde in Bälde abreisen und so solle Seuthes sich an die wenden, die länger blieben und Einfluss hätten.

Die Söldner setzten – mittlerweile war es Oktober geworden – nach Byzanz über und ließen sich innerhalb der Mauern nieder. Damit war der Zug der Zehntausend eigentlich beendet, aber Xenophon konnte nicht mehr der Rolle entkommen, in die er sich nach Kunaxa gedrängt hatte. Die Spartaner wollten die Söldner, die sie im Augenblick nicht verwenden konnten, möglichst schnell möglichst weit entfernt sehen. Anaxibios ließ ihnen also verkünden, sie sollten mit Waffen und Tross die Stadt räumen, er wolle sie entlassen und zugleich zählen. Die Söldner zögerten, da sie kein Geld besaßen, um sich zu verproviantieren. Zwischen den neuen Freunden, Kleandros, dem Harmosten von Byzanz, und Xenophon traten nun erste Meinungsverschiedenheiten auf. Xenophon wollte abreisen, Kleandros widersprach. Er solle zunächst mit dem Heer Byzanz verlassen, als ob er den weiteren Weg mit ihm marschieren wolle, und sich erst dann auf die Heimreise begeben. Xenophon wandte sich an den übergeordneten Nauarchen. Der blieb bei der Aufforderung und untermalte sie noch mit Drohungen. Darauf verließen die Feldherren Byzanz, die Söldner folgten. Am Stadttor stand bereits der Spartaner Eteonikos, der eine größere, nicht immer rühmliche Rolle in den noch ungeschriebenen *Hellenika* Xenophons spielen sollte.

Anaxibios instruierte inzwischen Feldherren und Hauptleute, Lebensmittel gebe es in den Dörfern auf dem Weg in die thrakische Chersones; dort angelangt, werde den Soldaten auch Sold gezahlt. Dies sprach sich schnell unter diesen herum und gefiel ihnen nicht. Während die Feldherren noch diskutierten, drängten sie zurück in die Stadt, doch dort schloss Eteonikos das zweiflügelige Tor und legte den Sperrriegel vor. Die einen Söldner schlugen wütend darauf ein, andere rannten zum Meer und gelangten am Hafendamm über die Mauer in die Stadt. Die wenigen Soldaten, die im Innern geblieben waren, kamen derweil ihren Kameraden zu Hilfe, indem sie mit Äxten den Torriegel zerschlugen.

Xenophon taumelte von einer Schwierigkeit in die nächste. Die Söldner drohten die Stadt zu plündern; von der Disziplin, die sie einst Kleandros gelobt hatten, war nichts zu spüren, und dieser würde ihn, Xenophon, dafür verantwortlich machen. So stürzte auch er in die Stadt, um größeres Unheil zu verhindern. Dort war Panik ausgebrochen. Die Bewohner flohen vom Markt, die einen zu den Schiffen, die anderen in die Häuser, wieder andere aus den Häusern, die Trieren wurden ins Wasser gezogen, um sich und die notwendigste Habe übers Meer zu retten. Auch die Spartaner kannten nur noch die Flucht. Eteonikos lief zur Stadtburg, Anaxibios ließ sich auf einem Fischerkahn um den Stadtring rudern, um auf dem Wasserweg dorthin zu gelangen. Sogleich beorderte er Verstärkung aus dem nahen Kalchedon herbei.

Während die beiden hochrangigen Spartaner vor der Soldateska davonliefen, bändigte Xenophon mit seinem bloßen Erscheinen den Mob. Die Söldner, die widerrechtlich in die Stadt eingedrungen waren, trugen ihm nämlich die Führung an. Um sie zu beruhigen, ging er zum Schein darauf ein und erzwang mit einer einzigen kurzen Rede den Umschwung.

Die Rede, die er in der *Anabasis* überliefert, führt zunächst in die Geschichte Athens zurück. Wahrscheinlich hat er die Fakten, die er darin aufzählt, erst später in Skillus nachgetragen. Sie könnten aus dem Werk des Thukydides stammen. In Byzanz kam es damals auf Genauigkeit gar nicht an, denn die Söldner konnten und wollten das Gesagte nicht überprüfen. Xenophon malt daher ein Schreckensgemälde von dem, was ihnen bevorstehe, wenn sie sich mit der spartanischen Kriegsmaschinerie anlegten, die selbst ein Athen, das über 300 Trieren und dazu 1000 Talente jährlicher Einkünfte verfügte, in die Knie gezwungen hatte. Dass sie, die Soldaten, erbost seien, wundere ihn nicht, denn sie seien um ihren Sold betrogen worden, doch bliebe ihnen nichts anderes übrig, als mit Gehorsam ihr Recht zu erreichen zu suchen und nicht die unbeteiligte Bevölkerung von Byzanz für den Betrug büßen zu lassen. Bevor sie gegen die Lakedaimonier in einen Krieg einträten, habe er nur einen Wunsch, nämlich 10000 Klafter tief im Erdboden zu versinken.

Den Söldnern wurde ihre Ohnmacht klar, sie fügten sich Xenophons Rat und schickten eine Delegation zu Anaxibios, der sich milde zeigte. Vermutlich hatte er auch schon einen Handlanger gefunden, der ihm half, die Soldaten aus der Stadt zu entfernen. Dem dramatischen Teil folgt eine Posse und Xenophon hat sie auch als solche beschrieben. Wie ein *Deus ex machina* trat plötzlich ein Mann auf, der sich anbot, alle Probleme schnell zu lösen: Koiratadas, ein Thebaner, der durch Griechenland reiste und überall seine Fähigkeiten als Kommandant anpries. Er erwies sich bald als Hochstapler, doch handelte er offenkundig mit Wissen der Spartaner. Koiratadas versprach den Söldnern, sie in das sogenannte thrakische Delta zu führen, wo es an Beute nicht mangele, und ihnen bis dahin Speise und Trank im Überfluss zu liefern. Das war wenig glaubwürdig, aber in ihrer bedrängten Lage vertrauten ihm die Söldner zunächst. Sie zogen, worauf Anaxibios nur gewartet hatte, aus der Stadt heraus, denn Koiratadas wollte dort, an einem Platz außerhalb der Mauern, am nächsten Tag mit der Lieferung der Lebensmittel beginnen. Derweil schloss Anaxibios die Tore und ließ verkünden, wer von den Söldnern noch im Innern von Byzanz angetroffen werde, werde als Sklave verkauft.

Am anderen Tag kam Koiratadas. Xenophon schildert sein Erscheinen mit merklicher Ironie. Er kam in Begleitung eines Sehers und mit Opfertieren. Ihm folgten 20 Männer, die Gerstenmehl trugen, 20 Männer, die Gefäße mit Wein geschultert hatten, drei Mann mit Öl, einer mit einer riesigen Last Knoblauch und einer mit einer Last Zwiebeln. In Sinope hatte das Heer damals 3000 Medimnen Gerstenmehl erhalten, nun waren es offenbar nicht mehr als 20, rechnet man etwa einen Zentner pro Träger. Das genügte nicht einmal für 1000 Mann an einem einzigen Tag. Vor der Verteilung der Lebensmittel opferte Koiratadas. Das gelang nicht. Als er am nächsten Tag wieder zur Opferung schritt, intervenierten die Feldherren, er solle erst die Lebensmittel verteilen, bevor er das Heer anführe. Er gab den Befehl dazu, und erst jetzt wurde der Menge das Lächerliche, gemessen an den Versprechungen, offenbar. Koiratadas zog schweigend ab, begleitet von den überlebenden Opfertieren und unter Verzicht auf den Oberbefehl.

Auch Xenophon scheint zunächst an die Mission des Koiratadas geglaubt zu haben, zumindest begrüßte er sie, denn er wollte abreisen, und das war nur möglich, wenn die Söldner aus der Stadt und ihrer Umgebung abzogen. Nun konnte er den Nauarchen um die Erlaubnis bitten, in die Stadt zurückzukehren und von dort nach Hause fahren zu dürfen. Anaxibios war zuerst ungehalten, da die Söldner immer noch vor Byzanz standen und Xenophon damit ein schlechtes Beispiel gegeben hätte, aber er lenkte schließlich ein und bot ihm sogar an, ihn auf seiner Triere mitzunehmen. Er wollte zur Peloponnes segeln, denn seine Amtszeit ging zu Ende. Xenophon verabschiedete sich daher von den Soldaten und begab sich in die Stadt.

Ein Agent Spartas

Das Heer zog einige Kilometer weiter, lagerte in der Nachbarschaft thrakischer Dörfer, um seine Verpflegung durch Raub zu sichern, blieb aber in der Nähe von Byzanz. Kaum befand sich Xenophon auf der Heimfahrt, brach Streit unter den verbliebenen Feldherrn aus. Dass nun ein führender Kopf mit Autorität fehlte, sagt Xenophon nicht, suggeriert es aber seinem Publikum. Zwei der Feldherren wollten das Heer zu Seuthes führen. Dieser hatte Xenophons Rat beherzigt, sich an die einflussreichsten Leute im Heer zu wenden – und sie zu bestechen. Der eine erhielt ein Pferd, der andere eine Frau. Der Spartaner Neon wünschte in die Chersones zu ziehen, weil dort die Lakedaimonier das Sagen hatten, und er dann – das sagt ihm jedenfalls Xenophon nach – der Anführer des ganzen Heeres werden konnte. Timasion aber plädierte dafür, wieder nach Asien überzusetzen, da er von dort leicht in seine Heimat, die Troas, zurückkehren konnte. Das Gerangel beschäftigte sie eine Weile, derweil viele Söldner von Abenteuern genug hatten, ihre Waffen verkauften und sich auf den Weg in die Heimat machten. Andere, die weniger auf die Heimat gaben – oder diese auf sie –, zerstreuten sich in die Städte der Umgebung. Das Heer, das noch in Herakleia über 8100 Mann gezählt hatte, umfasste wenig später (es folgte noch ein Feldzug) nur noch rund 6000 Mann. Die Truppen, die Xenophon schließlich an den Spartaner Thibron übergab, waren sogar auf 5000 geschmolzen, die Zehntausend hatten sich halbiert.

Der Spartaner Anaxibios freute sich, als der das hörte, doch nicht allzu lange, denn wieder verkehrte eine Laune des Schicksals schnell alles ins Gegenteil. Xenophon segelte auf dem heimkehrenden Admiralsschiff und erlebte so, was im Einzelnen geschah.

Anaxibios hatte, wie berichtet, dem Pharnabazos zugesagt, das Söldnerheer in Byzanz zu übernehmen. Die damit zu erwartenden Schwierigkeiten sollten durch eine Gegenleistung vergolten werden. Xenophon sagt nicht, welche, doch es war klar, dass sie an die Privatadresse des Anaxibios gehen sollte und nicht an die spartanische Staatskasse. Xenophon gab sich diesbezüglich keinen Illusionen hin. Für Anaxibios war der Zerfall des Heeres also eine gute Nachricht, denn er erwies damit dem Pharnabazos einen Gefallen, der ihn weniger kostete, als er befürchtet hatte. So fuhr er mit guten Gefühlen Sparta entgegen. Unterwegs begegneten er und Xenophon bereits dem neuen Harmosten von Byzanz. Noch wurden die Amtswechsel pünktlich vollzogen, später weigerten sich, wie Xenophon im *Staat der Spartaner* beklagt, viele Harmosten, ihre lukrativen Posten aufzugeben. Auch der neue Nauarch, der Spartaner Polon, würde, wie es hieß, in Kürze am Hellespont eintreffen. Anaxibios trug dem künftigen Harmosten noch auf, alle Söldner des Kyros, die er in Byzanz weiterhin antreffe, zu verkaufen. Er hatte – Pharnabazos zu Gefallen – diese Order bereits gegeben, doch der bisherige Harmost hatte sie ignoriert und sogar «aus Mitleid» die Kranken pflegen und in die Häuser aufnehmen lassen. Der neue machte nun kurzen Prozess, innerhalb kürzester Frist verkaufte er nicht weniger als 400 Söldner.

Anaxibios sandte nun von Parion aus einen Boten an Pharnabazos, um ihn an die Abmachungen zu erinnern. Dieser aber dachte, nachdem sich die Bedingungen geändert hatten, gar nicht mehr daran, sich an die alten zu halten. Er bekräftigte mit dem neuen Harmosten das frühere Abkommen, zweifellos zu einem besseren Preis, denn die Söldner waren jetzt schon in Europa. Daran fasziniert nicht nur die Bestechlichkeit auch des neuen Beamten, sondern das Intrigenspiel der spartanischen Elite.

Die Reaktion des getäuschten Anaxibios lässt sich aus den folgenden Ereignissen erschließen. So, wie er vorher bemüht war, die Söldner nach Europa zu holen, wollte er sie jetzt wieder, «auf Gedeih und Verderb», sagt Xenophon, nach Asien schicken, damit sie in der Satrapie des Pharnabazos möglichst großen Schaden anrichteten. Sein Agent für diese Mission hieß – Xenophon. Dies verwundert weniger als dessen Schweigen. Er stimmte kommentarlos zu:

Kein Wort der Erklärung, warum er so plötzlich seine Heimreise abbrach und sich für diese heikle Mission einspannen ließ. Der scheidende Nauarch beauftragte ihn, zum Heer zurückzukehren, es zusammenzuhalten, die in den Nachbarorten verstreuten Söldner wieder zu sammeln, dann das Heer von Byzanz nach Perinth zu führen und «unverzüglich» nach Asien überzusetzen. Er gab ihm einen Dreißigruderer und eine Vollmacht, denn er sollte aus Sicherheitsgründen nur bis Perinth fahren und die übrige Strecke zu Pferd zurücklegen.

Xenophon erreichte, wie geplant, das Heer, welches ihn, wie er schreibt, voll Freude empfing. Danach führte er es nach Perinth, um überzusetzen. Seuthes, der ihn nochmals mit vielen Versprechungen bat, sich ihm anzuschließen, wurde wieder abschlägig beschieden. Das Heer lagerte bei Perinth, Neon freilich hielt sich mit 800 Söldnern abseits, da er auf den neuen Kommandanten setzte.

Nur kurz konnte sich Xenophon brüsten, ein Bevollmächtigter des großen Sparta zu sein. In Perinth führte er schon Gespräche, um Schiffe für die Überfahrt zu mieten. Da kam der neue Harmost Aristarchos aus Byzanz mit zwei Trieren und verbot, von Pharnabazos' Gegenleistung motiviert, allen Reedern, Schiffe zu verleihen. Xenophon berief sich auf die Vollmacht des Nauarchen. Aristarchos antwortete kurz und schneidend, aber Xenophon ist so ehrlich, die Abfuhr im lakonischen Wortlaut mitzuteilen: «Anaxibios ist nicht mehr Nauarch; ich gebiete hier als Harmost. Und wenn ich einen von euch auf dem Meer erwische, werfe ich ihn über Bord.»

Darauf kehrte Aristarchos in die Stadt zurück und rief die Feldherren und Hauptleute zu sich. Xenophon war mit ihnen schon auf dem Weg zu den Toren, da vernahm er eine Warnung: Wenn er in die Stadt gehe, werde ihm dort etwas zustoßen oder, das schien schlimmer als der Tod, er werde sogar dem Pharnabazos ausgeliefert werden. Xenophon nennt den Warner nicht, fragt auch nicht, woher er das denn wüsste. Es spricht viel dafür, dass es eine innere Stimme war. Er ging mit der Entschuldigung zurück, opfern zu müssen, denn schon hatte er einen neuen Plan. Er musste jetzt mit den Söldnern ziehen, denn das letzte Schiff in die Heimat war buchstäblich abgefahren – mit Anaxibios an Bord. So erinnerte er sich an das Angebot des Seuthes und fragte nun die Götter, ob er die Söldner zu ihm führen solle. Er wusste nur zu gut, dass die Überfahrt nach Asien jetzt gegen die Kriegsschiffe des Harmosten nicht mehr möglich war. Auch schien ihm die frühere Anweisung des Anaxibios, zur Chersones zu ziehen, gefährlich. Die Verpflegung war nicht gesichert und er geriet in den Machtbereich eines anderen Harmosten, der Neon bevorzugen würde.

Inzwischen kamen die Feldherren zurück und berichteten, sie sollten am Nachmittag nochmals vorsprechen. Xenophon sah sich in seinem Argwohn bestätigt. Der Plan mit Seuthes wurde konkret, auch die Götter, die Feldherren und Hauptleute stimmten zu, Neon ausgenommen, der aus Vorsicht gar nicht gefragt worden war.

Bei König Seuthes

Nun beginnt der letzte Abschnitt des Zuges, und er ist mit einem neuen Machthaber verbunden, dem genannten Dynasten Seuthes (II.), eine Art König ohne Land. Er war der Sohn des odrysischen Fürsten Maisades, der über die Völker im südöstlichen Thrakien herrschte, einem Land, das von Schwarzem Meer, Bosporus und Propontis begrenzt wird. Nach seinem Sturz wurde der Sohn am Hof des Odrysenkönigs Medokos erzogen und versuchte nun, *sein* Herrschaftsgebiet zurückzugewinnen, indem er es – nach eigenen Worten – brandschatzte. Xenophon, der ihn gut kennenlernte und es gern hörte, dass der König ihn für den wichtigsten unter den Griechen hielt, zeichnet ihn trotz seiner offenkundigen Grausamkeit nicht ohne Sympathie als speziellen Typus eines Barbaren, der in manchem die Züge eines schlauen Bauern aus Aristophanes' Komödien trägt.

Da mit dem neuen Harmosten von Byzanz kein Einvernehmen zu erzielen war, setzte Xenophon notgedrungen doch auf Seuthes, wenn er auch ahnte, dass ihn dies noch in beträchtliche Schwierigkeiten bringen würde. Mit den Vertrauensleuten der anderen Feldherren (wieder außer Neon) brach er nachts zu dessen Lager auf, das etwa 60 Stadien entfernt lag. Seuthes hatte es gut gesichert, denn er war ständig auf der Hut, nicht zuletzt vor den Menschen, die er regieren wollte. Sie stießen zunächst auf verlassene Wachtfeuer, doch dahinter bemerkten sie Leute des Dynasten. Xenophon sandte den

Dolmetscher vor und ließ sich mit Namen und Ethnikon ankündigen. Schließlich kamen ca. 200 Leichtbewaffnete aus dem Dunkel und führten ihn zu Seuthes. Dieser hielt sich in einem stark bewachten Turm auf, des Nachts aufgezäumte Pferde in der Nähe, um schnell entfliehen zu können. Er bat Xenophon ins Innere und sie tranken einander nach thrakischem Brauch mit Hörnern zu. Xenophon gibt das Gespräch in direkter Rede wieder, und das macht die Szene lebendig, denn der Leser ist somit gleichsam anwesend. Zuerst wiederholte Xenophon noch einmal Punkt für Punkt, was bereits besprochen war, und ließ es sich von dem damaligen Gesandten des Königs bestätigen. Dann ging es um das zentrale Thema: die Anwerbung der Söldner, den Grund dafür und die etwaigen Bedingungen. Seuthes schildert kurz seine Herkunft, die Vertreibung seines Vaters nach dem Zusammenbruch des Odrysenreiches und dessen Tod, wie er dann als Waise beim Odrysenkönig Medokos aufwuchs und von ihm Truppen erhielt, um das, was er für sein angestammtes Land hielt, zurückzuerobern. Mehr als es ausplündern konnte er bis jetzt jedoch nicht, und das war auch der Grund, warum er nun die Söldner anzuwerben gedachte.

Auf die Frage Xenophons, was er zu bieten habe, versprach Seuthes das Übliche, also jedem Soldaten einen Kyzikener, den Hauptleuten das Doppelte und den Feldherren das Vierfache. Für den Fall, dass die Söldner nicht auf sein Angebot eingehen würden, warb er noch um die Offiziere, die ihren Dienst quittieren wollten. Sie sollten gleichberechtigt Aufnahme in die Elite des Landes finden. Für Xenophon selbst hatte er sich etwas Besonderes ausgedacht. Er versprach ihm eine seiner Töchter zur Frau und Bisanthe, eine große Stadt am Meer, als Wohnsitz. Xenophon nahm das nicht ernst, aber es schmeichelte ihm.

Bei Tagesanbruch kehrte die Delegation zum Lager der Söldner zurück. Xenophon war entschlossen, Seuthes' Bedingen anzunehmen. Zunächst jedoch meldete sich noch der neue Harmost von Byzanz und wünschte, die Feldherren zu sehen. Diese aber weigerten sich, zu ihm zu gehen, und beriefen das Heer ein. Neon fehlte wieder, als Xenophon seine vorbereitete Rede hielt. Er schildert nochmals die Ausgangslage. Die hohe Meinung, die Xenophon von den toten Spartanern hatte, besaß er nicht immer von den lebenden:

5. AM BOSPORUS: DIE EPISTASIS (400/399)

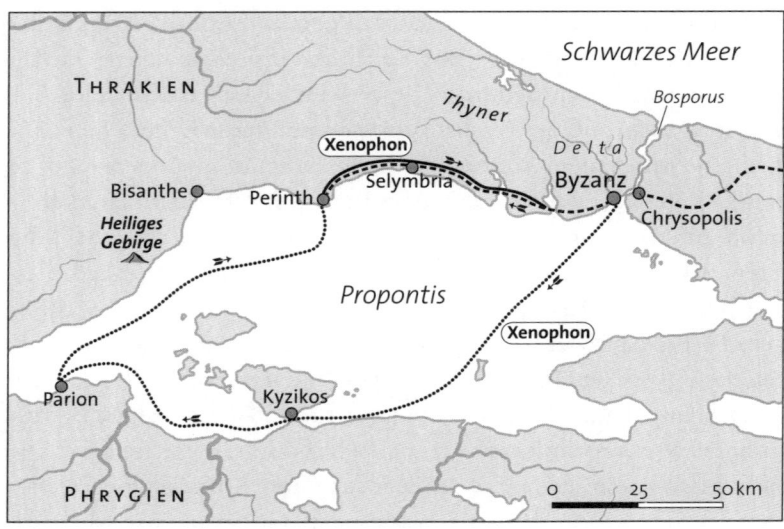

Karte 6: Am Bosporus.

Der Harmost hindere sie, nach Asien überzusetzen, und befehle ihnen, über das schwierige Heilige Gebirge zur Chersones zu marschieren. Er verspreche, sie nicht mehr verkaufen zu wollen und nicht mehr zu betrügen, vielmehr sollten sie Sold und Lebensmittel bekommen. Indem Xenophon den alten Betrug hervorhebt, suggeriert er einen neuen und bringt nun Seuthes ins Spiel. Der sichere zu, dass es ihnen bei ihm gut ergehe. Sein, Xenophons, Vorschlag sei es, da sie kein Geld hätten, um Lebensmittel zu kaufen – der Markt vor den Toren Perinths war ohnehin dürftig –, zu den Dörfern zu gehen, dort zu requirieren und dann zu entscheiden. Xenophon wusste, warum er den Beschluss verschob, und er kannte auch die Route, die er die Söldner führen wollte.

Vergebens versuchten der Harmost und Neon, die Söldner davon abzubringen. Sie marschierten los, und nach etwa fünf Kilometern begegnete ihnen Seuthes. Das war der zweite Teil von Xenophons Plan, auch wenn er es in der *Anabasis* nicht zugibt. Immerhin ist er so ehrlich, nicht das Adverb ‹zufällig› zu benutzen, denn die Begegnung war abgesprochen und gab Seuthes die Möglichkeit, sich als Helfer zu erweisen. Er führte die Söldner zu Dörfern mit Lebensmitteln und bereitete so die Atmosphäre für seine Rede vor. Darin wiederholte er im Wesentlichen, was er schon Xenophon gesagt hatte. In der anschließenden Versammlung konnte, wie gewohnt, jeder sprechen, und die meisten begrüßten Seuthes' Angebot. Es war Winter geworden, der zweite des Rückzuges. Eine Heimfahrt war nicht mehr möglich und die Söldner konnten sich auch nicht auf dem Markt eines befreundeten Landes verpflegen, da sie kein Geld mehr hatten. So sei es, meinte die Mehrzahl, besser, sich in einem feindlichen Land durch Requirieren am Leben zu halten. Wenn Sold dazukomme, sei das sogar ein Glücksfall. Es wurde abgestimmt und beschlossen, mit Seuthes zu ziehen.

Ein Gastmahl

Xenophon war fasziniert von fremden Riten. Wovon Herodot einst nur vom Hörensagen berichtet hatte, das sah er nun mit eigenen Augen und so schildert er mit Liebe zum Detail ein Fest im «Barbarenland», dessen Ehrengast er war. Am Eingang des Festzeltes stand ein Grieche, Herakleides von Maroneia, der zu einer Art Minister des Seuthes aufgestiegen war. Xenophon nutzt seine erste Erwähnung zu einer kleinen, etwas gehässigen Charakterzeichnung, die dessen weiteres Auftreten vorbereiten soll. Der Weg von der Servilität zur Heimtücke war, wie Xenophon glaubte, kurz.

Herakleides sprach alle einzeln an, von denen er vermutete, dass sie einen Wertgegenstand besaßen, und forderte sie auf, diesen Seuthes zu schenken. Zuerst wandte er sich an Gesandte, die zu König Medokos unterwegs waren, und sie gaben ihm tatsächlich die Geschenke, die sie für diesen mit sich führten. Xenophon schmeichelte er, er stamme aus der größten Stadt und genieße das höchste Ansehen bei Seuthes, doch Xenophon hatte, als er von Parion hierherkam, nur einen Sklaven und Reisegeld mitgenommen, und gab sich verlegen, jedenfalls solange er noch nüchtern war.

Die Gäste – die Feldherren, Hauptleute und die Gesandten – ließen sich im Kreis zum Mahl nieder, dann wurden 20 dreifüßige Tische mit Fleischstücken und Brot hereingebracht und aufgestellt, für je vier oder fünf Gäste eine Tafel. Nach dem Beispiel des Seuthes brach an jedem Dreifuß ein Gast das Brot und reichte es zusammen mit dem Fleisch den übrigen.

Um die aufgeräumte Stimmung zu beleuchten, richtet Xenophon nun den Blick auf einen Arkader, dessen Qualitäten sich erst beim Essen zeigten. Dieser nahm das Angebot eines Dreifußes allein für sich in Anspruch, riss das Brot in der Größe eines Dreikilolaibes an sich, häufte das Fleisch darauf und «hielt Mahlzeit». Als der Mundschenk mit dem Wein kam, winkte er ihn unter allgemeinem Gelächter zu Xenophon weiter: Er habe noch keine Zeit zum Trinken.

Dann wurden die Geschenke hereingebracht: Seuthes erhielt einen Schimmel, einen Sklaven, Silberschalen, persische Teppiche und schöne Kleider für seine Frau. Schließlich kam die Reihe an Xenophon, der neben Seuthes saß, und Herakleides übergab ihm das Trinkhorn, damit er auf ihn anstoßen konnte. Die Peinlichkeit schien unübersehbar, da Xenophon kein Geschenk besaß, doch er rettete sich kühn, denn er war, wie er zugibt, schon ziemlich («ein wenig» wäre die wohlwollende Übersetzung) betrunken. Er schenke dem König sich selbst und seine Kameraden zu treuer Freundschaft, verkündete er, und fügte, da ihn niemand zu diesem lebenden Präsent autorisiert hatte, noch schnell hinzu, «keinen gegen seinen Willen»: Dank ihrer werde Seuthes, so die Götter wollten, viele Pferde, Männer und schöne Frauen (so die Reihenfolge) besitzen. Seuthes erhob sich, trank mit ihm das Weinhorn aus und goss, nachdem sie getrunken hatten, so viel jeder konnte, den Rest aus. Musiker spielten dazu auf Signalhörnern und Trompeten aus Kuhhaut. Seuthes stieß einen Kriegsruf aus und sprang in die Höhe. Possenreißer traten auf.

Als die Sonne unterging, und das war zu dieser Jahreszeit früh, glaubten die Griechen, genug getrunken zu haben, und strebten ihrem Lager zu, um Nachtwachen aufzustellen: Seuthes solle den Befehl durchgeben, nachts dürfe kein Thraker das Lager betreten: Wenn sie auch Gäste des Dynasten wären, so befänden sie sich doch in Feindesland. Bei der Verabschiedung erklärte Seuthes den Feldherren, solange die Einheimischen noch nichts von dem Bündnis wüssten, ließen sie sich überraschen und sie könnten leichte Beute machen. Er zeigte sich keineswegs betrunken, merkt Xenophon an, und das ernüchterte auch ihn und brachte wieder den Strategen zum Vorschein. Nicht Seuthes solle voranziehen, sondern die langsamste Truppe. So werde das Heer bei Nacht am wenigsten auseinandergerissen. Nur am Tag führe die Truppe, die für das jeweilige Gelände am besten geeignet sei.

Was Seuthes plante, hatte mit der Rückgewinnung seines «väterlichen Erbes» nichts zu tun. Es war ein trivialer Raubzug. Die Söldner mussten sich verpflegen, denn sie hatten keinen Proviant mehr.

Darüber hinaus aber wollten sie Beute. Der Unterschied zu anderen Raubzügen war nur, dass sie diese nicht selbst behalten und verkaufen konnten. Das tat Seuthes, der davon ihren Sold bezahlte.

Die Griechen standen in seinem Dienst und handelten nach den Wünschen ihres Soldherrn. Vielleicht ließ genau dieser Umstand Xenophon das Unternehmen als selbstverständlich erscheinen. Ihm dient es jedenfalls nur dazu, seine Fähigkeiten als Feldherr herauszustreichen, dessen militärischen Ansichten auch ein Seuthes anerkennen musste.

Der Coup gelang trotz schwieriger Verhältnisse, denn es lag tiefer Schnee. Allein am ersten Tag erbeuteten sie 1000 Sklaven, 2000 Rinder und ungezählte Schafe. Die Probleme kamen danach.

Krieg und Eros

Kurz vor Abschluss seiner *Anabasis* schwingt das Pendel der Gefühle, die auch nach Jahren Xenophons Erinnerungen bestimmten, noch einmal weit aus, von exzessiver Grausamkeit zu menschlicher Großherzigkeit. Seuthes brannte sein eigenes Land oder besser das, das er in der Nachfolge seines Vaters zu beherrschen wünschte, nieder, weil er es sich wieder gefügig machen wollte und weil er das Werkzeug dazu, die Söldner, versorgen musste. So ließ er am folgenden Tag die Häuser der eroberten Dörfer anzünden und bis auf die Grundmauern zerstören, im Winter ein Todesurteil für die Geflohenen: Sie sollten wissen, was sie erwartete, wenn sie ihm nicht gehorchten. Seuthes' Vertrauter, der Grieche Herakleides, schaffte die Beute in einem langen Zug nach Perinth, um sie auf den dortigen Märkten billig zu verhökern und Geld für den Sold zu bekommen – und für sich abzuzweigen. Die Söldner besetzten nun die Ebene der Thyner, des

Volkes, das Seuthes' Vater regiert hatte. Diese machten keine Anstalten, sich zu ergeben, sondern flohen in die Berge. Jetzt erwuchs den Griechen ein neuer Feind: der thrakische Winter. Der Schnee lag tief und es war bitterkalt, das Wasser, das sie zum Essen holten, gefror in den Gefäßen, der Wein musste zum Trinken aufgetaut werden. Vielen, berichtet Xenophon, froren Nasen und Ohren ab. Sie waren nicht wie die Thraker auf den Winter eingestellt, die Fuchsfellmützen trugen, dicke Gewänder um Oberkörper und Beine wickelten und sich in Mäntel hüllten, die bis auf die Füße reichten.

Seuthes ließ einige Gefangene frei, die den Geflohenen sagen sollten, wenn sie nicht zurückkämen, würde er auch ihre Häuser und alle Vorräte abbrennen, so dass sie hungers krepierten. Frauen, Kinder und alte Männer kamen danach in die Dörfer der Ebene zurück, die Kampffähigen aber verschanzten sich in den Hangdörfern, so dass sie leicht wieder in die Berge fliehen konnten. Daher blieb ein nächtlicher Überfall, den Seuthes und Xenophon unternahmen, ohne große Wirkung. Die meisten entkamen, diejenigen, die Seuthes in die Hände fielen, ließ er sofort niederstechen. «Ohne Gnade», sagt Xenophon und spielt damit auch auf die in Griechenland berüchtigte Grausamkeit der Thraker an. In Erinnerung war noch das Massaker von Mykalessos, als thrakische Söldner eine ganze Schulklasse ohne Anlass niedermetzelten.

Das Vorgehen des Seuthes berührte Xenophon unangenehm, war er doch, auch wenn es gegen seinen Willen war, darin verwickelt, weil sie den Überfall gemeinsam unternommen hatten. So stellt er diesen Gräueln eine kleine Liebesgeschichte an die Seite. Sie handelt von einem Mann, der, so Xenophon einleitend, der Knabenliebe zugetan war. Knabenliebe war in manchen griechischen Staaten verpönt, in anderen geduldet. Allerdings geht es hier, obwohl das Wort Päderast(es) fällt, um junge Männer, die schon dem Knabenalter entwachsen waren. So hatte jener Mann – Xenophon nennt ihn mit Namen, um die Authentizität seiner Geschichte zu verbürgen: Episthenes von Olynth – einmal eine ganze Kompanie, ca. 100 Mann, nur nach dem Kriterium der Schönheit zusammengestellt, wie Xenophon dem Seuthes erklärte, bei dem er als Bittsteller jenes Episthenes auftrat.

Die jungen Männer, deren Seuthes bei dem Überfall habhaft

wurden, starben nicht im Kampf, sondern der König ließ sie nach ihrer Gefangennahme kaltblütig hinrichten. Als nun Episthenes einen dieser Jünglinge sah, der sich gegen die mit Lanze und Schwert Bewaffneten nur mit seinem Schild wehrte, bat er, fasziniert von seiner Schönheit, Xenophon, diesen nicht hinrichten zu lassen. Die Entscheidung traf jedoch Seuthes, und so erklärte ihm Xenophon die homoerotische Neigung des Episthenes. Seuthes wollte sich offenbar einen Spaß daraus machen, für Xenophon aber war es eine ernste Geschichte mit glücklichem Ausgang. Seuthes stellte Episthenes auf die Probe: «Wärest Du wohl auch bereit, für diesen jungen Mann zu sterben?» Der Gefragte bot seinen Nacken. Darauf fragte Seuthes den jungen Thraker, ob er Episthenes töten und ihn selbst freilassen solle. Der verneinte, Episthenes umarmte ihn und wandte sich an Seuthes: Jetzt müsse er mit ihm um den jungen Mann kämpfen, er lasse ihn nicht mehr los. Seuthes lachte und begnügte sich damit, im Bunde der Dritte zu sein.

Ein nächtlicher Überfall

Die nächste Episode verrät viel von Xenophon, diesmal nicht zu seinen Lasten. Er biwakierte mit seinen Leuten in vorgeschobener Stellung. Zwar war die Versorgung gesichert, aber die Situation wegen der Nähe zu den Bergen gefährlich: Lieber wolle er in der Ebene im Freien kampieren als hier unter den Dächern eines Dorfes. Das war eine Vorahnung, denn er war auf dem ganzen Zug dem Tod nicht so nahe wie unter dem Dach des Hauses, in dem er sein Lager aufgeschlagen hatte. Seuthes beruhigte ihn jedoch und wies ihm die Geiseln vor, die er genommen hatte, alte Männer, die Vornehmsten des Volkes.

Auch in Xenophons Hangdorf kamen Leute aus den Bergen und baten, sich für einen Waffenstillstand einzusetzen. Er freute sich, dass das Blutvergießen zu Ende war, und verbürgte sich ihnen: Wenn sie Seuthes anerkennen würden, könnten sie in Frieden leben. Das trug sich am Tag zu; in der Nacht kamen sie wieder, nun in größerer Zahl und bewaffnet. Es ist erstaunlich und spricht für Xenophon, dass er am Ende eines von Betrug und Hinterlist geprägten Zuges immer noch an die guten Absichten auch seiner Gegner glaubte und gar nicht auf den Gedanken gekommen war, dass die thrakische Delegation am Morgen nur erschienen war, um sich die Lage der Häuser für den geplanten Überfall einzuprägen. Denn diese waren schwierig zu erstürmen, da sie wegen der Schafshaltung mit hohen Palisaden eingezäunt waren.

Die Thraker brachen die Türen auf, warfen Speere und Knüttel hinein und legten überall Feuer. Wie zum Hohn riefen sie Xenophon beim Namen: Er solle herauskommen und sich töten lassen, sonst würde er drinnen elendiglich verbrennen. Xenophon und seine Begleiter harrten noch in den Häusern aus, mit Panzer, Schild, Schwert und Helm gerüstet, die für den Augenblick wenig nutzten, da bereits das Schilfdach in Flammen stand. Da kam unerwartet Hilfe. Ein junger Soldat, erst 18 Jahre alt – Xenophon nennt wieder, ihm zu Ehren, seinen Namen: Silanos aus Makistos –, stieß, ohne Order erhalten zu haben, in die Trompete, und sogleich stürmten aus allen Unterkünften die Söldner mit gezücktem Schwert heraus und die Thraker ergriffen die Flucht. Sie warfen ihre Schilde auf den Rücken und sprangen über die Palisaden. Einige blieben mit ihren Schilden an den Zäunen hängen und wurden gefangen, andere fanden die Ausgänge nicht und so den Tod. In der Nacht kehrten wieder andere, da die Griechen sie nicht über das Dorf hinaus verfolgen konnten, zurück und schossen, geschützt durch das Dunkel, auf alle Griechen, die an den brennenden Häusern vorbeiliefen. Endlich kam Seuthes zu Hilfe: Er habe schon befürchtet, die meisten nur noch tot zu finden.

Xenophon ließ sich die Geiseln übergeben und startete einen Feldzug in die Berge. Seuthes begleitete ihn mit seinen Truppen. Diese wuchsen inzwischen schon auf das Dreifache an, denn viele Odrysen wollten, da sie von Siegen und reicher Beute hörten, nicht fehlen. Angesichts der Übermacht ergaben sich die Thyner und baten um einen Vertrag. Seuthes erklärte mehr der Form halber, er werde keinen Vertrag schließen, falls Xenophon den nächtlichen Überfall rächen wolle. Der antwortete, die Thraker seien schon genug bestraft, da nun aus Freien Sklaven würden. Er hatte seinen Humor wieder gefunden und empfahl Seuthes, künftig nur die als Geiseln zu nehmen, die ihm auch schaden könnten, die Greise aber besser zu Hause zu lassen.

Die Geschäfte des Herakleides

Es war der letzte Feldzug, in dem die Söldner mehr tun mussten, als anwesend zu sein. Die Verpflegung war gesichert und so drehte sich alles um den Sold. Für dessen korrekte Auszahlung aber sahen die Söldner Xenophon in der Pflicht. Sie zogen in das Gebiet oberhalb von Byzanz, das sogenannte thrakische Delta. Hier trafen sie auf Herakleides, der die Beute verkauft hatte. Für die Feldherren und Hauptleute standen Maultier- und Ochsengespanne bereit. Xenophon verzichtete auf seinen Anteil und überließ ihn den anderen. Der Sold für die Griechen reichte indes nur für 20 Tage, obwohl bereits ein Monat abgelaufen war, denn Herakleides gab vor, nicht mehr erlöst zu haben. Er hatte ganz offenkundig eine erkleckliche Summe für sich abgezweigt. Zum einzigen Mal lesen wir, dass Xenophon die Contenance verlor und fluchte, auch wenn er dem Leser den genauen Wortlaut vorenthält. «Du scheinst mir, Herakleides, dich nicht um die Angelegenheiten des Seuthes zu sorgen. Wenn du dich nämlich darum kümmern würdest, hättest du den vollen Sold mitgebracht, auch wenn du dir dazu Geld borgen oder, falls es nicht anders gegangen wäre, deine Kleider hättest verkaufen müssen.»

Auf Xenophon lasteten die Erwartungen der Söldner, denn er hatte die Sache mit Seuthes eingefädelt, und nun wurde seine Position von Tag zu Tag schwächer. Die Söldner warfen ihm das Ausbleiben der erhofften Gelder vor, Seuthes nahm ihm sein stetiges Drängen auf diese übel – er ließ sich jetzt verleugnen, wenn Xenophon ihn sprechen wollte – und Herakleides hatte er sich durch seine geharnischte Reaktion zum erbitterten Feind gemacht, der nun alles dafür tat, ihn beim König in Misskredit zu bringen.

Ein neuer Feldzug sollte nun wieder ins Landesinnere führen, und Xenophon wusste nicht, wie er sich dazu stellen sollte, denn er fürchtete, dass Soldzahlungen auch weiter ausbleiben würden. Herakleides setzte auf die anderen Feldherren: Sie hätten die gleiche Autorität wie Xenophon. Um dem Nachdruck zu verleihen, versprachen er und Seuthes, binnen weniger Tage den Sold für zwei Monate auszuzahlen. Die griechischen Feldherren glaubten das nicht und solidarisierten sich mit dem abwesenden Xenophon, so dass Seuthes gezwungen war, alle Schuld auf Herakleides zu schieben. Dieser änderte rasch seinen Plan. Nachdem Xenophon vorher übergangen worden war, wurde er nun als Einziger eingeladen. Xenophon ahnte die Absicht des Herakleides, Misstrauen unter den Führern der Griechen zu säen. So erschien er mit allen Feldherren und Hauptleuten zur Unterredung. Er war über das neue Unternehmen nicht glücklich, ließ sich aber, wie die anderen auch, überreden.

Die Kampagne führte, das Schwarze Meer zur Rechten, nach Salmydessos. Da über militärische Ereignisse nichts zu berichten war, wirft Xenophon einen kurzen Blick auf die dortigen Lebensgewohnheiten: Diese Thraker bestritten einen Teil ihres Unterhalts mit See- und Strandräuberei. Um Zwist untereinander zu vermeiden, hätten sie die Küste durch Säulen in Abschnitte eingeteilt, in denen jedes Volk die kenternden und strandenden Schiffe plündern konnte. Die Griechen kannten und fürchteten diesen Küstenabschnitt. Schon Aischylos hatte vor ihm gewarnt, «wo felszahnig Salmydessos' Meerkinnbacken droht, Seeleuten ein böser Wirt, Stiefvater jedem Schiff». Xenophon zählt das von den Küstenbewohnern erbeutete Gut auf: Lagergestelle, Truhen, vor allem aber beschriebene Papyrusrollen und was die Reeder ansonsten in hölzernen Kisten aufbewahrten.

Das Ergebnis des Zuges fasst er dann in einem Satz zusammen: Die Gegend sei unterworfen worden und das Heer zurückgekehrt. Seuthes war jetzt nicht mehr auf die Griechen angewiesen, denn sein eigenes Heer war durch Zulauf stark genug. Von Sold war entsprechend wenig die Rede. Die Söldner biwakierten in der Ebene von Selymbria, etwa 30 Stadien vom Meer entfernt. Zwei Monate verstrichen und der Zorn der Soldaten auf Xenophon wuchs weiter.

Eine Frage des Soldes

Während die Griechen auf Sold warteten, kündigte sich eine neuerliche Wende in der Politik der Spartaner an. Sie erinnerten sich plötzlich ihrer langjährigen Propaganda von der Freiheit der griechischen Städte. Gemeint war mit dieser Parole die Unabhängigkeit von

Athen – nicht aber von Sparta – während der Zeit des Peloponnesischen Krieges. Solange sie persische Gelder für den Kampf gegen Athen brauchten, war den Spartanern auch die Autonomie der griechischen Poleis in Kleinasien von den Persern nicht so wichtig. Sie besannen sich erst wieder darauf, als Athen am Boden lag. Da die eigenen Kräfte und die der Verbündeten für einen Krieg nicht ausreichten, dachten sie an Söldner, und die standen, wie gerufen, schon am Bosporus. So erschien eines Tages eine Delegation bei Seuthes: Die Lakedaimonier hätten vor, gegen den Satrapen Tissaphernes Krieg zu führen. Sie versprachen dem Heer einen Dareikos je Mann und Monat.

Herakleides sah sofort die Chance, die Söldner, die nun nicht mehr gebraucht wurden, loszuwerden und den vereinbarten Sold zu sparen. So lud Seuthes die Delegierten ein, bewirtete sie großzügig und versicherte, Freund und Bundesgenosse der Spartaner werden zu wollen. Die Lakedaimonier erkundigten sich nach Xenophon. Der sei sonst kein übler Bursche, erwiderte Seuthes, doch ein *philostratiotes*, ein Freund des gewöhnlichen Soldaten. Die Lakedaimonier verstanden sofort den negativen Klang, den das Wort unter Offizieren besaß. «Hetzt dieser Mann die Soldaten auf», war die naheliegende Frage, *demagogei*, formulieren die Lakedaimonier bei Xenophon. «Sicherlich», antwortete Herakleides. Die Delegation rechnete daher mit Xenophons Widerstand, doch Herakleides konnte sie beruhigen: Es käme nur auf den Sold an, und morgen früh sollten sie die Söldner zusammenrufen. Sie würden mit Freuden kommen.

Am nächsten Tag trat das Heer zusammen. Die Lage war angespannt; die Söldner waren mehrere Wochen untätig gewesen und hatten keinen Sold bekommen. Entsprechend schlecht waren sie auf Xenophon zu sprechen. Herakleides hatte dafür gesorgt, dass sich die Stimmung gegen ihn noch aufheizte. Er bezahlte Claqueure und stiftete Leute dazu an, das Wort gegen Xenophon zu erheben. Als Erster meldete sich ein Arkader: Sie wären schon längst bei den Lakedaimoniern, hätte sie Xenophon nicht hierhergeführt, wo sie Tag und Nacht unter den strengen Winterfeldzügen zu leiden hätten. Xenophon allein ernte die Früchte ihrer Mühen, denn er bereichere sich, während er ihnen den Sold vorenthalte. Wenn er, ein einfacher Soldat, erleben könne, dass Xenophon für seine Umtriebe gesteinigt werde, fühle er sich schon ausreichend belohnt. Andere Söldner erhoben ähnliche Klage.

Xenophon zitiert diese Anwürfe, weil er sie als Präludium seiner folgenden Rede braucht. Es ist die längste in der *Anabasis*, und die zweitlängste folgt sofort. Beide wurden wieder nicht in Thrakien gehalten, sondern nach allen Regeln der Rhetorik in Skillus entworfen. Sie richten sich also an das Publikum der *Anabasis*, es fehlt das Zupackende, das damals am Bosporus einen Stimmungsumschwung bewirkte. Die Pointe der ersten Rede erinnert wieder an Platons *Apologie des Sokrates*. Wie Sokrates dort statt einer Verurteilung die Ehre einer Speisung im Prytaneion beantragt, die allein denen vorbehalten war, die sich um die Stadt verdient gemacht hatten, so begnügt Xenophon sich nicht damit, die Vorwürfe gegen ihn zurückzuweisen, sondern fordert, wie er es schon einmal getan hat, den Dank der Söldner für seinen – nach seiner Meinung – selbstlosen Einsatz für das Heer ein.

Xenophon drohte die Steinigung – zumindest stellt er es so dar – und so musste er sich gegen die Verdächtigungen der Söldner wehren, die ihn, und das nicht erst am Bosporus, sondern schon als sie am Schwarzen Meer angekommen waren, beschuldigten, sich zu bereichern, ob mit Beute- oder Bestechungsgeldern. Dies gelang ihm, aber sicherlich nicht mit der Rede, die er in der *Anabasis* wiedergibt, in der er sich ein weiteres Mal ganz als Schüler des Sokrates zeigen will, der sein Gegenüber Satz für Satz zu den von ihm gewünschten Einsichten führt.

Was auch immer er im Frühjahr 399 ausführte – wir wissen es nicht –, Xenophon überzeugte zumindest die anwesende spartanische Delegation, und das war schwierig genug, denn mit dem neuen Harmosten in Byzanz war er ebenso in Streit geraten wie mit seinem Widerpart unter den Söldnern, dem Spartaner Neon. Die Abgesandten aus der Peloponnes waren aber bereit, ihm Glauben zu schenken. Er ging sogar in die Offensive und attackierte den Mann, der ihm für den Augenblick die größten Schwierigkeiten bereitete: Herakleides. So hatte er einen Söldner vorgeschickt, wie er unumwunden einräumt, der nun den Unmut über das Ausbleiben des Soldes direkt auf diesen lenken sollte. Herakleides habe

Erlöse aus dem Verkauf der Beute unterschlagen und sich daran bereichert. Xenophon schlägt den Sack und meint den Esel, und der heißt Seuthes. Er wusste nur zu gut, dass Herakleides nicht gegen den Willen des Königs handeln konnte, aber Xenophon brauchte Seuthes noch, um wenigstens einen Teil des ausstehenden Soldes für die Griechen zu erhalten.

Herakleides war bei der Versammlung zugegen, um die Wirkung seiner Winkelzüge zu beobachten, und war nun durch die Wende, die die Sache nahm, aufs Höchste alarmiert. Er ritt sofort, Seuthes mit sich ziehend, ins Lager zurück, vermerkt Xenophon mit offensichtlicher Freude. Auch Seuthes erkannte, dass sein Höfling bloßgestellt war und Xenophon ihn selbst nur aus taktischen Gründen geschont hatte. Er schickte daher seinen Dolmetscher zu ihm, um ihn erneut einzuladen, bei ihm zu bleiben. Dazu versprach er ihm wieder «feste Plätze» am Meer und anderes dazu. Gleichzeitig warnte er ihn, wenn er den Lakedaimoniern in die Hände falle, habe er nichts Gutes zu erwarten, da er immer noch – diesmal wohl von Neon – verleumdet werde. Xenophon nahm die Sache sehr ernst, überdies war Seuthes' Angebot großzügig, und ließ daher Zeus, dem König, zwei Tiere opfern. Der verkündete ihm, er solle mit dem Heer abziehen. Es ist anzunehmen, dass Xenophon das auch selbst wollte, denn zum einen traute er Seuthes nicht völlig und zum anderen dachte er noch immer an die Heimfahrt nach Athen.

Abschied von Seuthes

Mit der Überquerung des Bosporus waren die unfreiwilligen Abenteuer der Zehntausend zu Ende. Was Xenophons letztes Buch beherrscht, ist sein Verhältnis zum Dynasten Seuthes. Dessen nicht gehaltene Soldversprechen drohten zum Ende des Zuges seine Autorität im Heer erneut zu untergraben, denn er war es gewesen, der den Anschluss an Seuthes forciert hatte. Zudem schien es Xenophon offensichtlich, als er sein Werk abschloss, er habe zu viele Abenteuer geschildert und zu wenig sein literarisches Können bewiesen. Dieses wurde damals nicht zuletzt nach der Gestaltung der Reden beurteilt, die ein Geschichtswerk aufzuweisen hatte. So beschränkte sich die

Rezeption des Thukydides im 4. Jahrhundert auf die Reden seines Werkpersonals. Seine wegweisende Analyse des großen Krieges interessierte dagegen kaum. Xenophon verlangsamt nun das furiose Tempo seines Buches und flicht eine wortreiche Rechtfertigung ein, die zu einer Attacke gegen die heuchlerischen Thraker wird – nicht gegen Seuthes selbst, zu dem seine Beziehung ambivalent war, sondern gegen einen anderen seiner Untergebenen, den Gesandten Medosades.

Nach der Übernahme des Heeres durch die Lakedaimonier hatten die Griechen Quartier in den Dörfern, aus denen sie zum Meer gelangen wollten, gemacht und saugten sie aus. Diese Dörfer waren dem Medosades verliehen worden, mit dem Xenophon schon mehrmals zusammengetroffen war. Medosades war entrüstet, dass die Griechen alle Vorräte für sich verbrauchten, erschien deshalb bei Xenophon und verlangte, die Raubzüge zu beenden. Das freilich forderte Xenophon heraus, der offenbar Thrakien wegen der ausstehenden Soldzahlungen als Eigentum der Söldner betrachtete. So fertigte er Medosades, gleichermaßen beleidigt wie beleidigend, kurz ab. «Auf solche Äußerungen – die Forderung nach Ende der Plünderungen – zu antworten, ist allein schon peinlich», begann er. Die weitere Argumentation ist schräg. Sie, die Griechen, seien es, nächst den Göttern, gewesen, die dieses Land erst zu ihrem, Seuthes' und Medosades', Besitz gemacht hätten, und nun sollten sie selbst daraus vertrieben werden. Die Situation ist nicht ohne Komik, auch wenn Xenophon das in Skillus nicht auffiel. Die Verantwortung, die er für *seine* Männer zu haben glaubte, überwog alles. Tatsächlich aber erscheint es so, als ob sich zwei Räuberbanden stritten, welcher denn das *ius primi latrocinii* zukomme (siehe Anmerkungen). Xenophon reklamiert es empört für sich, doch das, was seinen eigentlichen Zorn erregte, hatte mit Medosades wenig zu tun. Warum er überhaupt ihn frage, die Befehlsgewalt läge doch bei den Lakedaimoniern, denen sie das Heer übergeben hätten, «ohne ihn, Xenophon, im geringsten beizuziehen». Das war es, was Xenophon sagen musste, auch noch Jahre danach in Skillus.

Nun wurde die Delegation aus Sparta befragt, und auch sie bestätigte Xenophon: Der Abzug der Söldner nach Kleinasien könne erst erfolgen, wenn die Söldner ihr Recht erlangt hätten, den ausstehenden Lohn. Dazu solle man sich an Seuthes wenden, und dies tut schließlich Xenophon selbst. Es folgt wieder eine lange Rede, die all dies nochmals aus späterer Sicht aufrollt und den Leser der *Anabasis* etwas ermüdet zurücklässt, nicht aber Seuthes, der sie nicht anhören musste, da sie erst in Skillus geschrieben wurde. Sie erschöpft sich in Sentenzen, von denen Xenophon glaubt, dass sie helfen, die augenblickliche Situation zu erklären, die aber allenfalls abgenutzt sind.

Wie nicht anders zu erwarten, zeigte sich Seuthes nach Xenophons Ermahnungen dennoch geläutert. Er hatte ja bereits bewiesen, dass er ein guter Schauspieler war. So verfluchte er denjenigen, der für die Auszahlung des Soldes verantwortlich war, nannte aber keinen Namen. Dies tut auch Xenophon nicht, lässt aber die Masse sprechen: Alle vermuteten, das sei Herakleides.

Er habe nie daran gedacht, den Griechen den Sold vorzuenthalten, beteuert Seuthes, der nur noch überlegte, wie er dessen Höhe drücken konnte. Er machte Xenophon nochmals ein persönliches Angebot, ihn in seine Dienste zu nehmen, und hatte, als dieser ablehnte, eine zweite Versuchung bereit: Geld habe er keines, aber er gebe ihm 1000 Rinder, 4000 Schafe und 120 Sklaven, dazu ein Talent bares Geld. Xenophon quittierte dies mit einem Lachen, da er wusste, dass das Talent, das für ihn bestimmt sein sollte, ihm nur Schwierigkeiten bei den Soldaten einbringen würde. Ihm war auch klar, dass der Verkauf der lebenden Ware die nach seiner Ansicht geschuldeten 30 Talente nicht einbringen würde, aber entscheidend war, dass er nicht mit leeren Händen zu den Söldnern zurückkehrte. Überdies rechnete er damit, dass diesen eine Auszahlung nach Heller und Pfennig nicht mehr ganz so wichtig war, da sie ihre weitere Zukunft durch die Indienstnahme für die Lakedaimonier als gesichert betrachteten.

Am nächsten Tag ging Xenophon, begleitet von den Viehtreibern des Seuthes, ins griechische Lager zurück und wurde, wie er es auch erhofft hatte, dort freudig begrüßt, zumal die Söldner geargwöhnt hatten, er werde den Versprechungen des Seuthes nachgeben und bei ihm bleiben. Den Verkauf des Viehs übernahmen die Spartaner, indem sie es an bestellte Einkäufer übergaben. Xenophon wollte nichts mehr damit zu tun haben, denn er wusste, dass dies zu neuen Streitigkeiten und Vorwürfen führen würde. Er rüstete sich endgültig für die Heimfahrt. Bevor er freilich abfahren konnte, kamen seine Vertrauten und baten ihn, zunächst das Heer nach Asien zu führen und dem Spartaner Thibron zu übergeben. Er rechnete mit einem Umweg von einigen Wochen.

Mit Gott an unserer Seite

Xenophon betritt das letzte Kapitel des Buches als armer Mann und verlässt es als wohlhabender. Nach der Überfahrt nach Lampsakos begegnete er einem guten Bekannten aus Athener Zeiten, dem Seher Eukleides, und diesem vertraute er an, er habe nicht einmal genügend Reisegeld für die Heimfahrt, wenn er nicht sein Pferd und seine Habseligkeiten verkaufe. Eukleides wunderte sich und glaubte ihm nicht, ließ sich schließlich aber überzeugen. Xenophons Versuchen, sich Geld zu verschaffen, stehe Zeus Meilichios entgegen, sagte er. Dem müsse er opfern, und zwar auf seine, Eukleides', Weise holokaustisch, indem er also die Opfertiere ganz verbrenne. Xenophon tat, wie ihm geheißen, und prompt erwies sich das Opfer als günstig. Der Leser weiß jetzt, dass es, sollte Xenophon noch zu Geld kommen, allein Wille des Zeus ist.

Der einzige Zweck, zu dem Xenophon den Seher Eukleides in sein Werk einführt, besteht darin, die Leser, gemeint sind hier die noch lebenden Söldner, davon zu überzeugen, dass er, Xenophon, sogar sein Lieblingspferd verpfänden musste, und dass er König Seuthes als armer Mann verließ. Dazu bemüht er die unsterblichen Götter – er leistet einen Schwur – und ihr Personal auf Erden. Eukleides kostete es nichts, dem Glauben zu schenken, aber die Söldner wird der Aristokratensohn aus Athen nicht überzeugt haben, zumal er am Ende den Zug wieder als derjenige verließ, als der er sich ihm angeschlossen hatte: als reicher Mann. Das zu erklären, ist die Aufgabe der letzten Episode, die Xenophon in der *Anabasis* schildert.

Schon am nächsten Tag – Xenophon war inzwischen nach Ophryneion gekommen – stellten sich die Lakedaimonier Biton und Nausikleides ein, um ihm den Sold für das Heer zu bringen. Sie hatten noch eine Überraschung: Xenophons Lieblingspferd. In

Lampsakos hatte er es – aus Not, wie die beiden Lakedaimonier vermuteten – verpfänden müssen und so hatten sie es ausgelöst, ohne Xenophon eine Rechnung zu präsentieren. Sie wollten ihm nur eine Freude machen. Xenophon hatte es für 50 Dareiken verkauft, eine Summe, die für mehrere Reisen von Athen nach Asien und zurück gereicht hätte.

Danach folgt das letzte Abenteuer. Die Söldner marschierten durch die Troas, um schließlich nach Pergamon zu kommen. Hier quartierte sich Xenophon bei Hellas, einer Griechin, ein, die ihren Stammbaum bis zu Themistokles und dem exilierten Spartanerkönig Demeratos zurückführte. Sie hegte eine besondere Abneigung gegen den mächtigen Perser Asidates, der die Gegend kontrollierte, machte Xenophon Aussicht auf reiche Beute und überredete ihn zu einem Überfall. Letztlich ging es um reine Erpressung. Asidates und seine Familie sollten gefangen genommen und gegen ein hohes Lösegeld ausgetauscht werden. Ähnliche Aktionen der Söldner hatte Xenophon zwar nicht immer verhindert, aber doch missbilligt. Vielleicht machte den Unterschied, dass sich das Unternehmen gegen einen Würdenträger des Herrschervolkes, nicht gegen dessen Untertanen richtete. Doch zunächst einmal wurde Xenophon für seinen Plan bestraft, und er ist wieder so ehrlich, dies nicht zu verschweigen. Zwar hatte der Seher verkündet, die Opfer seien überaus günstig, die Götter stünden auf ihrer Seite und der Perser werde sich fangen lassen. Xenophon bedachte allerdings nicht, dass Götter nicht immer so kurzfristig denken wie Menschen. Froh gestimmt machte er sich nach dem Abendessen auf den Weg und nahm, da es offenbar Gewinn zu verteilen gab, die Hauptleute mit, die sich während des langen Marsches loyal zu ihm verhalten hatten. Allerdings hatte sich der Beutezug inzwischen herumgesprochen. Gegen 600 Söldner drängten sich noch hinzu, so dass die Streitmacht zuzüglich der 300 benötigten Soldaten fast 1000 Mann umfasste. Vergeblich suchten die Hauptleute die Hinzugekommenen abzuhalten, um ihre Beute nicht teilen zu müssen.

Um Mitternacht kamen sie an. Voller Gier, Asidates und seine wertvolle persönliche Habe zu erbeuten, ließen sie zunächst die Sklaven und das Vieh außer Acht und versuchten den Turm zu erstürmen, in den der Perser sich gerettet hatte. Eine Belagerung begann. Der Turm war hoch, hatte eine Mauer von acht Tonziegeln, zudem Schutzwehren und konnte eine größere Besatzung aufnehmen. Trotzdem versuchten sie, ihn zu erobern, da sie Asidates und seine Familie ja lebend fangen mussten. Es dämmerte schon der Morgen, da hatten sie erst ein Loch in den Turm geschlagen. Den Ersten der Griechen, der vorwärtsstürmte, drang plötzlich ein langer Bratspieß durch den ganzen Oberschenkel. Ein Pfeilhagel folgte. Inzwischen hatte die Besatzung auch durch Rufe und Feuersignale Alarm gegeben. Assyrische Schwerbewaffnete, hyrkanische Reiter, Leichtbewaffnete aus Parthenion, aus Apollonia und von überall her eilten zur Hilfe. Für einen geordneten Rückzug blieb kaum mehr Zeit. So nahmen die Griechen alles, was sie vorher nicht beachtet hatten, Sklaven, Rinder, Schafe, und kehrten um, nur darauf bedacht, das Ganze nicht als Flucht erscheinen zu lassen, indem sie alle Beute zurückließen. Letztlich konnten sie ihr Leben retten, doch die Hälfte der Söldner war verwundet. Von der Beute aber blieb wenig, 200 Sklaven und einige Schafe, Letztere gerade in genügender Zahl, um sie als Opfertiere zu verwenden.

Xenophon opferte auch wieder, denn die (bisher) nicht erfüllte Prophezeiung irritierte ihn. Um Asidates doch noch zu fangen, griff er dann zu einer Kriegslist, indem er vorgab, seine Truppen abzuziehen. Jener ließ sich auch trotz aller Vorsicht täuschen und wurde ergriffen. Die Gottheit behielt wieder recht und Xenophon bilanziert: «So ging der frühere Opferspruch in Erfüllung.»

Die Beute war groß und das Lösegeld hoch. Die Spartaner, die Hauptleute, die anderen – er sah sich also noch im Amt – Feldherren und die Soldaten, sie alle setzten sich dafür ein, dass er, da er ja der Organisator des Beutezugs war, unter den Pferden, den Gespannen und allem Übrigen «die Auswahl» hatte. So sah sich Xenophon am Ende des Zuges dort, wo er seit Kunaxa sein wollte: im Mittelpunkt, und war, wie er betont, in der Lage, auch anderen Wohltaten zu erweisen.

Nachdem das Heer in 215 Tagesmärschen 1150 Parasangen oder 34 255 Stadien zurückgelegt und dafür ein Jahr und drei Monate gebraucht hatte – so die Rechnung am Ende der *Anabasis* –, übergab Xenophon es dem Spartaner Thibron. Dieser zog gegen die Satrapen Tissaphernes und Pharnabazos zu Felde.

Mit diesem Satz endet die *Anabasis* und es beginnt der Teil der *Hellenika*, der Sparta ins Zentrum stellt. Xenophon berichtet zunächst wieder, was er im Wesentlichen selbst sah und erlebte, erwähnt aber die eigene Person fortan nicht mehr.

Erinnerung an Sokrates

Nachdem die verbliebenen Söldner an Thibron übergeben worden waren und nun im Dienst Spartas standen, gab es kein Hindernis mehr für Xenophon, die geplante Heimfahrt anzutreten. Er besaß mehr als das erforderliche Reisegeld und es steuerten genügend Schiffe den Piräus an. Allein, Xenophon blieb in Kleinasien. Zu den Gründen schweigt er. Er sagt nicht, warum er nicht zurückkehrte, er sagt nicht einmal, dass er bei den Spartanern blieb. Dies ergibt sich nur aus einer Stelle der *Hellenika*, wo er, ohne dessen Namen zu nennen, vom «Führer der Kyreer» spricht, und der war er selbst, wie sich aus der Situation ergibt. Es ist die erste Stelle, an der er unter den «Kyreern» Griechen versteht, nämlich die überlebenden Söldner des Kyros. In der *Anabasis* kennzeichnete das Wort noch allein Perser, nämlich die, die als Gegner des Großkönigs den Marsch ins Landesinnere antraten. Die Erwähnung der Kyreer gehört ins Jahr 398, Xenophon steht also schon über ein Jahr als Führer der auf die Hälfte geschrumpften Zehntausend unter dem Oberkommando Spartas, zuerst repräsentiert durch Thibron, dann durch den Feldherrn Derkylidas.

So erhebt sich die Frage, warum Xenophon blieb. Die spätere Antike in Gestalt des Biographen Diogenes Laertios, des Reiseschriftstellers Pausanias und des Redners Dion Chrysostomos beantwortete dies eindeutig: Xenophon sei aufgrund seines Einsatzes für den Spartanerfreund Kyros aus Athen verbannt worden. Im März 399 wusste Xenophon aber, wie er selbst sagt, noch nichts von einer Verbannung, und in der Tat plante er ja seine Heimreise. Da er sich in der *Anabasis* gegen – dort nicht zitierte – Vorwürfe eines politisch motivierten Anschlusses an Kyros verteidigt, konnten spätere Interpreten zum Schluss kommen, er sei deswegen verbannt worden. Eine solche Meinung wird jedoch erst rund ein halbes Jahrtausend nach dem Zug ausgesprochen.Wahrscheinlicher ist daher, dass erst seine Teilnahme an der Schlacht von Koroneia im Jahre 394, wo er auf Seiten des athenischen Landesfeindes steht, zu dem Verbannungsdekret geführt hat. Erst danach kam auch den Lakedaimoniern der Gedanke, den heimatlos Gewordenen zu entschädigen.

Was aber bewog Xenophon, wenn er noch nicht verbannt war, in letzter Minute seinen ursprünglichen Plan aufzugeben und auf die Heimreise zu verzichten? Er hatte bekanntlich in der Reiterei der Dreißig gedient. Diese fiel zwar unter die Amnestie von 403, aber die Reiter waren des ungeachtet in der restituierten Demokratie wenig gelitten. Das war ja auch einer der Gründe, die Xenophon dazu bewogen hatten, Athen eine Zeitlang zu verlassen. Als nun der Harmost Thibron im Herbst 400 aufgrund des Bündnisvertrags 300 Reiter aus Athen anforderte, schickte die Stadt die Kavalleristen, die unter den Dreißig gedient hatten. Die Athener sparten sich den Sold – den übernahmen die Spartaner –, aber sie hatten noch ein zweites Motiv. Xenophon formuliert es mit Ingrimm, wohl wissend, dass es auch ihn betraf. Die Athener, schreibt er in den *Hellenika* «glaubten, dass es ein Gewinn für das Volk sei, wenn die Reiter außer Landes zugrunde gingen».

Die Reiter langten im Frühjahr 399 in Kleinasien an, wo sie auch Xenophon trafen, der sich inzwischen bei Thibron aufhielt. Sie brachten ihm vielleicht persönliche Nachrichten, aber auch eine, über welche die abendländische Welt noch 2500 Jahre später diskutieren sollte. Sie machte die Vergangenheit, der er hatte entfliehen wollen, wieder lebendig. Ein athenisches Gericht hatte Sokrates, als dessen Schüler Xenophon sich verstand, zum Tode verurteilt. Der Schock war groß, und er traf ihn unvorbereitet. Wut und Enttäuschung müssen die eine Reaktion gewesen sein, Furcht die andere. Der Demos hatte die Herrschaft der Dreißig, deren Büttel er war, nicht vergessen, und wenn er Sokrates auch nicht zu den Hauptbeteiligten zählte, so hielt er ihn doch für den Freund und Lehrer des Kritias. Seine Lehre galt als demokratiefeindlich. All diese Vorwürfe – wenn auch nicht ihre Richtigkeit – bestätigt Xenophon selbst später indirekt, denn er verteidigt Sokrates vehement gegen sie. Für den Moment freilich hatte er keine andere Wahl, als in Kleinasien zu bleiben. Angst herrschte unter den Schülern des Sokrates, ihnen könnte Ähnliches widerfahren wie

Sokrates und der junge Xenophon. Ausschnitt aus Raffaels Gemälde «Die Schule von Athen», 1511.

dem Lehrer. So floh Platon unmittelbar nach dem Urteil aus Athen.

Xenophon bekennt sich in der *Anabasis* ausdrücklich zu Sokrates als dessen Schüler; über ihn geschrieben hat er aber erst sehr viel später, an die 40 Jahre – etwa Ende der sechziger Jahre in Korinth. In der *Apologie*, im *Symposion*, aber vor allem in den *Memorabilien* geht er seinen Spuren nach. Über die eigenen Erinnerungen aber hatten sich da längst wie ein Schleier all die Bilder gelegt, die die Schüler und Gegner des Sokrates inzwischen von diesem gezeichnet hatten. Dem historischen Sokrates konnte Xenophon mit persönlichen Erinnerungen – der Titel ist eine literarische Fiktion – nicht mehr gerecht werden. Es darf sogar bezweifelt werden, dass er das überhaupt wollte. Xenophon ist inzwischen ein erfolgreicher Schriftsteller geworden, der aus publizierten Werken das ihm Passende auswählt, exzerpiert, ordnet und zu einem Neuen, seinen Vorstellungen Gemäßem formt. So zeigen die *Memorabilien* seine

Fähigkeiten als Autor und das, was er an Sokrates' Lehre versteht, und was ihm für das Leben, wie er es führt(e), passend erscheint.

Die *Memorabilien* sind Dichtung und, wie die Forschung längst erkannt hat, keine Quelle aus erster Hand. Wenn Sokrates über Militärisches (oder auch über Mantik) spricht, fließt Xenophons eigenes Wissen ein. Die Erfahrungen, die er als Feldherr gesammelt hat, legt er Sokrates in den Mund und macht ihn gleichsam zum Kronzeugen, dass er als (einer der) Führer der Zehntausend zur rechten Zeit das Rechte tat.

Exkurs: Parasangen, Stadien und Monate

In den modernen Ausgaben der *Anabasis* ist der letzte Passus, der die Strecke bemisst, die die Griechen zu Fuß zurücklegten, und die Zeit, die sie dazu brauchten, außerdem noch alle die Herrscher (Archontes) aufzählt, deren Gebiete im «Land des Großkönigs» der Zug der Zehntausend passierte, in kleineren Buchstaben oder auch kursiv gesetzt, d. h. die Herausgeber rechnen ihn übereinstimmend nicht zu dem von Xenophon veröffentlichten Werk, sondern nehmen eine nachträgliche Einfügung an. Über das ganze Werk verteilt gibt es drei solcher Angaben zur Länge der Strecke und des Zeitaufwandes, einmal nach der Schlacht von Kunaxa (2.2.6), einmal beim Erreichen der Küstenstadt Kotyora (5.5.4) und eben nach Abschluss des Zuges (7.8.26). Bis Kunaxa sind es demnach 535 Parasangen, der Parasange mit etwa 5,5 Kilometern gerechnet, von Kunaxa bis Kotyora 620. Die Umrechnung in Stadien erfolgt schematisch, indem ein Parasange mit 30 Stadien gleichgesetzt wird, so dass sich für die erste Strecke 16 050 Stadien und für die zweite 18 600 Stadien ergeben. An Marschtagen – die Ruhepausen also nicht gerechnet – zählt der anonyme Interpolator 93 bzw. 122.

Alle drei Anmerkungen stammen sicherlich von derselben Hand, wobei die dritte nur eine Addition der Strecken- und Zeitangaben der beiden ersten ist, ergänzt durch die Herrscherliste, weil das Heer in Kotyora auf Schiffe verladen wurde und die Strecke bis Byzanz auf dem Seeweg zurücklegte. Ignoriert wird dabei, dass ein Teil des Heeres in Herakleia die Schiffe verließ und das Zwischenstück bis zum Hafen von Kalpe auf der Küstenstraße bzw. einem Umweg mit einem Abstecher ins Landesinnere zurücklegte. Auch die *Anabasis* selbst macht für diese Strecke keine Angaben mehr über die zurückgelegten Kilometer.

Die Tagesmärsche ergeben in der Addition der beiden früheren (2.2.6 und 5.5.4) Angaben durch den Interpolator korrekt die Gesamtzahl von 215, bei den Parasangen und Stadien gibt es kleine Ungenauigkeiten, die aber wohl auf eine fehlerhafte Überlieferung zurückzuführen sind. Nahe liegt zunächst, dass ein früher Leser die in der *Anabasis* gegebenen Angaben zusammengezählt und am Rande seiner Ausgabe notiert hat, bevor sie vom nächsten Kopisten dann in den eigentlichen Text integriert wurden. Diese Vermutung scheidet jedoch aus, da die Addition der Marschtage, die Xenophon selbst in der *Anabasis* aufzählt, gänzlich andere Zahlen (119 bzw. 84) ergibt. Zwei weitere Beobachtungen kommen hinzu: Der Anonymus zählt nicht von Sardes aus, wo sich die Söldner versammelten, seine Rechnung beginnt in Ephesos. Das aber ist die Stadt, in der Xenophon kleinasiatischen Boden betrat, bevor er nach Sardes weiterreiste. Passend dazu schreibt der unbekannte Autor zweimal in der ersten Person, nur für die Angaben zur Strecke von Kunaxa bis Kotyora ist das Heer (*stratia*) als Subjekt gewählt. Hinter dem Anonymus, so der Kommentator Otto Lendle, verberge sich daher ein guter Bekannter, nämlich Xenophon selbst, der als Quelle der zusätzlichen – in der *Anabasis* ausgelassenen – Informationen sein in Asien geführtes Tagebuch nutzte. Er habe diese nachträglich in sein eigenes Exemplar notiert und von dort seien sie entgegen seiner Absicht in die Tradition gelangt.

Für die Etappenzählung sind die Zusätze weniger von Interesse, doch sie besitzen eine gewisse Bedeutung für die Chronologie. Ausgangspunkt ist dabei der Aufenthalt der Griechen im Land der Mossynoiken, der in die Zeit nach der Dinkelernte fällt, in etwa Ende Juli. Nachdem sie deren Gebiet verlassen hatten, gelangten sie nach zwei Tagen bis Kotyora. Dem Anonymus (Xenophon?) zufolge waren seit dem Aufbruch aus Kunaxa acht Monate verstrichen, die Schlacht dort müsste demnach also – *cum grano salis* – Ende November statt wie bisher meist angenommen Anfang September stattgefunden haben. Für die eigentliche Anabasis, also die Strecke von

Sardes nach Kunaxa, rechnet der Interpolator mit sieben Monaten, der Aufbruch wäre demnach dann erst etwa im Mai erfolgt, so dass sich als zeitlicher Rahmen für Ana- und Katabasis (von Sardes bis Kotyora) die Monate von Mai 401 bis Ende Juli 400 ergäben.

6

DER LANGE WEG
NACH HAUSE
(399–354)

Unter spartanischem Kommando

Im zweiten Buch seiner *Hellenika* setzt Xenophon, wie gesehen, die Geschichte Athens von der Kapitulation bis zum Jahre 401 fort. Sein nächstes Thema wäre dann der Zug des Kyros gewesen, doch diesen klammert er aus, da er ja schon von einem gewissen Themistogenes aus Syrakus beschrieben worden sei. So beginnt das dritte Buch der *Hellenika*, die Geschichte der ersten vier Jahrzehnte des vierten Jahrhunderts, mit den Folgen dieses Zuges, und es beginnt dort, wo sich Xenophon damals gerade aufhielt: in Kleinasien.

Nach dem Tode des Kyros war der Satrap Tissaphernes in der persischen Hierarchie aufgestiegen. Der Großkönig hatte ihm für erwiesene Loyalität auch das Gebiet in Kleinasien übertragen, über das früher Kyros geherrscht hatte. Tissaphernes war auf dem Gipfel seines Selbstbewusstseins und forderte die Unterwerfung aller ionischen Städte. Diese schickten Gesandte an die Spartaner und erinnerten an deren Freiheitsversprechungen. Die Spartaner entsandten daraufhin den Harmosten Thibron und gaben ihm 1000 Neodamoden und 4000 Peloponnesier mit. Die griechischen Städte Kleinasiens stellten weitere Truppen. Trotzdem genügten alle diese, einschließlich der 300 Reiter aus Athen, offenbar nicht, um der Kavallerie des Tissaphernes auch in der Ebene zu begegnen. Dies veranlasste die Spartaner schließlich, die Reste der Kyreer – wie berichtet, weniger als die Hälfte derer, die zwei Jahre vorher nach

Osten aufgebrochen waren – in Dienst zu nehmen. Thibron eroberte einige schwächere Städte, doch schon vor Larisa gab es Probleme. Xenophon erlebte die Belagerung mit, wie seine detaillierte Schilderung verrät. Thibrons Versuche blieben vergeblich und die Ephoren befahlen schließlich, von dem Unternehmen abzulassen. Er wurde noch 399 abgelöst, nachdem die Verbündeten sich über die Plünderung ihres Landes beklagt hatten; die Lakedaimonier schickten ihn aus Asien in die Verbannung, allerdings auf Bewährung, denn Jahre später gaben sie ihm die Chance, für Sparta zu fallen. Er nutzte sie.

Xenophons Verhältnis zu Thibron war nicht gut. Das mag persönliche Gründe gehabt haben, auf jeden Fall aber billigte er dessen Umgang mit den in Kleinasien lebenden Griechen nicht. Thibrons Nachfolger hieß Derkylidas und die nächsten drei Jahre, bis König Agesilaos kam, blieb Xenophon in dessen Stab. Er schickt ihm in den *Hellenika* eine etwas zweifelhafte Charakteristik voraus, die an das Wort Lysanders erinnert, wenn der Löwenpelz nicht hinreiche, müsse man den Fuchspelz daran nähen: Derkylidas habe als besonders «trickreich» gegolten und deswegen den Beinamen Sisyphos erhalten, der in der griechischen Mythologie für seine skrupellose Schlauheit berüchtigt war.

Anders als zu dessen Vorgänger scheint Xenophon zu Derkylidas aber ein gewisses Vertrauen (und umgekehrt) gehabt zu haben. Mehrmals überliefert er – ein Beweis, dass er sich oft in seiner Nähe aufhielt – mit sichtlicher Freude Dialoge, die dieser nicht ohne Witz führte, so zum Beispiel als er einen Untersatrapen, der sich dieses Amt durch die Ermordung seiner Schwiegermutter Mania, die Xenophon ausführlich würdigt, verschafft hatte, mit sophistischer Beweisführung zum betrogenen Betrüger stempelt.

Derkylidas respektierte die Verbündeten. Sorgfältig wählte er seine Winterquartiere, um nicht den Bewohnern eines befreundeten Landes zur Last zu fallen. So kamen im Frühjahr 398 spartanische Emissäre nach Lampsakos, um die Lage in Asien zu sondieren und Derkylidas im Amt zu bestätigen. Die Ephoren hatten sie auch beauftragt, die Truppen zu versammeln, um ihnen zu sagen, dass sie diese für das, was sie früher (unter Thibron) getan hätten, tadelten, dafür aber, dass sie jetzt kein Unrecht mehr verübten, lobten. Xenophon, immer noch Führer der Kyreer, konnte als *philostratiotes* diesen Tadel für seine Söldner nicht akzeptieren und ergriff das Wort vor dem Heer. Es sind die letzten gesprochenen Worte, die wir in den *Hellenika* mit seiner Person in Zusammenhang bringen können, obwohl der Sprecher anonym bleibt: «Wir, Männer aus Sparta, sind freilich dieselben, die wir auch im vergangenen Jahr waren, aber der Befehlshaber ist jetzt ein anderer als im vergangenen Jahr. Den Grund dafür, dass wir jetzt nichts Unrechtes tun, es aber letztes Jahr taten, den zu erkennen seid ihr nun selbst in der Lage.»

Derkylidas belagerte schließlich Atarneus, wo Aristoteles 50 Jahre später einige Jahre verbrachte, eroberte es 397 und rückte dann nach Karien vor. Jetzt aber vereinigten Tissaphernes und Pharnabazos ihre Truppen, «um die Griechen aus dem Land des Großkönigs zu werfen». Die Heere standen sich bereits in Schlachtordnung gegenüber, doch der Kampf wurde in letzter Minute vermieden. Für Xenophon war dies nochmals ein Verdienst der Kyreer und der Tapferkeit, die sie bei Kunaxa gezeigt hatten. Während Pharnabazos zu den Waffen drängte, «bedachte», so Xenophon, Tissaphernes, «wie das (griechische) Heer unter Kyros gekämpft hatte», und wollte sich nicht auf eine Feldschlacht einlassen. Stattdessen wurde im Frühsommer 397 ein Waffenstillstand geschlossen. Friedensbedingungen sollten der Abzug der Spartaner und die Autonomie der Griechenstädte in Kleinasien sein – eine Illusion, wie sich bald herausstellte.

Im Stab des Agesilaos

Xenophon befand sich jetzt ungefähr drei Jahre im spartanischen Stab in Kleinasien. Und wieder trat eine Wende ein, die sein weiteres Leben bestimmen sollte. Es begann in Phoinikien. Dort hielt sich ein gewisser Herodas, ein Schiffseigner aus Syrakus, auf, um Geschäfte abzuschließen. Eines Tages beobachtete er eine größere Anzahl von Kriegsschiffen im Hafen, sah, wie immer mehr von anderswo vor Anker gingen und dass auf den Werften weitere im Bau waren. Gerüchteweise hörte er, es sollten 300 werden. Sofort bestieg er das nächstbeste Handelsschiff und machte sich auf den Weg nach Sparta. Die Behörden waren aufgeschreckt, sie vermuteten den Plan einer neuen Invasion nach Griechenland und versammelten ihre Verbündeten, um zu beratschlagen. So entschlossen sie sich zu einer Art Präventivschlag. Sie fühlten sich dazu ermutigt, da sie auf die eigene Flotte vertrauten und das Beispiel der Zehntausend vor Augen hatten, wie Xenophon nicht ohne Stolz vermerkt. Der König Agesilaos selbst sollte den Feldzug führen. Dazu stellten sie ihm 2000 Neodamoden und ca. 6000 Mann an peloponnesischen Verbündeten zur Verfügung.

Agesilaos zog zunächst nach Aulis, wo schon Agamemnon geopfert hatte, ehe er nach Troia segelte, und fuhr dann nach Ephesos. Dort traf er Xenophon. Es sollte der Beginn einer dauerhaften Freundschaft werden, wenngleich Xenophon in den folgenden Jahren gleichsam im Schatten des Königs verschwindet. Er ist aber dort, wo dieser ist, erlebt ihn offiziell und privat und dokumentiert seine Nähe, indem er Gespräche und Gedanken des Agesilaos lebendig werden lässt. Während Thukydides sich auf das Militärische beschränkt, nimmt sich Xenophon die Zeit, den Menschen hinter dem Feldherrn zu zeigen. So fügt er eine längere Episode ein, in der sich König Agesilaos als Heiratsvermittler betätigt oder erlebt und schildert dessen Rivalität mit Lysander.

Wie und wann Agesilaos Xenophon zu Rate zog, verrät dieser nicht, aber es liegt nahe, dass sich der König dessen Erfahrungen mit den Persern zunutze machte. Sicherlich berichtete ihm Xenophon von dem Satrapen Tissaphernes, mit dem Agesilaos sofort nach seiner Ankunft in Ephesos Verhandlungen führte, und so zeigte er sich auch dessen Listen gewachsen. Im Wesentlichen beschränkte sich Agesilaos in Kleinasien auf Beutezüge. Viel mehr konnte er nicht tun, denn die Reiterei des Satrapen war überlegen. Es ist das Problem, das Xenophon schon auf dem Rückzug aus Kunaxa hatte, und zweifellos beriet er mit seinen Kenntnissen und Erfahrungen auf diesem Gebiet auch hier Agesilaos. Dessen Plan, sich eine Kavallerie zu verschaffen, indem er die reichsten Leute der dortigen Städte zum Unterhalt verpflichtete, ohne dass sie selbst Kriegsdienst leisten mussten, könnte auf Vorstellungen Xenophons fußen.

Im Frühling 395 hielt sich Xenophon in Ephesos auf. Anschaulich schildert er, wie die Stadt eine einzige Waffenschmiede wurde, in der alle, Erzgießer, Zimmerleute, Eisenschmiede, Sattler, Be-

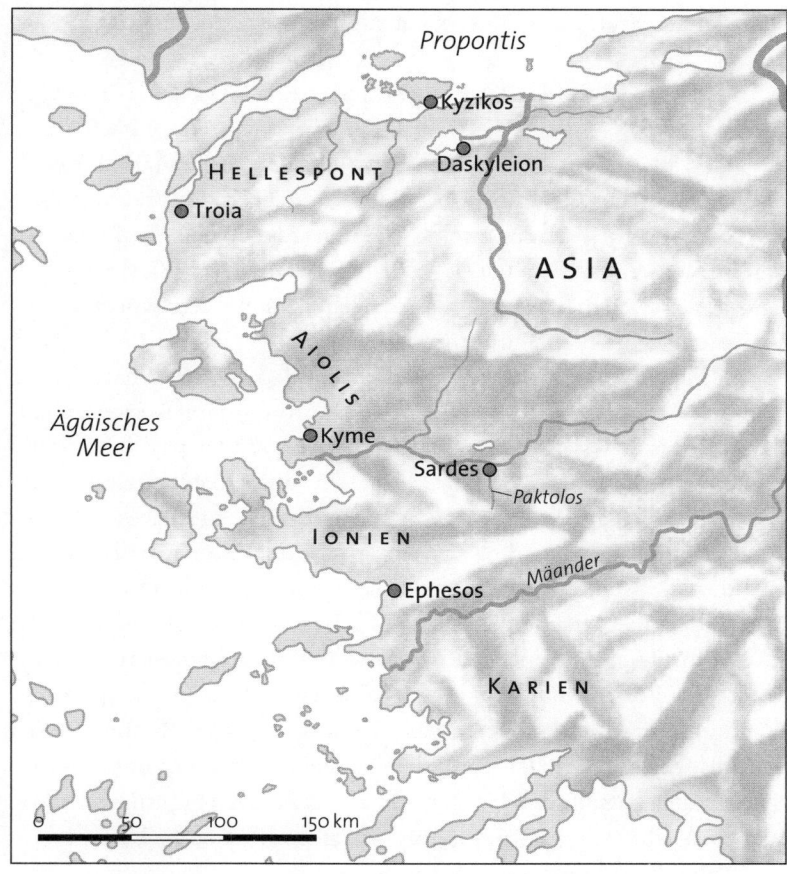

Karte 7: Agesilaos in Kleinasien.

maler von Schilden und andere an der Instandsetzung und Herstellung von Kriegsgerät arbeiteten, während die einzelnen Truppengattungen in den Gymnasien, den Palaistren und auf den Rennbahnen übten. Das Kommando über Xenophons Kyreer übernahm nun offiziell der Spartaner Herippidas, und er führte sie auch in die Schlacht am Paktolos, in der Agesilaos die Reiterei des Tissaphernes besiegte – sein einziger größerer Sieg auf asiatischem Boden. Die Niederlage des Satrapen verhalf Xenophon zu einer späten Genugtuung, denn der Großkönig nahm sie zum Anlass, seinen *Helden* von Kunaxa abzusetzen und enthaupten zu lassen.

Dessen Nachfolger Tithraustes änderte die Taktik. Er wollte Agesilaos aus Kleinasien vertreiben, indem er den Krieg nach Griechenland hineintrug. Das verschlechterte auch die Situation Xenophons. Persisches Geld floss nach Theben, nach Korinth und Argos. Zwar verteidigt Xenophon seine Heimatstadt, sie habe nichts davon genommen, doch Athen trat der antispartanischen Koalition bei. Selbst wenn noch keine Verbannung ausgesprochen worden war, schien eine Rückkehr nun unmöglich.

Im Herbst 395 plünderte Agesilaos die Satrapie des Pharnabazos und die Hoffnung, das Kriegsziel – die Autonomie der griechischen Städte – erreichen zu können, stieg nochmals. Der paphlagonische Fürst Otys und ein persischer Überläufer, Spithridates, stellten neue Reiter für die Kavallerie. Den Winter verbrachte Agesilaos in Daskyleion in der Residenz des Pharnabazos. Xenophon war dabei und schildert es als eine Art Schlaraffenland mit Lebensmitteln in Hülle und Fülle, einem großen Park, mit allerlei Getier zur Jagd und einem Fluss zum Fischen. Zwischen Agesilaos und Herippidas kam es dann jedoch zu Verstimmungen. Auch Xenophons Verhältnis zu seinem Nachfolger bei den Kyreern war nicht das Beste. Er betont dessen Ruhmsucht und kreidet ihm schwerwiegende Fehler an: Otys und Spithridates hätten seinetwegen mit ihren Reitern Agesilaos verlassen, ein Verlust, der, so Xenophon, das Heer erheblich schwächte.

Schließlich kam eine Unterredung zwischen Pharnabazos und Agesilaos zustande, bei der auch dessen ganzer Stab anwesend war. Xenophon legt Pharnabazos eine Rede in den Mund, die deshalb aufschlussreich ist, weil sie nochmals sein differenziertes Bild der Perser zeigt. Wie er zwischen Kyros und Artaxerxes unterscheidet, so hebt er auch die Offenheit und Ehrlichkeit des Pharnabazos von der Verschlagenheit des Tissaphernes ab: «Die Paläste und die Parkanlagen, voll mit Bäumen und wilden Tieren, die mir mein Vater hinterließ und an denen ich mich erfreute, all dies sehe ich abgeholzt oder niedergebrannt. Insofern ich derjenige bin, der nicht versteht, was Recht ist vor den Göttern und unter den Menschen, so lehrt ihr mich, wie dieses Verhalten sich mit Männern verträgt, die ihren Dank abzustatten wissen.»

Die anwesenden 30 Spartaner, sagt Xenophon, schämten sich und schwiegen dazu. Schließlich machte Pharnabazos eine Einigung mit den Lakedaimoniern ganz offen vom Verhalten des Großkönigs abhängig. Erhalte er den Oberbefehl im Westen, bleibe er ein Feind der Lakedaimonier. Agesilaos akzeptierte und versprach, so schnell wie möglich dessen Satrapie zu räumen.

Als der Frühling kam, stieg Agesilaos in die Ebene von Thebe hinab. Vorher verbreitete er das Gerücht, er plane, wie Kyros, ins Landesinnere zu ziehen und den Großkönig zu stürzen. Die Griechen hatten eine Vorstellung vom Perserreich entwickelt, die sie von einem Sieg über den Perserkönig träumen ließ. Xenophon selbst fasst sie am Anfang der *Anabasis* in nur einem Satz zusammen: Der Großkönig sei mächtig dank der Größe seines Reiches und der Zahl der Völker, die es besiedelten, aber schwach aufgrund der großen Entfernung und der Verzettelung der einzelnen Hereskontingente, wenn ein Krieg mit großer Schnelligkeit geführt werde. Das war nicht die Summe seiner Erfahrungen, sondern ein gemeingriechischer Topos, der von einigen später als Kriegsaufruf missverstanden wurde. Tatsächlich eroberte Alexander das Perserreich, indem er besonders langsam vormarschierte und viele Umwege zur Sicherung der Küsten in Kauf nahm. Agesilaos fehlten alle Voraussetzungen für einen Vorstoß ins Landesinnere; er dachte auch gar nicht daran. Vermutlich war er froh, einen Vorwand erhalten zu haben, um den sinn-, weil ergebnislosen Kämpfen auf kleinasiatischem Boden entkommen zu können. Seine Tage dort waren jedenfalls gezählt.

Zurück in Griechenland

Sparta drohte inzwischen ein großer Krieg auf heimischem Boden. Ein Bote erreichte Agesilaos und überbrachte ihm die Nachricht, der Stadt auf dem schnellsten Weg zu Hilfe zu kommen. Xenophon lässt ihm die Illusion, um Ehrungen betrogen worden zu sein, die seinen weiteren Taten in Asien hätten folgen können. Es gab für Agesilaos keinen anderen Weg, als dem Befehl zu gehorchen. Sparta schickte auch seine Könige bei einer Befehlsverweigerung in die Verbannung. Er ließ 4000 Mann Besatzung zurück und kehrte mit seiner

Streitmacht, darunter auch den Kyreern, auf demselben Weg zurück, auf dem einst Xerxes gegen die Thermopylen vorgerückt war. Auf halbem Weg erreichten ihn schon Nachrichten von einer ersten großen Schlacht. Am Nemea-Bach bei Korinth hatten die Lakedaimonier und ihre peloponnesischen Verbündeten eine Koalition aus Boiotern, Athenern und anderen Griechen geschlagen. Der Krieg war jedoch nicht zu Ende. Agesilaos marschierte weiter durch Makedonien und Thessalien. Hier stieß er auf die berühmte Reiterei des Landes, die das durchziehende Heer attackierte. Er änderte Marschordnung und Taktik und besiegte überraschend die feindliche Kavallerie. Agesilaos' Stolz darauf ist unverkennbar, und ebenso auch der des Xenophon, denn diese erfolgreiche Strategie hatte er schon in Asien praktiziert.

So kamen sie ungefährdet an die Grenzen Boiotiens, als eine Sonnenfinsternis eintrat. Es war der 14. August 394. Am selben Tag erhielt Agesilaos die Nachricht von der spartanischen Niederlage in der Seeschlacht von Knidos an der südwestlichen Küste Kleinasiens. Der Traum eines Sieges über die Perser war endgültig ausgeträumt. Sparta kämpfte nur noch um die Hegemonie in Griechenland. Agesilaos verschwieg seinen Truppen die Niederlage und rückte schließlich in die Ebene von Koroneia vor. Dort entschied sich Xenophons Schicksal ein weiteres Mal. Er befand sich immer noch im Stab des Agesilaos, und gleichgültig, ob er direkt an der Front stand oder hinter den Linien, er kämpfte gegen seine Heimatstadt. Spätestens jetzt waren das Exil sowie Ehr- und Vermögensverlust die zwangsläufige Folge.

Es sei eine Schlacht gewesen wie keine zweite, schreibt Xenophon, um sofort zu relativieren, «zumindest zu meiner Zeit». Er war dabei, und trotzdem fällt die Schilderung kurz aus, denn selbst als Beobachter war es schwer, sich einen Überblick über das Geschehen zu verschaffen: «Während die Truppen gegeneinander vorrückten, herrschte eine Zeit lang ein tiefes Schweigen auf beiden Seiten. Sobald sie aber etwa noch ein Stadion voneinander entfernt waren, erhoben die Thebaner das Kriegsgeschrei und stürzten sich im Laufschritt auf den Feind.»

Als sich die Entfernung auf 90 Meter verkürzt hatte, ging die Phalanx des Agesilaos zum Gegenangriff vor, unter ihnen auch die

Kyreer des Xenophon unter dem Befehl des Herippidas. Die Argiver flohen schnell, doch noch standen die Thebaner; *seine* Athener erwähnt – angesichts ihrer Niederlage – Xenophon nicht mehr. Dagegen vermerkt er – für ihn etwas überraschend – einen taktischen Fehler des bewunderten Agesilaos. Die Überzeugung von den eigenen Feldherrnfähigkeiten siegte über die gewöhnliche Verklärung des Freundes, auch wenn er – gleichsam entschuldigend – dessen Vorgehen als «furchtlos» etikettiert. Anstatt dem Versuch des Feindes, einen Durchbruch zu erzwingen, nachzugeben, um ihn dann von der Seite anzugreifen, stellte sich Agesilaos ihm mit der Front entgegen. «So stießen sie die Schilde aufeinander, drängten, kämpften, töteten und wurden getötet», schreibt Xenophon und kaschiert ein wenig die schweren Verluste.

Nach dem Sieg stellt er Agesilaos wieder im gewohnten Licht dar. 80 bewaffnete Feinde, die in einem Tempel Schutz gesucht hatten, durften auf seinen Befehl hin unbehelligt abziehen. Agesilaos schloss einen Waffenstillstand, ging – in Begleitung Xenophons – nach Delphi und weihte dem Gott den Zehnten aus der Beute. Xenophon aber befand sich nach sieben Jahren wieder an dem Ort, von dem seine Reise ausgegangen war. Der Gott hatte seine Opfer angenommen. Er war zurückgekehrt, wenn auch nicht in seine Heimatstadt.

Agesilaos begab sich nach Sparta und Xenophon folgte ihm. Es ist sein erster bekannter Aufenthalt dort, und er prägte ihn. Viele Interna aus der spartanischen Innenpolitik wie die Verschwörung des Kinadon oder die Liebesaffäre um den Sohn des Sphodrias muss er damals erfahren haben. Der Biograph Plutarch, der von Xenophon unabhängige Quellen benutzte, bezeugt dies. Agesilaos suchte auch zu Hause seinen Rat und forderte ihn auf, seine Söhne in Sparta erziehen zu lassen. Dass das auch geschah, wie Diogenes Laertios behauptet, ist unwahrscheinlich. Xenophon lernte seine Frau Philesia wohl nicht vor 394 kennen, kleine Kinder aber blieben auch in Sparta bei der Mutter. Im Jugendalter jagten seine Söhne, wie er selbst bezeugt, mit ihm in Skillus und später verstärkten sie die athenische Reiterei.

In Griechenland ging der Kleinkrieg weiter. Athen baute seine Mauern wieder auf und gewann seine Inseln Lemnos, Imbros und

Skyros zurück, Sparta suchte unter Preisgabe der griechischen Städte in Kleinasien den Frieden mit den Persern, ein Krieg um Korinth brach aus, Friedensgespräche zwischen Athen und Sparta scheiterten. Agesilaos führte das Heer erst drei Jahre später wieder an. Xenophon hielt sich auch in dieser Zeit wohl in Sparta und in der Nähe des Königs auf. Vermutlich sind dessen Feldzüge nach Argos und Korinth in den Jahren 391 und 390 die letzten, auf denen er ihn begleitete. Sie aber leiteten einen neuerlichen Umschwung ein.

Der Untergang der Mora

Als Agesilaos gegen Korinth zog, war Xenophon an seiner Seite. So wurde er, bevor er das Gut in Skillus bezog, Zeuge eines Ereignisses, das eine Zäsur in der Geschichte Spartas darstellte. Im Jahre 392, am großen Fest der Artemis Eukleia, als sich viele Leute auf dem Markt versammelt hatten, hatten die korinthischen Demokraten ein Massaker unter ihren aristokratischen Gegnern angerichtet. So beschreibt es wenigstens Xenophon, der in der Sache allerdings Partei ist. Einige entkamen und suchten Hilfe in Sparta. Korinth wurde zum Zankapfel. Die Athener argwöhnten, Sparta wolle es als Aufmarschgebiet gegen Attika nutzen, die Lakedaimonier fürchteten einen Zusammenschluss mit dem Erzfeind Argos zu einem argivisch-korinthischen Doppelstaat. Die Spartaner forcierten ihre militärischen Anstrengungen und 390 gelang es Agesilaos schließlich, das stark befestigte Peiraion, ein korinthisches Küstengebiet, das nördlich der Stadt am Isthmos lag, zu erobern. Die Bewohner flohen mit ihrem Vieh in das an der Küste gelegene Heiligtum der Hera. Dort saßen sie in der Falle und mussten kapitulieren. Agesilaos hielt Gericht, so wie Sieger eben Gericht halten. Die Spartagegner wurden den korinthischen Flüchtlingen ausgeliefert oder in die Sklaverei verkauft. Agesilaos genoss seinen Sieg, und so waren ihm Beobachter willkommen. Xenophon war einer von ihnen, er bewahrt in seinen *Hellenika* viele Details von dem, was er sah und hörte.

Aus Theben waren Gesandte der Boioter angereist, weil sie sich sorgten, die Spartaner könnten den korinthischen Hafen Lechaion, den sie besetzt hielten, zu einer Attacke quer über den Golf auf ihr

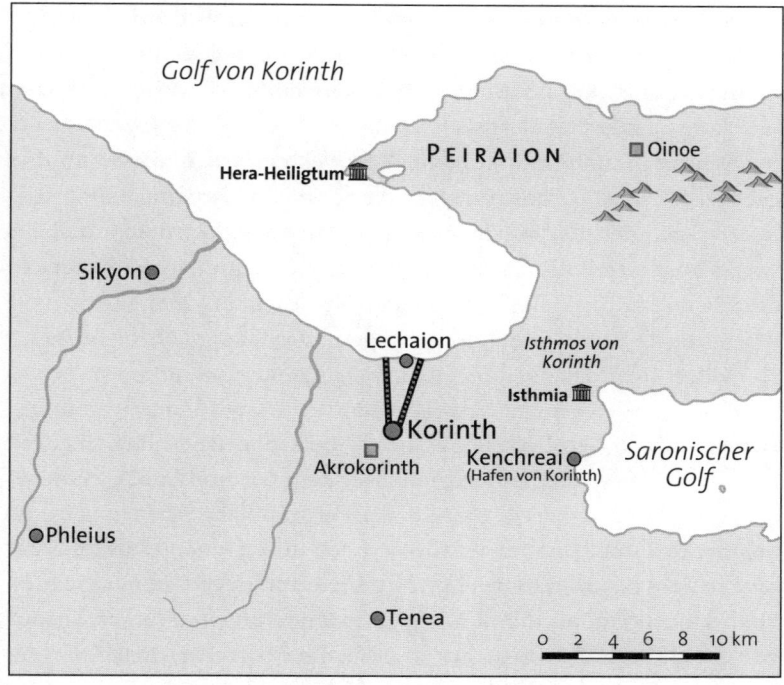

Karte 8: Ein Kampf um Korinth.

Gebiet nutzen. So waren sie zu Zugeständnissen bereit, um Frieden zu schließen. Für Agesilaos sprach der Augenblick, und so behandelte er die Boioter von oben herab und tat, als sähe er sie gar nicht. Xenophon schildert auch diese Szene und nennt – eine ungewöhnliche Kritik – das Verhalten des Agesilaos: *megalophron* (hochmütig).

Während bei Herodot zwischen Hybris und Nemesis, zwischen Vermessenheit und Vergeltung, Generationen vergehen können, sind es hier nur Minuten. Aller Augen richteten sich auf Agesilaos, schreibt Xenophon, «denn diejenigen, die Glück haben und siegen, scheinen stets irgendwie sehenswert zu sein». Die Sentenz signalisiert: Dies ist der Höhepunkt des Geschehens, bevor sich das Rad der Geschichte weiterdreht. Agesilaos hatte sich vor den Göttern schuldig gemacht, und sie straften ihn. Während der König noch «wie einer, der nach glücklich vollendeter Tat seinen Triumph auskostet», auf seinem steinernen Sessel saß, einer kreisförmigen Mauer am dort gelegenen See, das Defilee der Gefangenen vor Augen, sprengte ein Reiter heran, das Pferd schweißbedeckt. Er beantwortete keine Fragen und zügelte sein Pferd erst, als er Agesilaos erreicht hatte. Schon nach kurzem Wortwechsel sprang dieser auf und gab Order, alle Befehlsträger zu versammeln. Er ging voran, die Speerträger der Leibwache um sich. An den «Warmen Quellen» vorbei zogen sie in Richtung des besetzten korinthischen Hafens in die Ebene von Lechaion. Dort trafen sie erneut auf Reiter, die meldeten, die Toten seien bereits geborgen. Der König kehrte zum Hera-Heiligtum zurück. Es gab nichts Dringendes mehr zu tun.

Ein halbes Regiment Schwerbewaffneter, eine Mora, war aufgerieben worden, ein Prunkstück der lakedaimonischen Phalanx. Seit 425 v. Chr. 400 Lakedaimonier auf der kleinen Insel Sphakteria eingekesselt worden waren, hatte Sparta keine solche Niederlage hinnehmen müssen. Bitterer wurde sie noch durch einen Umstand, der eine neue Ära ankündigte. Die Hopliten unterlagen einem Gegner, über den sie sich bis dahin lustig zu machen pflegten, einer Truppe von Leichtbewaffneten. Dabei waren die Spartaner nicht in einer offenen Feldschlacht gefallen. Traditionsgemäß durften die Soldaten des Agesilaos, die aus Amyklai, einem Ort bei Sparta, stammten, zum (Apollon-)Fest der Hyakinthien nach Hause zurückkehren. Die Mora hatte die Soldaten bis zur befreundeten Küstenstadt Sikyon eskortiert. Dann kehrte sie wieder Richtung Korinth zurück. Dort befand sich damals eine Schar Leichtbewaffneter aus Athen. Als ihre Kommandeure die Spartaner mit der ungedeckten Speerseite an den Stadtmauern vorbeimarschieren sahen, wagten sie den Ausfall. Die Peltasten griffen die Schwerbewaffneten mit ihren Wurfspeeren an und wichen dann zurück. Gegen diese Taktik waren die unbeweglichen Hopliten, deren Stärke der Nahkampf war, machtlos. Xenophon kannte Ähnliches aus dem Rückzug der Zehntausend und hat es nicht nur einmal beschrieben. Bei jeder Attacke erlitten sie weitere Verluste, ohne selbst den Gegner gefährden zu können. Es war ein aussichtsloser Kampf. Schließlich drängten sich die Überlebenden auf einem Hügel zusammen, ungefähr 300 Meter vom Meer entfernt und ca. drei Kilometer von den rettenden Mauern des Lechaion. Xenophon hörte im Stab des Agesilaos als einer der Ersten von der Katastrophe und in seinen *Hellenika* gerinnen die letzten Stunden der Mora zu wenigen Zeilen: «Die droben wussten schon keinen Ausweg mehr, da sie die größten Verluste und den Tod vor Augen hatten, ohne etwas tun zu können. Ein Teil von ihnen stürzte ins Meer, nur wenige konnten sich nach Lechaion retten.»

Die Folgen zeigten sich sofort: Die Boioter, die am Vortag noch kleinlaut um einen Friedensvertrag gefeilscht hatten, konnten ihre Genugtuung kaum verbergen. Unter Vorwänden wollten sie nun den Ort des spartanischen Desasters sehen, von Friedensverhandlungen war keine Rede mehr. Agesilaos ließ die wenigen Bäume, die die Belagerung Korinths, überlebt hatten, fällen und verbrennen, eine hilflose Provokation, um zu demonstrieren, dass der Feind es nicht wage, gegen ihn selbst ins Feld zu ziehen. Schließlich übernahm er persönlich die Aufgabe, die Überlebenden des Regiments nach Sparta zurückzuführen. Es wurde eine Art Spießrutenlauf. «Auf seinem Weg nach Hause zog er so spät wie möglich in die Städte ein und brach so früh als möglich auf», berichtet Xenophon. Die Stadt Mantineia passierte der Zug erst in der Dunkelheit. Agesilaos wollte es seinen Soldaten ersparen, die Schadenfreude der Mantineer mitansehen zu müssen. Die Sache war doppelt peinigend, denn die Mantineer waren Verbündete der Lakedaimonier.

Nach dem Untergang der Mora verließ Xenophon – mögen es nun Tage, Wochen oder Monate gewesen sein – den Stab des Agesilaos. Keine der später in den *Hellenika* geschilderten Ereignisse zeigen mehr eine solche Nähe zum König wie diejenigen bei Korinth. Xenophons Abschied war ehrenvoll. Die Spartaner hatten ihm, wie gesehen, wegen seiner Verdienste für ihre Stadt ein Landgut in Skillus geschenkt.

Skillus oder *Über die Hauswirtschaft*

Über Xenophons Jahre in Skillus gibt es zwei autobiographische Quellen, die zwei Seiten einer Medaille zeigen: einmal das Idyll, fast vergleichbar den Paradiesgärten in Asien, die den Autor so faszinierten, und zum anderen die harte Arbeit, die ein Landgut erforderte. Die *Anabasis* zeigt die schöne Seite. Alljährlich wurde, erzählt Xenophon, der Artemis zu Ehren ein großes Fest gefeiert, finanziert aus dem Zehnten der Ackererträge. Eingeladen waren alle Ansässigen und Nachbarn, die Gäste wurden mit Gerstenmehl, Brot, Wein, Naschwerk und Wildbret reichlich bewirtet. Vor dem Fest gingen Xenophons Söhne und, wer immer aus Skillus teilnehmen wollte, auf die Jagd nach größerem Wild. Sie erlegten Wildschweine, Rehe und Hirsche, zum Teil bei Skillus selbst, zum Teil aber auch in der weiter entfernten Pholoe, einer bewaldeten Hochfläche, auf der einst die Kentauren hausten, bis sie am Zeustempel von Olympia zu Stein wurden. In dem Bach, der durch das Temenos floss, ließen sich zahlreiche Fische fangen und essbare Muscheln sammeln. Ein Hain von Obstbäumen, die je nach Jahreszeit vielerlei Früchte trugen, umgab den Tempel. Im heiligen Bezirk fanden sich außerdem Wiesen und bewaldete Hügel, geeignet, wie der Gutsbesitzer betont, den Schweinen, Ziegen, Rindern und Pferden Futter zu liefern.

Die alltägliche Arbeit, welche die Voraussetzung dafür bildete, beschreibt Xenophon im *Oikonomikos* (*Über die Hauswirtschaft*). Von Jugend an besaß er Erfahrung mit Landbesitz, denn das Vermögen seiner Familie beruhte darauf. Er macht entsprechende Bemerkungen im *Oikonomikos* und es spricht daher einiges dafür, dass der Vater mit Land handelte, vielleicht sogar spekulierte. Im Getreidehandel war Letzteres üblich. Wie Xenophon weiß, kauften Getreidehändler in Übersee Korn und schlugen es in den Häfen los, wo der Preis dafür hoch war. Mit Grundstücken wurde selten spekuliert, doch die wirtschaftliche Krise, in die Athen spätestens im letzten Jahrzehnt des Peloponnesischen Krieges geriet, machte auch dies möglich.

Mehr als das väterliche Erbe prägt Xenophon aber das Erlebnis des Kyroszuges. Die militärische Betätigung (*polemike praxis*) besaß nach seiner Meinung eine Gemeinsamkeit mit der landwirtschaftlichen (*georgike*), der politischen (*politike*) und der (haus)wirtschaftlichen (*oikonomike*). Der gemeinsame Nenner war die Verantwortung, die der trug, der die Leitungsposition (*arche*) innehatte. Daraus bezog Xenophon sein Selbstverständnis als Gutsherr, indem er viele Fähigkeiten, von denen er glaubte, dass er sie als Feldherr bewiesen habe, auf diesen übertrug: Wie unter dem Einfluss eines guten Feldherrn bei den Soldaten «Arbeitsliebe und Ehrgeiz» wachsen, so auch unter der Anleitung eines fähigen Gutsverwalters bei den Landarbeitern, beim Hausgesinde und bei der Dienerschaft. Wie man nur gemeinsam gegen den Feind ziehen könne, so sei auch die Bearbeitung des Bodens nur gemeinsam möglich, schreibt er. Ein Landwirt müsse seine Arbeiter nicht weniger ermuntern als ein Offizier seine Soldaten. Die Landwirtschaft wie der Feldzug erziehe dazu, einander beizustehen. Feldherr wie Gutsherr sieht Xenophon gleichermaßen als Erzieher.

Der *Oikonomikos* tarnt sich als sokrateischer Dialog, möglicherweise war er auch als solcher geplant, ist aber eine Lehrschrift, die auf Xenophons Erfahrungen beruht, die er als Gutsherr in Skillus gemacht hat. Die Schrift dreht sich um Fragen der Privatökonomie, gekleidet in drei ineinander verschachtelte Gespräche, die sich aber klar voneinander abheben. Den Rahmen bildet ein Dialog zwischen Sokrates und einem seiner reichen Schüler namens Kritobulos. Indem deren Gespräch die Bedeutung der Hauswirtschaft (*oikonomia*) und damit auch der Landwirtschaft (*georgia*) hervorhebt, bereitet er in den ersten sechs Kapiteln den Auftritt eines Mannes namens Ischomachos vor. Das ist ein Alias-Name. Es bestehen kaum Zweifel, dass dieser Ischomachos, der sich später im Dialog mit Sokrates befindet, mit Xenophon zu identifizieren ist, und dessen junge Frau mit Philesia. Zufällig begegnen sich Ischomachos und Sokrates in der Säulenhalle des Zeus Eleutherios, des Befreiers, an der Nordwestecke des Marktplatzes. Sogleich sieht Sokrates die Möglichkeit eines Gespräches. Er kennt Ischomachos als einen der Kaloikagathoi, der «Schönen und Guten», der Aristokraten also, die für sich moralische, ästhetische und materielle Überlegenheit in Anspruch nahmen. Ischomachos wischt dies mit einem Lachen als Etikett, mit dem ihn andere versehen, beiseite. Wenn es um die Pflichten eines reichen Bürgers gehe, um Trierarchie und Choregie, werde er nur mit Ischomachos und dem Vatersnamen angesprochen. Für ihn erfüllte jemand dieses Prädikat, wenn er die Götter ehrte, sich um seine Gesundheit kümmerte, sich um Ansehen im Staat und das Wohlwollen seiner Freunde bemühte, auf ehrenvolle Rettung im Krieg sann und – das ist ihm wichtig – auf ehrliche Weise sein Vermögen vermehrte.

Sokrates' Frage nach der augenblicklichen Abwesenheit von seinem Landgut bildet dann die Überleitung für Ischomachos, um auf das zu sprechen zu kommen, was ihm am Herzen liegt: die Rolle seiner Frau und ihrer Verantwortung für das Landgut. Ohne dass Ischomachos (Xenophon) Zeit und Ort nennt, wird sein Leben und das seiner Frau auf den Besitztümern in Skillus nun lebendig. Seine Frau sei knapp fünfzehn gewesen, als er sie geheiratet habe, sie sei behütet unter ständiger Aufsicht aufgewachsen, und kritisch fügt Ischomachos hinzu, «damit sie möglichst wenig sähe, möglichst wenig höre und möglichst wenig frage». Wissen sei ihr wenig vermittelt worden, sie lernte, Wolle zu verarbeiten, zu kochen und Sklavinnen zu beaufsichtigen.

Wenn wir das auf Xenophons Leben übertragen, liegt es nahe, dass seine Frau Philesia eine junge Tochter aus einer Aristokratenfamilie war und Xenophon sie um die Mitte der neunziger Jahre heiratete. Diogenes Laertios berichtet, sie sei ihrem Mann mit ihren beiden kleinen Söhnen nach Skillus nachgefolgt. Die Gründung einer eigenen Familie zählte wohl auch zu den Gründen, warum die Lakedaimonier Xenophon das Landgut übereigneten.

Worauf Ischomachos bzw. Xenophon sichtlich stolz ist, das ist die Gemeinsamkeit des Ehepaares in seiner Tätigkeit und seiner Verantwortung für das Landgut. Der Besitz gehöre beiden, gleichgültig, wie viel sie in die Ehe mitgebracht hätten. Nicht Geld sei der Maßstab, sondern Erfüllung der jeweiligen Aufgaben, und darin ergänzten sich beide. Was ihm fehle, das vermöge seine Frau, und umgekehrt, schreibt Xenophon. Die Frau übernimmt die «Arbeiten und Beschäftigungen» im Inneren des Hauses, der Mann diejenigen im Freien. Philesia betreut die Kinder, um «Helfer und Pfleger im Alter zu haben»; sie nimmt alles entgegen, was ins Haus gebracht wird, teilt aus, was sofort gebraucht wird, und überwacht, was als Reserve aufbewahrt wird. Sie kümmert sich darum, dass alle ausreichend gekleidet sind, sorgt für die Zubereitung des Essens, unterrichtet die Sklavinnen in den Wollarbeiten, in der Hausarbeit oder im Bedienen, belohnt oder straft sie und pflegt sie, wenn sie krank sind. Sie verwaltet das Magazin, in dem alle Gerätschaften und Behälter ihren Platz haben, die Schuhe, die Kleider und Decken, das Kupfergeschirr, die Töpfe und alles, was zum Tisch gehört, und ordnet sie nach dem, was die Sklaven täglich zur Brotzubereitung, zum Kochen oder Wollespinnen benötigen und dem, was nur gelegentlich für Feste, die Bewirtung der Gäste oder andere Anlässe gebraucht wird: Schmuck für die Frau, Waffen für den Mann oder festliche Kleidung für beide.

Ischomachos' eigener Tageslauf kannte ebenfalls keinen Müßiggang, so dass ihn Sokrates auch nur in der Stoa des Zeus Eleutherios antreffen konnte, weil er dort geschäftlich auf Fremde wartete. Er stehe zu einer Zeit aus dem Bett auf, berichtet er, wo noch niemand im Haus anzutreffen sei. Wenn etwas in der Stadt zu tun sei, erledige er das. Ansonsten gehe er aufs Feld, und zwar zu Fuß, der Diener führe das Pferd nach. Er beaufsichtige dann die Arbeiten, möge gerade gepflanzt, das Saatbeet vorbereitet, gesät oder geerntet werden, und korrigiere, wenn er etwas besser wisse. Danach – und jetzt wird nochmals deutlich, dass Xenophon sich selbst meint – reite er zurück, ohne dass er, wie der Reiter im Krieg, eine Böschung, einen Steilhang, einen Graben oder Kanal auslasse. Wieder zu Hause, frühstücke er.

So blieb ein Gutteil des Tages übrig, den Ischomachos seiner Familie und seinen Liebhabereien widmen konnte. Dass er Bücher schrieb, sagt Ischomachos nicht – nicht jeder Gutsherr war ein Xenophon –, aber er berichtet dem (fiktiven) Sokrates, dass er sich mit Rhetorik beschäftige, das Argumentieren übe oder kleinere Rechtsfälle entscheide. Xenophon selbst wurde in Skillus zum Schriftsteller. Er schrieb dort die Anfänge der *Hellenika*, die *Anabasis* und begann den *Oikonomikos*.

Pax domi, foris bellum

Wer Xenophons Bericht aus Skillus liest, könnte glauben, dort habe die Zeit stillgestanden. Für einen Augenblick tat sie das auch: Nach zehn Jahren der Feldzüge genoss Xenophon zwei Jahrzehnte den Frieden auf seinem Landgut. Er wusste wohl, dass es kein Besitz für immer war. Vom Augenzeugen wechselte er zum Zeitzeugen und er hatte Muße, sich seinen Interessen zu widmen. Die waren vielseitig, zunächst aber dominierte die Geschichtsschreibung. Die *Hellenika* wurden in Skillus begonnen (vielleicht auch schon früher) und er schrieb noch bis Mitte der fünfziger Jahre daran. So wird der Tod des Spartanerkönigs Pausanias, der 381 starb, schon im dritten Buch erwähnt und die Regierungszeit des Thessaliers Tisiphonos, der zwischen 358 und 354 herrschte, im sechsten.

Von Thukydides, seiner Prägung, kehrte Xenophon zu Herodot zurück. Es ging ihm nicht darum, über die Aktualität hinaus historische Gesetzmäßigkeiten zu finden, er interessierte sich stärker für historische Persönlichkeiten und ihr Agieren. Es sind die taktischen Finessen und die psychologische Führung der Truppen, die Xenophon faszinieren. Das ist sein Metier und ein Erbe seiner Erfahrungen beim Zug der Zehntausend. Er bemüht sich um eine lebendige Schilderung, in der das Individuum aus der Masse heraustritt. Neben den Schlachtenschilderungen dominieren biographische Skizzen. Dabei bedient sich Xenophon einer einfachen, nüchternen, klaren und nicht überladenen Sprache. In der Zeit Ciceros, als mit dem Attizismus ein Stil aufkam, der sich gegen die seit dem 3. Jahrhundert verbreitete Manieriertheit im Gebrauch des Griechischen richtete, galt er als großes Vorbild.

Für einen Zeitgenossen wie Xenophon war das Geschehen, das sich nicht mehr wie in seiner Jugend auf den Konflikt zweier großer Bündnisse reduzieren ließ, schwer einzuordnen. So kann auch niemand sagen, ab wann Xenophon wahrnahm, dass Spartas Macht in Griechenland schwand und damit sein eigenes Dasein als Gutsbesitzer in Skillus bedroht war. Später datiert er die Wende auf das Jahr 379. Es spricht aber viel dafür, dass er von der Niederlage Spartas 371 bei Leuktra überrascht wurde. Nach seinem Einzug in Skillus (um 390) war ein Schwinden der Kräfte Spartas zunächst nicht absehbar. Damals wurde der sogenannte Königsfrieden, der Frieden des Antialkidas, geschlossen (386), in dem die Spartaner offiziell ihre Ambitionen in Übersee gegen die Sicherung ihrer Hegemonie in Griechenland eintauschten. Sie gaben die kleinasiatischen Städte preis – nicht zu deren Nachteil übrigens, denn sie erholten sich wirtschaftlich und verspürten 334 wenig Lust, sich von Alexander dem Großen «befreien» zu lassen – und setzten dafür im Mutterland das Prinzip der Autonomie durch, als deren «Wächter» (*phylax*) der Großkönig mit seiner Militärmacht galt. Autonomie gehörte zum Selbstverständnis einer jeden Polis, doch diese, in Susa vereinbarte, diente allein Sparta. Alle Bündnisse, namentlich der von Theben geführte Boiotische Bund, mussten aufgelöst werden, nur Sparta behielt seine Dominanz im Peloponnesischen Bund, da dessen Mitglieder ja formal unabhängig waren, blieb so als einzige große Macht zunächst unangefochten und diktierte dann auch ein Jahr später einen «allgemeinen Frieden» (*koine eirene*). Er garantierte Xenophon die Muße, sich über lange Jahre in Skillus der Landwirtschaft, der Jagd und der Schriftstellerei zu widmen.

Sparta konnte sich als Herrin der Peloponnes gerieren, griff aber überall im übrigen Griechenland ein, wenn es seine Vormachtstellung bedroht glaubte. Als Theben die Heeresfolge verweigerte, besetzten die Spartaner im Jahre 382 kurzerhand die Kadmeia, die Burg von Theben, im Norden lösten sie den sogenannten Chalkidischen Bund um die Stadt Olynth auf, der zur Gefahr zu werden drohte. Mit einem einzigen Satz beschreibt Xenophon den Höhepunkt spartanischer Machtentfaltung: «Nachdem aber die Belange der Lakedaimonier soweit gediehen waren, dass die Thebaner und die anderen Boioter ihnen ganz unterworfen waren, die Korinther ihnen völlig ergeben waren, die Argiver erniedrigt waren, weil ihnen der Vorwand mit den heiligen Monaten nicht mehr nutzte, die Athener isoliert waren, von den Bundesgenossen wiederum die bestraft worden waren, die ihnen übel gesonnen waren, da erschien ihnen ihre Herrschaft auf das beste geordnet und gänzlich gesichert.»

Es ist der Moment vor dem Absturz, und der beginnt in Xenophons Geschichtswerk bereits mit dem nächsten Satz. Der Historiker suchte nicht lange nach der Ursache. Sie lag für ihn in einem Eidbruch der Spartaner, die geschworen hatten, den Städten die Autonomie zu belassen, aber die Kadmeia besetzt hielten. Wer die Welt als Spiel versteht, das nach den Regeln der Götter geführt wird, braucht keine Analyse des Geschehens mehr, wie sie Thukydides noch mit größtmöglicher Schärfe geführt hat. Das ist die eigentliche Schwäche der *Hellenika*. Xenophon findet keine rationale Erklärung für den Sturz der Hegemonialmacht Sparta. So gibt er stattdessen an zentraler Stelle des Werkes sein Glaubensbekenntnis: «Viele Beispiele ließen sich aus der Geschichte der Griechen und der Barbaren als Beweis dafür anführen, dass die Götter diejenigen, die an ihnen freveln oder heilige Gebote der Menschen verletzen, nicht aus den Augen verlieren.»

Die Götter strafen Eidbrecher, und da die Spartaner geschworen hatten, die Unabhängigkeit griechischer Städte zu wahren, aber eine Besatzung in die Burg von Theben legten, sind sie zum Verlust ihrer Vormachtstellung verdammt. Xenophon übergeht die zahlreichen vorherigen Eidbrüche der Spartaner seit 404, denn nichts, was sie einst den kleinen griechischen Städten versprochen hatten – «Freiheit und Unabhängigkeit» hieß ihre langjährige Parole –, hatten sie gehalten. Er wählt das thebanische Exemplum, weil die Thebaner Nachfolger in der Hegemonie werden, wenn auch nur ganze neun Jahre.

In jenem ominösen Jahr 379 hatten die Thebaner die Kadmeia zurückerobert, die Spartaner waren abgezogen. Von nun an befanden sie sich in der Defensive. Die Thebaner schlossen ein Bündnis mit Athen, dort wurde 377, ein Jahrhundert nach seinem Vorgänger, ein neuer Seebund gegründet. Spartas Widersacher erstarkten. Alles trieb auf das Epochenjahr 371 zu, das mit Friedensverhandlungen beginnt und mit einem großen Krieg endet.

In seinem Exil in Skillus hatte Xenophon nur wenige Möglichkeiten der politischen Betätigung und kaum eine der Einflussnahme, es sei denn über seine Schriften. Sein Besitztum war eines von Spartas Gnaden, und so musste ihm an der Fortdauer der lakedaimonischen Hegemonie in der Peloponnes gelegen sein. Eine Rückkehr nach Athen, selbst wenn sie nur besuchsweise war, setzte eine Aussöhnung der langjährigen Gegner voraus. Im Sommer 371 schien beides möglich. Die Athener wollten sich aus der engeren Verbindung mit Theben lösen und schickten eine Delegation zu Friedensverhandlungen nach Sparta. Basis waren die Autonomieklauseln des Antialkidas-Friedens. Die versammelten Staaten einigten sich, doch scherte Theben aus, da Sparta die Anerkennung seines Boiotischen Bundes verweigerte. Der Konflikt führte zur Schlacht von Leuktra, festigte aber die Annäherung zwischen Athenern und Spartanern.

In Xenophons Leben waren die Friedensverhandlungen und ihr Scheitern ein zentrales Ereignis. So hat er sie auch in seinen *Hellenika*, als er Skillus längst hatte verlassen müssen, besonders hervorgehoben. Er tat dies, wie es in seinem Geschichtswerk üblich ist, durch fiktive Reden, in diesem Fall sogar drei. In Reden verbirgt sich, wie gesagt, bei Xenophon wie Thukydides oft, was der Autor selbst dachte. Xenophon lässt drei Athener zu Wort kommen: den Feldherrn Kallias, den Redner Autokles und den Politiker Kallistratos. Es beginnt Kallias, den Xenophon mit feiner Ironie einen Mann nennt, der «sein Lob nicht weniger gern aus eigenem als dem Mund anderer hörte», und der dann auch mehr von sich selbst als über das Thema spricht. Auch die Rede des Autokles kann wenig zu einer Übereinkunft zwischen Athen und Sparta beigetragen haben, denn der Sprecher – offenbar verkörpert er die antispartanische Fraktion in Athen – erschöpft sich in Vorwürfen an die Adresse der Lakedaimonier. Xenophon kommentiert dies lapidar: Die Rede habe Schweigen auf allen Seiten und klammheimliche Freude bei den Spartagegnern bewirkt.

Als Letzter sprach Kallistratos, und die Forschung ist sich weitgehend einig, dass ihm Xenophon seine eigene Meinung in den Mund legt. Er eröffnet mit dem Eingeständnis, dass Fehler gemacht wurden – auf beiden Seiten –, doch er betont die eigenen, denn dafür seien sie, die Athener, bestraft worden. Das war eine versöhnliche Haltung, die nicht versuchte, die Schuld nur beim anderen zu suchen. Die Besetzung der Kadmeia durch die Spartaner nennt er dann nicht nach athenischer Sprachregelung ein Unrecht, sondern einen Rückschlag, aus dem die Spartaner lernen könnten.

Friedensverträge werden geschlossen aus allgemeiner Erschöpfung oder gegenseitigem Nutzen. Kallistratos betont beides und, wo er nicht überzeugen konnte, da tat es das mächtig gewordene Theben. Gegen die Boioter galt es die Kräfte zu bündeln, und auch wenn Kallistratos diese nicht nennt, so saßen sie doch am Verhandlungstisch, konkret und als Drohung. Den Schlüssel sowohl zu Xenophons Vertreibung aus Skillus als auch zur Aufhebung seiner Verbannung aus Athen besaßen die Thebaner. Die Erstere bewirkte ihr Sieg in der Schlacht bei Leuktra, die Letztere ein gegen sie gerichtetes Bündnis zwischen Athen und Sparta im Frühjahr 369.

Mit der Niederlage von Leuktra endete auch Skillus' Unabhängigkeit von Elis, die Sparta 399 erzwungen hatte. Die neuen alten Herren regelten die Besitzverhältnisse wieder in ihrem Sinn. Xenophons Söhne flohen mit wenigen Sklaven in die nahegelegene Küstenstadt Lepreon, während sich der Vater nach Elis begab, um kraft seiner inzwischen erlangten Bekanntheit vielleicht ein Bleiberecht zu erwirken. Er war freilich erfolglos, musste seinen Söhnen nach Lepreon folgen und siedelte sich schließlich mit der Familie in Korinth an, gleichsam auf halbem Weg zwischen Athen und Sparta.

Der Schriftsteller Pausanias, der das Land in römischer Zeit bereiste, berichtet, unweit des von Xenophon errichteten Heiligtums sei ihm auch ein Grabmal mit einer Figur aus pentelischem Marmor gezeigt worden, von dem die Anwohner behaupteten, es sei das Grab Xenophons. Dieser war, wie gesagt, im kaiserzeitlichen Rom eine Berühmtheit, und so wollten wohl auch die Eleier daran partizipieren. Die falsche Zuweisung erzwang noch eine weitere Erfindung. Wenn Xenophon in Skillus begraben lag, musste er ja bis zu seinem Tod auch dort gelebt haben. So behaupteten die Fremdenführer, von denen sich Pausanias durch das Gebiet von Skillus geleiten ließ, Xenophon sei als Spartafreund zwar vor dem Rat in Olympia vor Gericht gestellt worden, hätte aber von den Eleiern Verzeihung erlangt und weiter unbehelligt in Skillus wohnen dürfen.

Unordnung und Verwirrung

Sparta war nach der Schlacht bei Leuktra entscheidend geschwächt. Nur mit Mühe konnte sich die Stadt der Angriffe Thebens erwehren. Nicht weniger als vier Feldzüge unternahm der Feldherr Epameinondas in den sechziger Jahren in die Peloponnes. Dem Wirken des großen Thebaners wird Xenophon wohl nicht zur Gänze gerecht, aber sicherlich wird er nicht nur beiläufig erwähnt. Das siebte und letzte Buch der *Hellenika* ist von seinem ja nur ephemeren Auftreten geprägt. Dass auch hier die spartanische Sicht überwiegt, liegt daran, dass Xenophon keine boiotischen Quellen besaß und sich offenbar auch nicht darum bemühte.

Auf der Peloponnes begehrten inzwischen auch die lakedaimonischen Gegner auf. 370 schlossen sich die Arkader zu einem Bundesstaat zusammen. Durch Synoikismos, d. h. durch den Zusammenschluss mehrerer Ortschaften, entstand eine neue Hauptstadt, die ihre Bedeutung schon im Namen trägt: Megalopolis. Im Frühjahr 369 erzwangen die messenischen Heloten, jahrhundertelang versklavt, ihre Unabhängigkeit. Ein weiterer Staat war geboren, und Sparta verlor ein Drittel seines wirtschaftlichen Territoriums. Dies forcierte die weitere Annäherung an Athen, und das war nach der Flucht aus Skillus ein Hoffnungsschimmer für Xenophon. Entsprechend widmet er den Verhandlungen zwischen beiden Städten im letzten Buch seiner *Hellenika* eine ausführliche Rede, welche die Vorteile eines Bündnisses für beide Seiten hervorhebt, und mit dem Rat endet, dessen Erfüllung ihm am Herzen lag. «Da es euch, Athener, nun einmal gut schien, die Lakedaimonier zu Freunden zu machen, scheint es mir erforderlich, darauf zu achten, wie diese Freundschaft möglichst lange hält.» Tatsächlich wurde nach mancherlei letzten Streitigkeiten im Frühjahr 369 auch ein Bündnis geschlossen. Bald danach dürfte auch Xenophons Verbannung aufgehoben worden sein. Der Weg dazu war jedenfalls geebnet. Vielleicht war er auch schon in diesen Tagen zum ersten Mal nach über 30 Jahren wieder in seiner Heimatstadt. Ein Mann, der Sparta wie Athen gut kannte, war beiden Seiten von Nutzen.

Auf der Peloponnes herrschte Anarchie: Raubzüge, Verbannungen, Konfiskationen, Plünderungen, Liquidationen, Attentate. Jeder kämpfte mit jedem und jeder verbündete sich kurzfristig mit jedem. So schlossen die Athener auch ein Bündnis mit den Arkadern, die mit den Lakedaimoniern verfeindet waren, so dass sie im Bündnisfall mit den Arkadern gegen die Lakedaimonier und mit den Lakedaimoniern gegen die Arkader ziehen mussten. Zwischen Korinth und Boiotien aber wurde inzwischen ein Sonderfrieden geschlossen, so dass Xenophon, der mittlerweile in Korinth lebte, von den ärgsten Kriegswirren verschont blieb.

Im Sommer 362 suchte Epameinondas die Entscheidung und begann seinen vierten Feldzug in die Peloponnes. Zunächst scheiterte ein direkter Angriff auf das unbefestigte Sparta. Xenophon schreibt das Verdienst auch Agesilaos zu, abgesehen vom Nachruf der letzte Gefallen, den er ihm erwies. Die letzte große Schlacht unter den Griechen wurde dann in der Nähe von Mantineia geschlagen. Xenophon schildert das Geschehen, als wäre er Augenzeuge gewesen. Das thebanische Heer brach keilförmig «wie eine Triere mit dem Bug voran», schreibt er, in die gegnerische Phalanx ein. Epameinondas' Plan ging auf, «wo er angriff, da flohen die Feinde». Einen kleinen Fehler besaß der Plan dennoch: Epameinondas selbst fiel in der Schlacht, und in ihrer Verwirrung gaben die Boioter den Sieg aus der Hand.

Für Xenophon endete das Jahr mit einer letzten großen Enttäuschung und einem Schicksalsschlag. Weder Sparta noch die wiedergewonnene Heimatstadt Athen würden künftig eine Rolle spielen, in der sie an ihre alte Macht anknüpfen konnten, die sie zu den Zeiten seiner Geburt besaßen. Auch eine panhellenische Bewegung, wie sie zum Beispiel Isokrates – mit verschiedenen Führungsmächten an der Spitze – vorschwebte, würde es nicht geben. Vergebens, aber schon ohne rechten Glauben beschwor Xenophon sie noch einmal in seiner Würdigung des Agesilaos. Die Realität kannte er aber nur zu gut und sie prägt auch sein Fazit der Schlacht: «Weil sich nämlich fast ganz Griechenland versammelt und im Kampf gegeneinandergestanden hatte, gab es niemanden, der nicht geglaubt hätte, dass, wenn es erst zur Schlacht komme, den Siegern die Herrschaft zufallen werde, die Besiegten aber diesen untertan würden. Die Gottheit freilich lenkte es so, dass beide Seiten ein Siegeszeichen aufstellten, als ob sie gesiegt hätten, wobei keine von beiden die andere an der Aufstellung hinderte. Und obwohl beide Seiten behaupteten, gesiegt zu haben, besaß doch offensichtlich keine Seite mehr an Land, an Städten oder Macht, als es vor dem Kampf der Fall gewesen war. Unordnung und Verwirrung in Griechenland aber waren nach der Schlacht noch größer geworden als vorher.»

Er beendete die *Hellenika* an dieser Stelle und wünschte sich einen Nachfolger, der hier den Faden wieder aufnehmen würde. Es gab freilich keine Fortsetzung, denn nun brach die Zeit der Makedonen an, und so schrieben die Historiker die Geschichte Philipps II. und seines Sohnes, des großen Alexander.

Ein letzter Schicksalsschlag

Einer der Gründe, warum Xenophon Mantineia als Endpunkt seiner griechischen Geschichte wählte, mag auch die Nachricht gewesen sein, die er mit derjenigen vom Ausgang der Schlacht erhielt. Einer seiner beiden Söhne, die wie ihr Vater in der athenischen Reiterei dienten, war bei Mantineia gefallen, nicht im Entscheidungskampf selbst, sondern in einem Reitergefecht, das diesem vorausging.

Xenophon hat den Einsatz der athenischen Reiterei gewürdigt, stolz auf seinen Sohn, aber ohne seinen Namen zu nennen und sein persönliches Unglück zu erwähnen.

Im Vorfeld der Schlacht hatte Epameinondas seine Reiterei nach Mantineia beordert, um zu plündern und die Stadt zu besetzen. Wegen der Erntearbeiten war der Ort fast menschenleer. Die athenischen Reiter waren zur Unterstützung der verbündeten Arkader bereits vorher von Eleusis aufgebrochen, hatten am Abend auf dem Isthmos Rast eingelegt und waren über Kleonai nach Mantineia gelangt, wo sie nun außerhalb der Mauern biwakierten. In ihrer Not wandten sich die Einwohner an die Athener: Das ganze Vieh befände sich außerhalb der Stadt, dazu die Feldarbeiter, viele Kinder und ältere Leute. Ohne Nahrung zu sich genommen und ohne die Pferde gefüttert zu haben, rückten die Reiter sofort gegen die angreifenden Boioter aus. Bei diesem Einsatz fiel Xenophons Sohn. Der Vater berichtet nichts über den Verlauf des Gefechts, sondern ehrt die gefallenen Athener insgesamt: «Wer wollte nicht auch hier den Mut dieser Männer bewundern? Obgleich sie sahen, dass die Feinde in der Überzahl waren, stellten sie dies nicht in Rechnung und ebenso wenig, dass sie dabei waren, mit Thebanern und Thessaliern zu kämpfen, die als die besten Reiter galten, sondern sie fürchteten nur die Schande, die sie auf sich geladen hätten, wenn sie, obwohl sie vor Ort waren, den Verbündeten nicht geholfen hätten, und in dem Augenblick, in dem sie die Feinde sahen, stürmten sie in heftigem Verlangen, den Ruhm der Väter zu erneuern, auf diese los. Ihrem Kampf dankten es die Mantineer, dass alles außerhalb der Stadt gerettet wurde. Auf ihrer Seite aber fielen tapfere Männer, während sie offenkundig auch solche töteten.»

Der Tod des Gryllos, der den Namen seines Großvaters trug, erregte in Griechenland Aufsehen, obwohl bei Mantineia Tausende gefallen waren, und es wurden, wie Diogenes Laertios mit Berufung auf Aristoteles behauptet, «zahlreiche Preislieder und Grabinschriften» auf ihn verfasst. Sogar der Historiker Ephoros berichtet – ohne auf Xenophons *Hellenika* Bezug zu nehmen – in seiner Universalgeschichte davon. Die Legende tat ein Übriges. In ihr lebte Gryllos als der Mann fort, der Epameinondas die tödliche Wunde – er wurde noch lebend aus der Schlacht getragen – beigebracht hatte, obwohl Gryllos zu diesem Zeitpunkt schon tot war. Pausanias, der Reiseschriftsteller, sah noch im Kerameikos in Athen ein Gemälde der Schlacht von Mantineia aus der Hand des Malers Euphranor, auf dem dies dargestellt war, und von dem sich eine Kopie im Gymnasion von Mantineia befand. Gryllos erhielt von den Mantineern ein Staatsbegräbnis; an dem Platz, an dem er fiel, wurde eine Stele mit seinem Abbild aufgestellt.

Von großer Nachwirkung war aber vor allem Aristoteles' Dialog «Über die Redekunst oder Gryllos», deren Inhalt sich jedoch nicht rekonstruieren lässt, da die Schrift bis auf zwei Fragmente verlorenging. Der junge Aristoteles war damals in Athen, und vielleicht war das Gemälde des Euphranor der Anlass, sich exemplarisch mit Gryllos zu befassen. Der Philosoph Speusippos, nach Platon Haupt der Akademie, antwortete Aristoteles mit der Schrift «Gegen Gryllos»: Der Tod des Gryllos war zum rhetorischen Topos geworden.

Das Aufsehen, das der Tod des Gryllos erregte, verdankte sich insbesondere seinem Vater, der ein berühmter Mann geworden war. Sein Ansehen beruhte damals aber nicht auf seinen sokrateischen Schriften, die, wenn sie denn schon veröffentlicht waren, im 4. Jahrhundert kaum Beachtung fanden. Es ist auch nicht auf die *Hellenika* zurückzuführen. Sie wurden ja erst in den fünfziger Jahren abgeschlossen. Xenophon war der Mann der *Anabasis*, und wenn sie auch unter einem Pseudonym publiziert worden war, so glaubte das – damals und später, als er selbst es in den *Hellenika* zu bestätigen schien – niemand. Pausanias stellt ihn später seinen Lesern nur als jenen Mann vor, «der an Kyros' Zug gegen Artaxerxes teilnahm und dann die Griechen zum Meer zurückführte». So konnte es nicht ausbleiben, dass sich die Mit- und dann die Nachwelt Gedanken darüber machte, wie der greise Xenophon auf die Nachricht aus Mantineia reagierte. Er selbst hat sich zum Tode seines Sohnes ja nicht geäußert. Xenophon soll, wie Diogenes Laertios berichtet, mit einem Kranz geschmückt, gerade mit einem Opfer beschäftigt gewesen sein, als er die Meldung vom Tode seines Sohnes erhielt. Er habe den Kranz abgelegt, ihn dann aber auf die Kunde, dass Gryllos als wahrer Held gestorben sei, wieder aufgesetzt. Ohne auch nur eine Träne zu vergießen, habe er gesagt: «Ich wußte, dass er als Sterblicher von mir gezeugt ist.»

Am Ende wieder Athen

Als Xenophon nach dem Ende des Kyroszuges 399 – erzwungen oder freiwillig – nicht mehr in seine Heimatstadt zurückkehrte, sondern sich dem Feldzug des Thibron anschloss, war deutlich geworden, dass seine Hoffnungen nun auf den Spartanern ruhten. Sie schienen sich zunächst auch zu erfüllen, als er von ihnen das Landgut in Skillus erhielt. Doch Spartas Hegemonie war zu diesem Zeitpunkt schon morsch, seine Elite korrupt, der Abstieg unabwendbar. Zwar blieben die Lykurgschen Institutionen, wie er sie im *Staat der Spartaner* darstellt, für Xenophon weiterhin ein Ideal, doch vom Sparta seiner Gegenwart wandte er sich, namentlich nach dem Tode des Agesilaos, ab, da es – so lautet der Schluss seiner Schrift über Sparta – «offenkundig weder der Gottheit noch den Gesetzen Lykurgs Folge leistet». So galt am Ende seines Lebens seine Sorge wieder der Heimatstadt Athen. Dort hatte er immer sein Lesepublikum gefunden und jetzt richtete er seine letzte Schrift, ein Werk über die Steigerung von staatlichen Einkünften, auch direkt an diese Adresse. Es ist gut möglich, dass er selbst in den fünfziger Jahren von Korinth dorthin zurückkehrte. Als Vater eines athenischen Helden, dessen Taten auf einem großen Gemälde bewundert werden konnten, war er endgültig rehabilitiert.

In dem Aristokratensohn, der noch unter der Regierung der 30 Tyrannen auf die Masse des Demos herabgeblickt hatte, war ein Wandel vor sich gegangen. Den Anfang davon bildete sicherlich der lange Wintermarsch 401/400 von Kunaxa nach Trapezunt, als die Leiden des Zuges Soldat, Hauptmann und Feldherr gleich machten. Er wusste jetzt, dass der niedere Demos die Schiffe ruderte, denen Athen seinen Aufstieg nach den Perserkriegen verdankte. So wurde es ihm ein Anliegen, sich um die Probleme der ärmeren Bevölkerung zu kümmern und sie mit dem Staat auszusöhnen, gleichzeitig aber den reicheren Bürgern, wenn auch der Adel keine Rolle mehr spielte, aristokratische Ideale zu vermitteln.

Mit den *Poroi* (*Einkünfte*) reagierte Xenophon auf aktuelle politische und wirtschaftliche Probleme, und so lässt sich diese Schrift auch relativ genau datieren. Im Jahre 357 begann der sogenannte

Bundesgenossenkrieg, den Athen gegen abtrünnige Verbündete führte. Nur ein Jahr später spitzte sich auch der mittelgriechische Konflikt um Delphi zu, das von den benachbarten Phokern besetzt worden war. Die Okkupation löste den dritten Heiligen Krieg aus. Es ist diese Zeit allgemeiner Unsicherheit zwischen etwa 356 und 354, in der Xenophon an seiner Schrift arbeitete.

Mit zwei Vorschlägen möchte Xenophon die in Athen grassierende Armut bekämpfen: Nutzung der eigenen Ressourcen und Verzicht auf weitere Expansion. Die erste «Ressource», an die Xenophon denkt, sind die Metoiken, meist begüterte Fremde, die in Athen ihren neuen Wohnsitz genommen hatten und dort Handel trieben oder anderen Erwerbstätigkeiten nachgingen, ohne dass sie freilich den Bürgern rechtlich gleichgestellt waren. Die Metoiken zahlten Steuern und trugen auch zum wirtschaftlichen Gedeihen der Stadt bei. So erhofft Xenophon durch eine Stärkung ihrer Rechte weiteren Zuzug und neue Einkünfte. Des Weiteren versprach er sich vom Ausbau der attischen Häfen und von Privilegien für Kapitäne und Schiffseigner einen regen Handel und zusätzliche Einnahmen aus Vermietungen, Zöllen und Steuern.

Am meisten am Herzen aber lagen ihm die Silbergruben von Laureion. Er macht umfassende Vorschläge, den Bergbau neu und besser zu organisieren. So möge die Stadt Sklaven zu diesem Zweck erwerben und sie dann an private Unternehmer verpachten. Den Grundgedanken hat er aus der Geschichte entlehnt. Der berühmte Athener Nikias, der 415 v. Chr. zum erfolglosen Feldzug nach Sizilien aufgebrochen war, hatte seine 1000 Bergwerkssklaven verpachtet und damit eine Obole pro Sklave und Tag an Gewinn erzielt. Xenophon gibt dazu ein Rechenexempel: Wenn in fünf bis sechs Jahren die Zahl der vermieteten Sklaven auf 6000 gesteigert werde, beliefe sich die Einnahme auf 60 Talente. Würde davon nur ein Drittel für den Ankauf neuer Sklaven verwendet, wüchse deren Zahl bald auf 10000, die nun einen Gewinn von 100 Talenten erbrächten. Als Endergebnis stellt sich der Autor vor, die Stadt könne auf diese Weise jedem Athener einen Zuschuss zum Lebensunterhalt von drei Obolen pro Tag zahlen.

An der Sinnhaftigkeit mancher Vorschläge Xenophons mögen Zweifel bestehen, nicht aber an seinem Willen, das Beste für seine

Heimatstadt zu erreichen. In jedem Fall sind die *Poroi* ein Zeugnis für die große Wandlung des Autors vom Kriegsberichterstatter und -befürworter zum Friedensapologeten. Zumindest gedanklich kehrte Xenophon am Ende seines Lebens in seine Heimatstadt zurück, und die war demokratisch – keine wankende Demokratie wie im letzten Jahrzehnt vor der Jahrhundertwende, sondern eine seit nunmehr rund 40 Jahren gefestigte. Seine Sorge um die ärmere Bevölkerung Athens belegt seine veränderte Einstellung. Xenophon akzeptierte inzwischen das demokratische System, das ihn einst veranlasst hatte, seine Stadt zu verlassen, auch wenn das nicht einschließt, dass er selbst zum Demokraten wurde.

Er schließt die *Poroi*, wie es ihm entspricht, mit einem Anruf der Götter: «Wenn ihr aber dies auszuführen beschließt, würde ich raten, nach Dodona und Delphi Gesandte zu schicken und die Götter zu fragen, ob es jetzt und in Zukunft für die Stadt wünschenswerter und besser wäre, auf diese Weise eingerichtet zu sein. Falls sie dem aber zustimmen sollten, würde ich wiederum vorschlagen, wir sollten fragen, welche Götter wir für uns gewinnen müssen, um die Sache am schönsten und besten durchzuführen. Wenn wir dann den Göttern, die sie uns nennen, mit günstigen Vorzeichen geopfert haben, sollten wir mit dem Werk beginnen. Denn wenn wir dies mit Gottes Beistand tun, gelingen unsere Unternehmungen sicherlich stets zum Nutzen und Vorteil für die Stadt.»

Nicht ohne Selbstironie zeigt er, dass er aus seiner Jugendsünde gelernt hat, die er so bereitwillig in der *Anabasis* erzählt. Damals hatte er vor Beginn der Fahrt nach Asien, um seinen Willen in jedem Fall durchzusetzen, die Götter nur danach gefragt, zu welchen von ihnen er beten müsse, um seine Reise glücklich zu vollenden, und nicht, wie Sokrates tadelnd feststellte, ob er überhaupt reisen solle. Nun empfiehlt er seinen Athenern zwar auch zu fragen, welche Götter sie für sich gewinnen sollten, aber dies nur als zweiten Schritt. Zuerst sollten sie die Frage stellen, ob die Götter überhaupt den Reformen gewogen seien, und erst, wenn sie dies bejahten, nach den dafür am besten geeigneten suchen.

EPILOG:
XENOPHON, DER ATHENER

Ὁ μὴ δαρεὶς ἄνθρωπος
οὐ παιδεύεται.

Xenophon lebte in einer Zeit, die ihm als jungem Athener widerstrebte, um ihn dann aber als Heimatlosen zu begünstigen. Er geriet zwischen alle Fronten, die athenische, die spartanische und die persische, behauptete sich aber und gewann schließlich eine Ansicht der Menschen und ihrer Welt, deren tieferem Verständnis er nach langer Ruhelosigkeit, die ihn ein Jahrzehnt lang und mehr von einem Feldzug zum nächsten führte, sein späteres Leben widmete. In der *Anabasis* gelang ihm die Verflechtung des Individuellen mit dem Geschichtlichen: In keinem Werk der griechischen Klassik wird die Umbruchzeit, die er erlebte, atmosphärisch so dicht erzählt wie gerade in diesem, als er, indem er sich selbst und anderen half, aus einem Unternehmen, das ihn in einen Abgrund zu reißen schien, unbeschadet und an Einsicht gewachsen hervorging, ohne dass ihm die Fähigkeiten, die es dazu brauchte, zuvor im Einzelnen bewusst gewesen waren.

Die Zäsur, die eine neue Epoche einleitete, für die auch Xenophons Name steht, fällt in das Jahr 431, das Thukydides heraushob, indem er es nach der Amtszeit von Ephoren, Archonten und Priesterinnen innerhalb einer ansonsten nur relativen Chronologie präzise festlegte. Jenes Jahr, in dem der große Krieg zwischen Sparta und Athen begann, Euripides sein Drama *Medeia* aufführte, Herodot am letzten Buch und Thukydides am ersten seines Geschichtswerkes schrieb, bildet den *terminus post quem* für die Geburt Xenophons. Wie im Falle seiner historiographischen Vorgänger kannte schon die Antike das genaue Datum nicht und behalf sich mit einer

Konstruktion. Da ihr das 40. Lebensjahr als Höhepunkt (Akme) menschlichen Lebens und menschlicher Schaffenskraft galt, setzte sie in dieses Jahr auch die Entstehung des jeweiligen Hauptwerkes. Als Xenophon 401 mit Kyros gegen den Großkönig zog, musste er nach dieser Rechnung – die Teilnahme am Zug der Zehntausend wurde mit der Niederschrift der *Anabasis* in eins gesetzt – schon 441 geboren worden sein.

Diese schematische Datierung ist leicht zu durchschauen, denn die Hinweise, die Xenophon selbst indirekt gibt, führen nicht über das Jahr 431 hinaus. Als er sich bei den Hauptleuten des gefangenen Proxenos als neuer Feldherr bewirbt, beugt er auch dem Argument vor, er sei zu jung für dieses Amt: «Wenn ihr mich aber an die Spitze stellt, will ich mein Alter nicht vorschützen. Vielmehr glaube ich alt genug zu sein, das Unheil von mir abzuwehren.»

Der Satz – sicherlich erst in Skillus so formuliert – spielt nicht zufällig auf das zweite Prooimion des Thukydides an. «Alt genug zum Begreifen», verteidigt dieser dort sein Alter, in dem er zu schreiben begann. Thukydides mag Mitte Zwanzig gewesen sein, jedenfalls ist er nicht allzu viel später Stratege, und das setzt in Athen ein Mindestalter von 30 Jahren voraus. Auch Xenophon wird 401 ein ähnliches Alter wie damals Thukydides erreicht haben, nicht viel jünger als sein Freund Proxenos, der vielleicht 30 Jahre zählte, aber eben auch «alt genug», um die Anerkennung der Söldner zu finden. Das Geburtsdatum ist also zwischen etwa 431 und 426 anzunehmen.

Xenophon gehörte, ohne dass er das ausdrücklich sagt, dem Ritterstand an. Ganz abgesehen von seinen hippologischen Schriften sprechen seine Vermögenslage und die in der *Anabasis* oft bewiesenen Kenntnisse über Pferde und Reiter dafür. Zum Zug der Zehntausend schiffte er sich mit eigenem Pferd ein, das er später für 50 Dareiken verkaufte, angeblich um Geld für die geplante Heimfahrt zu erhalten.

Seine militärische Ausbildung begann nach dem 18. Lebensjahr im Reiterregiment seiner Phyle. Sie dauerte zwei Jahre. Danach mussten sich er und die von ihm trainierten Pferde einer Prüfung unterziehen, bevor die Aufnahme ins athenische Reiterkorps erfolgte. Dies wird allerspätestens um 405 in der Endphase des Peloponnesischen Krieges der Fall gewesen sein. Ein Reitereinsatz in Kleinasien schon im Jahre 409, wie er aufgrund detaillierter Berichte in den *Hellenika* vermutet wurde, bleibt Spekulation.

Den Namen des Vaters, nämlich Gryllos, überliefert der Biograph Diogenes Laertios, und ebenso den Demos, aus dem Xenophon stammte: Erchia in der Mesogeia, wo Alkibiades große Güter besaß. Vielleicht handelte Xenophons Vater mit Land, wie es derjenige seines *Alter Ego* Ischomachos im *Oikonomikos* tut.

Xenophon wuchs als begüterter Aristokratensohn auf. Als solcher präferierte er wohl wie die meisten Adligen ein oligarchisches System und hegte Sympathien für die Lebensweise und die Regierungsform der Spartaner. Solange die Demokratie erfolgreich war, gab es allerdings wenig Grund, sich für deren Sturz einzusetzen. Athens Macht beruhte auf der Flotte und diese bemannten, wie schon die Flugschrift eines anonymen Oligarchen wusste, die Theten, der vierte Stand. Erst nach der Niederlage in Sizilien, als Athen durch die lakedaimonische Besetzung des Grenzforts Dekeleia und durch den Krieg an der kleinasiatischen Küste in Bedrängnis geriet, gewannen, wenn auch zunächst nur kurz, die Oligarchen die Oberhand. Äußerungen über die letzten Jahre des Peloponnesischen Krieges, die seine Einstellung eindeutig verraten würden, macht Xenophon allerdings nicht. Im «thukydideischen» Teil der *Hellenika*, im Exil verfasst, als sich in Athen die Demokratie schon längst wieder etabliert hatte, spricht er nie *ex cathedra*. Er bewunderte wohl (zumindest als junger Mann) Alkibiades. In der Darstellung des Arginusen-Prozesses verfolgt er eine oligarchische Sichtweise, welche die Schuld am Todesurteil über die Feldherren beim aufgehetzten Demos und seinen Führern sucht, nicht in der gezielten Verleumdungskampagne eines Oligarchen.

Zu Xenophons Lehrern zählt die Antike die üblichen Verdächtigen, den Sophisten Prodikos, den er in Theben gehört haben soll, und den Publizisten Isokrates, der aufgrund seines hohen Alters für vielerlei solcher Zuschreibungen herhalten muss. Beides sind schematische Zuweisungen, für die es kaum Anhaltspunkte gibt. Xenophon ging bei Herodot und Thukydides «in die Lehre», auch wenn er zumindest den Ersteren nicht persönlich gekannt haben kann.

In das letzte Jahrzehnt des 5. Jahrhunderts fällt die Begegnung mit Sokrates. Was Diogenes Laertios darüber berichtet, ist zumeist wohlmeinende Erfindung. Auch Xenophons eigene Erinnerungen, nach Jahrzehnten niedergeschrieben, sind bis auf nicht identifizierbare Ausnahmen keine. Er bietet eine Art Überblick über die sokrateische Literatur, gemischt mit Erfahrungen, die er in seinem späteren Leben machte, ausgewählt mit der Absicht, Sokrates gegen alle Beschuldigungen der Illoyalität gegenüber dem athenischen Staat in Schutz zu nehmen.

Sokrates wie Xenophon gehörten unter der Regierung der Dreißig zu den privilegierten Dreitausend, die in einem besonderen Verzeichnis erfasst waren und so im Gegensatz zu den anderen Bürgern, die sich der Willkür des Regimes beugen mussten, den Schutz der Gerichte genossen. Mit der Einrichtung dieses Regimes begann das dunkelste Kapitel in der Biographie Xenophons, denn dass er sich zu den sogenannten 30 Tyrannen bekannte, legt er selbst nahe. Die Dreitausend, die eine Hoplitenarmee stellten, die lakedaimonischen Besatzer und die Reiterei waren die drei Säulen, auf denen das System ruhte. Vor allem den Reitern drohte bei einer Niederlage der Verlust vieler Privilegien.

Als sich im Jahre 403 im Kastell Phyle in der Nähe der Grenze zu Boiotien eine kleine Truppe von Gegnern festsetzte, um von hier aus den Widerstand zu organisieren, schickten die Dreißig sofort ihre Schwerbewaffneten und die Reiterei aus, um den Aufstand im Keim zu ersticken. Detaillierte Beobachtungen der Topographie, des Wetters und des militärischen Ablaufs verraten, dass Xenophon an diesem Vorstoß teilnahm. Die Mission scheiterte völlig, der Zulauf zu den Demokraten wuchs um das Zehnfache; die Dreißig begannen um ihre Herrschaft zu bangen und stürzten sich in ihr letztes großes Verbrechen. Auch Xenophon war darin verwickelt. Um sich in Eleusis einen Zufluchtsort zu sichern, zogen sie etwa Mitte März 403 mit der Reiterei dorthin, umstellten den Ort, nahmen heimtückisch alle wehrfähigen Männer gefangen, ließen sie nach Athen deportieren, in einem großen Schauprozess zum Tode verurteilen und hinrichten. Die Schwerbewaffneten und die Reiter waren bei dem Prozess, der im Odeion des Perikles stattfand, anwesend und stimmten für das Todesurteil. Xenophon notierte auch Auszüge aus der Rede des Anklägers Kritias.

Als die Herrschaft der nach Eleusis geflohenen Dreißig durch ein Zehnmänner-Gremium ersetzt wurde, stützten die Reiter dieses, indem sie beständige Patrouilledienste leisteten, Ausfälle aus der Stadt unternahmen und demokratische Gegner willkürlich töteten, wenn sie diese auf offenem Feld antrafen. Nachdem schließlich die Demokratie restituiert worden war, genossen die Reiter als Büttel der Dreißig bzw. der Zehn keinerlei Ansehen mehr. Der Demos war bestrebt, sich ihrer so schnell wie möglich zu entledigen und schickte sie Anfang 399 – Xenophon hatte Athen längst verlassen – auf ein spartanisches Hilfeersuchen hin nach Kleinasien im Glauben, «es sei ein Gewinn für das Volk, wenn sie außer Landes zugrunde gingen». Auch Xenophon war 403 kompromittiert. Erst viel später distanzierte er sich von den Morden und glaubte nun, unter den Dreißig einen gemäßigten, dem er selbst zuneigte, und einen radikalen Flügel erkennen zu können. Der Auseinandersetzung mit dieser Zeit diente auch, wenngleich nur sekundär, die später publizierte Flugschrift *Hieron*. Der dort dargestellte fiktive Tyrann Hieron, der nur den Namen des sizilischen trägt, besitzt auch Züge des Kritias.

Eine Amnestie schützte Xenophon zwar vor politischer Verfolgung, aber es gab nun keinerlei Aussicht auf irgendeine militärische oder politische Karriere mehr. In dieser Lage erreichte ihn im Winter 402/401 unerwartet ein Brief seines Jugendfreundes Proxenos aus Theben, den er wohl von gemeinsamen philosophischen Studien in Athen kannte. Der persische Satrap Kyros hatte diesen und seine Söldner angeworben, und nun lud Proxenos seinen Freund Xenophon zur Teilnahme an dessen geplantem Feldzug gegen das Bergvolk der Pisider ein. Xenophon besaß zumindest drei Motive, der Einladung zu folgen. Proxenos hatte versprochen, ihn Kyros vorzustellen, und die Bekanntschaft mit dem in Griechenland bereits legendär gewordenen Prinzen mochte ihm die Möglichkeit einer Karriere in dessen Diensten eröffnen. Dazu kam Xenophons historiographisches Interesse. In seiner Heimatstadt war er Zeuge epochaler geschichtlicher Vorgänge geworden, er hatte Herodots *Historien* gelesen und vom Werk des Thukydides zumindest gehört. Es lässt sich sogar annehmen, dass er sich in jungen Jahren schon selbst als Autor versucht hatte. Als er nach Asien ging, führt er jedenfalls von

Anfang an ein Tagebuch, sicherlich mit dem Ziel, von Land, Leuten und Schlachten zu berichten.

Das dritte Motiv ist das einfachste. Xenophon wollte Athen unbedingt eine Zeitlang verlassen. Deswegen fragte er das Orakel von Delphi auch nicht, ob er die Fahrt überhaupt unternehmen solle – das stand für ihn fest –, sondern nur, welchen Göttern er am besten opfern müsse, damit die Reise gelänge. Die Bedenken, die der dazu befragte Sokrates gegen den Anschluss an den Athenfeind Kyros äußerte, kümmerten ihn nicht, wenn sie nicht gar erfunden sind, um Sokrates *post eventum* gegen Vorwürfe des Landesverrats in Schutz zu nehmen.

Darüber hinaus existiert noch ein weiteres Zeugnis über die Ziele des jungen Xenophon. Es stammt von ihm selbst, doch es maskiert sich. Xenophon hat, was er in frühen Jahren erstrebte, seinem Freund Proxenos, dem er über den Tod hinaus ein Andenken bewahrte, wie das auf beider Namen lautende Weihegeschenk in Delphi dokumentiert, bewusst oder unbewusst zugeschrieben: Proxenos (er selbst?) begehrte, schrieb er, schon in seiner Jugend, ein Mann zu werden, der Großes vollbringen könne. Wegen dieses Wunsches habe er Unterricht bei Gorgias von Leontinoi (Sokrates?) genommen. Als dessen Schüler habe er sich für fähig gehalten, zu befehlen und als Freund der Mächtigsten mit Wohltaten nicht hinter diesen zurückzustehen. So habe er sich Kyros in der Hoffnung auf einen großen Namen, große Macht und viel Geld angeschlossen, doch ungeachtet allen Strebens nach solch hohen Zielen keines von ihnen mit Unrecht zu erlangen gesucht, in der Meinung, diese nur auf rechte und rühmliche Weise erreichen zu dürfen oder gar nicht.

*

Den Zug der Zehntausend hinauf nach Babylonien erlebt Xenophon nur als Beobachter. Er besitzt keine militärische Funktion und hält sich meist an der Seite des Proxenos bei dessen Soldaten auf. Seine Stunde kommt, als die wichtigsten Feldherren und Hauptleute des griechischen Heeres in die Hände des Satrapen Tissaphernes fallen. Seine Entschlossenheit, wohl auch seine Befähigung als Redner, ermöglichen ihm, das Vakuum zu füllen, das die Hinrichtung des Proxenos bei dessen Söldnern hinterließ. Er wird nun Feldherr gleichsam auf Bewährung, denn seine bisherigen Erfahrungen beziehen sich nur auf die Reiterei, und eine solche stellten die Söldner nicht – später war sie nur 50 Pferde stark. Er muss die Achtung seiner Mitfeldherren, dann der Hauptleute des Proxenos und vor allem der Söldner erst gewinnen. Doch Xenophon verfügt über ein wichtiges Mittel der Selbstinszenierung. Die Söldner sind von der sophistischen Aufklärung unberührt. Sie halten die olympischen Götter, zumindest wenn Gefahr droht, in Ehren, und Xenophon glückt es, sich bereits bei seinem ersten Auftreten zu Beginn des Rückzugs als Medium dieser Götter darzustellen. (In der *Anabasis* gebraucht er sogar den Alias-Namen Theopompos, «der Gottgesandte».) In entscheidenden Situationen zeichnen ihn die Götter durch prophetische Träume und Weissagungen aus, die weiterhelfen, wenn menschlicher Rat versagt und menschliche Pläne scheitern. Als er in der Hierarchie des Heeres aufgestiegen ist, vergisst Xenophon nie, vor wichtigen Unternehmungen den Göttern Opfer in Gestalt von *hiera* und *sphagia* zu bringen und ihren Rat in Gestalt von Vorzeichen einzuholen. Religiöse Bekenntnisse sind schnell formuliert, doch Xenophon – die Belege ziehen sich durch sein ganzes Werk – glaubt offenbar an das Wirken der Götter. Ihre nicht immer auf den Augenblick bezogenen Voraussagen erfüllen sich für ihn auch dort, wo die Menschen zweifeln, da sie nur kurzfristig zu denken vermögen. «Er ist gottesfürchtig, gewissenhaft im Opferdienst und kundig in der Auslegung der Opferzeichen», schreibt sein Biograph Diogenes Laertios. Zeus, der Retter, und Herakles, der Wegführer, sowie die Artemis von Ephesos bilden die Trias, die über Xenophon als Mittler die Söldner zurück ins gelobte Land, ihre Heimat, geleiten.

Vor allem bei persönlichen Entscheidungen befragt Xenophon die Götter. So erscheint bei seinem Aufbruch aus Ephesos ein Adler, der ihm Ruhm, aber auch Mühen verheißt. Vor der Wahl zum Oberbefehlshaber rät ihm der Gott, diese nicht anzunehmen, falls sie auf ihn falle. Xenophon opfert, um zu erfahren, ob er die Söldner zu Seuthes führen soll, und wieder, weil er im Zweifel ist, ob er im Dienst des Königs bleiben oder seines Weges ziehen soll. Er sucht nach Vorzeichen in den Opfertieren, ob es ihm gelingen werde, eine Kolonie zu gründen und schließlich – in einem Augenblick tiefster Verzweiflung –, ob er die Söldner verlassen und vorzeitig nach Hause zurückkehren soll. Die Götter sind Xenophon eine Stütze, selbst wenn er sich nicht zur Gänze ihrem Urteil ausliefern will. Er findet meist auch rationale Gründe, in welchen die Vorzeichen ihn dann bestätigen. Sie sind sein psychologischer Rückhalt, und da, wo menschliche Argumente nicht mehr greifen, auch sein Wegweiser.

Xenophon selbst hat das, was ihn auf dem Zug bewegte, später auf eine Formel gebracht, die ihm seiner Frömmigkeit wegen ein Vorrecht auf den Ratschlag der Götter verlieh, jedoch mehr seinen Wünschen als seinen Erfahrungen entsprach: «In Zeiten des Krieges findet sich niemand, mit dem man sich beraten kann, außer den Göttern. Die aber wissen alles und sagen es, wem auch immer sie wollen, durch Opfer, Vogelzeichen, Stimmen oder Träume voraus. Nach aller Wahrscheinlichkeit aber erteilen sie lieber denen einen Rat, die nicht nur dann fragen, was zu tun ist, wenn sie die Not dazu drängt, sondern sie auch an glücklichen Tagen nach Kräften ehren.»

Der Marsch wird zur Erfahrung eines Lebens. Er lehrt den überraschend zum Feldherrn Erkorenen strategische und taktische Finessen. Xenophon lernt schnell, und seine Kriegslisten finden oft dort einen Ausweg, wo es keinen zu geben scheint. So kann er sich in der *Anabasis* zu einem zweiten Odysseus stilisieren. Der Spartaner Cheirisophos hat zwar (uneingestanden) die Leitung, er ist der Agamemnon des Rückzugs, doch Xenophon ist der Mann, der mit seinen Einfällen erst das Überleben garantiert. Auch sein eigenes Leben verändert sich tiefgreifend. Der reiche Aristokratensohn, der immer Sklaven und Diener um sich hatte, muss nun Dinge, die seine Bediensteten für ihn erledigten, selbst tun, denn er will seine Soldaten durch sein Vorbild und sein Beispiel erziehen: «Während sie die Nacht im Freien zubrachten, fiel unermeßlich viel Schnee vom Himmel, so dass er die Waffen und die Männer, die auf der Erde lagerten, unter sich begrub. Auch den Zugtieren fesselte der Schnee gleichsam die Füße. Die Leute zögerten merklich aufzustehen, denn für die, die auf der Erde lagen, war der gefallene Schnee, wo er nicht geschmolzen war, eine wärmende Decke. Sobald aber

Xenophon sich überwand und ohne Mantel aufstand, um Holz zu spalten, da erhob sich schnell noch manch anderer und löste ihn beim Holzspalten ab. Darauf standen auch die Übrigen auf, entfachten Feuer und salbten sich.»

Xenophon fühlt sich als Erzieher und Freund des Soldaten. Die Bezeichnung als *philostratiotes* (Soldatenfreund), unter Offizieren ein zweifelhaftes Prädikat, wird ihm zum Ehrentitel. Xenophon steigt buchstäblich vom hohen Ross: «Xenophon ritt an den Reihen seiner Soldaten entlang und ermunterte sie vom Pferd aus. Da rief Soteridas aus Sikyon: ‹Wir sind nicht in der gleichen Lage, Xenophon. Du nämlich läßt dich von einem Pferd tragen, ich aber ermatte unter der Last meines Schildes.› Kaum hatte Xenophon dies gehört, sprang er vom Pferd, stieß ihn aus der Reihe, packte den Schild und marschierte mit ihm so schnell, er konnte.» Hunderte haben sein Beispiel gesehen, auch wenn Xenophon das Intermezzo als Fußsoldat bald wieder beendete. Es war ihm zu anstrengend, wie er freimütig bekennt.

Xenophon liegt viel daran, seine Sorgen um die Söldner auch öffentlich zu machen, und es gelingt ihm selbst dort, wo er in der Defensive scheint. Als er sich vor der Heeresversammlung verantworten muss, er habe Soldaten mutwillig geschlagen, rechtfertigt er sich glänzend und verkehrt die Vorwürfe in ihr Gegenteil. Die Schläge gesteht er zu, doch will er sie als Heil- und nicht als Zuchtmittel verstehen. Er habe die Soldaten allein vor der Selbstaufgabe schützen wollen, als sie sich dem Kältetod im Schnee ergaben, vor dem anstürmenden Feind zu kapitulieren suchten oder erkrankten und zurückbleibenden Kameraden die Hilfe verweigerten. Auch wenn die Rede, die er in der *Anabasis* vor der Versammlung hält, wohl erst in Skillus ausformuliert wurde, belegt sie doch, wie er von den Söldnern und später vor seinem Lesepublikum gesehen werden will: «Was ich zu sagen habe, ist einfach: Wenn ich einen zu seinem Besten gestraft habe, so will ich mich verantworten wie Eltern gegenüber ihren Kindern oder Lehrer gegenüber Schülern. Auch die Ärzte nämlich brennen oder schneiden zum Besten der Kranken.» Er bemüht das Bild des Steuermanns, der, solange der Sturm wütet, harte Disziplin von der Mannschaft fordern muss, sie bei glatter See aber gewähren lassen kann.

Xenophon hat bei seinen Versuchen, die Anerkennung der Söldner zu finden, mit zwei Problemen zu kämpfen. Zu einem ist er der Aristokratensohn mit wenig Kriegserfahrung, dem die Beutegier mancher Söldner widerstrebt und der sich mit Überzeugen und nicht durch Strafen oder deren Androhung durchsetzen will. Das glückte ihm nur bei den Söldnern, die sich ein Mindestmaß an rechtlicher Gesinnung bewahrt hatten. Er selbst hat die Schwierigkeiten am Beispiel seines Freundes Proxenos deutlich gemacht: «Rechtschaffenen und tüchtigen Männern zu befehlen vermochte er, doch es glückte ihm nicht, sich bei seinen Soldaten Respekt zu verschaffen und ihnen Furcht einzuflößen, ja er nahm mehr Rücksicht auf sie als sie, seine Untergebenen, auf ihn.»

Das zweite Problem ist seine Herkunft aus dem eben erst besiegten Athen. Die Söldnerarmee war ein panhellenisches Heer, auch wenn sie keine griechischen Interessen vertrat, denn die Maxime des Handels war – außer wenn eine besonders bedrohliche Situation Zusammenhalt verlangte – der Eigennutz. Xenophon appelliert dennoch stets an die gemeinsame Herkunft, Sprache und Religion. Das sicherte ihm zwar den Erfolg bei seinem späteren Lesepublikum, auf dem Marsch wird er bei den Söldnern kaum damit durchgedrungen sein. Die meisten von ihnen kamen aus der Peloponnes, und insbesondere den Lakedaimoniern war der Athener fremd und sie verhielten sich ihm gegenüber kühl bis feindselig. Selbst die von Xenophon viel bemühte Freundschaft mit Cheirisophos ist wohl nicht mehr als ein stillschweigendes Zweckbündnis. Zumindest findet Xenophon, der sonst mit lobenden Worten nicht geizt, kein Wort für ihn, als der Lakedaimonier nach kurzer Krankheit überraschend stirbt. Eine Freundschaft mit führenden Spartanern, das Verhältnis zum Harmosten Kleandros ausgenommen, bahnte sich erst an, als Xenophon mit den nach dem Zug verbliebenen Söldnern in Kleinasien in spartanische Dienste trat. Seinen Status als geborener Athener verleugnet er des ungeachtet nie, auch wenn er ihm auf dem Rückzug nach Byzanz das Leben schwer machte und verhinderte, dass er zum Oberkommandierenden der Söldnerarmee aufstieg.

★

Im Frühjahr 399 übergab Xenophon die in Kleinasien verbliebenen Söldner dem spartanischen Kommandanten Thibron. Obwohl er sich noch kurz vorher geweigert hatte, unter dem König Seuthes oder den Lakedaimoniern Dienst zu tun und seine Heimatfahrt vorbereitet, ja sie sogar angetreten hatte, aber eines Auftrags wegen im Interesse der Söldner zurückgekehrt war, entschloss er sich unvermittelt zu bleiben, ohne einen Grund dafür anzugeben. Nahe liegt, dass er inzwischen verbannt war, aber nach eigener Auskunft galt Xenophon im März 399 noch nicht als Exilierter. Bei Thibron traf er jedoch auf die erwähnten 300 Reiter, die Sparta angefordert und die Athen bereitwillig entsandt hatte. Xenophon kannte sicherlich noch einige aus der Zeit der 30 Tyrannen, und ihm wurde klar, dass sich seit seinem Abschied aus der Stadt für ihn nichts zum Besseren gewendet hatte. Im Gegenteil, die Reiter brachten noch eine weitere schlechte Nachricht mit. Im Frühjahr war Xenophons Lehrer Sokrates vom Volk zum Tode verurteilt und hingerichtet worden, viele seiner Schüler hatten Athen verlassen.

Als Führer der Kyreer unterstellte sich Xenophon nun Thibron, obwohl er ihn für einen unfähigen Feldherrn hielt. Es gab vor allem disziplinäre Probleme – die Soldaten unterschieden bei Plünderungen nicht immer zwischen Freundes- und Feindesland –, so dass sich Sparta auf Intervention der kleinasiatischen Verbündeten genötigt sah, Thibron abzulösen. Auch Xenophons Kyreer waren wohl an den Raubzügen beteiligt, gehörte das Beutemachen doch zum Alltag des Rückzuges. Xenophon fühlte sich jedenfalls verpflichtet, sie vor den Emissären aus Sparta zu verteidigen und die Schuld auf den abkommandierten Feldherrn zu schieben. Es ist dies die letzte Äußerung, die wir ihm (als Feldherrn) zuschreiben können, selbst nennt er seinen Namen schon nicht mehr, sondern spricht nur vom Führer (*prohestekos*) der Kyreer. Als solcher wurde er dann Anfang 395 vom Spartaner Herippidas abgelöst. Zwischendurch nahm er noch an den Feldzügen des Spartaners Derkylidas teil, den er einen zweiten Sisyphos nennt – ein durchwachsenes Lob –, bis schließlich der König Agesilaos selbst den Befehl in Kleinasien übernahm.

Xenophon begleitete in den nächsten beiden Jahren von 396 bis 394 Agesilaos auf seinen kleinasiatischen Feldzügen. Er befand sich in seinem Stab und war aufgrund seiner frisch erworbenen Kenntnisse der persischen Verhältnisse ein wichtiger Berater des Königs, dessen Freundschaft er gewann. Als dieser 394 nach Griechenland zurückgerufen wurde, verließ auch er Asien und nahm auf lakedaimonischer Seite an der Schlacht von Koroneia gegen Boioter und Athener teil. Dies trug ihm das schon länger befürchtete Verbannungsverdikt aus seiner Heimatstadt ein. Er blieb während der folgenden innergriechischen Feldzüge weiter bei Agesilaos und erlebte noch die Vernichtung einer spartanischen Mora im Kampf um Korinth mit.

In Skillus begann Xenophon dann sein drittes Leben, das erste zivile. In den folgenden zwei Jahrzehnten führte er das Dasein eines vermögenden Gutsbesitzers. Dessen vielfältige Aufgaben, die einen strengen Tagesablauf verlangten, schildert Xenophon ausführlich im *Oikonomikos*. Dabei halfen ihm seine Erfahrungen als Führer der Zehntausend, denn die Anforderungen an eine leitende Tätigkeit (*to archikon*) seien, wie er schreibt, in allen «Wirkungsbereichen», landwirtschaftlichen, staatlichen, wirtschaftlichen oder militärischen, gleich. Xenophon versuchte auch in Skillus umzusetzen, was ihm auf dem Zug oft gelungen war, nämlich Untergebenen nicht allein zu befehlen, sondern sie, wo möglich, zu überzeugen. Er setzte auf eine humane Behandlung auch der Sklaven, hörte ihre Beschwerden an und strafte nur bei groben Verstößen.

Vor dem Bezug des Landgutes hatte er geheiratet, vielleicht nach seiner Rückkehr nach Griechenland. Seine junge Frau Philesia folgte ihm mit den beiden kleinen Söhnen Gryllos und Diodoros auf das Gut nach. Xenophon verewigt sie im *Oikonomikos*, indem er ihre Sorgen und ihr Wirken für das Anwesen herausstellt und ihre Tätigkeit gleichberechtigt neben die seine stellt. Die Söhne verbrachten ihre Kindheit bei der Mutter, in Skillus unterrichtete sie der Vater. Eine kolportierte Erziehung in Sparta ist wohl ein irriger Schluss aus Xenophons Berichten über das spartanische Erziehungssystem.

In der *Anabasis* verkürzt Xenophon sein Leben in Skillus zur Idylle, und vermutlich waren die Jahre, die er dort abseits des Kriegsgeschehens zubrachte, auch wirklich die glücklichsten seines Lebens. Die Zeit, die er neben seinen Verpflichtungen für Hof und Gesinde, seiner Beschäftigung mit Jagd, Reiten oder Hundezucht erübrigen konnte, widmete er der Schriftstellerei. Er erschloss sich auf seinen Ländereien das Material für seine Schriften über die Jagd, die Reitkunst und die Haushaltsführung. Ob er sie auch schon dort vollendet hat, ist zumindest im letzteren Fall fraglich. Zunächst befasste er sich nämlich mit der Geschichte des letzten Jahrzehnts des 5. Jahrhunderts. Vorarbeiten dazu gehen möglicherweise noch in die neunziger Jahre und früher zurück; seine ersten Publikationen entstanden aber in Skillus. Das Früheste, das er schrieb, ist unbestritten die Fortsetzung des Thukydides. Diese setzte die Herausgabe des Fragment gebliebenen Werkes voraus, die gegen Ende der neunziger Jahre erfolgte, da der Historiker Anfang des 4. Jahrhunderts noch lebte. Noch in den achtziger Jahren folgte die *Anabasis*, und diese wiederum setzt die Weiterführung der *Hellenika* mit Buch III voraus. Sie beschäftigte Xenophon noch in den kommenden Jahren bis hinein in das fünfte Jahrzehnt.

Nach der Schlacht von Leuktra 371 eroberten die Eleier Skillus von den Spartanern zurück, die Familie des Xenophon floh nach Lepreon an der Ostküste der Peloponnes. Lakedaimon war nicht weit. Xenophon selbst blieb zu Verhandlungen in Elis, doch sie erwiesen sich als vergebens. Danach begab er sich mit seiner Familie nach Korinth; Athen, wohin er (noch) nicht zurückkehren konnte, lag nun näher als Sparta. Im Frühjahr 369 schlossen beide Städte ein Bündnis. Irgendwann zu dieser Zeit wurde auch Xenophons Verbannung aufgehoben, vielleicht 368 oder etwas später. In Athen fand er sein Lesepublikum und diesem galten seine Ratschläge und Empfehlungen. Die Einstellung gegenüber Sparta wurde kritischer, der prolakedaimonische Ton schwand aus seinen Schriften.

*

Die Zeit in Korinth wird die fruchtbarste für den Schriftsteller Xenophon. Es entstehen die *Memorabilien*, die *Apologie* und das *Symposion*, vor allem aber die *Kyrupädie*. In Erinnerung an den jüngeren Kyros geschrieben, handelt sie vom Wirken des älteren (559–530 v. Chr.). Als langfristige Folge seiner asiatischen Feldzüge wuchs bei Xenophon – auch mit zunehmender Kenntnis der Perser, die in vielem schon Herodot vermittelt hatte – das Verständnis für die großen kulturellen Leistungen des Ostens. Der Glauben an eine ethnische oder sonstige Überlegenheit der Griechen war schon während der Niederschrift der *Anabasis* ins Wanken geraten. Xenophon wurde auf der Suche nach dem idealen Herrscher bei Kyros dem Großen fündig, der lange genug tot war, um ihm ohne Widerspruch eine Vielzahl von Tugenden (*aretai*) zuschreiben zu können, die ein Repräsentant der eigenen Zeit wie beispielsweise Agesilaos nicht glaubhaft besitzen konnte. In vielen Episoden, Gesprächen und Reden, wie sie auch schon die *Anabasis* und die *Hellenika* prägen, schildert Xenophon die Erziehung (*paideia*) und die Taten (*praxeis*) des Reichsgründers scheinbar historiographisch, tatsächlich aber, wenn auch auf die damals greifbaren Quellen gestützt, eher romanhaft. Die *Kyrupädie* sucht das Heil der von Aufständen (*staseis*) zerrütteten Städte und der in Fraktionen gespaltenen Bürger im aufgeklärten Herrscher, in der Eintracht der Völker und im Frieden, für den sich Xenophon, weil er in ihm die Grundlage jeglicher wirtschaftlicher Erholung sah, besonders in seiner letzten Schrift, den *Einkünften*, einsetzte.

Mit der *Kyrupädie*, aber auch dem *Hieron*, dem *Staat der Spartaner* und dem *Agesilaos* griff Xenophon in eine breite Diskussion um die beste Staatsform ein, welche die zahlreichen Regierungswechsel, Umstürze und Verfassungsänderungen in Griechenland immer aufs Neue entfachten. Schon Herodot hatte sich mit den Vor- und Nachteilen der drei bekannten Staatsformen, der Demokratie, der Oligarchie und der Alleinherrschaft (Tyrannis und Monarchie werden hier in eins gesetzt) auseinandergesetzt. Xenophon erlebte in Athen alle drei Machtsysteme mit, sofern die Herrschaft der Dreißig, wie es schon der Historiker Ephoros gesehen hatte, als (Kollektiv-)Tyrannis gelten kann. In seinen staatspolitischen Schriften stellt er jeweils den herausragenden Einzelnen, sei es in der Person des älteren Kyros, des Agesilaos, des Lykurg oder des Hieron, in den Blickpunkt, formuliert aber auch Vorbehalte. Im *Hieron* betont er die Schattenseiten, während der Katalog der Tugenden im *Agesilaos* eher eine Wunschliste darstellt.

Xenophon lag es aber fern, den Athenern ein monarchisches oder oligarchisches System, an das er am Ende seines Lebens wohl nicht mehr glaubte, anzuraten. Viele der Tugenden, die er seinen

Protagonisten zuschreibt, eigneten sich auch im Alltagsleben, um den *idiotes*, den Privatmann, zu einem besseren Bürger zu machen, und das war vermutlich Xenophons eigentliche didaktische Absicht.

Dass der Einzelne vorzuziehen war, wenn es galt, schnelle Entscheidungen zu treffen, hatte ihn der lange Marsch gelehrt, wenn auch die Söldner nur ein einziges Mal für einen Oberkommandierenden votierten, und das war beim Organisieren von Raubzügen. Im Übrigen hatte sich das Zusammenspiel zwischen Feldherrengremium, Hauptleuten und Heeresversammlung bewährt. Letztere bildete ein demokratisches Element in der hierarchischen Struktur der Söldnerarmee, das – wider alle Erwartung – den Söldnern, die aus den verschiedensten Regionen Griechenlands stammten, zu gemeinsamem Handeln verhalf und ihnen ermöglichte, sich gegen ihre Vorgesetzten zu behaupten. Vielleicht beförderte es auch Xenophons Verständnis für die Entscheidungsprozesse in der Athener Ekklesia.

Der Zug der Zehntausend ist die Erfahrung, die langfristig den großen Umschwung in seinem Leben bewirkte. Auch wenn der gewöhnliche Polisbürger wenig mit dem Söldner gemein hatte, lehrte der jahrelange Umgang mit diesem Xenophon doch, Menschen außerhalb seines Standes besser zu verstehen. So konnte er sich, auch weil die lakedaimonische Hegemonie zerbrach und die dort herrschende Oligarchie zerfiel, wieder der Heimatstadt annähern und am Ende seines Lebens die Demokratie, die er in seinen Schriften niemals selbst kritisiert hatte, als die ihr gemäße Regierungsform zumindest akzeptieren. Wie es scheint, verzieh er der Demokratie sogar ihre in seinen Augen gröbste Verfehlung, das Urteil gegen seinen Lehrer Sokrates. Zumindest legt das eine Passage aus der *Kyrupädie* nahe. Wie in der *Anabasis* und den *Hellenika* tritt Xenophon auch hier inkognito auf, hinter der Darstellung des armenischen Prinzen Tigranes verbirgt sich offenbar ein Selbstporträt. Nachdem Tigranes' bewunderter Weisheitslehrer (sprich Sokrates) von seinem Vater (sprich Athen) als Verderber der Jugend zum Tode verurteilt worden ist, entschuldigt jener diesen in einem letzten Gespräch vor seiner Hinrichtung: «Tigranes, grolle deinem Vater nicht, weil er mich tötet. Denn er tut dies nicht, weil er dir etwas Böses will, son-

Münzporträt des Satrapen Tissaphernes aus seinem letzten Lebensjahr

dern aus Unwissenheit. Alle Fehler aber, die man aus Unwissenheit begeht, halte ich für ungewollt.»

Xenophon jedenfalls hatte seinen Frieden mit Athen gemacht. Dies belegt auch seine letzte Schrift, der etwa 355 entstandene wirtschaftspolitische Traktat mit dem Titel *Einkünfte*, in dem er sich um die ärmere Bevölkerung und damit die Zukunft seiner Heimatstadt sorgt. Wie die zahlreichen Nachrufe auf den bei Mantineia gefallenen Sohn Gryllos, der auch auf einem Gemälde im Kerameikos verewigt wurde, bezeugen, war der Vater dort längst eine Berühmtheit geworden. Auch wenn ein direktes Zeugnis fehlt, liegt es nahe, dass Xenophon am Ende seines Lebens wieder angesehen und geachtet in der Stadt lebte, in der er geboren und für die einer seiner Söhne gestorben war.

ANHANG

QUELLENNACHWEISE

Vorwort

Ruhmesblatt: H. Bengtson im Handbuch der Griechischen Geschichte, München ⁴1969, 263. Der Autor fährt fort: «Niemals ist die militärische und moralische Überlegenheit der Griechen gegenüber den zahlenmäßig weit überlegenen Asiaten so hell ans Licht getreten wie auf diesem Zuge von Babylonien zum Schwarzen Meer. Es ist dies eine Leistung, die sich in ihrer psychologischen Wirkung nur mit der von Thermopylai vergleichen läßt.» Zur Route s. Lendle, Kommentar passim mit den Karten sowie Brennan/Thomas, Landmark passim; zur Militärgeschichte s. Stoll, Terror im Gebirge 277–345, ders., Xenophons Marsch durchs Gebirge 48–63, ders., Gemeinschaft in der Fremde 123–183.

Einen neuen Weg, Xenophon gerecht zu werden, öffnete der große Kommentar von Otto Lendle, welcher der lange vernachlässigten *Anabasis* wieder das Gewicht verlieh, das sie verdient und in der Antike auch genoss. Dazu erschien vom selben Autor 1999 ein «historischer Tatsachenroman» über die Söldner des Kyros, der auch interessante Spekulationen enthält, für welche die wissenschaftliche Grundlage zu schmal war, um sie dem Kommentar beizufügen. Deutschsprachige Übersetzungen: W. Müri (1954), H. Vretska (1958), H. Feix (1964). Eine Übersetzung des Verfassers erscheint im März 2023.

Prolog: Die Anabasis

Alexander der Große als Anführer einer Räuberbande: Augustinus, Vom Gottesstaat 4.4; *Bellum se ipsum alet*: Livius 34.9.12; «Wandernde Polis» s. Hornblower 243–263; zur Interpretation der *Anabasis*: s. hier: I. Calvino, Warum Klassiker lesen?, Frankfurt a. M. 2013, 24–29, J. Burckhardt, Griechische Kulturgeschichte III, Basel 1978, 417f. bzw. München 2002, 494f.; zur Erinnerung s. Lew Tolstoi, Krieg und Frieden, München ³2018, I 422f. (Für Tolstoi gehörte die *Anabasis* zu den 50 wichtigsten Büchern seines Lebens und manches, was er in *Krieg und Frieden* über Historiker schreibt, beruht auf ihrer Kenntnis); zur Gemeinschaft der Söldner s. O. Kraus, Von den alten Griechen lernen, in: Manager-Magazin 2009, 92–97.

Nachwirkung im 4. Jahrhundert: Isokrates 8.98, 5.90ff., 12.104, Demosthenes 15.23, Münscher 8f.; Misthophoroi in persischen Diensten: 1.4.3 (das Wort Xenoi verwendet Xenophon nur am Anfang des 1. Buches für die Anwerbung der Söldner); Alexander der Große und die *Anabasis*: Arrian 2.7.8; Träume in der *Anabasis*: Cicero, Über die Weissagung I 52, 122 (wohl nur sekundäre Nutzung der Schrift); Caesar: Sueton, Caesar 87; Die Zehntausend: Trogus bei Iustin 5.11.10; Plutarch, Antonius 45, s. Münscher 8; vielgelesenes Werk der Kaiserzeit: Arrian 1.12.3f.
James Joyce, Ulysses, Frankfurt a. M. 1975, 9f. (Übers. H. Wollschläger), *epi oinopa ponton*: «Übers weinfarbene Meer»; James Joyce, *Finnegans Wake*, London 1939, 547 u. ö., s. dazu Rood, The Sea! The Sea!, 162ff.; Arno Schmidt, Rosen & Porre, 1959, 16 (s. auch Schmidts Randbemerkung zur Stelle in seinem Arbeitsexemplar von *Finnegans Wake* S. 547); H. Heine, Meergruß, in: Werke I, Berlin 1980, 195–197; Thomas Wolfe, Schau heimwärts, Engel!, Reinbek 1986, 353; Jaroslav Hasek, Die Abenteuer des guten Soldaten Svejk im Weltkrieg (Übers. A. Brousek), Stuttgart ³2014, 286–370; Anabasis als Irrfahrt auch bei H. Hesse, Glück, 1973, 93 oder bei J. Giraudoux, Juliette, Frankfurt/M. 1963, 81; Rudolf Borchardt, Anabasis, München/Wien 2003 (hg. v. Cornelius Borchardt, hier S. 9f.); Viktor Sklovskij, Sentimentale Reise, Frankfurt a. M. 1974, hier S. 181, dazu K. Nievers, Kindlers Neues Literatur Lexikon 15, 580; mit dem Titel ihres 1978 erschienenen Romans *Das Meer. Das Meer* erinnert Iris Murdoch an Xenophon; Michail Schischkins Roman *Venushaar* von 2005 enthält als Parallelerzählung Ausschnitte aus der *Anabasis*. – Hörspiel: Wolfgang Weyrauch, Anabasis, Hamburg 1959 (1. Fassung mit anderer Akzentuierung bereits 1931); Comic: Petri Hiltunen, Xenophon, Anabasis, o. O. 2018; Film: Masao Adachi, The Anabasis of May and Fusako Shigenobu (Anabasis steht hier für eine schwierige Heimreise), 2011; Gemälde: Herbert Reyl-Hanisch, Die Thalatta-Szene (1926).

In Skillus oder Die Geburt eines Schriftstellers

Landgut und Tempel: 5.3.7–13; Pausanias 5.1.6; zur Lage: Lauffer 622f., Lendle, Kommentar 316–318; «wacher Sinn»: Thukydides 5.26.4 (auf Th. bezogen); thukydideischer Teil der *Hellenika*: 1.1.1–2.23; Sophainetos: FGrHist 109 (zur Diskussion um Sophainetos als Quelle Diodors 14.19–31 und 37.1–4 s. Frigo 8; Stylianou 68–96); Themistogenes von Syrakus: Hellenika 3.1.3; FGrHist 108 T 1–4 ; Motiv des Xenophon: 3.1.4. – Zur Datierung: Eine Abfassungszeit Ende der 60er Jahre oder gar in den 50er Jahren, wie sie vor allem die englische Forschung präferiert, widerspricht dem Rechtfertigungscharakter der Schrift diametral. Im Übrigen setzen die eigentlichen *Hellenika* (ab Buch III) die *Anabasis* voraus. Dazu immer noch Breitenbach 1639–1644.

1. Auftakt in Athen (408–401)

Der 25. Thargelion 408
Ankunft in Athen: Hellenika 1.4.8–20, Diodor 13.68.1–69.3, Nepos, Alcibiades 5.6–7.1; Meinungen über Alkibiades: Hellenika 1.4.13–17; vgl. Kapellos 10–97, Heftner 98–165, Will, Thukydides 101–158.

Der Arginusen-Prozess
Arginusen-Schlacht: Hellenika 1.6.1–43; Arginusen-Prozess: Hellenika 1.7.1–35; vgl. Diodor 13.102; Sokrates: Hellenika 1.7.8–15; s. Will, Athen 257–267, Burckhardt 128–143, Németh 51–57, Mehl 32–80; v. Wedel 158–172, Bleckmann 509–569.

Unter den 30 Tyrannen
30 Tyrannen: Hellenika 2.3.1–2, Lysias, Gegen Eratosthenes 12.71–76, Aristoteles, Staat der Athener 34.3, Plutarch, Lysander 15, Diodor 14.3.5–7 (der Historiker Ephoros, auf dem Diodor hier fußt, konstruiert absurderweise einen Widerspruch zwischen Theramenes und Lysander, s. dazu Th. Lenschau, in: RE VIA [1937], 2364 [«gefälscht»]), P. Krentz, Xenophon, Hellenika I–II.3.10, Oxford 1989, 190f.; versöhnliche Tendenz: Hellenika 2.4.43; Lysander und die Dreißig: Plutarch, Lysander 15; Exekution der Strategen: Lysias 13.32–34; widerrechtliche Hinrichtungen: Hellenika 2.3.17; Machtausübung der Dreißig: Lysias 12.6–7 (Übers. nach U. Treu); offizieller Grund für die Wahl der Dreißig: Hellenika 2.3.11; Status der 3000: Hellenika 2.3.20; neue Sykophanten: Lysias 6.45, 12.48; Kritik an Kritias: Hellenika 2.3.15; vgl. 2.3.22 (in den *Memorabilien* [1.2.30] vergleicht Xenophon aus dem Munde des Sokrates das Verhalten des Kritias mit dem von Schweinen); Kothurn: Hellenika 2.3.31; Prozessreden: Hellenika 2.3.23–49; Rechtsbeugung: Hellenika 2.3.50–53; die letzte Stunde des Theramenes: Hellenika 2.3.54–56, vgl. v. Ungern-Sternberg 155 (innere Opposition); Sokrateslegende: Diodor 14.5.1–3; keine Differenzierung der Dreißig: Xenophon, Memorabilien 1.2.32. – Zu den Dreißig s. Th. Lenschau, in: RE VIA (1937), 2355–2377.

Die Reiterei der Dreißig
Rückkehr zur Demokratie: Hellenika 3.4.1–42; Umsturz: Lysias: 13.47, 26.2, Diodor 14.32.4, Iustin 5.9.13, Isokrates 7.67, Th. Lenschau, in: RE VIA (1937), 2369; Ausfall aus Phyle: Hellenika 2.4.1–7; Zahl der Ermordeten: Scholion zu Aischines 3.235 (Aristoteles, Athenaion Politeia 35.4, an den Atthidographen Androtion anknüpfend, begnügt sich mit 1500); Isokrates

12.67, 20.11, Németh, Kritias 141; Eleusis und Odeion: Hellenika 2.4.8–10; Lysias 12.52, 13.44; Diodor 14.32.4.

Der Sturz

Versöhnungsappelle: Hellenika 2.4.10–22; Zehnmänner-Gremium: Hellenika 2.4.23; Kritik an Reiterführern: Hellenika 2.4.26; Friedensgespräche in Sparta: Hellenika 2.4.28–39 (Zitat 2.4.38); Aufruf zur Versöhnung: Hellenika 2.4.40–42.

2. Der Zug ins Landesinnere: Die Anabasis (401)

Die Einladung

Verhältnisse in Persien: 1.1.1–8 (alle Angaben zur *Anabasis* werden nur mit Buch, Kapitel und Paragraph zitiert; Übers. Verfasser); Anwerbungen: 1.1.9–11; Einladung zum Kyroszug: 3.1.4–8 (Xenophon erzählt dies selbst, freilich erst als Nachtrag im 3. Buch; da er die Fiktion aufrechterhalten will, das Werk stamme nicht von ihm, muss er zunächst darauf verzichten, seine Person herauszustellen; kein Autor hätte sich um den zu Beginn des Marsches nahezu unbekannten Zivilisten gekümmert; erst nach der Schlacht von Kunaxa vermag er aus dem Schatten der getöteten Feldherren zu treten und sich zu der Hauptperson stilisieren, deren privater Hintergrund Interesse erweckt); Weihung: H. Pomtow, in: RE Suppl. IV (1924), 1286f.

Der Aufbruch

Truppenzahl: 1.2.1–9; Pisidien als Ziel: 1.2.1; Tissaphernes: 1.2.4.

Die Söldner

Thraker als Söldner: Thukydides 7.29; Areté des Kyros: 6.4.8; Motive der Söldner: Isokrates 4.146, Xenophon 6.4.8; Söldnerschelte Xenophons: Oikonomikos 21.4f.; Klearchos als Oberkommandierender: 6.1.25–6.2.12; Streit unter den Söldnern: 1.5.11–17; drückende Last: Xenophon, Hieron 8.10; Vorteile der Söldner: Xenophon, Hieron 10; zum Sölderproblem s. Diesner 213–222, Roy 264–288.

Der Weg

Beispiel einer Marschleistung: 1.2.5f.; Xenophons Reiseliteratur: Breitenbach, in: RE IXA2 (1983), 1649–1653.

Die Kilikerin

Lebensmittel: 1.2.23, 1.5.10, 2.1.18–20, 2.3.14–16, 2.4.27–28, 4.4.9, 4.5.25–28, 5.4.27–29; Mania: Hellenika 3.1.10–15; Artemisia: Herodot 8.88.3; Epyaxa: Xenophon 1.2.10–20.

Insurrektion und Meuterei

Vormarsch in Kilikien: 1.2.21–27, Ktesias FGrH 688 F 29, 58; Revolte: 1.3.1–21; Xenophons Haltung: 1.3.10.

Weg ohne Umkehr

Xenophon zieht mit: 3.1.10 (Zitat); Verstärkung in Kilikien: 1.4.1–3; Söldnerausrede: 2.3.21; Feldherrn informiert: Diodor 14.19.9 (nach Ephoros); Friedensvertrag 404: StV III 211; Söldnerzählung: Lendle, Kommentar 34; Abrokomas: 1.4.4–5.

Am Euphrat

Großmut des Kyros: 1.4.7–9 ; Caesars Milde: Bellum Civile 1.16.1ff.; Solderhöhung: 1.4.11–13; Alexanders Meerwunder: Arrian 1.26.1–2; September: s. Lendle, Kommentar 42; Araxes: 1.4.19.

Große Spatzen

Arabien: 1.5.1–3; *strouthokamelos* (Strauß): zuerst bei Diodor 2.50.3; vgl. Theodoretos, Interpretatio in Jeremiam 81.496, Herodot 4.175.1 nennt die Strauße «unterirdisch hausende Spatzen».

Die ägyptische Plage

Zug durch Arabien 1.5.4–6; Wagen im Morast: 1.5.7–8; Kyros' Warnung: 1.5.16.

Ein Verräter

Orontas: 1.6.1–11 (Zitat 1.6.8); persischer Brauch: Diodor 17.30.4.

Vor der Schlacht

Kyros' Rede: 1.7.1–13 (Zitat 1.7.7); Medische Mauer: 2.4.12; Silanos, sorgloser Weitermarsch: 1.7.14–20; der Großkönig nähert sich: 1.8.1–6; Tiara: Ktesias FGrH 688 F 20.4; Rat der Griechen an Kyros: 1.7.9.

Xenophon tritt auf

Das Heer des Großkönigs erscheint (Zitat): 1.8.11; vor der Schlacht (Auftritt Xenophons): 1.8.12–17.

Entscheidung bei Kunaxa

Truppenstärke: 1.7.10–13, Ktesias FGrHist 688 F 22; vgl. Lendle, Kommentar 58; Schlacht bei Kunaxa: 1.8.8–20; Kyros' letzter Kampf und Tod: 1.8.21–29, 1.10.1, Plutarch, Artoxerxes 13; Räuberpistole: Plutarch, Artoxerxes 11; Verlustzahlen: Plutarch, Artoxerxes 13.

Xenophons Kyros

Kyros d. J.: 1.9.1–31 (Zitate: 1.9.20, 28), Oikonomikos 4.16–25, bes. 4.18; Aischylos, Perser 768–772 , Herodot 9.122.3f.; zur Kyrupädie umfassend Nickel, Kyrupädie 734–767 (dazu der reiche Kommentar 667–733), E. Schmalzriedt, Hauptwerke der antiken Literaturen, München 1976, 126f.; der ideale Herrscher: Kyrupädie 1.1.1, 1.6.10, 1.6.20–21, 4.1.19, 4.2.10f., 5.1.23, 8.2.1, 8.4.7f., 8.7.25, s. Nickel, Kyrupädie 667–670; weitere Belege ebd. 671ff.

Ungewissheit

Nach der Schlacht: 1.10.1–19 (Zitat 1.10.4); Tissaphernes' Information: 2.3.19; Adler des Großkönigs: 1.10.12; Kyrupädie 7.1.4; zur Schlacht: Lendle, Kommentar 85–90.

Vae victoribus

Übers. Kapitelüberschrift: «Wehe den Siegern». – Nach der Schlacht: 2.1.1–6; Leonidas an Xerxes: Plutarch, Moralia 225 D; Phalinos und Theopompos: 2.1.7–14; Klearchos und Phalinos: 2.1.15–23; Klearchos opfert: 2.2.1–3; Aufbruch: 2.2.4–5; Klearchos als alleiniger Befehlshaber: 2.2.5.

Auf der Flucht

Einigung mit Ariaios: 2.2.8–9; Ariaios' Thronverzicht: 2.2.1; seine Rückzugspläne: 2.2.10–12; Xenophons Kommentar: 2.2.13; Angst auf dem Rückmarsch: 2.2.14–21.

Waffenstillstand

Xenophon in der 1. Person: 2.3.1 (vgl. vorige Behauptung: 2.2.18); Waffenstillstandsverhandlungen und Verpflegung: 2.3.2–16 (zur Plünderung: Lendle, Kommentar 107); Unterhandlungen mit Tissaphernes: 2.3.17–29.

Warten auf Tissaphernes

Warten: 2.4.1–14; Ehe mit Tochter: Diodor 14.26.4; unklare Absicht des Satrapen: 2.4.8, dagegen Diodor (Ephoros) 14.26.5; Versuch, den Vertrag in Misskredit zu bringen: Lendle, Kommentar 116.

Ein anonymer Ratgeber

Xenophon als Ratgeber: 2.4.15–22; Dörfer der Parysatis: 2.4.23–28; am Zapatas: 2.5.1.

Das Komplott

Die Reden: 2.5.1–23 (Zitat des Klearchos: 2.5.9); Thukydides über Verträge: 3.82.6f.; Tiara: 2.5.23; zweite Einladung des Tissaphernes: 2.5.24–27; die griechische Delegation: 2.5.27–30; im persischen Lager: 2.5.31–34; nach dem Verrat: 2.5.34–42; Ktesias FGrHist 688 F 27f.(Plutarch, Artoxerxes 18, Photios, Bibliotheke 72 p. 44 a 20–b 19); vgl. Cawkwell, Persian Expedition 23f., König 108f.

Drei Nachrufe

Nachruf auf Klearchos: 2.6.1–20; Klearchos als Vorbild: 2.3.10–13; Feldherrntugenden: Agesilaos 2.1–16, Memorabilien 3.1.4–8; Hirte der Völker: Homer, Ilias 2.243; Feldherr als Erzieher: Memorabilien 3.2.1; Klearchos' wahres Gesicht: Ephoros bei Diodor 14.12.2–9 (gekürzt; Übers. O. Veh); Gehorchen: s. auch Livius' (21.4) Charakteristik Hannibals («Niemals war die gleiche Veranlagung zu zwei ganz verschiedenen Dingen geeigneter, zum Befehlen wie zum Gehorchen»); Bild des Menon: 2.6.21–29; Charakteristik des Proxenos: 2.6.16–20 (dazu Lendle, Kommentar 138f.: «wenig sympathisch»). – Es kann sein, dass sich Xenophon als Feldherr zwischen der Härte des Klearchos und der Milde des Proxenos «ansiedeln» wollte (s. Flower 120), doch so, wie ihm die Charakteristik des Letzteren schließlich geraten ist, trägt sie deutliche Züge der eigenen Ziele und Vorstellungen. – Xenophon als *Alter Ego*: 7.8.23.

3. Der Zug zum Meer: Die Katabasis (400)

Die Stunde Xenophons

Die Nacht nach dem Verrat: 3.1.1–3; Xenophon stellt sich vor: 3.1.4–14 (Zitat 3.1.14); erste Rede Xenophons: 3.1.15–25; Widerstand: 3.1.26–32; Wahl der Feldherren: 3.1.32–45.

Vor der Heeresversammlung

Versammlung der Soldaten: 3.2.1–6; Aelian-Zitat: 3.24 (Übers. H. Helms); Xenophons Auftritt: 3.2.7, vgl. Lendle, Kommentar 159; Niesen: 3.2.8–9; Xenophons Rhetorik: 3.2.10–26; Karree: Hellenika 4.3.4; Xenophons Vorschläge: 3.2.27–39, vgl. Lendle, Kommentar 162–164.

Erste Erfahrungen

Kämpfe der Nachhut 3.3.1–20, vgl. Lendle, Kommentar 169–171. Siehe auch Xenophons Schriften über die Reitkunst und den Reiteroberst.

Am Tigris

Am Tigris: 3.4.1–9; neue Taktik: 3.4.10–23; Hügelkämpfe: 3.4.24–30; Peitschenhiebe: 3.4.25, Herodot 7.22, 7.56, 7.222; Ärzte: 3.4.30.

Der philostratiotes

Nachtmarsch: 3.4.31–37; *philostratiotes*: 3.4.38–49 (vgl. Stendhal, Henry Brulard, München 1956, 525).

Ins Ungewisse

Verbrannte Dörfer: 3.5.1–6; Schlauchbrücke: 3.5.7–12; ins Ungewisse 3.5.13–18.

Im Gebirge

Karduchenland: 4.1.1–11; Schmuggel: 4.1.14, Lendle, Kommentar 194f.; Lob des Agesilaos: Agesilaos 1.21f.; Verluste der Nachhut: 4.1.14–22; Caesar, Bellum Gallicum 1.15.2 (*pauci de nostris cadunt*); Zenturio M. Petronius: Bellum Gallicum 7.50.4.

Durchs wilde Kurdistan

Abschlachtung des Gefangenen: 4.1.23 (der Feldherr war wohl Cheirisophos); Thukydides über Folter: 8.92.2; Arkader aus Xenophons Einheit: 4.7.8–9; der Plan: 4.1.24–28; Scheinangriff: 4.2.1–4; Hügelkämpfe: 4.2.5–17; Verhandlungen und Flucht vom Hügel: 4.2.18–23; Weitermarsch: 4.2.24–28.

Am Grenzfluss

Euripides-Zitat: F 133 (Seeck) aus der *Andromeda*; die zweite Furt: 4.3.1–15; das Ohr der Soldaten: 4.3.10; der Übergang: 4.3.16–34.

In Armenien

Tiribazos: Deinon FGrHist 690 F 17; in Armenien: 4.4.1–22; Fakt und Fiktion: 4.4.15, Caesars Kundschafter: Bellum Gallicum 1.22.4 (*quod non vidisset, pro viso*); persischer Luxus: 4.4.21, Herodot 9.80f., Agesilaos 9.3.

Tod und Bacchanal

Schneemarsch: 4.5.1–21; Hufe der Lasttiere umwickelt: 4.5.36; der Maultiertreiber: 5.8.2–12; Bacchanal: 4.5.22–36; Dorfvorsteher: 4.6.1–3.

Ein Wortwechsel

Streit zwischen Xenophon und Cheirisophos: 4.6.10–19.

Zum Meer

Erstürmung der Passhöhe: 4.6.4–27; Gespräch mit Cheirisophos: 4.6.14–16; Alkibiades' Argumentation: Memorabilien 1.2.40–46.

Abgründe

Erstürmung des festen Platzes: 4.7.1–14.

Thalatta! Thalatta!

Zum Meer: 4.7.15–20; Thalatta, Thalatta: 4.7.21–27; s. Hoffmeister 241ff.

Sichtbare und unsichtbare Feinde

Makronen: 4.8.1–8; Kolcher: 4.8.9–19; Tollhonig: 4.8.19–21; Lendle, Kommentar 286f.

In Trapezunt

Wettkampf in Trapezunt: 4.8.22–28; Opferdampf: Aristophanes, Vögel 1515–1524; Frauen als Zuschauer: 4.8.27 (der Genitiv lässt das Genus offen, so dass auch – allerdings weniger wahrscheinlich – «Freunde» gemeint sein können); Homer-Zitate: Odyssee 13.79, 1.16–19; in Trapezunt: 5.1.1–14; Dexippos' Verleumdungen: 6.1.32, 6.6.5–34; Dexippos' Flucht und Strafe: 5.1.15.

Die Fluchtburg

Fluchtburg: 5.2.1–32; Erstürmung der Burg: 5.2.9–14; Caesar in der Nervierschlacht: Bellum Gallicum 2.20.1 («Caesar hätte alles auf einmal tun müssen»); zur Flucht der Kreter bergab s. G. C. Krischker, Bamberg 1983, 3; Meeresfahrt und Zehnt: 5.3.1–4; Zählung: 1.2.9, 1.7.1, 1.7.10, 5.3.1, Lendle, Kommentar 18, 312, 376; Xenophon über Skillus: 5.3.5–13.

4. Am Schwarzen Meer: Die Parabasis (400)

Parabasis: Dieser Terminus (*para* bedeutet als Präposition längs, entlang, neben) stammt nicht von Xenophon. In der einschlägigen Literatur wird er aber für die Bücher 5.3.7–7.8.24 verwendet. Dabei liegt die Annahme zu Grunde, dass dieser Teil später verfasst wurde als die vorangegangene Anabasis bzw. Katabasis. Dies lässt sich nicht belegen. Ein Hinweis wäre zwar die Zäsur, die hier mit dem Einschub des Kapitels über seinen Verbannungsort Skillus gegeben ist (5.3.5–13), es gibt aber keinen Grund, warum Xenophon die Abfassung der «Parabasis» um Jahre hinausgezögert haben soll. Die Fahrt entlang der Küste des Schwarzen Meeres (also die Parabasis) umfasst im Übrigen nur die Kapitel 5.4–6.6.38.

Ein Vorfall in Kerasus

Xenophons Rede über Kerasus: 5.7.13–25.

Barbarotatoi

Ost- und Westmossynoiken: 5.4.1–21; Etymologie: Hekataios FGrHist 1 F 185; Metropolis: 5.4.22–29; Wohntürme: Diodor 14.30.6, Datierung: Lendle, Kommentar 329f.; Kinder der Mossynoiken: 5.4.30–34; Begriff *barbarotatoi*: 5.4.34.

Aufenthalt in Kotyora

Vor Kotyora: 5.5.1–6; Parasangenzählung: 5.5.4, dazu Lendle, Kommentar 333f.; Zählung der Tagesmärsche nach Breitenbach 1590–1617; Anklage- und Rechtfertigungsrede: 5.5.7–23; *hybris* und *anangke*: 5.5.16; beschaulicher Schluss: 5.5.25; Seeweg nach Sinope: 5.6.1–14.

Die Kolonie

Koloniegründung: 5.6.15–19; Timasion und Thorax: 5.6.19–26, 5.6.35–37; Xenophon als Seher: 5.6.29; Xenophons Rede: 5.6.27–34; Melierdialog: Thukydides 5.85–113.

Xenophon als Redner

Apologie: 5.7.1–12; Rat Xenophons: 5.7.27–33; Beschlüsse der Heeresversammlung: 5.7.34–35.

Abrechnungen

Rechenschaftsablegung der Feldherren: 5.8.1; Xenophons Apologie: 5.8.2–26 (Zitat 5.8.2–12).

Intermezzo in Paphlagonien

Tanz und Musik: 6.1.1–13; Meeresfahrt: 6.1.14–16.

Archon Autokrator

Autokrator: 6.1.17–33; Meinung über Cheirisophos: 6.2.12; Sokrates über die Götter: Memorabilien 1.1.9.

Das Heer zerfällt

Vor Herakleia: 6.2.1–12; der Zerfall: 6.2.13–19.

Xenophon, der Retter

Drei Wege nach Kalpe: 6.3.1–2; Xenophon als Retter: 6.3.13–26.

Im Hafen von Kalpe

Kalpe: 6.4.1–7, Lendle, Kommentar 385–389; Xenophon über Kyros: Hellenika 1.1.5; Beerdigungen: 6.4.9–11.

Zeit der Opfer

Thukydides über Vorzeichen: 7.50.4; die ersten Opfer: 6.4.12–22; Bergung der Leichen: 6.5.5–6; Neons Vorschlag: 6.4.23–26.

Zum Bosporus

Letzte Kämpfe: 6.5.1–32; Evakuierung: 6.6.1.

Der Harmost

Aufenthalt in Kalpe: 6.6.1–4; der Harmost: 6.6.5–34; Agasias: 6.6.18; nach Chrysopolis: 6.6.35–38.

5. Am Bosporus: Die Epistasis (400/399)

Epistasis: Xenophon verwendet diesen Begriff zwar nicht, dieser beschreibt aber gut das Verweilen der Söldner an der Meerenge zwischen Europa und Asien, nachdem sie ihr Ziel, d. h. Griechenland, erreicht hatten (gr. *epístasis* bedeutet Haltmachen, Aufenthalt, Verweilen).

Tumulte in Byzanz

Seuthes: 7.1.1–6; Tumulte: 7.1.7–24; Rede Xenophons: 7.1.24–32; Koiratadas: 7.1.33–41.

Ein Agent Spartas

Zahl der Söldner am Schluss: Diodor 14.37.1; Harmosten weigern sich, ihr Amt aufzugeben: Staat der Spartaner 14.4; ein Agent Spartas: 7.2.1–17 (Zitat 7.2.13).

Bei König Seuthes

Der Dynast Seuthes: 7.2.17–38, Lendle, Kommentar 432f.; das Angebot des Seuthes: 7.3.1–14.

Ein Gastmahl

Gelage bei Seuthes: 7.3.15–33; Raubzug mit Seuthes: 7.3.34–48.

Krieg und Eros

Massaker von Mykalessos: Thukydides 7.29f.; Zerstörung der Dörfer: 7.4.1–6; eine Liebesgeschichte: 7.4.7–11.

Ein nächtlicher Überfall

Xenophon in Gefahr: 7.4.12–24.

Die Geschäfte des Herakleides

Salmydessos: Aischylos, Der gefesselte Prometheus 726f.; neuer Feldzug: 7.5.1–16; Xenophon flucht: 7.5.5.

Eine Frage des Soldes

Spartaner, Seuthes und Herakleides: 7.6.1–44; Xenophons Rede: 7.6.11–38; Parallele zu Platons Apologie (dort Passus 26): 7.6.32. – *Latrocinium*: Raubzug, Beutezug; *latro* hat im vorklassischen Latein auch die Bedeutung Söldner.

Abschied von Seuthes

Xenophon und Medosades: 7.7.1–19; Rede an Seuthes: 7.7.20–47, letzte Verhandlungen: 7.7.48–57.

Mit Gott an unserer Seite

Der Seher Eukleides: 7.8.1–6; Xenophon als armer Mann: 7.8.2; gegen den

Perser: 7.8.7–22; Xenophons Abspann: 7.8.23; Thibron: 7.8.24; Zählung der Gesamtstrecke: 7.8.25–26 (interpoliert).

Erinnerung an Sokrates

Xenophon März 399 nicht verbannt: 7.7.57; Verbannung wegen Kyroszug: Pausanias 5.6.5, Dion Chrysostomos 8.1 (p. 95), Diogenes Laertios 2.58; 300 Reiter aus Athen: Hellenika 3.1.4; Xenophon bleibt in Asien: Hellenika 3.2.7 (ohne Namensnennung); Flucht der Sokratiker: Diogenes Laertios 2.106, Kyreer: Hellenika 3.2.7, vgl. 3.4.20, Agesilaos 2.11; dagegen Anabasis 3.2.17; Ablösung durch Derkylidas: Hellenika 2.1.8; zu Xenophons sokrateischen Schriften ist immer noch wesentlich Gigon 42–52.

Exkurs: Parasangen, Stadien und Monate

Zu den Interpolationen: Lendle, Kommentar 97f., 333f., 486f.; zu 2.2.6: Zählung der Tagesmärsche nach Breitenbach 1579–1617. Die Aoristform von *erchomai* (kommen, gelangen) könnte sowohl 1. Person Singular wie 3. Person Plural sein. Analog zu 7.8.26 spricht sich Lendle mit guten Gründen für Ersteres aus. Zur Datierung Gassner 1–12, Lendle, Kommentar 487.

6. Der lange Weg nach Hause (399–354)

Unter spartanischem Kommando

Start in Kleinasien: Hellenika 3.1.1–2; Xenophon und Thibron: Hellenika 3.3.7; Anabasis 3.1.4–8; Derkylidas' Charakteristik: Hellenika 3.1.8; Lysander: Plutarch, Lysander 7; betrogener Betrüger: Hellenika 3.1.20–27; Xenophon als Führer der Kyreer: Hellenika 3.2.7; Tissaphernes und Pharnabazos: Hellenika 3.2.13; unter Derkylidas: Hellenika 3.1.1–2.20.

Im Stab des Agesilaos

Agesilaos als Heiratsvermittler: Hellenika 4.1.1–14; Lysander und Agesilaos: 3.4.7–10; Agesilaos und Tissaphernes: Hellenika 3.4.5–6, 11–15; Agesilaos' Reiterei: Hellenika 3.4.15; Ephesos: Hellenika 3.4.16–19; Paktolos: Hellenika 3.4.20–24; Ende des Tissaphernes: Hellenika 3.4.25; persisches Gold: Hellenika 3.5.1–2; Otys und Spithridates: Hellenika 4.1.1–28; Agesilaos und Pharnabazos: Hellenika 4.1.29–40; Gerüchte eines Perserzuges: Hellenika 4.1.41; Xenophon über Größe und Schwäche des Perserreiches: 1.5.9; s. dazu Rood, Panhellenism 305–310.

Zurück in Griechenland

Agesilaos und Xenophon zurück: Hellenika 4.2.1–8; Nemeabach: 4.2.9–4.3.2; Thessalien: Hellenika 4.3.39; Knidos: Hellenika 4.3.10–14; Koroneia: 4.3.15–23; Xenophon in Sparta: Plutarch, Agesilaos 20; Kinder in Sparta er-

QUELLENNACHWEISE 281

zogen: Diogenes Laertios 2.54 (nach Diokles); Kinadon: Hellenika 3.3.4–11; Liebesgeschichte um den Sohn des Sphodrias: Hellenika 5.4.24–35.

Der Untergang der Mora

Massaker in Korinth: Hellenika 4.4.1–6; Eroberung des Peiraion: Hellenika 4.5.1–6; Hybris des Agesilaos: Hellenika 4.5.6–7; Untergang der Mora: Hellenika 4.5.7–17 (Zitat gekürzt); Verhalten der Boioter: Hellenika 4.5.9f.; Schadenfreude der Mantineer: Hellenika 4.5.18f. (Übers. G. Strasburger); Korinthischer Krieg: Welwei, Sparta 289.

Skillus oder Über die Hauswirtschaft

Idyll Skillus: 5.3.5–13; Inschrift: 5.3.13 («Dieses Land ist der Artemis geweiht. / Der Besitzer und Nutznießer hat / jährlich den Zehnten zu stiften. Aus / dem Überschuss hat er den Tempel zu / erhalten, unterläßt es einer, soll / er der Göttin anbefohlen sein»); Lendle, Kommentar 316–318; s. auch *Kynegetikos*; Ischomachos: «Ein zur Dichtung gesteigertes Selbstproträt des Verfassers», schreibt W. Jäger in seiner *Paideia* (III 247); Landhaus: Oikonomikos 9.2–5; Paradiesgärten: Oikonomikos 4.13; Vergleiche zwischen Feldzügen und Landarbeit: Oikonomikos 4.15–25, 20.6–9, 20.18, 21.4–6; Handel mit Land: Oikonomikos 20.25–28; Getreidehandel: Oikonomikos 20.27–28; Gemeinsamkeiten der Leitungstätigkeiten: Oikonomikos 21.2; Einfluss des guten Feldherrn: Oikonomikos 21.6; Gutsherr als Erzieherr: Oikonomikos 14.3–10; Landwirtschaft und Feldzug: Oikonomikos 5.14–19; Kaloikagathoi: Oikonomikos 7.3, vgl. Burckhardt, Culturgeschichte, I 136, Audring 123; Pflichten des Bürgers: Oikonomikos 11.8; Erziehung der Mädchen: Oikonomikos 7.5; Tätigkeit der Frau: Oikonomikos 7.4–43; Magazin: Oikonomikos 8.18–19; Ordnung der Hausgeräte: Oikonomikos 9.6–9; Ischomachos' Tagesablauf: Oikonomikos 11.14–18 (Marcel Proust nennt Xenophon und Philesia das Muster einer fleißigen Familie, s. Briefe an A. Bibresco CXIX); der *Oikonomikos* als letztes Buch der *Memorabilien*: Galen, Med. Graec. op. XVIII 1.

Pax domi, foris bellum

Übers. Kapitelüberschrift: «Frieden drinnen, draußen Krieg». – König Pausanias: Hellenika 3.5.25; Tisiphonos: Hellenika 6.4.37; Königsfrieden: Hellenika 5.1.29–36; Theben und Olynth: Hellenika 5.2.11–3.26; Peripetie Spartas: Hellenika 5.3.27; göttliche Strafe: Hellenika 5.4.1; Friedensverhandlungen in Sparta: Hellenika 6.3.1–17 (Zitat 6.3.3); Vertreibung aus Skillus: Diogenes Laertios 2.52f.; Xenophons Bleiberecht: Pausanias 5.6.6.

Unordnung und Verwirrung

Bündnis Athen und Sparta: Hellenika 7.1.1–14 (StV III 274); Bündnis mit den Arkadern: Hellenika 7.42–6 (StV III 284); Epameinondas und Agesilaos:

Hellenika 7.5.9–13; Schlacht von Mantineia: Hellenika 7.5.18–25; Panhellenismus: s. *Agesilaos*; Fazit von Mantineia: Hellenika 7.5.26.

Ein letzter Schicksalsschlag

Reitergefecht bei Mantineia: Hellenika 7.5.14–17; Gryllos: Diogenes Laertios 2.54f., Ephoros FGrHist 70 F 85, Pausanias 8.11.6, 8.9.9, 1.3.3, 9.15.5; Aristoteles, Fragmente I 202–204 (Werke 20, 2006); Nachwirkung im 4.Jh.: Münscher 35; Mann der *Anabasis*: Pausanias 9.15.5; Xenophons Reaktion: Diogenes Laertios 2.54f.

Am Ende wieder Athen

Kritik an Sparta: Der Staat der Spartaner 14.1–7 (zur Datierung: Publikation nach Agesilaos' Tod, s. Jäger III 237; es spricht viel dafür, dass die Kapitel 14 und 15 vertauscht wurden und 14 den eigentlichen Schluss bildet, s. Will, Xenophon, Schriften 15–21); Armut abhelfen: Poroi 1.1; Oligarch des 5.Jahrhunderts: Ps.-Xenophon, Staat der Athener 1.2; Metoiken: Poroi 2.1–7; Seehandel: Poroi 3.1–14; Silberbergwerke: Poroi 4.1–52; Nikias: Plutarch, Nikias 4; Memorabilien 2.5.2; Rechenexempel Xenophons: Poroi 4.23–24; Friedensapologetik: Poroi 5.1–13; Anrufung der Götter: Poroi 6.2–3.

Epilog: Xenophon, der Athener

Eingangszitat: Menander, Monostichoi 422 (sinngemäß hier: «Nur wer Leid[en] erfährt, wird zum [ganzen] Menschen»); Xenophon stellt sich vor: 3.1.4 («Im Heer befand sich ein gewisser Xenophon aus Athen»); zum Problem der Schriftstellerbiographie vgl. H. Mayer, Goethe, Frankfurt a.M. 1973, passim; Datierung 431: Thukydides 2.2; Akme 401: Diogenes Laertios 2.55; Xenophon 90 Jahre: Ps.-Lukian, Makrobios 21 (dort wird zwar nur das Lebensalter von 90 genannt, da er aber nach allgemeiner Auffassung Ende der 50er Jahre starb, liegt dem die *Akme*-Rechnung zugrunde, s. Breitenbach 1573); Xenophon über sein Alter: 3.1.25, 6.4.25, auch 2.1.12f. (hier unter Pseudonym); «alt genug»: Thukydides 5.26.5; eigene Pferde: 3.3.19, 7.8.6; militärische Ausbildung: Lendle, Xenophon 185f.; Einsatz in Kleinasien (?): Hellenika 1.2.1–10, Schwartz 164; Vater und Demos: Diogenes Laertios 2.48; Güter des Alkibiades: Platon, Theages 123 C; Handel mit Land (Vater): Oikonomikos 20, 25–28; Arginusen-Prozess: Hellenika 1.7.1–35; Lehrer Prodikos: Philostratos, Leben der Sophisten 1.12; Lehrer Isokrates: Photios, Bibliotheke 486b; die Dreitausend: Hellenika 2.3.18–19; Autobiographisches unter den Dreißig: Schwartz 165 (mit Verweis auf Hellenika 2.4); Sympathie für die Dreißig: Hellenika 2.3.12; Phyle und Eleusis: Hellenika 2.4.1–10; Reiter unter den Zehn: Hellenika 2.4.24–26; Gewinn für das Volk: Hellenika 3.1.4; Dreißig als Tyrannen: Diodor 14.2.1; zum *Hieron* s. Will, Xenophon, Schriften 147–151; Sokratesgespräch: 3.1.4–7, vgl. Breitenbach 1773f. (fiktiv); frühe Ziele Xenophons am Beispiel des Proxenos: 2.6.16–18. ★ Kommandeur der Nachhut: Memorabilien 3.1.8 (wenn dort ein Schüler des Sokrates erklärt, dass die besten Soldaten beim Feldzug Vor- und Nachhut stellen, die schlechteren aber die Mitte einnehmen müssen, so spricht Xenophon selbst); Theopompos, der «Gottgesandte»: 2.1.12; Xenophons Glaube: Diogenes Laertios 2.56, Flower 203–216; Traumgesicht: 3.1.11–14; Adler im Traum: 6.1.23; Wahl zum Oberkommandierenden: 6.1.24–31; Opfer zum Dienst bei Seuthes: 7.2.14f., 7.6.43f.; Opfer wegen Kolonie und Heimkehr: 5.6.16 und 6.2.15; Xenophons religiöses Bekenntnis: Hipparchikós 9.8–9, s. Nilsson 787–791, Flower 203–216, Parker 131–151; Xenophon als Vorbild: 4.4.11–12; Lehrervergleich: 5.8.18, vgl. 2.6.12 (Klearchos); *Philostratiótes*: 7.6.4, 7.6.39; Xenophon zu Fuß: 3.4.46–49; Xenophons Rechtfertigung: 5.8.1–27 (Zitat 5.8.18); Xenophon und die Söldner: vgl. 2.6.19–20; Status als Athener: 6.1.26–33. ★ Xenophon nicht verbannt: 8.7.57; 300 Reiter aus Athen: Hellenika 3.1.4; Thibron unfähig: Hellenika 3.2.7; Verteidigung Xenophons: Hellenika 3.2.7; Ablösung des Herippidas: Hellenika 3.4.20; Sisyphos: Hellenika 3.1.8; Eigenschaften des Feldherrn: Oikonomikos 20f., Memorabilien 3.1.6; Teilung der Aufgaben mit seiner Frau: Oikonomikos 7.3–11.1; Philesia und ihre Kinder: Diogenes Laertios 2.52. ★ Herodot über Staatsformen: 3.80–83; Tyrannis bei Ephoros: Diodor 14.3.7 (Xenophon schreibt etwas vorsichtiger, sie hätten wie Tyrannen agiert: Hellenika 2.4.1); Oberkommandierender: 6.1.16; Demokratie: Xenophon übt in seinem Gesamtwerk nur zweimal, zum einen aus dem Mund des Sokrates, zum anderen aus dem des Alkibiades, dezidiert Kritik an dieses Staatsform, und zwar Memorabilien 1.2.9 und 1.2.40–45; Xenophons Selbstporträt: Kyrupädie 3.1.38–40, Gaiser 78–100; s. Nickel, Kyrupädie 764f., Münscher 117f. Anm. 3; zur Biographie: Breitenbach 1571–1578; Nickel, Leben und Werk, 5–26, Schwartz 161–176; Fazit: Tuplin 338–359: «(Xenophon) remained a loyal Athenian» (358).

XENOPHONS WERK

1. Historische Schriften

Anabasis (Der Zug der Zehntausend)
Hellenika (Griechische Geschichte)
Agesilaos (Lobrede auf Agesilaos)

2. Sokrateische Schriften

Memorabilia (Erinnerungen an Sokrates)
Symposion (Das Gastmahl)
Apologia Sokratus (Die Verteidigung des Sokrates)
Oikonomikos (Über die Hauswirtschaft)

3. Politisch-didaktische, staatstheoretische Schriften

Kyrupaideia (Die Erziehung des Kyros)
Hieron
Lakedaimonion politeia (Der Staat der Spartaner)
(*Agesilaos*)

4. Ökonomische Schriften

Poroi (Staatseinnahmen, Einkünfte)
(*Oikonomikos*)

5. Hippische Schriften

Hipparchikos (Der Reiteroberst)
Peri hippikes (Über die Reitkunst)

6. Unechte Schriften

Athenaion politeia (Der Staat der Athener)
Kynegetikos (Über die Jagd)
Briefe

GLOSSAR

Agora	Marktplatz
Anabasis	Zug von der Küste hinaus ins Landesinnere
Archon	Oberbeamter; in Athen gab es neun. Nach dem Archon *eponymos* (namengebend) wurde das Jahr benannt. Militärischer Führer (hier: Befehlshaber)
Areté, -aí	Tüchtigkeit, Tapferkeit, Seelengröße, Ruhm
Atthidograph	Verfasser einer Geschichte Athens (Atthis)
Barbaroi	Bezeichnung für Nichtgriechen. Von Xenophon nicht abwertend gebraucht
Boulé	Rat der 500 in Athen: vorberatende Behörde für die Volksversammlung
Chiton	Kleid, Unterkleid, Rock
Choregie	Übernahme der Kosten für einen lyrischen oder dramatischen Chor
Dareikos	Goldmünze, die 20 Silberdrachmen entsprach
Demos	Volk; Gesamtheit der Bürger; Volk als Gegensatz zur Aristokratie; Verwaltungseinheit in Attika
Drachme	Währungseinheit Athens; 1 Drachme = 6 Obolen, 1000 Drachmen = 1 Talent
Ekklesia	Volksversammlung in Athen
Elfmänner	Gremium, dem die Vollstreckung der Urteile bei der Strafverfolgung oblag
Ephoren	Im 4. Jhdt. die fünf höchsten Jahresbeamten in Sparta
Epistasis	Haltmachen, Aufenthalt, Verweilen
Harmosten	Von Sparta eingesetzte Statthalter einer eroberten oder von Sparta abhängigen Polis
Hegemonie	Vorherrschaft
Heloten	Staatssklaven in Sparta; unterworfene Bevölkerung Lakoniens und Messeniens
Hetäre	«Gefährtin», die Liebesdienste erwies. Viele Hetären besaßen im Gegensatz zu den meisten griechischen Frauen eine gute Bildung.

Hetairie	Gesellschaft; Verein; Klub mit politischen Zielen, in Athen meist Verfechter einer Oligarchie
Hiera	Bei dieser Form des Opferns untersucht der Seher die Eingeweide, bevorzugt die Leber, nach Vorzeichen, während er bei den Schlachtopfern (Sphagia) auf die Bewegungen des Tieres und auf den Blutfluss achtet
Hippeis	Ritter; seit Solons Reformen Angehörige der zweithöchsten Klasse in Athen
Hopliten	Schwerbewaffnete Fußsoldaten
Katabasis	Zug vom Landesinneren hinab zur Küste
Kyreer	In der *Anabasis* die persischen Truppen des Kyros, in den *Hellenika* die von Kyros verpflichteten griechischen Söldner, die den Rückzug überlebten
Lakedaimonier	Offizielle Bezeichnung für Spartaner und Perioiken
Lochagos	Hauptmann; Führer eines Lochos
Lochos	Heeresabteilung in Sparta. Zwei Lochoi (je ca. 300 Mann) bildeten eine Mora
Logos, -oi	Rede(n)
Metoike	«Mitbewohner»; Fremder mit dem Status eines Freien, der in Athen arbeitete und Steuern bezahlte, aber kein Bürgerrecht besaß
Mora	Spartanisches Regiment (ca. 600 Mann); im 4. Jhdt. besaß Sparta 6 Morai (More); die Mora umfasste zu dieser Zeit 2 Lochoi oder 8 Pentekostyen oder 16 Enomotien
Nauarch	Kommandeur der spartanischen Flotte
Neodamoden	Freigelassene Heloten, die zum Kriegsdienst herangezogen wurden
Paian	Schlachtgesang
Parabasis	Zug/Fahrt entlang der Küste
Peltasten	Leichtbewaffnete
Pentekonteren	Fünfruderer
Perihegesis, Periplus	Herumführen bzw. Umsegelung
Perioiken	Umwohner Spartas in den Berg- und Küstenregionen Lakoniens. Sie hatten eingeschränkte politische Rechte, leisteten aber Heeresfolge. Zusammen mit den Spartanern werden sie unter dem Namen «Lakedaimonier» geführt

GLOSSAR

Phyle	«Stamm»; in Athen seit 508/507 eine von 10 Unterabteilungen der Bürgerschaft, die eine militärische Einheit stellte und 50 Ratsherrn in die Boulé entsandte
Polis, -eis	Stadt; Staat
Proskynese	Meist kniefällige Verehrung des Großkönigs (eigentlich: zu-küssen)
Proxenie	Siehe Proxenos
Proxenos	Gastfreund; er diente in seiner Stadt befreundeten Bürgern anderer Städte
Prytaneion	Rathaus in Athen
Prytanen	Ratsherren in Athen, bestehend aus den 50 Mitgliedern einer der zehn Phylen, die im Wechsel je ein Zehntel des Jahres den Vorsitz in der Boulé hatten
Psilos, -oi	Leichtbewaffnete(r) mit Speer
Rat der 500	Siehe Boulé
Ritter	Siehe Hippeis
Sphagia	Siehe unter Hiera
Stater	Goldmünze im Wert von 24 Drachmen
Strategen	Die 10 Strategoi waren die höchsten Militärbeamten Athens; sie wurden für ein Jahr gewählt; allgemeine Bezeichnung für Feldherren
Sykophanten	Denunzianten; private Ankläger in Athen, die mit (falschen) Anklagen oder der bloßen Drohung mit solchen Geld erpressten
Talent	6000 Drachmen
Taxiarch	Unterfeldherr; in Athen Führer der Hopliten (hier: Offizier)
Taxis	In Athen das Hoplitenkontingent einer Phyle (hier: Abteilung)
Temenos	Heiliger Bezirk, meist um einen Tempel
Trierarch	Kapitän einer Triere
Trierarchie	Übernahme der Kosten für die Führung und Instandhaltung einer Triere
Triere	Dreiruderer

MASSE UND MÜNZEN

Längenmaße

Elle	ca. 44 cm
Fuß	ca. 30 cm
Klafter	ca. 1,80 m
Parasange	ca. 5,5 km (ca. 30 Stadien); Der Parasange, ein persisches Längenmaß, bezeichnete die Wegstrecke, die man in einer Stunde zurücklegen konnte («eine Wegstunde»). Die Länge des Parasangen ist daher auch von der Beschaffenheit des Geländes abhängig.
Plethron	ca. 30 m
Stadion	ca. 180 m

Hohlmaße

1 Choinix	ca. 1,1 Liter
1 Kapithe	ca. 2,18 Liter
1 Medimnos	ca. 52,5 Liter

Münzen

1 Dareikos	20 (25) Drachmen
1 Kyzikener	28 Drachmen
1 Mine	100 Drachmen
6 Obolen	1 Drachme
1 Sekel (Silberling)	7,5 Obolen
1 Talent	6000 Drachmen

CHRONOLOGIE

481–479	Invasion des Xerxes in Griechenland
479–431	Pentekontaetie: 50-jährige Friedensperiode
431–404	Peloponnesischer Krieg
431–421	Archidamischer Krieg
431	Thebanischer Überfall auf Plataiai
	Einmarsch des Spartanerkönigs Archidamos in Attika
430	Pest in Athen
429	Tod des Perikles
425	Kapitulation der Lakedaimonier auf der Insel Sphakteria
424–404	Dareios II.
422	Kleon und Brasidas fallen vor Amphipolis
421	Frieden des Nikias
416	Eroberung von Melos durch die Athener
415	Beginn der Sizilischen Expedition
414	Beginn des Dekeleisch-Ionischen Krieges
413	Niederlage der Athener in Syrakus
412	Vertrag Spartas mit Persien
411	Sturz der Demokratie in Athen. Herrschaft der 400, danach Herrschaft der 5000
410	Seeschlachten bei Kynossema und Abydos
	Seesieg des Alkibiades bei Kyzikos
	Rückkehr zur Demokratie
408	Rückkehr des Alkibiades nach Athen
407	Seesieg Lysanders bei Notion. Sturz des Alkibiades
406	Seeschlacht bei den Arginusen. Arginusen-Prozess
405	Sieg des Lysander bei Aigospotamoi
404–358	Artaxerxes II.
404	Kapitulation Athens
404–403	Herrschaft der Dreißig in Athen
404	Thrasybulos in Phyle
403	Rückkehr zur Demokratie. Amnestie in Athen
401	Mai: Aufbruch der Zehntausend von Ephesos
	Oktober: Überquerung des Euphrats
	November: Schlacht bei Kunaxa

400	Februar: Kämpfe mit den Karduchen
	Mai: Ankunft am Schwarzen Meer
	Juli: Ankunft in Kotyora
	Oktober: Ankunft in Byzanz
400–394	Spartanisch-persischer Krieg in Kleinasien
400–360	Agesilaos II., König in Sparta
399	März: Abschluss des Zuges der Zehntausend
396	Agesilaos in Kleinasien
395	Sieg der Thebaner bei Haliartos. Tod des Lysander
395–386	Korinthischer Krieg
394	Schlacht am Nemeabach und bei Korinth
	Niederlage der Spartaner in der Seeschlacht bei Knidos
	Sieg des Agesilaos bei Koroneia
393	Konon baut die Mauern von Athen wieder auf
393–388	Bürgerkrieg in Korinth
392–386	Korinthisch-argivischer Doppelstaat
390	Untergang der spartanischen Mora
387	Friedensverhandlungen in Susa
386	Frieden des Antialkidas (Königsfrieden)
385/384	Feldzug der Spartaner gegen Mantineia
382	Spartanisch-olynthischer Krieg. Besetzung der Kadmeia
379	Kapitulation von Olynth
	Abzug der spartanischen Besatzung aus der Kadmeia
378–371	Feldzüge der Spartaner gegen Boiotien
378/377	Gründung des zweiten Attischen Seebunds
377/376	Angriffe Spartas auf Boiotien
375/374	Friedenskongress in Sparta
372	Einigung Thessaliens unter Iason von Pherai
371	Frieden zwischen Athen und Sparta
	Schlacht bei Leuktra
	Gründung von Megalopolis
371–362	Vorherrschaft Thebens
370	Gründung des Arkadischen Bundes
	Tod des Iason
	1. Feldzug des Epameinondas in die Peloponnes
	Wiederaufbau von Mantineia
369	2. Feldzug des Epameinondas
367	Gründung eines unabhängigen messenischen Staates
	3. Feldzug des Epameinondas
	Vertrag zwischen Boiotien und Persien in Susa
366	Frieden zwischen Boiotien und den nordpeloponnesischen Staaten

362	4. Feldzug des Epameinondas
	Schlacht bei Mantineia
	Tod des Epameinondas
361	Allgemeiner Frieden in Griechenland
359–336	Philipp II. von Makedonien
357–355	Athenischer Bundesgenossenkrieg
338	Sieg Philipps II. über die Griechen bei Chaironeia
334–323	Zug Alexanders des Großen nach Asien
322	Sturz der Demokratie in Athen

LITERATURHINWEISE

Textausgaben

Xenophontis opera omnia, ed. E. C. Marchant, Oxford 1904
Xenophontis expeditio Cyri, rec. C. Hude, editio maior, Leipzig 1931
Xénophon, Anabase, Texte établi er traduit par P. Masqueray (Collection des Universités de France), Paris 1931 f., ³1953
Xenophon, Cyri Anabasis, ed. W. Müri, München 1962

Übersetzungen

Will, W., Xenophon, Anabasis. Der Zug der Zehntausend, Wiesbaden 2023
Strasburger, G., Xenophon, Hellenika, München/Zürich ²1988
Audring, G., Xenophon, Ökonomische Schriften, gr. u. dt., Berlin 1992
Audring, G., Brodersen, K., OIKONOMIKA. Quellen zur Wirtschaftstheorie der griechischen Antike, Darmstadt 2008 (Texte zur Forschung 92)
Brodersen, K., Xenophon, Ross und Reiter, gr.-dt., Berlin/Boston 2018
Brodersen, K., Jagd und Jagdhunde, gr.-dt., Berlin/Boston 2018
Nickel, R., Xenophon, Kyrupädie. Die Erziehung des Kyros, gr.-dt., München 1992
Rebenich, St., Xenophon. Die Verfassung der Spartaner (Texte zur Forschung 70), Darmstadt 1998
Schütrumpf, E., Xenophon, Vorschläge zur Beschaffung von Geldmitteln oder Über die Staatseinkünfte (Texte zur Forschung 38), Darmstadt 1982
Veh, O., Xenophons Hieron oder Gespräch über Tyrannis (Wissenschaftliche Beilage zum Jahresbericht des Humanistischen Gymnasiums Fürth/Bayern 1959/60), Fürth 1960
Weber, G., Pseudo-Xenophon, Die Verfassung der Athener, Darmstadt 2010
Will, W., Xenophon, Hellenika, Wiesbaden 2016
Will W., Xenophon, Kleine historische und ökonomische Schriften, gr.-dt., Berlin/Boston 2020

Kommentare

Lendle, O., Kommentar zu Xenophons Anabasis (Bücher 1–7), Darmstadt 1995
Underhill, G. E., A Commentary on the Hellenica of Xenophon, Oxford 1900
Gray, V. J., Xenophon, On Government, Cambridge 2007
Pomeroy, S. B., Xenophon, Oeconomicus. A Social and Historical Commentary, Oxford 2002

Weitere Übersetzungen

Helms, H. Claudius Aelianus, Bunte Geschichten, Leipzig 1990
König, F. W., Die Persika des Ktesias von Knidos, Graz 1972
Seeck, G. A., Euripides VI (Fragmente), München 1981
Veh, O., Diodoros, Griechische Weltgeschichte Buch XIV und XV, Stuttgart 2001

Sekundärliteratur

Azoulay, V., Exchange as Entrapment: Mercenary Xenophon?, in: Lane Fox, Ten Thousand 289–304
Badian, E. Xenophon the Athenian, in: Tuplin, Xenophon, 33–53
Baragwanath, E., The Character and Function of Speeches in Xenophon, in: Flower, Companion 279–297
Bengtson, H., Griechische Geschichte, Handbuch der Altertumswissenschaft III.4, München ⁵1977
Bleckmann, B., Athens Weg in die Niederlage. Die letzten Jahre des Peloponnesischen Krieges, Stuttgart/Leipzig 1998
Brennan, S., Thomas, D. (Hgg.), The Landmark Xenophon's Anabasis, New York 2021
Bowie, E., Xenophon's Influence in Imperial Greece, in: Flower, Companion 403–415
Braun, Th., Xenophon's Dangerous Liaisons, in: Lane Fox, Ten Thousand, 97–130
Breitenbach, H. R., Xenophon von Athen, in: RE IX A (1966), 1571–1928
Buxton, R. F., Xenophon on Leadership: Commanders as Friends, in: Flower, Companion 323–337
Burckhardt, L., Eine Demokratie wohl, aber kein Rechtsstaat? Der Arginusenprozeß des Jahres 406 v. Chr., in: ders., v. Ungern-Sternberg (Hgg.), Große Prozesse im antiken Athen, München 2000, 128–143
Cawkwell, G., The Persian Expedition. Introduction, London 2004, 9–48

Cawkwell, G., When, How and Why did Xenophon Write the *Anabasis*?, in: Lane Fox, Ten Thousand 47–67
Christesen, P., Xenophon's View on Sparta, in: Flower, Companion 376–399
Delebecque, E., Essai sur la vie de Xénophon, Paris 1957
Diesner, H.-J., Das Söldnerproblem im alten Griechenland, in: Das Altertum 3, 1957, 213–223
Dillery, J., Xenophon and the History of His Times, London/New York 1995
Ferrario, S. B., Xenophon and Greek Political Thought, in: Flower, Companion 57–83
Finley, M. I., Sokrates und die Folgen, in: ders., Antike und moderne Demokratie, Stuttgart 1987, 76–117
Flower, M. A., Xenophon's *Anabasis*, or *The Expedition of Cyrus*, Oxford 2012
Flower, M. A. (Hg.), The Cambridge Companion to Xenophon, Cambridge 2017
Flower, M. A., Xenophon as a Historian, in: Flower, Companion 301–322
Frigo, Th., Einleitung zu O. Veh, Diodoros XIV, 1–14
Funke, P., Homónoia und Arché. Athen und die griechische Staatenwelt vom Ende des Peloponnesischen Krieges bis zum Königsfrieden (404/3–387/6 v. Chr.), Wiesbaden 1980
Gaiser, K., Griechisches und christliches Verzeihen: Xenophons Kyrupädie 3.1.38–40 und Lukas, 23,24a, in: Latinität und alte Kirche (Festschrift R. Hanslik), Köln 1977, 78–100
Gassner, G., Der Zug der Zehntausend nach Trapezunt, in: Abhandlungen der Braunschweigischen Wissenschaftlichen Gesellschaft 5, 1953, 1–35
Gigon, O., Sokrates. Sein Bild in Dichtung und Geschichte, Bern ²1979
Hansen, M. H., Die athenische Demokratie im Zeitalter des Demosthenes, Berlin 1995
Heftner, H., Alkibiades. Staatsmann und Feldherr, Darmstadt 2011
Higgins, W. E., Xenophon the Athenian: The Problem of the Individual and the Society of the Polis, Albany (N.Y.) 1977
Hirsch, S. W., The Friendship of the Barbarians. Xenophon and the Persian Empire, London 1985
Hobden, F., Xenophon's *Oeconomicus*, in: Flower, Companion 152–173
Hoffmeister, E. v., Durch Armenien. Der Zug Xenophons bis zum Schwarzen Meer, Leipzig 1911
Hornblower, S., ‹This was Decided› (*edoxe tauta*): The Army as *polis* in Xenophon's *Anabasis* – and Elsewhere, in: Lane Fox, Ten Thousand, 243–263

Jäger, W., Paideia I–III, Berlin 1959
Johnson, D. M., Xenophon's *Apology* and *Memorabilia*, in: Flower, Companion 119–131
Kapellos, A., Xenophon's Peloponnesian War, Berlin/Boston 2019
Lane Fox, R. (Hg.), The Long March. Xenophon and the Ten Thousand, New Haven/London 2004
Lane Fox, R., Sex, Gender and Other in Xenophon's *Anabasis*, in: Lane Fox, Ten Thousand 184–214
Lauffer, S., Griechenland – Lexikon der historischen Stätten, München 1989
Lee, J. W. I., Xenophon and his Times, in: Flower, Companion 15–36
Lendle, O., Der Marsch der ‹Zehntausend› durch das Land der Karduchen (Xenophon Anabasis IV 1.5–3.34), Gymnasium 91, 1984, 202–236
Lendle, O., Einführung in die griechische Geschichtsschreibung, Darmstadt 1992
Lendle, O., Xenophon, in: K. Brodersen (Hg.), Große Gestalten der griechischen Antike, München 1999, 185–193
Lesky, A., Geschichte der griechischen Literatur, Bern/München 1971
Lossau, M., Xenophons Odyssee, in: Antike und Abendland 36, 1990, 47–52
Luraghi, N., Xenophon's Place in Forth-Century Greek Historiography, in: Flower, Companion 84–100
Ma, J., You Can't Go Home Again: Displacement and Identity in Xenophon's *Anabasis*, in: Lane Fox, Ten Thousand 330–345
Marincola, J., Xenophon's *Anabasis* and *Hellenica*, in: Flower, Companion 103–118
Marschall, M. Th., Untersuchungen zur Chronologie der Werke Xenophons, Diss. München 1928
Mehl, A., Für eine neue Bewertung eines Justizskandals, in: Zeitschrift der Savigny-Stiftung für Rechtsgeschichte 99, 1982, 32–80
Münscher, K., Xenophon in der griechisch-römischen Literatur (Philologus Suppl. Bd. XIII Heft 2), Leipzig 1920
Németh, G., Der Arginusen-Prozeß. Die Geschichte eines politischen Justizmordes, in: Klio 66, 1984, 51–57
Nickel, R., Xenophon, Darmstadt 1979
Nickel, R., Xenophon. Leben und Werk, Marburg 2016
Nilsson, M. P., Geschichte der griechischen Religion I (HdA V.2.1), München ³1967
Parker, R., One Man's Piety: The Religious Dimension of the *Anabasis*, in: Lane Fox, Ten Thousand 131–153
Pelling, Ch., Xenophon's Authorial Voice, in: Flower, Companion 241–262
Reichel, M., Ist Xenophons *Anabasis* eine Autobiographie?, in: ders., Antike Autobiographien, Köln 2005, 45–74

Römisch, E., Xenophon, in: ders. (Hg.), Griechisch in der Schule, Frankfurt a. M. 1972, 65–84

Rood, T., Panhellenism and Self-Presentation: Xenophon's Speeches, in: Lane Fox, Ten Thousand, 305–329

Rood, T., The Sea! The Sea! The Shout of the Ten Thousand in the Modern Imagination, London 2004

Rood, T., Xenophon and Diodorus: Continuing Thucydides, in: Tuplin, Xenophon, 341–395

Rood, T., Xenophon's Narrative Style, in: Flower, Companion 263–278

Rood, T., Xenophon's Changing Fortunes in the Modern World, in: Flower, Companion 435–448

Roy, J., The Ambitions of a Mercenary, in: Lane Fox, Ten Thousand, 264–288

Scardino, C., Xenophon, in: Handbuch der griechischen Literatur der Antike II, München 2014, 623–630

Schmitt, H. H. (Hg.), Die Staatsverträge des Altertums (StV) III, München 1969

Schmitz, W., Die Opfer des Krieges. Xenophon und die Wahrnehmung des Krieges in der griechischen Historiographie, in: Studien zur antiken Geschichtsschreibung (hg. v. M. Rathmann), Bonn 2009, 55–84

Schwartz, Ed., Quellenuntersuchungen zur griechischen Geschichte (Teil II), in: Rheinisches Museum für Philologie, 44, 1889, 161–193

Stoll, O., Gemeinschaft in der Fremde. Xenophons Anabasis als Quelle für das spätklassische Söldnerwesen, in: Göttinger Forum für Altertumswissenschaft 5, 2002, 123–183

Stoll, O., Terror im Gebirge: Xenophon und die Anforderungen transkultureller Kriegführung. Der Rückzug des griechischen Söldnerkontingentes in Xenophons Anabasis und die Schilderung von Flussübergängen, Pässen und Bergbewohnern, in: Göttinger Forum für Altertumswissenschaft 16, 2013, 277–345

Stoll, O., Xenophons Marsch durchs Gebirge. Ein Beispiel asymmetrischer Kriegführung aus der Antike, in: M. Kasper, M. Korenjak, R. Rollinger, A. Rudigier (Hgg.), Alltag – Albtraum – Abenteuer. Gebirgsüberschreitungen und Gipfelsturm in der Antike, Wien/Köln 2015, 48–63

Stylianou, P. J., One *Anabasis* or Two?, in: Lane Fox, Ten Thousand 68–96

Tamiolaki, M., Xenophon's *Cyropaedia*: Tentative Answers to an Enigma, in: Flower, Companion 174–194

Tuplin, Ch. (Hg.), Xenophon and His World. Papers from a Conference Held in Liverpool in July 1999, Stuttgart 2004

Tuplin, Ch., Xenophon and Athens, in: Flower, Companion 338–359

Ungern-Sternberg, J. v., «Die Revolution frißt ihre eigenen Kinder». Kritias vs. Theramenes, in: Burckhardt, ders. (Hgg.), Große Prozesse im antiken Athen, München 2000, 144–156

Vlassopoulos, K., Xenophon on Persia, in: Flower, Companion 360–375

Wedel, W. v., Die politischen Prozesse im Athen des fünften Jahrhunderts, in: Bullettino dell'Istituto di diritto romano 13, 1971, 107–188

Welwei, K.-W., Das klassische Athen, Darmstadt 1999

Welwei, K.-W., Sparta. Aufstieg und Niedergang einer antiken Großmacht, Stuttgart 2004

Westlake, H. D., Individuals in Xenophon, Hellenica, in: Bulletin of the John Rylands Library 49, 1966, 246ff.

Wiesehöfer, J., Das antike Persien, Zürich 1994

Will, W., Die griechische Geschichtsschreibung des 4. Jahrhunderts, in: J. M. Alonso-Nunez (Hg.), Geschichtsbild und Geschichtsdenken im Altertum, Darmstadt 1991

Will, W., Thukydides und Perikles. Der Historiker und sein Held, Bonn 2003

Will, W., Athen oder Sparta. Eine Geschichte des Peloponnesischen Krieges, München ²2020

Whitby, M., Xenophon's Ten Thousand as a Fighting Force, in: Lane Fox, Ten Thousand, 215–242

Zimmermann, B., Exil und Autobiographie, in: Antike und Abendland 48, 2002, 187–195

DANKSAGUNG

Für Hinweise und Korrekturen danke ich Thomas Frigo, Johannes Heinrichs, Gabriele John und Jan Timmer. Der Lektor des Verlags C.H.Beck, Stefan von der Lahr, regte das Thema an und gab wertvolle Ratschläge, bei Andrea Morgan lag die Betreuung des Manuskriptes in gewohnt zuverlässigen Händen.

Das Buch ist der Klasse 5A des Neuen Gymnasiums in Bamberg gewidmet, mit der ich im September 1963 erste Sätze aus Xenophons *Anabasis* übersetzte, und unserem Griechischlehrer, OStR Helmut Ruck, der sich das anhörte.

ABBILDUNGSNACHWEIS

Abbildungen

Frontispiz	akg-images/Album
S. 42	akg-images/Bible Land Pictures
S. 139	Herbert von Reyl-Hanisch, Thalatta (1926, Öl auf Holz, 110 x 140 cm, Privatsammlung), aus Christoph Bertsch (Hg.), Das Land der Seele. Herbert Reyl-Hanisch und Rom. Italien und Österreich in der Zwischenkriegszeit, Institut für Kunstgeschichte der Universität Innsbruck, Ausstellungskatalog 18, Florenz 2003, S. 97
S. 147	Nach O. Lendle
S. 217	akg-images
S. 266	Numismatik Naumann, Wien, www.numismatik-naumann.at, Auktion 121, 307.

Karten

Vorsatzkarten, Karte 1	© Peter Palm
Karte 2	Karte nach O. Lendle, Der Marsch der ‹Zehntausend› durch das Land der Karduchen, S. 219/© Peter Palm, Berlin
Karte 3	Nach Brennan, S. , Thomas, D. (Hgg.), The Landmark Xenophon's Anabasis, New York 2021, S. 111/© Peter Palm, Berlin
Karte 4	Nach ebd., S. 150/© Peter Palm, Berlin
Karte 5	Nach ebd., S. 187/© Peter Palm, Berlin
Karte 6	Nach ebd., S. 225/© Peter Palm, Berlin
Karte 7	Nach R. B. Strassler (Hg.). The Landmark Xenophon's Hellenika, New York 2009, Map 3.4.12/ © Peter Palm, Berlin
Karte 8	Nach ebd., Map 4.4.12/© Peter Palm, Berlin

REGISTER

Abrokomas 55, 57, 68, 273
Achaia, -er 44, 47, 89, 101, 173 f.
Acheron-Schlucht 172
Adachi, Masao 270
Aelian 102, 275
Ägäis 171, 188, 225
Agasias 120, 185–187, 278
Agesilaos 26, 72, 93, 118, 130, 134, 171, 179, 222–233, 244, 247, 261 f., 264, 276, 280–282
Agias 89, 101
Ägypten, -er 46, 55, 66, 87, 115
Aigospotamoi 39
Ainianen 168
Aiolis 52
Aischylos 72, 206, 273, 279
Aleuaden 44
Alexander der Große 9, 12 f., 19, 46, 52, 57–59, 63, 65, 72, 117, 158, 227, 238, 244, 269 f., 273
Alkibiades 19, 23–26, 42, 136, 253, 271, 278, 282 f.
Alpen 8
Alpheios 17 f.
Amazonen 52
Ambrakia 65
Amphipolis 134
Amyklai 232
Anatolien 10
Anaxibios 143, 185, 189–196
Antialkidas 238, 240
Antonius 13
Apaturien-Fest 28
Apollon 44, 150, 232

Apollonia (Mysien) 214
Apollonides 100
Apologie (Platons) 21, 165, 208, 279
Apologie (Xenophons) 217, 264
Arabien 59, 273
Araxes 59, 126, 154, 273
Arexion 179
Arginusen 19, 26–29, 33–35, 253, 271, 282
Argo 172
Argos, Argiver 102, 226, 229 f., 239
Ariaios 45, 66, 76, 78 f., 82–84, 86, 88–91, 274
Aristarchos 195
Aristippos 44
Aristonymos 120
Aristophanes 142, 196, 276
Aristoteles 223, 246
Arkadien, Arkader 44, 47, 77, 85, 101, 105, 119 f., 137, 168, 173 f., 179, 200, 207, 242 f., 245, 276, 282
Armenien, -er 115, 124, 127-130, 276
Arrian 13, 270
Arsakes = Artaxerxes II.
Artapates 63, 71
Artaxerxes II. 13, 41–43, 53, 55, 62, 65, 67 f., 70 f., 76, 80, 82 f., 85, 91, 99, 115, 127, 227, 246
Artemis 18, 20, 38, 150, 230, 234, 257, 281

Artemisia 52, 272
Asidates 213 f.
Asien 12, 17 f., 20, 26, 34, 43, 46, 52, 117, 134, 160, 189, 193 f., 196, 198, 212 f., 219, 222, 227 f., 233, 249, 255, 262, 279 f.
Assyrien 108, 214
Atarneus 223
Athen 22, 23–40, 42, 47, 49, 52, 56 f., 93, 95, 101, 112, 133, 135 f., 141, 159, 163, 166, 171, 174, 187, 207, 212 f., 216, 226, 229 f., 234, 241–244, 246–249, 251–256, 261, 263 f., 266, 271 f. 281 f.
Athena 25 f.
Athos-Kanal 109
Attika (attisch) 11, 24 f., 29, 36, 54, 61 102, 118, 186, 230, 248
Augustinus 157
Aulis 224
Autokles 241

Babylon, -ien 7, 13, 19, 55, 58, 60, 63, 66, 79, 115, 156, 257, 269
Basias 119
Belger 138
Bisanthe 197 f.
Bithynier 181–183
Biton 212
Boiotien, Boioter 36, 44, 89, 95, 100, 102, 161, 228, 230 f., 233, 239, 241 f., 245, 259, 262, 281
Boiotischer Bund 239 f.
Borchardt, Rudolf 14, 270
Bosporus 171, 181–184, 188, 196, 198, 207–209, 278
Burckhardt, Jacob 10, 230
Byzanz 7, 13, 48, 97, 114, 143, 149, 158, 169, 173, 178, 180, 184 f., 187, 189–198, 205, 209, 218, 260, 279

Caesar 9, 12, 21, 58, 60, 114, 117, 119, 129, 134, 138, 149, 155, 179, 270, 273, 275–277
Calvino, Italo 269
Cato Maior 12
Chalkidischer Bund 239
Chalyber 138
Cheirsisophos 48, 57, 90, 101–105, 111–116, 119–127, 133, 137, 141, 144, 149, 154, 168, 171–176, 179, 258, 260, 276, 278
Chersones (thrakische) 43, 161, 190, 193, 196, 198
Chrysopolis 169, 180, 188, 198, 279
Cicero 12, 238

Dareios II. 41–43
Dareios III. 65
Daskyleion 225 f.
Deinon 127
Dekeleia 25, 253
Delphi 44, 50, 170, 174, 229, 248 f., 256
Demeratos 213
Demosthenes 11
Derkylidas 215, 222 f., 261, 280
Dexippos 145, 184–186, 277
Diodor 63, 271
Diodoros (Xenophons Sohn) 262
Diogenes Laertios 215, 230, 236, 246, 253 f., 257
Diokles (Archon) 22
Diokles (Historiker) 280
Dion Chrysostomos 215
Dodona 249
Drakontios 187
Drilen 145–149

Ekbatana 115
Eleusis 24 f., 37, 39 f., 245, 254 f., 272, 283

Elis, Eleier 17, 241, 263
Enyalios 68
Epameinondas 242–245, 281
Ephesos 12, 17, 44, 56, 67, 150,
   170, 219, 224 f., 257, 280
Ephoros 21, 33, 56, 83, 94, 245,
   264, 271, 273–275, 283
Epidauros 102
Episthenes 202 f.
Epyaxa 50–53, 273
Erchia 253
Eteonikos 190 f.
Eukleides 212, 279
Euphranor 246
Euphrat 19, 55, 58 f., 60, 65, 126,
   130, 273
Europa 42, 189, 194, 278
Euryptolemos 29

Galizien 14
Gallien 117, 134
Giraudoux, Jean 270
Glus 85
Gorgias 95, 256
Gryllos (Xenophons Sohn) 245 f.,
   262, 266, 281
Gryllos (Xenophons Vater) 253
Gymnias 126, 138
Gytheion 24

Halys 158 f., 169
Hannibal 8, 275
Harmene 168 f.
Harpasos 126, 138, 154
Hašek, Jaroslav 14, 270
Heiliger Krieg (3.) 248
Heine, Heinrich 13 f., 140, 270
Hekataios 59, 153
Hekatonymos 157
Hellas (Griechin) 213
Hellenika 19–21, 23, 25, 29 f., 33,
   38, 40, 54, 103, 109, 113, 179,
   190, 215 f., 221-223, 230, 233,
   237, 239–246, 253, 263–265,
   270 f.
Hellespont 85, 194
Herakleia Pontike 160 f., 169, 172,
   175, 178, 180 f., 193, 218, 278
Herakleides 205–209, 211, 279
Herakles 142, 172, 174, 183, 257
Herder, Johann Gottfried 13
Herippidas 225 f., 229, 261, 283
Herodas 223
Herodot 10, 18–20, 52, 59, 68, 72,
   98, 109, 130, 153, 199, 231, 238,
   251, 253, 255, 263 f., 283
Hesse, Hermann 270
Hiltunen, Petri 270
Hippokrates 110
Hyrkanien 214

Iason 172
Imbros 229
Ionien 42, 48, 67, 115, 221
Iris 158, 169
Ischomachos 235–237, 253, 281
Isokrates 11, 47, 244, 253, 282
Issos 12, 57, 65
Isthmos 230 f., 245

Jean Paul 13
Joyce, James 14, 140, 270

Kadmeia 239–241
Kalchedon 191
Kallias 241
Kallikratidas 26
Kallimachos 120
Kallistratos 241
Kallixenos 28 f.
Kalpe 169, 174–179, 182, 184, 219,
   278

Kambyses 46, 115
Kappadokien 42
Karduchen 115–127, 276
Karien 223
Karthager 8
Kaspisches Meer 52
Kaystrupedion 51
Kelainai 45, 50, 56
Kenchreai 231
Kerameikos 246, 266
Kerasus, Kerasuntiner 149, 151–154, 164, 174, 277
Kerberos 172
Kilikien 51, 55, 272 f.
Kilikische Pforte 57
Kilikischen Tore 52
Kinadon 229
Kleandros 174, 180, 184–187, 190 f., 261
Kleanor 77, 101
Klearchos 11, 13, 43, 45, 48, 54–56, 62–65, 67, 69 f., 74, 76–78, 80–94, 101, 103, 106, 272, 274 f., 283
Klearetos 151 f.
Kleinasien 19, 33, 42, 46, 76, 171, 179, 189, 207, 210, 215, 219, 221–228, 230, 239, 253, 255, 260 f., 280, 282
Kleonai 245
Knidos 91, 228, 281
Koiratadas 192, 279
Kolcher 141 f., 146, 151 163, 276
Kolossai 50
Korinth 217, 226, 228, 230–233, 239, 242 f., 247, 262–264, 281
Koroneia 216, 228, 262, 280
Kotyora 156–159, 167–169, 218–220, 277
Kraus, Olaf 269
Krestena 17 f.

Krischker, Gerhard C. 277
Kritias 31, 33–35, 37 f., 86, 216, 254 f., 271
Kritobulos 235
Kroisos 158
Ktesias 66, 68, 70 f., 89, 91
Kunaxa 57, 66, 68–71, 76, 79, 92, 94, 127, 140, 149, 164, 170, 183, 190, 214, 218–220, 223 f., 226, 247, 272 f.
Kurdistan 115, 119–123, 276
Kyreer 215, 221, 223, 225 f., 228 f., 261, 280
Kyros (der Große) 72 f.
Kyros 13, 18, 20 f., 41–76, 81–83, 85, 88, 90, 94 f., 98, 108, 143, 158, 160, 164, 170, 178, 183, 194, 215, 221, 223, 226 f., 234, 246 f., 252, 255 f., 263 f., 269, 272 f., 278 f.
Kyrupädie 12 f., 72 f., 264 f., 273 f.

Labienus 179
Lampsakos 212, 222
Larisa 222
Laureion 248
Lechaion 231–233
Lemnos 229
Leonidas 77, 274
Leontinoi 95, 256
Leonymos 119
Lepreon 241 f., 263
Lesbos 26 f.
Leuktra 238, 240–242, 263
Lydien, Lyder 50, 60, 100, 115
Lykien 42
Lykios 106, 139
Lysander 31, 39, 222, 224, 271, 280
Lysias 31–33, 38
Lysimachos 39

Mäander 45, 50
Magneten 168
Maisades 196
Makedonien 46, 228, 244
Makistos 204
Makrisia 17 f.
Makronen 140 f., 157, 276
Malea (Kap) 26
Mania 52, 222, 272
Mantineia, -er 168, 233, 244–247, 266, 281 f.
Marathon 68
Mardonios 130
Marmara-Meer = Propontis
Maroneia 199
Marsyas (Fluss) 45
Medeia 251
Medische Mauer 65, 84, 273
Medokos 196 f., 199
Medosades 210, 279
Megabyzos 17 f.
Megalopolis 242
Megara 43
Melier 162, 277
Memorabilien 35, 72, 93, 136, 217 f., 264, 271, 281
Menon 45, 48, 53, 59, 64 f., 69 f., 88–91, 94–96, 101, 275
Mesogeia 253
Messenien 242
Milet 42, 46, 57, 59, 153
Mithradates 102–107
Mossynoiken 153–156, 219, 277
Munychia 38
Murdoch, Iris 270
Mykalessos 202, 279
Myriandros 58
Mysien, Myser 87, 148, 168

Nausikleides 212
Neon 162 f., 173 f., 179 f., 182,
185, 187, 193, 195–198, 208 f., 278
Nikandros 145
Nikarchos 89, 105
Nikias 248, 282
Nimrud (Larisa) 107
Ninive 108

Odrysen 196 f., 205
Odysseus 137, 143, 258
Olympia 17 f., 23, 234, 242
Olynth 202, 239
Ophryneion 212
Orontas («Verräter») 62 f.
Orontas (Satrap) 124
Orontas (Schwiegersohn des Königs) 108
Otys 226, 280

Paktolos 225, 280
Paphlagonien 66, 165–169, 226, 278
Parion 194 198 f.
Paros 24
Parthenion 214
Parthenios 159
Pasion 43
Pausanias (Periheget) 215, 242, 246
Pausanias (Spartanerkönig) 39 f., 238
Peiraion 230 f., 280
Peisistratos 46
Peison 33
Peloponnes 17 f., 20, 24, 26, 43, 46 f., 57, 109, 111 f., 171, 173 f., 177, 193, 207 f., 221, 224, 228, 234, 239 f., 242 f., 253 260, 263
Peloponnesischer Bund 57, 239
Peltai 50 f.
Pergamon 213

Perikles 135, 254
Persien 9, 13 f., 18, 51, 69, 227,
  272, 280
Phaiaken 143
Phalinos 76 f., 274
Pharnabazos 181–183, 189,
  194–196, 215, 223, 226 f., 280
Phasis (Araxes) 116, 134, 154
Phasis (Kolchis) 162–164
Philesia 229, 235 f., 262, 281, 283
Philesios 149, 165
Philipp II. 244
Phoinikien 58, 223
Phoker 248
Pholoe 234
Photios 91
Phrygien 42, 50
Phyle (Kastell) 36–38, 254, 271, 283
Piräus 24, 26, 31, 36, 38–40, 215
Pisider 45, 50, 54, 56, 87, 255
Plataia 130
Platon 15, 30, 165, 208, 217, 246,
  279
Pleisthenes 134
Plutarch 12 f., 21, 71, 91, 229
Plynterien (Fest) 25
Polon 194
Pompeius Trogus 12
Poroi (Einkünfte) 247, 249
Potemkin 80
Prodikos 253, 282
Propontis (Marmara-Meer) 169,
  196, 198, 225
Proust, Marcel 281
Proxenos 44 f., 56, 64 f., 69, 74,
  77–84, 88–91, 94–96, 99, 101,
  159, 179, 252, 255–257, 260,
  275, 283
Pylai 60

Raffael 217

Reyl-Hanisch, Herbert von 139,
  270
Rhodier 106, 108, 114
Russland 14

Salamis 37, 52
Salmydessos 206, 279
Sardes 43–45, 50, 56, 106, 219 f.,
  225
Schiskin, Michail 270
Schmidt, Arno 14, 270
Schwarzes Meer 48, 51, 126 f.,
  130, 145, 153 f., 156, 158–160,
  163, 169, 171, 178, 186, 196,
  198, 206, 208, 269, 277
Seuthes 145, 189 f., 193, 195–207,
  209–212, 258, 261, 279, 283
Sikyon 112, 231 f., 259
Silanos (Seher) 65, 153, 160–162,
  179, 273
Silanos (Söldner) 204
Sinope 142, 149, 156–159, 161 f.,
  168 f., 193, 277
Sisyphos 222, 261, 283
Sittake 84
Sizilien 24, 46, 248, 255
Skillus 11, 17–22, 50, 81, 92 f.,
  98 f., 102, 124, 150 f., 159 f.,
  167, 191, 208, 210 f., 229 f.,
  233–243, 247, 252, 260, 262 f.,
  270, 277, 281
Sklovskij, Viktor 15, 270
Skyros 230
Skythenen 126, 138 f.
Smikres 175
Sokrates (Feldherr) 43, 89, 101
Sokrates (Philosoph) 15, 23, 28, 30,
  35, 44, 93, 98, 165, 172, 208,
  215–218, 235, 237, 249, 254,
  256, 261, 266, 271, 278,
  280–283

Sophainetos 20f., 43, 45, 130, 149,
  165, 182, 270
Sophroniskos 28
Sosis 44
Soteridas 112
Sparta 17, 31, 39 f., 42, 57, 89, 94,
  171, 194 f., 207, 210, 222, 227,
  230, 232 f., 239–244, 247, 251,
  261–263, 280
Speusippos 246
Sphakteria 232
Sphodrias 229, 281
Spithridates 226, 280
Stendhal 275
Stymphalos 20, 43
Sueton 12
Susa 115, 238
Syennesis II. 51, 53
Symposion (Xenophon) 217, 264
Syrakus 21, 41, 44, 80, 221, 223,
  271
Syrien 57

Tacitus 12
Taochen 126, 136 f.
Tarsos 53
Tauros (Gebirge) 45
Thapsakos 58
Thebe 227
Theben 36, 44, 226, 230,
  238–242, 253, 255, 281
Theches (Berg) 126, 130, 138–140,
  154
Themistogenes 21, 41, 80, 221,
  270
Themistokles 213
Theognis 33
Theopompos (Xenophon) 77, 257
  274, 283
Theramenes 27–29, 31, 33–35, 86,
  271

Thermodon 158, 169
Thermopylen 109, 228, 269
Thessalien 43, 45, 89, 228, 238,
  245, 281
Thibron 21, 212, 214–216, 221 f.,
  247, 261 279 f., 283
Thorax 161 f., 277
Thrakien, Thraker 43, 78, 145,
  168, 174–177, 180, 196, 200,
  202–204, 206, 208, 210,
  272
Thrakisches Delta 192, 198, 205
Thrasybul 36–38
Thukydides 18–20, 23, 25, 30, 34,
  54, 87, 108, 120, 135, 160, 162,
  179, 191, 210, 224, 238–240,
  251–253, 263, 270
Thurioi 159
Thyner 198, 201, 204
Tibarener 156 f.
Tigranes 265 f.
Tigris 19, 78, 84 f., 106–110,
  113 f., 126, 275
Tiribazos 127–130, 276
Tisiphonos 238, 281
Tissaphernes 42 f., 46, 66, 73 f.,
  76 f., 80–91, 104, 108, 110,
  112 f., 115, 124, 207, 215,
  221, 223–226, 256, 272, 274,
  280
Tithraustes 226
Tolstoi, Lew 270
Trapezunt 126, 142–146, 149 f.,
  154, 157, 247, 267 f.
Triphylien 17
Troia 224 f.

Unteritalien 159

Weyrauch, Wolfgang 270
Wieland, Christoph Martin 13

Wolfe, Thomas 14, 140, 270

Xanthikles 101, 165
Xenias 43
Xerxes 7, 42, 77, 85, 228, 274

Zapatas 85 f., 105, 273
Zelarchos 152
Zeus 17, 68, 98, 142, 152, 170, 183, 187, 209, 212, 234 f., 237, 257

AUS DEM
VERLAGSPROGRAMM

Griechische Geschichte und Kultur bei C.H.Beck
Eine Auswahl

Hans Rupprecht Goette, Jürgen Hammerstaedt
Das antike Athen
Ein literarischer Stadtführer
2. Auflage. 2012. 325 Seiten mit 57 Abbildungen und Karten im Text. Broschiert

James Romm
Der Geist auf dem Thron
Der Tod Alexanders des Großen und der mörderische Kampf um sein Erbe
Aus dem Englischen von Karl Heinz Siber
2016. 352 Seiten mit 19 Abbildungen und 6 Karten. Gebunden

Ulrich Sinn
Das antike Olympia
Götter, Spiel und Kunst
3. Auflage. 2007. 276 Seiten mit 85 Abbildungen. Leinen

Sebastian Schmidt-Hofner
Das klassische Griechenland
Der Krieg und die Freiheit
C.H.Beck Geschichte der Antike
2016. 368 Seiten mit 12 Abbildungen und 7 Karten. Klappenbroschur
Beck Paperback Band 6152

Peter Scholz
Der Hellenismus
Der Hof und die Welt
C.H.Beck Geschichte der Antike
2015. 352 Seiten mit 17 Abbildungen, 10 Karten und 14 Herrscherlisten. Klappenbroschur
Beck Paperback Band 6153

C.H.Beck

Griechische Geschichte und Kultur bei C.H.Beck
Eine Auswahl

Elke Stein-Hölkeskamp
Das archaische Griechenland
Die Stadt und das Meer

C.H.Beck Geschichte der Antike
2., durchgesehene Auflage. 2019. 302 Seiten mit 26 Abbildungen und 4 Karten. Klappenbroschur
Beck Paperback Band 6151

Elke Stein-Hölkeskamp, Karl-Joachim Hölkeskamp (Hgg.)
Die griechische Welt
Erinnerungsorte der Antike

2. Auflage. 2019. 683 Seiten mit 111 Abbildungen und 5 Karten. Broschiert

Thomas Alexander Szlezák
Platon
Meisterdenker der Antike

2., durchgesehene Auflage. 2021. 779 Seiten. Gebunden

Wolfgang Will
Athen oder Sparta
Die Geschichte des Peloponnesischen Krieges

2., durchgesehene Auflage. 2020. 352 Seiten mit 9 Abbildungen und 11 Karten. Gebunden

Wolfgang Will
Herodot und Thukydides
Die Geburt der Geschichte

2., durchgesehene und aktualisierte Auflage. 2020. 280 Seiten mit 1 Abbildung und 2 Karten. Gebunden

C.H.Beck

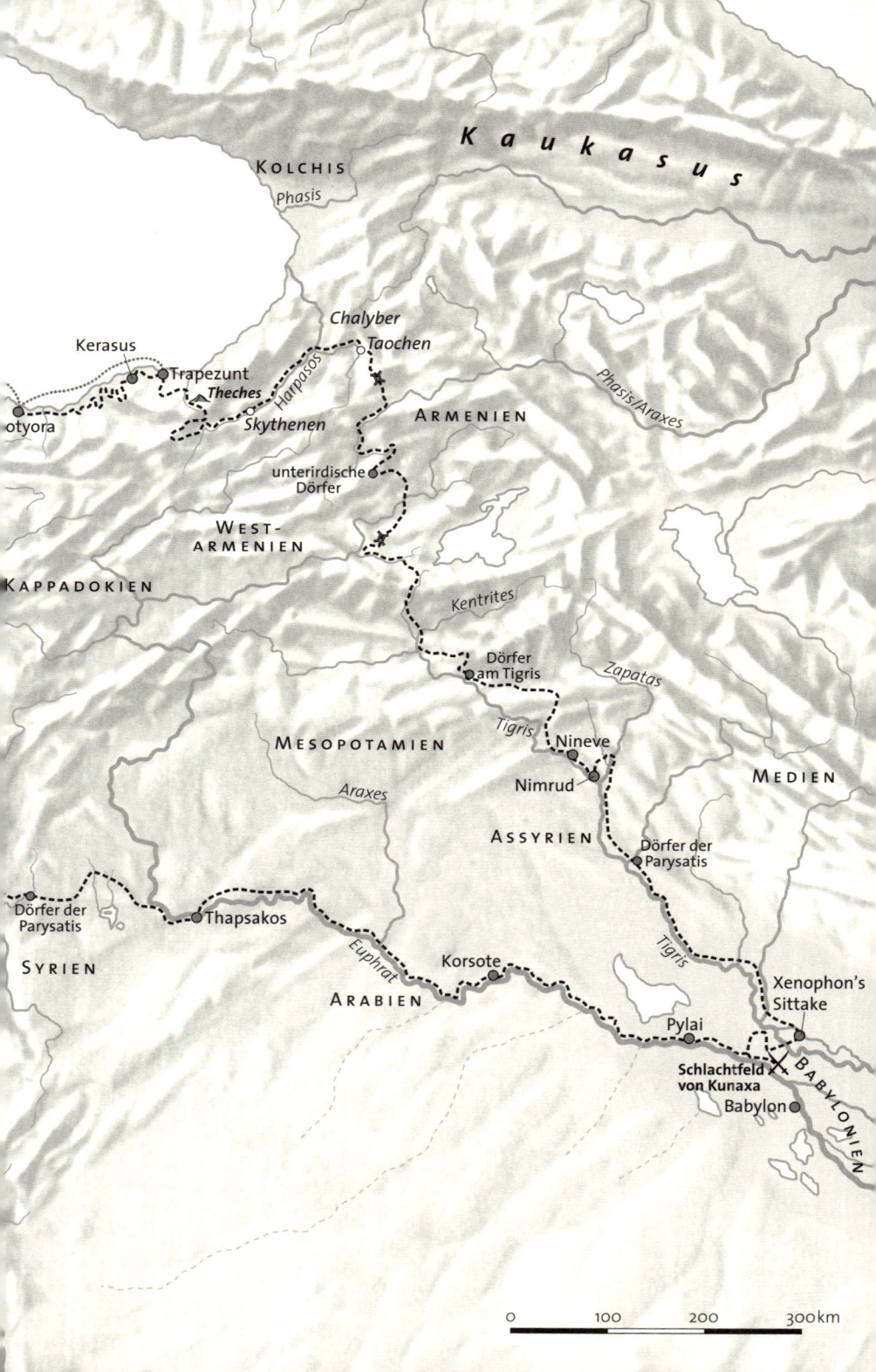